在线信息搜寻行为的非介入性研究

姜婷婷　著

科学出版社

北　京

内 容 简 介

本书围绕在线信息搜寻行为展开，分为理论篇、方法篇和实证篇三个部分。

理论篇阐述了信息搜寻行为研究的背景、意义和发展历程，系统梳理了该研究领域内的关键概念和经典理论模型，为实证研究奠定了理论基础。

方法篇是本书的重点，从通用研究方式和方法论入手，深入分析了各种研究方法在信息搜寻行为研究中的应用，特别采取介入性特征对诸多方法进行分类，从而引出本书所关注的核心——事务日志分析这一非介入性方法。该方法属于网络分析的范畴，进一步可以划分为搜索日志分析和点击流数据分析。基于对网络分析的总体介绍，本书着重展示了搜索日志分析和点击流数据分析这两种方法研究框架的构建及其具体分析过程与指标。

实证篇是对非介入性的事务日志分析方法的实际应用，分别基于传统的学术图书馆 OPAC 系统和新兴的社会性图书馆系统这两种信息环境，针对其用户的信息搜寻行为进行了日志数据的采集、处理和分析，使得以上研究框架的有效性和适用性得以验证，为信息搜寻行为领域贡献了一系列通过其他方法难以获得的研究发现，同时也为网络信息环境的设计提供了重要启示。

本书适合从事信息管理、情报学、图书馆学、信息构建和用户体验设计等领域的理论和实践工作者阅读参考，也可以作为高等院校相关专业硕士和博士研究生的教学参考书。

图书在版编目（CIP）数据

在线信息搜寻行为的非介入性研究 / 姜婷婷著. —北京：科学出版社，2017.9

ISBN 978-7-03-054622-7

Ⅰ. ①在… Ⅱ. ①姜… Ⅲ. ①信息检索－研究 Ⅳ. ①G254.9

中国版本图书馆 CIP 数据核字（2017）第 239232 号

责任编辑：余 丁 阚 瑞 / 责任校对：郭瑞芝
责任印制：张克忠 / 封面设计：迷底书装

科 学 出 版 社 出版
北京东黄城根北街 16 号
邮政编码：100717
http://www.sciencep.com

中国科学院印刷厂 印刷
科学出版社发行 各地新华书店经销

*

2017 年 9 月第 一 版 开本：720×1000 B5
2018 年 1 月第一次印刷 印张：17 3/4 插页：6
字数：370 000

定价：**98.00 元**
（如有印装质量问题，我社负责调换）

前　　言

　　信息搜寻行为作为情报学的重要研究分支，旨在探索人类获取信息的外在行为表现和内在影响机制。以往的信息搜寻行为研究过多地依赖问卷、访谈、实验等方法，这些方法都是典型的介入性方法。研究对象可能因为意识到自己正置身于研究之中而做出不真实的行为或是对自己的行为做出不准确的表述，从而降低研究的效度。正是考虑到了这种反应性问题的存在，本书首次立足于信息搜寻行为领域探讨如何引入非介入性研究。

　　非介入性研究在社会科学中由来已久，最早于 1966 年由 Webb 等在《非介入性测量：社会科学中的非反应性研究》一书中提出。非介入指的是在研究的数据采集阶段，被研究的现象未受到研究本身的干扰。非介入性研究的核心思想是利用过去行为留下的痕迹数据，既包括语言类数据，又包括行为类数据，这些数据都是人们在现实世界中自然从事各种活动时留下的，而不是为了特定研究目的而产生的。利用痕迹数据开展研究能够避免或减少外界的影响，从而弱化观察者效应、消除观察者偏见。随着互联网逐步渗透到人类生活的方方面面，数字化的痕迹数据也越来越丰富，例如，人们主动分享的照片、视频资源或在论坛、博客、微博上留下的文字信息等。除了这些可以直接在网页上抓取的数据，网站服务器上的事务日志在后台记录了用户所有的使用行为，是研究在线信息搜寻行为的理想数据来源。

　　本书的研究重点正是事务日志分析在信息搜寻行为研究中的应用。搜索日志分析和点击流数据分析都是事务日志分析的重要形式。前者在网络搜索行为研究中比较常见，由 Jansen 提出的搜索日志分析过程已经获得了广泛认可，相关研究一般遵循数据采集、处理和分析三个阶段，并在最后一个阶段分别针对关键词、查询式和搜索会话开展分析。点击流数据分析则多见于电子商务领域，重点关注顾客的商品浏览和购买行为特征。然而，由于缺乏统一的分析框架，该方法一直未能在其他领域获得广泛应用。实际上，在线信息搜寻行为研究与在线购物行为研究具有相似的模式：顾客访问在线购物网站的目的是购买商品，通过研究他们浏览了哪些商品、是否点击了广告、是否付款购买等情况，可以了解网站的销售模式和营销策略是否有效、哪些功能是有利可图的以及界面设计中存在哪些问题等；信息搜寻者访问各类信息富集型网站的目的是获取信息资源，通过研究他们对哪些信息资源感兴趣、如何查找资源、是否找到了资源等情况，可以揭示网站信息构建的有效性及其提供的信息搜寻体验。

　　因此，本书全面调查了各种背景下的点击流数据分析研究现状，从中抽取出常见的分析思路和基本指标，此外还特别关注了点击流数据的可视化分析手段。在此基础上，本书指出点击流数据分析过程也应该由采集、处理和分析三个阶段组成，并针对数据分析创建了一套全新的通用分析框架。该框架分为足迹、移动和路径三个层次：每个被请求的页面都因为用户的到访而产生了足迹；用户的每一次点击都将他从当前页面带到了链接所指向的页面，使他在网站中发生了移动；将用户请求的所有页面按照时间顺序连接起来就得到了他在网站中导航的路径。每个层次都包含了一系列分析维度和指标，基于不同的粒度反映用户信息搜寻行为。丰富的可视化分析手段也是该框架的一大特点，尤其是在路径层次上开创性地引入了桑基图展现用户群体路径，并创建了路径图可视化展现用户个体路径。本书将该框架分别应用于以学术图书馆 OPAC 系统和社会性图书馆系统为背景的实证研究中，其适用性和有效性都得到了验证。

全书共 10 章。第 1 章"导论"介绍了网络信息环境的演进对人类信息搜寻活动带来的影响和信息搜寻行为研究所经历的四个发展阶段，提出了非介入性方法对于本领域研究的重要价值。第 2 章"信息搜寻行为相关概念"和第 3 章"信息搜寻行为相关模型"为本书的理论基础部分，对信息、信息需求、信息搜寻等概念进行了阐释与辨析，也对领域内的高被引理论模型进行了描述和应用分析。第 4 章"研究方法论"和第 5 章"信息搜寻行为研究方法"共同组成了本书的方法基础，基于不同的研究方式系统介绍了通用方法论，再根据方法介入性对信息搜寻行为领域常见研究方法进行分类，详细介绍了各方法的特点与实际应用。第 6 章"事务日志分析基础：网络分析"、第 7 章"搜索日志分析方法"及第 8 章"点击流数据分析方法"是本书的核心章节，展现了基于页面标签的网络分析以及基于服务器日志的搜索日志分析和点击流数据分析这三种研究方法的全貌，从研究过程到分析层次与具体指标，为在线信息搜寻行为研究提供了非介入性的方法论体系。最后，第 9 章"学术图书馆 OPAC 系统用户信息搜寻行为研究"和第 10 章"社会性图书馆系统用户信息搜寻行为研究"分别选择了 Web 1.0 和 Web 2.0 时代具有代表性的网络信息环境作为研究背景，利用事务日志分析方法对其用户信息搜寻行为开展非介入性研究，同时也通过实证研究对前面章节中提出的数据分析框架进行检验。

本书是在作者的博士毕业论文 *Characterizing and Evaluating Users' Information Seeking Behavior in Social Tagging Systems* 基础之上，补充了近几年的最新研究成果撰写而成。在此，特别表达对博士导师——美国匹兹堡大学信息科学学院 Sherry Koshman 教授的真挚谢意和无限怀念，是她帮助作者在信息搜寻行为领域开创了一条系统的研究路径，虽然她已经离开了人世，但是她的学术热忱与风范将永远影响作者。

本书是国家自然科学基金项目"用户探寻式搜索策略分析及系统构建研究"（项目编号：71203163）、教育部人文社会科学研究项目"社会性标签系统中用户信息搜寻行为研究"（项目编号：12YJC870011）和国家自然科学基金重点国际（地区）合作研究项目"大数据环境下的知识组织与服务创新研究"（项目编号：71420107026）的成果之一。

作者的硕士研究生迟宇、史敏珊、范水香、王淼、陈舜昌、贺虹虹、杨雨琪、徐亚苹、郭倩和杨佳琪参与了以上项目的研究，在实证研究的数据采集与分析方面做了大量工作，并发表了与项目相关的学术论文，为本书的撰写奠定了重要基础。在本书初稿完成后，徐亚苹、郭倩和杨佳琪承担了整理和编排工作，在此表示衷心感谢。

尽管作者在项目研究和本书撰写过程中付出了艰苦的努力，但不足之处在所难免，恳请读者不吝赐教，以使本书更臻完善。

姜婷婷

2017 年 7 月于珞珈山

目　　录

第 1 章 导   论

1.1   在线信息搜寻活动

信息搜寻是人类日常生活和工作中的一项基本活动。为了完成任务、制定决策、解决问题、甚至是满足好奇心、休闲娱乐，人们通过与人工的或数字化的信息系统发生交互来查找信息，从而改变既有的知识状态[1,2]。早在 19 世纪，人们就习惯从图书馆获取信息，包括图书、期刊、地图、绘画等。馆藏资源的存储和检索离不开规范的编目工作，图书馆采用正式的分类体系和主题词表对物理资源进行组织，电子资源普及后则由元数据方案进行描述[3]。互联网的出现使得人类信息搜寻活动从线下转移到线上，随着网络环境从 Web 1.0 向 Web 2.0 发展，人们的在线信息搜寻行为也在不断发生重要改变。

在 Web 1.0 时代的早期，用户主要使用网络浏览器访问特定网站，网站中的页面基本上都是静态的，提供文字、链接、图片等内容，这些内容大多由专门人员负责编辑并发布。用户利用页面之间的超链接实现了网络导航，从而可以对信息进行定位；但是由于用户只能在页面上读取信息，信息的流动是单向的。后来，由后台数据库支撑的动态内容逐渐增多，用户与网站实现了双向交流，他们不仅能够读取信息，还能够提交信息，网站在某种意义上变成了网络应用。随着网络信息资源在内容和形式上的多样性不断增加，用户在这样一个异质空间中的信息搜寻活动也呈现多样化的趋势。以 Yahoo! Directory 为代表的人工编制网络层级目录成了用户查找网站和信息的入口，为其发现感兴趣的资源提供了浏览的方式。随后，以 Google 为代表的网络搜索引擎迅速崛起，基于关键词匹配的搜索成为在线信息搜寻的主流方式，并一直延续至今。此外，电子邮件、聊天室和即时通讯应用等也为人们提供了直接信息交流的工具。

进入 Web 2.0 时代以来，网络表现出更为显著的复杂性和动态性，因为用户不仅可以创建、存储、分享自己的信息，而且可以与其他用户发生多向交流。这一切都得益于各种网络技术的进步，在很大程度上提升了在线信息搜寻体验。社交媒体平台允许用户充分参与进来，成为网络内容的贡献者：维基用户可以就共同感兴趣的主题开展协作编辑，博客用户则可以自由发布文章，在表达观点的同时也获得读者的反馈；社会网络服务为用户与联系人分享文字、图片、音视频等信息提供了便利，Facebook、Twitter 都属于通用性的社会性网络服务，而有的服务则专门针对特

定的主题，例如，图片分享（Flickr）和职场社交（LinkedIn）。定制服务技术赋予
用户控制网站内容的权限，他们可以依据个人需要订阅新闻和博客，添加工具或服
务并按照自己喜欢的方式来安排；另一方面，个性化服务技术能够根据用户的个人
资料或活动推荐相关信息。标签和话题标签是这一时代所特有的信息组织方式，在
缺乏编目权威的分散式信息空间，用户贡献的非结构化标签为信息资源的访问与获
取提供了新的渠道。

在线信息环境在技术的推动下不断演进，为人类信息搜寻活动带来了更多的可
能性。这种趋势也将一直持续下去，因为网络正朝着整合空间的方向发展，移动设
备、可穿戴设备、传感器和物联网、甚至是人工智能将成为下一代网络的基本特征。
在这一背景下，在线信息搜寻也将面临更多的挑战，由信息过载造成的信息焦虑将
变得更加严重。信息过载是信息输入超过人类信息处理能力时的状态，如果人们无
法避免这种状态就会产生压力或焦虑，这是面对大量信息却无计可施的无力感。因
此，在互联网产业努力实现技术飞跃的同时，也应该充分考虑到用户的真实体验，
这正是在线信息搜寻行为研究的目的之所在。

一直以来，图书情报学都相对稳定地保持着以信息搜寻与检索（Information
Seeking and Retrieval）和信息计量（Informetrics）为两大核心研究领域的构成。其
中，信息搜寻与检索领域又可以进一步划分为以系统为导向的信息检索算法研究和
以用户为导向的信息搜寻行为研究。进入 20 世纪 90 年代以后，这两个研究方向不
断交融，有关用户行为的研究结论为系统开发奠定了必要的基础。与此同时，用户
信息搜寻行为研究本身也逐步从理论上升到了实证，并且从用户与检索系统的交互
扩展到更为广泛的信息传播与获取[4]。以下本书将首先简要回顾信息搜寻行为研究
的发展历程。

1.2 信息搜寻行为研究的发展历程

1.2.1 萌芽阶段（20 世纪 40、50 年代）

目前对于信息搜寻行为领域的起源尚未形成定论。Wilson 认为最早的信息行为
研究可以追溯到 1916 年的一项公共图书馆读者阅读习惯研究[5]，而 Poole 则认为应
该是 1902 年的一项图书馆馆藏使用情况研究[6]。尽管 20 世纪初就出现了零星的相
关研究，学者们普遍认同信息行为领域到 40 年代才逐渐进入萌芽阶段，当时两个重
要的社会因素引起了人们对信息行为的关注。

一方面，美国政府开始重视公共图书馆的建设，由于需要通过地方税收提供资
金支持，针对图书馆开展调查是有必要的，调查问题大多涉及社区对图书馆服务的
需求。另一方面，第二次世界大战开启了人类的"大科学"时代，各国政府看到了

信息的散播与传递对于科学家和工程师获得新研究发现的重要意义，而"大科学"带来的海量报告文献在战后被逐步公开，人们可以获取的信息量猛增。

1948 年，以改进科学文献收集、索引和发布现有方法为主旨的"皇家协会科学信息会议"（*Royal Society Scientific Information Conference*）在英国伦敦召开，会上 Bernal 教授的 *Preliminary analysis of pilot questionnaire on the use of scientific literature* 一文报告了他利用多种形式的问卷了解科学家的文献阅读行为，可能是领域内最早的"用户研究"[7]。

1.2.2　起步阶段（20 世纪 60、70 年代）

1959 年，"科学信息国际会议"（*International Conference on Scientific Information*）在美国华盛顿召开，延续了 1948 年会议的主题。此次会议上出现了更多与信息使用相关的论文，主要考察科学家们对期刊、图书馆、专利、摘要和索引服务等文献资源的使用情况，旨在为信息服务和检索系统的开发提供参考。这些相关论文基本上都属于用户研究，它们所采取的研究方法以自填问卷和访谈表为主，因而其研究数据和结果都是以定量形式呈现的。

在信息行为领域的起步阶段，欧美国家的图书馆服务进一步发展，人们依然热衷于图书馆调查。1964 年英国颁布"公共图书馆和博物馆法案"（Public Libraries and Museums Act），从而引发了一系列的公共图书馆使用研究，其中 Clement 的研究非常具有代表性，涉及 33 个公共参考图书馆，调查了近 30,000 名读者的实地、电话、电报、邮寄查询情况，发现他们中 70%的人都找到了所需信息[8]。除了公共图书馆外，学术图书馆也逐步引起了人们的注意，后者在大学师生的研究和学习中扮演了重要角色，所以研究人员试图了解他们对大学图书馆服务的满意度，Ford 曾对该主题相关研究进行了综述[9]。总的来说，这一时期的信息行为研究多以图书馆为背景，核心的研究问题是人们为什么以及如何使用图书馆。由于大部分研究是基于定量的问卷和访谈方法，它们表现出明显的客观性，即客观地描述图书馆的使用情况，而忽视了信息行为研究理论基础的构建。

1965 年，美国文献机构（American Documentation Institute）和国家科学基金（National Science Foundation）联合创立了综述刊物《信息科学与技术年度评论》（*Annual Review of Information Science and Technology*）。Menzel 和 Paisley 分别于 1966 年和 1968 年在该期刊上发表了题为 *Information needs and uses in science and technology* 和 *Information needs and uses* 的综述，反映了当时科学家利用科学信息的行为、习惯、经历和需求以及他们的信息收集和传播行为[10,11]，至今仍被引用。

到了 20 世纪 70 年代，用户研究的对象逐渐从科学技术领域转变到社会科学领域。英国的两项研究，即社会科学的信息要求（Information Requirements of the Social Sciences，缩写为 INFROSS）和社会服务部门的信息需求和使用（Information Needs and Uses in Social Services Departments，缩写为 INISS），就充分显示出了这种趋势[12]。前者主要利用问卷调查了 2,000 多名社会科学家；而后者则对社会服务部门的社会工作者和管理者开展了长期观察，该过程中不仅采集到了大量的定量数据，也采集到了定性数据，这也使得人们开始意识到将定性方法应用于信息搜寻行为研究的必要性。

1.2.3　形成性发展阶段（20 世纪 80、90 年代）

20 世纪 80、90 年代是信息行为领域的形成性发展阶段，绝大多数高被引的信息相关模型和理论都出自那个时期，同时新的研究方法论观点不断引入，为其在图书馆与信息科学中抢占核心地位奠定了基础。从本质上讲，前一阶段的用户研究是以信息系统或服务为中心的，比如调查用户使用图书馆的情况是为了了解图书馆作为信息传播渠道的有效性，研究结论可以为其发展实践提供依据，因此以往的研究具有较强的实用性。而形成性发展阶段的研究核心转移到用户自身上来了，研究人员关心的是人类作为信息搜寻者的特征，突出了研究的学术性。

这 20 年内出现了许多反映人类信息行为各个方面的经典理论模型，包括 Wilson 的信息行为全局模型[13]、Belkin 等的"不规则知识状态"（Anomalous State of Knowledge，ASK）概念[14]、Kuhlthau 的信息搜索过程模型[15]、Bates 的演进式搜索采莓模型[16]等，后来人们在不同的研究背景下检验了这些模型。该时期的实证研究则形成了针对细分人群开展研究的特点，研究对象通常是从事特定职业的某一类用户，如学者、医生、律师、艺术家等，或是扮演特定社会角色的人，如消费者、病人、学生等。定性方法在信息行为研究中得到进一步推广，同时考虑到信息行为持续发生和演进的动态特征，在时间上具有延展性的纵向定性方法受到了青睐，Fidel 的搜索关键词选择研究[17]、Case 的人文学者信息搜寻动机和方法研究[18]、Qiu 的超文本导航路径研究[19]等都采用此类方法。随着越来越多的研究人员开始进入该领域，相关论文产出数量猛增，而且逐步占据了图书馆与信息科学的核心期刊，包括《美国信息科学与技术协会杂志》（Journal of the American Society for Information Science and Technology）、《信息研究》（Information Research）、《信息处理与管理》（Information Processing and Management）、《文献杂志》（Journal of Documentation）、《学术图书馆学杂志》（Journal of Academic Librarianship）、《图书馆与信息科学研究》（Library and Information Science Research）等。

90 年代中后期，信息行为领域内发生了三个具有重要意义的里程碑事件。

（1）1995 年，聚焦于信息行为研究的国际学术期刊《信息研究》创刊，一直以来由英国谢菲尔德大学 Wilson 教授担任主编，他本人是信息行为领域的著名学者，曾贡献了很多重要的研究成果，作者 h 指数高达 45。《信息研究》是一本同行评审的开放存取期刊，围绕信息行为、信息搜寻行为、信息需求、信息搜索、信息检索、信息使用等核心主题刊登论文，并广泛涉及信息科学、信息管理、信息技能、健康信息、互联网、教育等主题。经过 20 多年的发展，该期刊的影响力已经遍及世界各国，并且列入社会科学引文索引（Social Science Citation Index）、期刊引文报告（Journal Citation Reports）、图书馆与信息科学文摘（Library and Information Science Abstracts）以及谷歌学术（Google Scholar）。

（2）1996 年，信息行为专题国际会议（Information Seeking in Context，简称 ISIC）首次在芬兰坦佩雷召开，Wilson 教授也是会议发起人之一，目前由芬兰坦佩雷大学的 Reijo Savolainen 教授担任主席。该会议每隔一年召开一次，至今已经成功举办 11 次，地点主要选在欧洲城市。跨学科交融性是 ISIC 最主要的特点，会议将来自信息科学、信息管理、社会性、心理学、信息系统、计算机科学的学者汇聚到一起，共同探讨用户需求和需求满足之间的关系，具体的讨论主题包括信息搜寻和搜索理论与模型、研究方式和方法论、特定背景（如医疗、教育、商业、政府等）下的信息搜寻和使用分享、虚拟社交网络中的信息搜寻与搜索、日常生活信息搜寻以及协作式信息搜寻等。

（3）1999 年，美国信息科学与技术协会（American Society of Information Science and Technology，ASIS&T）成立了"信息需求、搜寻与使用"特别兴趣小组（Special Interest Group on Information Needs, Seeking & USE，SIG USE）。特别兴趣小组为研究兴趣相似的 ASIS&T 会员提供了了解领域发展、交流想法的机会，SIG USE 主要关注用户与信息交互过程中的行为、认知活动和情感状态，包括信息需求的产生与识别以及信息的搜寻、分享、管理和交流等，旨在通过各种小组内部活动推动信息相关人类行为的研究，尤其鼓励将研究成果应用于信息系统的设计与开发。

1.2.4 爆炸性发展阶段（2000 年以后）

这一阶段依然推崇以用户为中心的研究，以上提到的按职业和社会角色对用户进行细分的研究范式得到了延续。Julien 等对发表于 1999～2008 年的 749 篇相关文献进行内容分析发现，常见的研究对象包括学生、学者、专业人员、普通民众等，而有近一半研究的对象为"其他"群体，即网络用户[20]。20 世纪 90 年代是互联网飞速发展并大规模普及的重要十年，其间一批网络搜索引擎陆续涌现，如 Excite、Lycos、Altavista、Google 等，成为人们在互联网上搜寻信息的主要工具，这也使得信息搜寻行为研究逐步聚焦于人类搜索行为。2000 年左右，围绕用户与搜索系统的交互开展的搜索日志分析（Search Log Analysis）出现了，随后迅速增长。这类研究利用来自搜索系统的日志文件获得用户的真实行为数据，通过搜索会话、查询式和关键词层次的分析来了解用户搜索行为的外在特征，并进而回答各种研究问题。搜索日志分析的引入标志着信息搜寻行为领域在研究方法上的突破，不再局限于传统的介入性方法，而转向对非介入性方法的应用。

除了通用网络搜索引擎外，搜索日志分析还广泛涉及网站、图书馆 OPAC、数字图书馆等的搜索系统以及元搜索引擎、多媒体搜索引擎、移动搜索系统、垂直搜索系统等，为网络搜索技术的进步和搜索交互体验的提升提供了有效的方向指引。然而这还不足以覆盖人类搜索行为的全貌，因为搜索日志中的客观行为数据无法揭示用户的主观动因和搜索情境的影响。因此，与搜索日志分析并行发展的还有用户行为影响因素研究，通过问卷、访谈、实验、观察等方法了解人们的人口统计信息、搜索技能、领域知识、认知方式和情感特征等，并考察他们所处的信息环境和所面临的搜索任务，基于系统的研究设计探讨这些方面对用户搜索行为过程和最终结果的塑造作用，从而为用户信息素养的培养和搜索系统的功能与界面设计带来许多有用的启示。

随着 Web2.0 时代的来临，博客、微博、维基、社会网络服务、社会性标签系统、虚拟世界等社交媒体兴起，成为互联网发展进程中继搜索引擎之后的又一个里程碑。社交媒体首先是一个参与和协作的平台，依赖用户贡献内容，并利用"集体智慧"（Collective Intelligence）使内容的价值最大化，来自于社会学、心理学、传播学、计算机科学等学科的研究人员针对用户的信息分享、交流、学习、决策等行为进行了探讨[21]。同时，社交媒体也为人们获取信息创造了一个开放、灵活、多样的环境，以此为背景的信息搜寻研究将焦点转移到用户的导航行为上，试图了解并提高他们通过资源推荐、社交网络、标签云等社交媒体所独有的功能实现信息探索的效果[22]。相反，由于词汇问题和基本层次问题的存在，社交媒体中的已知条目搜索效率不再令人满意[23,24]。从近几年的 ISIC 会议主题也可以看出，社交媒体环境下的信息行为研究已经成为信息搜寻领域关注的重要内容，相关论文广泛涉及社交媒体用户的信息需求、信息搜寻行为、信息吸收与利用行为[25-27]等。

2010 年之后，信息行为领域的研究变得更为多样化，研究人员逐渐意识到人类信息偶遇、信息规避行为的普遍性。信息偶遇概念的提出可以追溯到 20 世纪 90 年代中期[28]，但是由于偶遇现象不如主动性高、方向性强的搜索行为那样易于描述、便于捕捉，以至于相关研究在很长一段时间内推进缓慢，直至近几年才取得了一些重要进展。研究人员不仅对信息偶遇的概念内涵进行了深入的探讨，并且在研究方法上做出了各种各样的新尝试，从而不断改进、完善了信息偶遇过程模型[29-32]，同时从用户、信息和环境等多个维度探讨了影响偶遇发生概率的诸多因素[33-38]。在信息爆炸的网络时代，信息规避现象也随处可见，并且多发生于信息偶遇的背景下，甚至已经成为人们应对信息过载的一种策略。然而信息行为领域对信息规避的研究仍处于起步阶段[39]，尽管可以从有些经典的信息搜寻行为模型中找到一定的线索[13,40]，但是相关实证研究还相当缺乏，规避行为的分类和成因尚不清晰。作为人类信息行为的重要组成部分，信息偶遇和信息规避将成为信息行为领域极具发展前景的研究方向。

1.3　非介入忄研究的兴起

从以上信息搜寻行为研究发展历程回顾可以看出，四个主要阶段不仅经历了研究主题的不断演化，而且在研究方法的应用上也呈现出从单一到多元的趋势，这一方面是解决特定研究问题的需要，另一方面也是数据采集手段进步的结果。纵观过去数十载的信息搜寻行为研究，采取访谈、问卷、实验、日记、焦点小组等社会科学通用方法是较为常见的做法，而最具历史意义的方法变革实际上始于搜索日志分析，这是本领域所特有的方法，更重要的是该方法有别于那些常见方法，能够在不影响研究对象的情况下实现数据的采集和分析，使得非介入性研究在领域内受到关注与推广。

1.3.1　非介入性研究的起源与发展

非介入性研究起源于社会科学，距今已经有 50 年的历史。1966 年，Webb 等在《非介入性测量：社会科学中的非反应性研究》一书中首次关注到研究方法的介入性问题，将非介入性测量定义为"不需要研究对象的配合且不会影响其反应的测量方法"[41]。Webb 等致力于持续推动非介入性研究的发展，分别于 1981 年和 2000 年推出了该书第二版[42]和第三版[43]。此外，Sechrest 的《今日非介入性测量》[44]、Kellehear 的《非介入性研究者：方法指导》[45]以及 Lee 的《社会科学中的非介入性方法》[46]等都是阐述非介入性研究内涵与应用的经典著作。

社会科学研究中应用最为广泛的问卷法和访谈法都是非常典型的介入性方法，这些自我报告的方法以个体自我模型为基础，认为人的个性或意识清楚、有序地承载着其信念、态度和行为。然而实际上，人们对意义的理解会因情况而异，在很大程度上受到环境的影响，他们并不总是知道自己为什么作出特定行为，以至于在问卷或访谈中所提供的信息可能是不真实、不准确、不完整的[45]。具体而言，当人们知道自己正在被研究，就会在不同程度上改变真我的行为和言论，从而给人留下更好的印象。即使他们主观上愿意表达真实想法，但也很难摆脱一些客观影响，例如，提问的措辞、问题提供的选项或是问题提出的顺序。甚至在与研究人员面对面的访谈中，参与者可能因为他们的个人特征（女年龄、性别、种族等）差别而给出不同的答案[46]。

另一种常见方法——实验法也存在介入性问题。通过实验法采集到的数据缺乏自然性，研究背景掺杂了研究人员的思维，有意或无意地嵌入到研究问题和实验设计中，实验参与者可能出于执行实验任务的压力、身处的非真实环境甚至是物质奖励等原因而表现出有别于平时的行为，从而引发霍桑效应（Hawthorne Effect）。如果实验过分依赖自愿的参与者，很有可能无法得到真实的结果，因为自愿参与本身就是由特定变量造成的，如个人的背景和态度[46]。

　　考虑到以上不足之处，Webb 等认为研究中不应该单独使用介入性方法，而需要引入非介入性方法作为补充。非介入指的是在数据采集阶段，被研究的现象未受到研究本身的干扰[41]。由于行为的发生不是对研究的反应，非介入性研究也常常被称为非反应性研究（Nonreactive Research）[47]。

　　非介入性研究的数据来源大致可以分为五类，包括书面记录、视听记录、物质文化、简单观察和技术辅助观察。书面记录涵盖了档案、图书、期刊、报纸、官方统计数据、绘图、信件、日记等多种形式的资料，视听记录则专指照片图片以及影视资料。物质文化研究是非介入性研究中非常有意思的一个分支，研究对象曾涉及涂鸦、垃圾甚至是墓碑，还可能进一步扩展到现代物质生活中吃穿住用行等方面。简单观察即非参与性的观察，观察人员远离被观察人群或背景，从旁人工记录他们的活动、交互、外表以及面部表情和肢体语言。最后，技术辅助观察是观察方法的高级形式，借助单面透视镜、计算机、摄像头等技术手段记录数据，这也是目前大多数基于观察法的非介入性研究更青睐的方式[45]。

　　从数据分析的角度来看，非介入性研究又主要基于语言类数据和行为类数据。语言类数据指的是书面或口头文字，既可以是研究焦点对象自己写下或说出的话语，也可以是其他人通过与焦点对象接触对其做出的评论。在互联网时代，人们利用即时通讯软件、电子邮件交流时所产生的消息以及在论坛、博客、微博等社交媒体上发布的信息都属于语言类数据。这类数据的分析通常依赖人工的或计算机辅助的内容分析手段。行为类数据反映的则是人们做了些什么以及是怎么做的，研究人员可以直接分析个人行为了解其动机，也可以通过分析集体行为抽取出个人特征，因为集体是由个人组成的，集体行为在很大程度上是由个人行为所决定的。行为类数据的分析可能涉及行为类型划分、频次统计和相对比率等[48]。

1.3.2　引入非介入性研究方法的意义

　　非介入性研究的核心思想是利用过去行为留下的痕迹数据（Trace Data）[49]。这就像大侦探福尔摩斯利用物理证据破案一样，多方证据汇集到一起，帮助他对案件多种假设的合理性进行判断。Webb 等提到，社会科学研究很少用到痕迹数据，而这种数据恰恰是无所不在的，并且具有较高的灵活性和广泛的适用性。

　　具体来说，痕迹数据是人们在现实世界中自然从事各种活动时产生的。比如说，写信、记日记所产生的文字属于有意留下的痕迹，而走路时产生的脚印、开车时产生的轮胎磨损都属于无意留下的痕迹。人们通常将痕迹数据分为侵蚀性痕迹（Erosion）和积累性痕迹（Accretion）。顾名思义，侵蚀意味着物体上缺少的部分，积累则代表增加的部分。举例来说，如果想了解图书馆最受欢迎的图书，研究人员可以去书架旁看看哪些图书经常不在架上或是封面磨损得很厉害，这些都是侵蚀性痕迹，尽管不太准确；或者也可以进入图书馆管理系统查看图书借阅记录，这是典型的积累性痕迹，能够准确反映图书的受欢迎程度。痕迹数据还可以基于规模来划分，包括剩余痕迹（Remnants）和系列痕迹（Series），前者只包括一个或少数几个反映过去行为的指标，后者是经过日积月累形成的由众多单元组成的痕迹体系[41]。

痕迹数据往往是自然形成的，与特定的研究目的无关。Webb 等特别指出，有时研究人员也可能对数据产生的过程进行干预，前提是不破坏痕迹数据的非反应性特征。这样做的原因有很多，例如，加快数据产生的速度、保持数据的一致性、减少数据中的无用信息等。不论是自然还受控状态下形成的痕迹数据，其最显著的优势是不易察觉，即人们并不知道自身产生的数据被用于研究，从而避免了问卷、访谈、实验等数据的反应性问题。当然，将痕迹数据应用于信息行为研究也存在一些局限性，虽然它很适合描述行为的客观特征，包括行为的模式、频次等，但对于行为的影响因素缺乏解释力度，因而很难对行为的发生形成准确的认识[41]。

非介入性研究的价值可以从以下三个方面来理解。

（1）根据量子力学中的不确定性原则（Uncertainty Principle），测度表现出概率分布的特征，分布的标准差越大，测度的不确定性就越高。同样的道理，研究人员的出现增加了整个研究系统的复杂性，从而导致相关测度不准确。

（2）避免或减少外界的介入有利于弱化观察者效应（Observer Effect），即观察对象由于被观察而在行为上做出改变。人类的社会性本质决定了人们在人前和人后会表现得不一样，比如说糖尿病患者在家里搜索疾病信息，而作为研究参与者，他们应该会刻意避免相关搜索。此外，参与者可能会有意无意了解到研究的"需求特征"（Demand Characteristics），也就是其真实目的，为了成为理想的研究对象而做出有助于研究成功的反应。

（3）避免或减少外界的介入有利于消除观察者偏见（Observer Bias），这是研究人员的偏见，由于他们对研究结果存在某些预期（如假设），所以在研究中会过分关注期望看到的现象而忽视其他的，从而给测度带来误差，威胁到研究的内部效度。一旦将他们排除在数据产生的过程之外，这种误差自然会降低，不过数据分析、结果阐释中的偏见不受非介入测度手段的影响[50]。

如今，人们越来越依赖网络来完成各种日常活动，更为丰富的痕迹数据也随之产生。不管是浏览网页、搜索信息，还是购物、社交、娱乐，人们在网络上的一举一动都留下了数字化的痕迹，形式多种多样，包括他们主动分享的照片、视频或是通过标签、评论、打分等形式表达的观点，也包括网络服务器上自动生成的事务日志，记录了所有的使用行为[51]。在大数据时代，利用痕迹数据开展研究变得更为普遍，非介入性方法可能不再是传统反应性方法的补充，而会成为其替代甚至是威胁[52]。

在信息搜寻行为领域，越来越多的研究人员在开展"眼见为实"的介入性研究的同时，也开始注重"雁过留痕"的非介入性方法。本书将要重点阐述的事务日志分析方法属于后者，这是观察方法中非常具有代表性的非介入形式，也就是将网络服务器上的事务日志作为观察记录用户信息行为的手段，捕捉他们在现实中从事信息活动所留下的痕迹数据，这样不仅对行为本身没有产生任何干扰，而且用户甚至并不知晓自己的行为将会被研究。这种数据的采集成本很低，而数据规模又可以很大，且覆盖较长的时间段。在用户隐私得到充分保护的前提下，事务日志分析方法对于信息搜寻行为研究具有不容忽视的价值和意义。

1.4　本书的内容与意义

1.4.1　内容概述

本书围绕在线信息搜寻行为的非介入性研究展开，共计 10 章，具体结构安排如图 1.1 所示。

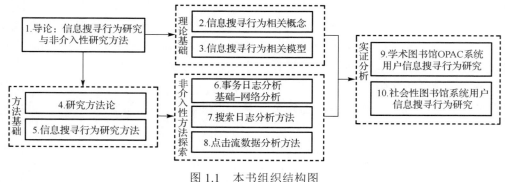

图 1.1　本书组织结构图

第 1 章　导论。从网络环境由 Web 1.0 到 Web 2.0 的演进入手，总结人类在线信息搜寻活动特点及变化；按年代顺序论述了信息搜寻行为研究从萌芽、起步到形成性发展和爆炸性发展的四个阶段，展现了该领域研究主题和方法的发展规律。介绍本书的主要内容和结构，阐明对在线信息搜寻行为开展非介入性研究的理论和实践意义。

第 2 章　信息搜寻行为相关概念。对信息搜寻行为领域的核心概念——信息、信息需求和信息搜寻进行了深入阐释，在此基础上进一步辨析了信息搜寻及其关联概念或相似概念，主要包括信息搜索、信息偶遇、信息使用、信息规避、信息素养和信息实践。

第 3 章 信息搜寻行为相关模型。对信息搜寻行为领域的经典理论模型进行了细致描述，主要包括 Dervin、Wilson、Bates、Ellis、Kuhlthau、Marchionini 等领域内知名学者提出的高被引模型，对每个模型还进一步论述了其在后续实证研究中的应用情况以及模型获得验证或修正的情况。

第 4 章 研究方法论。系统介绍了学术研究的通用方法论，基于定性、定量与混合方法这三种研究方式的划分对每一种方法论的内涵、特点及适用范围进行了阐述，其中定性研究方法论包括个案研究、人种学研究、扎根理论研究、叙事研究和现象学研究，定量研究方法论包括调查研究和实验研究，混合方法研究包括融合平行模型、解释性连续模型和探索性连续模型。

第 5 章 信息搜寻行为研究方法。根据介入性原则对信息搜寻行为领域的常见研究方法进行分类，介入性研究方法包括问卷、访谈、焦点小组、日记和实验，非介入性研究方法则包括内容分析、元分析、元人种志和观察，针对每一种研究方法详细介绍了其优势与不足以及具体执行过程，并举例说明该方法在信息搜寻行为实证研究中的应用情况。

第 6 章 事务日志分析基础：网络分析。事务日志分析是本书所关注的非介入性研究方法，网络分析是其顶层概念。重点论述了网络分析的数据采集和分析策略，其中数据采集以服务器日志和页面标签方法为主。以 Google Analytics 为例全面介绍了基于页面标签方法的网络分析指标和维度。进一步讨论了可用性测试、启发式评价和问卷调查等方法对网络分析的辅助作用。

第 7 章 搜索日志分析方法。搜索日志是事务日志的一种形式，记录了用户与搜索系统的交互。基于 Jansen 提出的搜索日志分析方法论系统阐述了搜索日志的数据采集、处理以及由关键词、查询式和搜索会话这三个层次组成的数据分析框架。对搜索日志分析方法在以往信息搜寻行为研究中的应用现状进行了综述和分析。

第 8 章 点击流数据分析方法。点击流数据分析是事务日志的另一种形式，记录了用户访问网站的点击路径。全面综述了电子商务、社交媒体、在线学习等背景下的点击流数据分析研究进展，重点探讨了点击流数据的可视化分析。在已有研究的基础上提出了点击流数据分析过程，针对信息搜寻行为研究创建了包含足迹、移动和路径这三个层次的点击流数据分析方法通用框架。

第 9 章 学术图书馆 OPAC 系统用户信息搜寻行为研究。学术图书馆 OPAC 系统是典型的 Web 1.0 网站，对该背景下的用户行为相关研究进行了梳理，基于探寻式搜索理论基础，利用点击流数据分析和搜索日志分析方法对武汉大学图书馆 OPAC 系统用户的信息搜寻行为开展非介入性研究，揭示了用户对 OPAC 系统及其功能的使用情况、资源搜索方式和导航路径特征。

第 10 章 社会性图书馆系统用户信息搜寻行为研究。社会性图书馆系统是典型的 Web 2.0 网站，对该背景下的用户行为相关研究进行了梳理，基于信息搜寻方式理论基础，结合非介入性的点击流数据分析方法和介入性的问卷调查方法对豆瓣网用户的信息搜寻行为开展研究，探讨了人们在全新信息环境中获取资源方式的多样性及其与个人特征之间的关系。

1.4.2　研究意义

研究方法是所有科学研究的重要组成部分。信息搜寻行为是一个典型的以人为核心的研究领域，长期以来一直依赖访谈、问卷、实验等介入性研究方法，在不同程度上影响了研究的效度。本书首次立足于信息搜寻行为领域探讨方法介入性问题，强调了事务日志分析对本领域研究的价值。这是一种基于服务器日志的网络分析方法，与社会学中的扎根理论和心理学中的行为学派具有一定的关联。一方面，扎根理论研究不依赖理论假设，而是从数据采集入手，在数据分析的过程中从编码到概念再到类别自下而上建立理论；同样事务日志分析也是基于对现实世界的观察得到结论并归纳出理论或模型。另一方面，行为学派研究关注的是可观察到的人类行为，而不是存在于他们脑海中的思想或感受，认为只有外在行为才能得到科学的描述；而事务日志中所包含的正是用户的信息搜索行为，这种行为可能是由用户自身的目标和需求驱动的，也有可能是对外界环境的反应。

事务日志分析又可以进一步划分为搜索日志分析和点击流数据分析，前者已广泛应用于网络用户搜索行为研究，并且拥有一套相对成熟的数据采集、处理与分析程序。与之不同，点击流数据分析分散于电子商务、计算机、教育学、社会学、传播学等学科领域的不同主题研究中，尚未形成获得一致认可的研究模式。实际上，点击流数据是更为普遍的日志类型，有时还可能包含搜索日志信息。因此，本书构建了一套点击流数据分析方法通用框架，该框架由足迹、移动和路径三个层次构成，不仅符合点击流数据固有形式特点，而且为解决各类研究问题提供了基本分析指标。特别值得一提的是，该框架在路径层上引入了可视化分析手段，首次将桑基图应用于用户整体导航路径的展现，并针对用户个体路径分析创建了"路径图"可视化方法。研究方法上的这一突破将为在线信息搜寻行为研究带来新的机遇，不仅极大地丰富了可以探索的研究问题，而且从根本上保证了研究结果的效度。这一点在本书的实证研究部分也得以体现。

本书选择了学术图书馆 OPAC 系统和社会性图书馆系统作为背景，主要通过搜索日志分析和点击流数据分析对用户信息搜寻行为开展研究。这两类系统分别代表了 Web 1.0 和 Web 2.0 时代的典型信息环境，前者为用户个体的探寻式搜索提供了查询帮助和分面导航功能，后者则利用社交网络和大众分类实现了更为灵活、便捷的信息发现途径。本书从武汉大学图书馆 OPAC 系统和豆瓣网分别获取了大规模的事务日志，并基于以上框架对其进行了系统分析，结果发现信息环境的演化确实对人类信息搜寻行为产生了不容忽视的影响。这两项实证研究不仅验证了点击流数据分析方法在不同信息环境中的适用性和有效性，而且也具有理论方面和实践方面的双重意义。在理论方面，人们从事不同类型在线信息搜寻活动时所表现出来的行为特征得以清晰地描述，从已知条目搜索到信息探索，进一步细化了信息搜寻方式的划分。在实践方面，用户信息搜寻行为分析揭示了他们对系统的真实使用情况，其中很多方面与期望并不相符，这也为系统功能和界面设计的改善提供了重要启示。

第2章 信息搜寻行为相关概念

2.1 信　　息

信息是一个内涵丰富的概念，它可以有不同的来源、表现为不同的形态、发挥不同的作用，单一的定义可能无法全面涉及所有的维度。因此，人们一直以来都在尝试以定义族的形式描述信息，从而创建了各种信息分类体系，以下选择了影响最广泛的四种进行详细阐述。

2.1.1 "外在-内在-意义建构"信息分类法

从传播学的观点来看，一方发出的信息和另一方接收到的信息不可能是完全一致的，因为意义是由人类赋予的，每个人都在建构自己的现实，而且即使是同一个人在不同的时间和空间也会发生变化。实际上，人们会从外界吸收信息并将其融入自己已经拥有的信息，从而实现对世界的意义建构（Sense Making）。基于这样的认识，Dervin 提出信息可以分为以下三类。

（1）外在的客观信息（Information$_1$）：现实的自然结构或模式，即自适应的信息、数据，当然永远不可能到达绝对的客观。

（2）内在的主观信息（Information$_2$）：人类赋予现实的结构，即经过序化的信息、思想，构成了人类的"认知图谱"（Cognitive Maps）。

（3）意义建构信息（Information$_3$）：人类获取未知事物的过程，也就是从客观信息演进为主观信息的过程，最终达到对现实的知晓、了解[53]。

以上的信息三分法强调"内在现实"和"知晓过程"都是信息的存在形式，人们如何创造信息、如何获取与使用信息，和信息本身共同组成了对信息概念的完整认识。这种全新的认识也对一系列关于信息的传统假设提出了挑战。

（1）**假设 1**：只有客观的信息才有价值。一方面，足够满意（Satisficing）原则表明人们倾向于选择第一个可以接受的解决办法，而不是最好的办法；另一方面，客观信息的搜寻费时费力，人们常常更愿意从朋友、同事那里获得建议和帮助。信息获取遵循的是"最省力法则"，人们不会一味追求信息的客观性。

（2）**假设 2**：信息越多越好。拥有信息不等于知晓，在当前这个信息过载的时代，人们可以接触到的信息量已经远远超过他们的信息处理能力，从而面临着理解、阐释信息的困难，因此他们更需要的是将复杂信息化繁为简的帮助，比如从医生、律师那里获得更为通俗易懂的医疗、法律信息。

（3）**假设 3**：客观信息的传播可以脱离环境。人类天生喜欢了解事物之间的联系、它们如何相互作用，对于那些无法关联起来形成整体的孤立事实，人们往往会选择忽略。

（4）**假设 4**：信息只能通过正式来源获取。事实上人们很少使用正式的信息来源，因为"正式"更多地强调提供信息的功能，而"非正式"的人际交往却能够更好地支持知晓这一过程。

（5）**假设 5**：信息与所有的现代人类需求都有关。人类很多的日常需求都离不开信息，但最基本的需求还是来自于生理和心理方面，人们首先要解决吃穿住用行的问题，同时还要寻求情感支持和社会认可，信息无法满足这些需求。

（6）**假设 6**：所有的需求都能够得以解决。人们使用信息系统当然是为了解决问题，但是系统看待问题和答案的方式可能与人存在很大不同。比如说，病人想了解自己的病情，从系统的客观角度看到的问题是如何康复，对应的答案则应该是吃药、打针等治疗手段；然而从病人的主观角度来看，可能他更希望消除疑虑、获得战胜病魔的信心。因此，并不是所有的问题都存在有形的答案。

（7）**假设 7**：信息总是可以获取的。人们的信息需求常常是模糊不清并且不断变化的，对于一些特殊问题，正式的信息系统所能提供的信息非常有限，例如，年轻人对成功的渴求，而成功的经验往往存储于人脑之中，而不是信息系统中。所以人们会自己构想出答案，建构自己的现实。

（8）**假设 8**：信息系统的功能单元等同于用户的功能单元。信息系统的功能单元是信息的实物载体，例如图书、网站等，而人类的功能单元却是无形的，例如想法、感受等。两者的功能单元显然并不等同，这也是为什么人们经常无法有效地使用系统。

（9）**假设 9**：时间和空间都可以忽略。人们所处的时间和空间组成了他们的个人情境，这不仅包含了"实际"情境中的信息，也包含着他们对情境的理解。比如说，一件艺术作品在大众（观察者）看来已经很完美了，其创作者却还并不满意。

（10）**假设 10**：外在信息和内在信息之间一定存在着联系。由于人类总是希望看到一个有序的世界，所以认为从外在现实到内在现实是必然的，但绝对的秩序很难实现，两者之间可能并不存在联系，这就需要人们去建立联系，完成现实的建构。相比"人们做了什么"，研究"他们为什么这么做"更有价值[53]。

2.1.2　"过程-知识-事物"信息分类法

与以上的"外在-内在-意义建构"三分法相比，Buckland 对信息的分类方法获得更为广泛的关注和认可，他认为"信息"不仅指"告知"的动作和内容，还应该包括提供信息的事物。该分类法也由三个类别组成，具体描述如下。

（1）作为过程的信息（Information-as-Process）：告知的动作；对知识、新闻、事实或事件的交流；告知或被告知。

（2）作为知识的信息（Information-as-Knowledge）：通过交流知晓的关于特定事实、主题或事件的知识；通知或告知的内容；情报、新闻。

（3）作为事物的信息（Information-as-Thing）：具有传递知识、交流信息功能的实物，如数据、文档；能够提供信息或具有启发性的事物[54]。

Buckland 对三类信息的描述均基于《牛津英语词典》的释义，其贡献主要在于强调了作为事物的信息的价值。以往的学者比较反对这种提法，认为信息就是告知的动作和内容，不是物质也不是能量。然而 Buckland 指出，作为过程或知识的信息都是无形的，具有个性化、概念化和主观性的特点，其交流必须依赖一定的物理表示方式，而这种有形的表示就是作为事物的信息。

从操作层面上讲，信息系统中实际存在的只能是这类信息，包括数据、文档甚至是实物和事件。数据是最宽泛的概念，指代一切存储的记录。文档拥有丰富的类型，除了图书、期刊等传统文字型文档，数字形式的图片、音视频、网站和应用也都属于文档的范畴。实物与文档存在一定的重合，比如说，具有物理形态的印刷图书也是实物，其目的在于传递信息；而博物馆里的化石、动植物标本虽然不是人工制品，但也传递了信息，为人们研究大自然提供了依据。事件是一种包含信息的现象，它本身是无形的，但是人们为其创建了各种各样的表示，如新闻照片和报道。

在阐释"作为事物的信息"时，Buckland 还提到了"证据"（Evidence）这个概念。法律证据是法律程序中所参考的信息，既要与案件相关，又要可以通过正当渠道获得。同样，人们在了解世界的过程中也离不开证据，即他们所看到的、所听到的、所读到的、所经历的，这些都是作为事物的信息，是人类理解现实的基础。作为事物的信息或证据都是客体，由人类对其进行理解、描述和分类，这种行为可能是正向的，也可能是负向的，如误解、反驳、隐藏、修改、伪造甚至是破坏信息[54]。

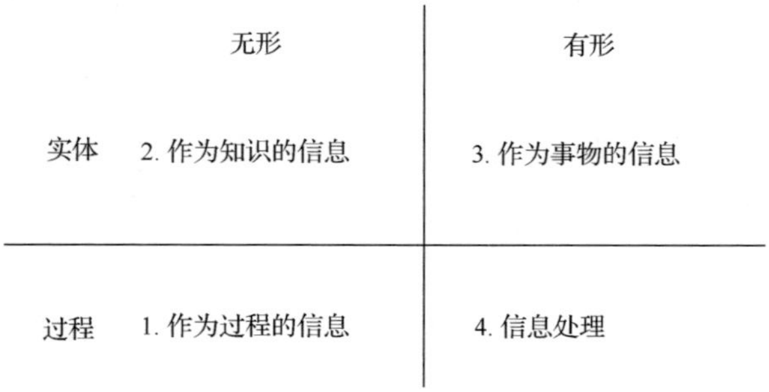

总的来说，在 Buckland 的三分法中，第三类信息是前两类信息的表示，是告知动作的手段，也是告知内容的载体。他还进一步根据"实体/过程"和"无形/有形"这两个维度对三类信息进行区分，如图 2.1 所示，其中位于第四象限的"信息处理"表示针对作为事物的信息开展的实际活动。

	无形	有形
实体	2. 作为知识的信息	3. 作为事物的信息
过程	1. 作为过程的信息	4. 信息处理

图 2.1　Buckland 的信息分类法

2.1.3　"环境-个人-社会"信息分类法

在探讨交流和信息之间的关系时，Ruben 对 Dervin 的信息三分法进行了深入的思考，更为透彻地诠释了三类信息的关系。他首先强调了交流和信息是密不可分的，交流是转化信息的交互过程，而信息是交流所带来的人为产物，接下来提出了"环境-个人-社会"的三分模型，即信息可以分为以下几种。

（1）一阶信息（Information$_e$）：外界环境中客观存在的原始数据、刺激因素、消息或线索，有待处理和利用。

（2）二阶信息（Information$_i$）：经过内化后可以为生命系统所用的信息，又被称为"认知图谱"、"认知方式"（Cognitive Schemes）、"语义网络"（Semantic Networks）、"个人建构"（Personal Constructs）等。

（3）三阶信息（Information$_s$）：受到社会或文化创造、协商、验证和认可的信息，组成了人类社会或其他社会体系的共享信息/知识库（Information/Knowledge Base）[55]。

很明显，以上的一阶信息和二阶信息分别对应于 Dervin 的客观信息和主观信息。Ruben 指出，对于低等生物来说，这两类信息几乎相互等同，例如，蜜蜂跳舞、蚂蚁群居、萤火虫发光等现象所传达的信息与其本质上的生物意义是一致的。然而人类能够通过象征性的语言来交流，比如说，举办奥运会象征着世界和平和人民友谊，这意味着独立存在于环境中的潜在信息与人们对其建构的意义是完全不同的，它们分别属于一阶信息和二阶信息。这两类信息的差别也解释了为何人们对相同事物会产生不同的看法，比如说，有人认为图书馆是一种信息系统，而在其他人眼里它只是一个工作学习的地方，这是因为每个个体都有自己的象征性语言，并且还会随着时间发生变化。

Dervin 的意义建构信息仅仅提出了从客观信息向主观信息的演进方向，而Ruben 的三阶信息则揭示了这种演进的具体机制。社会交流带来了关系、社群、组织、社区等元素，进而形成了社会体系；每个社会体系都具有独特文化特色的信息/知识库，即三阶信息，包括特有的知识、符号、交流模式、解释习惯及其他社会现实；人们为了取得并保持自己作为社会成员的资格，就需要掌握相应的三阶信息，这是一个通过交流实现的社会化过程，大众媒体、学校、图书馆、博物馆等机构在该过程中扮演了关键角色。

从图 2.2 可以看到，三阶信息的重要作用在于它

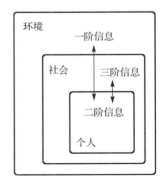

图 2.2　Ruben 的信息分类法

决定了一阶信息向二阶信息的转化方式。举例来说，马铃薯（Information$_e$）是东方人餐桌上的菜肴（Information$_i$），西方人却将其当作主食（Information$_i$），这就是不同社会的饮食文化（Information$_s$）差异所造成的。当人们习得或适应某种社会文化之后，他们会在个体行为中去验证、实践并传播相应的三阶信息。同时在将一阶信息转化为二阶信息的过程中，人们也会贡献三阶信息，也就是参与信息/知识库的社会构建。

2.1.4　"商品-数据-知识-过程"信息分类法

相关文献中对信息进行正式分类的还有 McCreadie 和 Rice 的"商品-数据-知识-过程"四分法，它与前面提到的"过程-知识-事物"分类法最为接近，实际上将"作为知识的信息"和"作为事物的信息"放在一起划分为了三类，同时认为信息是交流过程的一部分。

（1）作为商品/资源的信息（Information as Commodity/Resource）：可以生产、购买、复制、分配、销售、交易、操作、传递、控制的消息、商品等。

（2）作为环境中数据的信息（Information as Data in the Environment）：实物、人工制品、声音、味道、事件、视觉或触觉感受到的现象、活动、自然现象等。

（3）作为知识表示的信息（Information as a Representation of Knowledge）：文档、图书、期刊、视听资料等；信息的抽象。

（4）作为交流过程组成部分的信息（Information as Part of the Communication Process）：通过时空移动对世界进行意义建构这一过程中人类行为的组成部分[56]。

与 Buckland 的分类方法相比，该四分法表现出几个不同之处。首先，McCreadie 和 Rice 强调了信息作为商品或资源的经济价值，这有利于思考人们提供和消费信息的动机以及他们对信息价值估计的个人偏好，对于电子商务中建立信息价值的市场机制研究具有重要意义。其次，信息作为有形表示的角色得以进一步突出。"环境中的数据"和"知识的表示"对应着 Buckland 的实物信息。前者是事物的自然存在，虽然没有发生直接的交流，但是人们还是可以从中获取信息，从而实现偶然的、无目标的浏览；后者是以交流为目的的人为存在，如印刷图书是传统的知识表示形式，而人们又是通过目录、数据库、引文等信息的抽象来查找知识的。最后，McCreadie 和 Rice 认为信息是交流过程的组成部分，而不是交流过程本身，信息的意义取决于人，人类行为是理解这一过程的基础，时空、社会、个人等方面的因素都会在其中发挥一定的作用。

2.2　信　息　需　求

需求是能够引起人们思想和行为的一种内在动机状态,其作用方式类似于相信、怀疑、恐惧、期待等其他状态[57]。"想要"(Want)、"要求"(Demand)都是"需求"的近义词,但是经过仔细辨别,它们之间还是存在着一些差别:其他概念强调的是个人主观感受或欲望的满足,而需求则是指为了达成合理目标的客观需要。因此需求应该具有有用性、争论性和必要性等基本特征;值得注意的是,需求并不一定是一种心理状态,因为人们有可能并未意识到自己的真实需求[58]。

根据马斯洛的需求层次理论,人类需求由低到高依次分为生理需求、安全需求、爱和归属感、尊重和自我实现这五个层次[59]。信息需求是否属于人类的基本需求呢?广大学者对于这一问题各持己见,许多心理学家认为认知是一种基本需求,人类需要理解、分享自己通过各种感官感知到的一切,他们需要学习以满足好奇心,认知需求从本质上离不开信息[60]。而以 Wilson[61]为代表的信息搜寻行为领域的学者则认为信息明显区别于食物、庇护等决定人类生存的需求,应该属于次要需求。

信息需求是由于信息的缺乏而产生的需求,也是人类信息搜寻行为发生的前提。基于以上对信息概念的系统解析与分类,本节将围绕信息需求这一关键概念展开,选择相关文献中受到广泛引用的三种观点来阐释其内涵。

从 Taylor 的"寻求答案"观点来看,信息需求可以分为以下四个层次。

(1)本能需求(Visceral Need):尚未用语言表达出来的实际信息需求。

(2)意识需求(Conscious Need):大脑已经意识到的信息需求,可以用模糊或是无序的语言表出来。

(3)正式需求(Formalized Need):成形的信息需求,可以用有条理的、有逻辑的语言表达出来。

(4)折中需求(Compromised Need):信息来源所能提供的信息与初始需求之间的折中[62]。

以上观点是最早也是最受认同的信息需求概念框架,它包含了信息需求不断演化的四个阶段(如图 2.3 所示),而不是信息需求的四种类型。实际上,Taylor 是以图书馆咨询服务为背景来研究信息需求演化的。用户来到咨询台向馆员求助,他需要说明自己希望找到什么,也就是提问,这时双方的交流开始了。最初,用户只是隐约感到不满意,还无法提出问题,其信息需求极有可能受到外界影响,在形式、质量、重要性、具体程度上不断发生变化。然后,用户在犹豫不决中对问题形成了一个并不太明确的心理描述,但是他可以借此与馆员交谈以调整聚焦点,并且希望后者能够明白自己的意思,在交谈过程中逐步消除模糊性。接下来,用户可以利用具体的术语来描述自己的困惑,但是他的问题可能并未考虑到信息源的限制。最后,用户需要根据信息源所能提供的信息重新提问，他们必须考虑哪些资源是可以获得的以及这些资源是如何组织的。在该过程中，用户的提问需要依次经过一系列过滤器：主题的确定、目标和动机、提问者的个人特征、问题描述与信息源结构的关系以及期望的或可以接受的答案[63]。

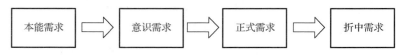

图 2.3　Taylor 的信息需求概念框架

　　Taylor 的信息需求概念框架首次认识到本能需求的存在，有时人们表达出来的需求可能不同于感知到的需求，他们最后获取的信息也可能并不是最初想要的。从本能需求到意识需求、再到正式需求以及折中需求，这是一个有向的结构化交流过程，取决于交流双方的能力和知识水平，问题和答案之间是可以相互影响、相互塑造的，真实反映了人类信息需求的产生和形成规律。

　　从 2.1.1 节可知，人们从外界吸收信息并将其融入自己已经拥有的信息，从而实现对世界的意义建构。Dervin 的贡献不仅仅在于区分了外在、内在和意义建构信息，她还提出了基于"意义建构"观点来理解信息需求。Dervin 认为，需求是发生在人们身上的一种状态，他们需要填补某种空白，而信息需求则意味着用以填补空白的东西是"信息"。每个人都是意义建构者，这是人类的天性，但是人类的感知器官受到大脑的控制，因此观察到的世界会受到心理想象的约束，任何人都只能观察到真实世界的一小部分。人们对自身所处情境产生的问题就是信息需求，他们脑海中存在着很多这样的问题。当旧的感知耗尽，他们就会对当前的情境产生新的问题。由于每个人都处于不同的时间和空间，他们所需的信息各不相同，因此其信息需求也具有个性化的特点[64]。这种理解在更抽象的层面上解释了信息需求的产生，并不局限于当时比较流行的图书馆、电视、报纸等信息源，更适合于"日常生活信息搜寻"（Everyday Life Information Seeking）的场景。

　　除了寻求答案和意义建构，还有一批学者采取了"降低不确定性"的观点。20世纪 40 年代的"信息理论"（Information Theory）使人们普遍认识到信息与不确定性的关系[65]。到了 70 年代，降低不确定性已经被看作是信息搜寻的根本动机。在大众传媒领域，Atkin 对信息需求的定义比较具有代表性：信息需求是外在不确定性的函数，不确定性源自于个体对重要环境对象（人、事物、事件等）的确定程度与他期望达到的标准状态之间的感知差异。对于重要的对象，人们已经知道的和他们想知道的可能存在差异，因而他们总是在比较当前的知识水平和理想的目标状态，如果感知到不确定性，就会产生信息需求，进而做出信息搜寻的行为[66]。

在信息行为领域，Belkin 的"异常知识状态"（Anomalous State of Knowledge, ASK）假设具有广泛的影响力。根据 ASK 假设，用户对特定主题或情境的知识状态可能出现异常，即他们意识到自己当前的知识状态不足以实现目标或解决问题，从而引发了信息需求。实际上，ASK 涵盖了 Taylor 的本能需求和意识需求，其最显著的特征在于用户无法明确表达自己的信息需求[14]。信息检索系统的作用就是帮助用户消除 ASK，有的 ASK 是可以利用最佳匹配机制消除的，但是也存在该机制不适用的 ASK，比如说系统不理解用户对需求表达或是有的需求本身就无法在认知层面清楚表达。因此，基于 ASK 的信息检索系统应该是交互式的，能够支持用户直接对检索结果进行评价以确定是否需要改进需求表达和检索策略[67]。

Kuhlthuau 在著名的信息搜索过程模型（Information Search Process Model）中也指出，不确定性是一种造成焦虑和缺乏自信等情感症状的认知状态，经常出现在搜索过程的初始阶段，不确定、疑惑、挫败感等感受往往与模糊的、不清晰的思维联系一起，用户希望在整个搜索过程中从不确定走向理解，但是期间也会经历不确定性的波动，直到形成阶段才会逐渐以自信取代不确定[68]。此外，Ingwersen[69]、Jones[70]、Rijsbergen[71]等也纷纷强调不确定性是信息检索的重要特征，从认知角度理解信息离不开这个概念。

2.3　信　息　搜　寻

从 1.2 节可知，20 世纪 70 年代以前，研究人员对信息搜寻现象的探讨大多采用"使用"这一术语，例如，人们如何使用图书或图书馆，其本质上是研究人们如何通过图书或图书馆搜寻信息。虽然"信息搜寻"自 70 年代开始在相关文献中普及开来，但是时至今日其内涵的理解中还存着诸多模糊之处，图书情报领域的学者倾向基于信息需求来定义信息搜寻。早期 Feinman 等的定义就表现出这种特征——信息搜寻是"人们专为满足信息需求而做出的特定行为"[72]。Wilson 也明确指出信息搜寻行为源自用户对信息需求的感知[61]。Krikelas 将信息搜寻行为定义为"人们为了识别满足感知需求的信息而从事的活动"，其中信息是任何可以降低不确定性的刺激物，需求是对个人、工作、生活等方面存在不确定性的认识[73]。

在研究不同媒体上的信息搜寻行为差异时，Zerbinos 总结了信息搜寻发生的两种情况：一种是为了丰富长期记忆中存储的知识，人们对相关信息产生了兴趣以及获取信息的动机；另一种是人们发现自身知识出现缺口，因而有必要获取新的信息。此外她还提到，人们暴露于信息之下可能是有目的的，也可能是无目的的，即信息的获取分为主动和被动两种方式，不论是哪种方式，第一步都是注意唤醒（Attention Arousal），然后获得的信息要么进入短期记忆后被迅速忘却，要么保留在长期记忆中供以后使用[74]。这一观点对之后的信息搜寻界定工作产生了较大的影响，因为进入 90 年代中后期，主流定义中都普遍出现了一个关键词"有目的"（Purposeful、Purposive）。

（1）Marchonini：信息搜寻是人类为了改变知识状态而有目的参与的过程，这一过程与学习和解决问题密切相关[75]。

（2）Johnson：信息搜寻可以定义为从选定的信息载体中有目的地获取信息[76]。

（3）Wilson：信息搜寻行为作为需求的结果，是为了满足某个目标而有目的地搜寻信息。这一过程中，人们可能与人工信息系统（如报纸、图书馆）或计算机系统（如网络）发生交互[1]。

（4）Spink 和 Cole：信息搜寻是信息行为的一个子集，包括有目的地搜寻与目标相关的信息[77]。

以上学者对信息搜寻行为目的性的认识具有十分重要的意义，这意味着除了信息搜寻行为之外还存在无目的的其他行为。因此，Wilson 利用"信息行为"（Information Behavior）这一术语囊括了这两种情形：信息行为是与信息源和信息渠道相关的人类行为的总和，由主动和被动的信息搜寻以及信息使用共同组成。因此，信息行为既包括与他人面对面的交流，又包括被动地接收信息（如收看电视广告），人们没有对这种信息采取行动的意图[1]。

可以注意到，Wilson 对信息行为的定义中还出现了"信息使用"（此概念将在2.6 节作进一步阐释）。与之不同的是，Case 在理解信息行为时并没有考虑使用这个方面，而是另外提到了"信息规避"（此概念将在 2.7 节作进一步阐释）：信息行为包括信息搜寻和其他所有无目的或被动的行为（如瞥见信息、偶遇信息）以及并不涉及搜寻的有目的行为，如主动地规避信息[78]。

简单来说，信息搜寻是为了满足信息需求的有目的行为，这种理解已经获得了普遍认可。然而信息搜寻行为研究涉及的学科非常广泛，除图书情报外还包括传播学、医疗健康、营销学等，这些学科对"信息搜寻"术语的使用并不统一，有的研究人员将其与"信息搜索"（Information Search）、"信息获取"（Information Acquisition）、"信息实践"（Information Practice）等互换使用。例如，Kuhlthau 在构建信息搜索过程模型时实际上研究的是信息搜寻过程，而 Marchionini 的信息搜寻过程模型实际上反映的却是以查询式和结果为特征的搜索过程。2.4 节将会对搜索和搜寻的区别进行辨析。从字面含义来看，搜寻和获取也是存在差别的，前者特指人们查找信息的企图或尝试，这种尝试可能成功也可能失败，如果成功，即找到了所需信息，就可以获取它，因此"获取"强调了搜寻到的信息是可以捕获或拥有的。此外，"信息搜寻"常见于美国的相关研究，欧洲和加拿大学者更习惯采用"信息实践"（此概念将在 2.9 节作进一步阐释）这一术语。

2.4　信 息 搜 索

　　"搜索"（Searching）也经常与搜寻互换使用，尤其是在以网络搜索引擎为背景的研究中。然而实际上，搜索只是搜寻的一个子集，或者说搜索是搜寻的一种方式[1,79]。Wilson 在区分信息行为、信息搜寻行为等概念时也特别提到信息搜索行为，这是"人们与各种信息系统发生交互时的'微观'行为，包括所有的人机交互（如使用鼠标点击链接）和思维层面的交互（如采取布尔搜索策略或确定从图书馆书架接近位置选取的两本书中哪本更有用），此外还涉及一些心智活动，例如，判断检索到的数据或信息的相关性"[1]。可以看出，信息搜索与信息检索（Information Retrieval）的关系更为密切，两者都基于"查询式-结果"机制[80]。尽管如此，检索通常指"已知"对象经过人为组织后再供用户"获知"的过程，这是从系统角度形成的理解；而搜索更具有人本导向和开放性的特点，作为一种人类行为表征强调知识获取的过程。

　　搜索可以进一步分为查寻式（Look-up）搜索和探寻式（Exploratory）搜索。查寻机制的核心在于用户提问式与被检索文档集合索引之间的匹配[16]。基于这个模型，具体的查询式能够带来准确的结果，几乎不需要用户对结果进行评价或比较[81]。查寻模型对现实世界中的许多情况并不适用，因为用户可能对搜索目标所涉及的知识领域并不熟悉，或者不清楚如何才能达到目标，又或者目标本身就不太明了。演进式搜索[16]、交互式信息检索[82]、认知信息检索[82]、信息觅寻[83]等理论都认为大多数搜索都具有探索性，即以用户为导向的非线性搜索。探寻式搜索过程是以查询（Querying）和浏览（Browsing）的相互融合与交替为特点的[81]：查询是一种分析式策略，主要围绕查询式的构造展开；浏览则是一种启发式策略，主要针对搜索结果的查看[75]。

2.5　信 息 偶 遇

　　信息偶遇，是区别于信息搜寻的另外一种获取信息的途径。搜寻强调了行为的目的性或主动性，而偶遇恰恰处于其对立面，是一种无目的的或被动的行为。在现实中，搜寻所带来的信息非常有限，Bates 曾估计人们获得的所有信息中超过 80%是在日常生活中遇到的，当信息出现在身边时将其捕获[79]。在信息爆炸的网络时代，移动设备的普及和社交媒体的兴起加快了信息的生产和传播，高速发展的物联网和可穿戴设备将现实世界与网络空间融合起来，更多的信息以及更多的信息访问途径将信息的可获得性提升到前所未有的高度，每个人随时随处都可能偶遇信息[84,85]。

　　信息偶遇概念的发展也经历一个漫长的过程。在英文中，表达信息偶遇概念的术语非常丰富。Bernier 早在 20 世纪 60 年代就认识到"意外发现"（Serendipity）对于信息获取的价值[86]，70 年代 Wilson 提出"偶然信息获取"（Incidental Information Acquisition，IIA）表示人们在从事某项活动时偶然地获得了对自己有用的信息[87]，与之类似的还有 80 年代 Kirkelas 的"偶然信息收集"（Casual Information Gathering）[73]。直至 1995 年，Erdelez 在博士论文中正式提出"信息偶遇"（Information Encountering，IE）的概念，开启了信息行为研究的新方向。她将信息偶遇定义为计划之外或意料之外的信息获取，其特征主要表现为用户在信息查找过程中的低参与或无参与以及对所获得信息的低预期或无预期[28]。此后，研究人员还使用了其他相关术语，例如，"偶然信息获取"（Opportunistic Acquisition of Information，OAI）[29]、"偶然信息发现"（Accidental Discovery of Information，ADI[88]、Opportunistic Discovery of Information，ODI[89]）、"巧遇"（Chance Encounter）[38]、"信息搜寻中的意外发现"（Serendipity in Information Seeking）[90]、"意外信息检索"（Serendipitous Information Retrieval）[91]等。

以上术语虽然都与信息偶遇概念密切相关，但是它们之间还是存在一些细微差别。在使用更为普遍的术语中，Serendipity、OAI、IIA 都认为偶遇到的信息应该是有价值的；IE 则暗含了偶遇发生在信息搜寻这一特定背景之中，也就是说用户在进行搜索或浏览等前景任务时偶遇到信息；ODI 和 ADI 则没有限定偶遇的发生背景，均表示广义上的信息偶遇。除了各术语含义上的差别外，学者们对于信息偶遇的特征也持有不同见解。Erdelez 强调的是低参与和低预期这两个特性[28]，Makri 认为意外性、洞察力和结果的价值是反映偶遇经历的三个维度[92]，McCay-Peet 和 Toms 指出偶遇需要人们对以往看似无关的信息进行双向关联[93]。

2.6　信息使用

无论是主动的信息搜寻还是被动的信息偶遇，获取的信息终将为人们所使用。信息使用（Information Use）是人们将信息融入个人既有知识基础的过程，既表现为物理活动，如做笔记、标记重点，又表现为心理活动，如思考、比较、推论等认知处理[1,94]。Dervin 认为，信息使用是人们对非连续性现实进行意义建构的过程，可以分为内部信息使用（比较、分类、分极）和外部信息使用（倾听、赞同、反对）[77]。Rich 将信息使用分为概念性使用和工具性使用，前者能够改变人们理解或思考的方式，后者能够带来一些可以观察到得到的行为变化[95]。在 Taylor 的分类当中，信息的无形功能与概念性使用相对应，起到告知、指示、阐明、交流的作用，而信息的有形功能与工具性使用相对应，能够触发行动和反应[96]。

信息使用行为能够揭示信息获取的结果，即信息是否满足了人们的需求、是否在任务或决策中得到了应用以及是否改变了人们的认识[97]。然而与信息搜寻、搜索、偶遇这些信息行为相比，信息使用行为的研究并不充分。如前所述，早期"使用"这一术语常见于信息搜寻研究，但它所指的并不是信息的使用，而是信息源或信息渠道的使用。Spink 和 Cole 将信息使用与信息搜寻、搜索以及意义建构和日常生活信息环境整合起来，认为信息使用在某种意义上渗透到了所有的信息维度，人们对信息的使用就是为了改变自己的行为，从而在环境中获得生存，这也符合进化心理学的理论[77]。

2.7　信息规避

信息规避指的是避免或推迟获取可以得到却又不想要的信息，具体可以表现为主动远离可能揭露信息的人或事，或者只是没有采取必要的行动了解信息内容[98]。信息行为领域对信息规避的研究最早可以追溯到两个理论模型对规避现象存在的暗示。Wilson 的信息行为模型在"需求-搜寻-满足"环路中引入了"压力/应对理论"，考虑到有的信息需求可能因为给人带来压力而并没有触发信息搜寻行为[13]。Johnson 和 Meischke 的信息搜寻综合模型本身就是基于癌症相关信息搜寻的研究背景而产生的，其中包含"重要性"和"信念"这两个先决变量：如果人们没有意识到信息可以应用于自己所面临的问题，或是认为问题无法解决或代价高昂，这将阻碍他们开展信息搜寻活动[40]。

Case 等将规避作为与搜寻相对的概念来探讨并指出，信息搜寻是为了降低不确定性，但是人们有时会故意保持甚至增加不确定性，以避免知晓所造成的心理不适感，规避、忽略或拒绝信息是人类行为中的异常现象，焦虑和害怕的感觉以及自我效能感和外控倾向与规避行为密切相关[39]。为了研究信息规避的特征，Narayan 等通过日记法采集了人们日常生活中的信息相关活动，并基于扎根理论分析区分了两种规避行为。一种是主动信息规避，指的是在短期内规避某些具体信息（主要涉及个人健康、财务、人际关系等问题），这些信息通常给人造成情感上的压力，而规避可以视作一种应对手段。另一种是被动信息规避，即对抽象信息（主要涉及世界观、宗教信仰和政治观点等方面）的长期规避，这些信息往往是无意中出现的，由于无法避免信息偶遇，只能拒绝处理偶遇到的信息[99]。

2.8　信息素养

"信息素养"（Information Literacy）的概念最早是由 Paul G. Zurkowski 于 1974 年提出的，他认为具有信息素养的人应该掌握利用各种信息工具和主要信息源为问题寻求解决方案的方法和技能[100]。在信息时代，信息素养是人类在从事日常生活和工作的各项活动时所需要具备的一项基本能力，即应该知道何时需要信息，并且能够有效地识别、查找、评价以及使用信息以解决当前面临的问题。为了促进信息素养教育，世界各国相继制定了信息素养标准，除了基本的信息获取能力外，这些标准还指出信息意识、信息伦理、知识应用与创新的重要性[101]。信息素养教育的目标不仅仅在于获取"信息时代"技能，也有利于实现心智习惯的培养和社会实践的参与[102]。

目前，研究人员对信息素养的探讨大多集中在教育背景下，而信息搜寻研究则广泛涉及工作、教育甚至日常生活等各种背景[103]。但是两个领域在研究方法上却比较相似，比如说信息搜寻研究会调查人们如何利用搜索引擎查找信息，而信息素养研究则对人们利用搜索引擎查找信息所需具备的能力感兴趣。对于老龄人群这样特殊的用户群体来说，有目的的信息搜寻可能会不断减少，取而代之的是偶然的信息获取，这对于信息素养实践形成了重要的启示，有必要将重心从信息源交互转移到社会网络和交流[104]。总的来说，信息素养实践与信息搜寻研究之间存在着密不可分的关系，可以认为两者是一枚硬币的两面——信息搜寻研究可以为信息素养提供理论依据，而信息素养实践为信息搜寻研究赋予了背景和目标[105]。

2.9　信　息　实　践

信息实践理论的产生可追溯到 20 世纪 80 年代，社会学、人类学的学者都纷纷意识到人们是在日常生活中不断学习并动态创造知识的[106-108]，"实践社区"概念关注的正是人们如何在协作中学习、分享信息并交流意义、价值和目标[109,110]。在信息科学中，信息实践是一个非常注重社会背景的研究分支[111]。Tuominen 等从社会建构论的角度指出，信息实践强调信息搜寻和使用过程具有社会性和互动性，而不仅仅基于个人的观点和动机[112]。实际上，社会性是所有人类实践的基本属性，它来源于社会成员之间的交互，与信息行为研究以个体活动、动机、技能为中心不同，信息实践研究将个体看作处于不同的群体和共同体的成员[112]。基于这一立场，信息实践具有三个特征：实践具有重复性和规律性；实践离不开其发生的背景；实践是所有群体成员所从事的经常性活动[113]。

McKenzie 根据社会建构方法识别多种与主动搜寻和主动浏览相关的信息实践，例如，制作清单、主动提问、追踪过程等。她认为信息实践的概念范畴要比信息搜寻、信息行为更为广泛，甚至还包括不采取行动或不通过代理获得有用或没用的信息，因而此概念应该获得更多的使用[114]。Talja 和 Hansen 也对信息实践的概念进行了详细阐述，他们强调信息实践牢牢地嵌入在工作和其他社会实践中，是与信息搜寻、检索、过滤和综合相关的实践，信息搜寻和检索是社会实践的重要维度，因为接收、解释、索引信息是人们在工作任务和日常生活的常规部分[115]。然而，Savolainen 认为信息行为与信息实践是互补的两个概念，行为研究利用的是心理学的传统，而实践的概念化更多依赖社会学和社会哲学。Wilson 则进一步指出，信息行为应该是最顶层的概念，囊括了所有的行动、实践和活动[116]。

2.10　本 章 小 结

本章围绕信息搜寻行为，对其相关概念进行深入浅出的介绍。首先对影响广泛的四种信息分类体系进行详细阐述，归纳了四种信息分类体系之间的联系和区别；接着对需求进行辨析，强调需求相比于它的近义词，更具有用性、争论性和必要性，并围绕信息需求这一关键概念展开，选择相关文献中受到广泛引用的三种观点来阐释其内涵；然后具体介绍信息搜寻概念的演变，由于涉及信息搜寻行为研究的学科特别广泛，不同学科领域对"信息搜寻"这一术语的使用并不统一，本章辨析了不同学者对它的理解和定义，并围绕着"信息搜寻"介绍并辨析与它释义相近的术语，包括信息搜索、信息偶遇、信息使用、信息规避、信息素养、信息实践，事实上，信息搜寻与这些术语之间的界定并不明晰．在特定条件下，一些术语可以交换使用。

第 3 章　信息搜寻行为相关模型

20 世纪 80、90 年代一系列信息行为经典模型的诞生，为过去 30 年的信息搜寻行为研究提供了必要的理论基础。理论和模型是两个密切相关的概念。理论是由假设、原理和关系组成的体系，用于解释特定的现象。理论的建立一般需要经历描述、预测和解释这三个阶段，即首先了解所研究的现象，然后预测与该现象有关的过程、顺序或关系，最后形成对现象的解释，也就是理论。模型在现象的描述和预测阶段能够起到重要的作用，它就像一个"测试装置"，可以通过观察进行验证[117]。信息搜寻行为相关模型为研究人员思考信息搜寻现象提供了基础框架，它们以图表的形式做出陈述，旨在表现信息搜寻活动的前因后果以及各阶段的相互关系，并且为行为变化的预测提供理论依据，也为行为改进提供策略指引[118,119]。

3.1　方法论模型

方法论模型指的是从哲学的高度去理解整个信息搜寻行为的抽象框架，Dervin 的意义建构（Sense-Making）模型[120]和 Wilson 的问题解决（Problem-Solving）模型[118]属于此类，它们都试图提供一种探索信息搜寻过程的方法论，但并不涉及具体的行为模式。

Dervin 的意义建构方法是一种用于理解交流、信息和意义的人为概念工具，可以对有序而又混乱的现实进行意义建构，而不仅仅是一个信息搜寻行为模型。意义建构理论的核心假设是缺口（Gap）的存在，即实际情形和理想情形之间的差距。每个人都是通过时间和空间移动的实体，利用桥梁填补空白，得到特定的结果。Dervin 最初采用三角形来展现情境、缺口/桥梁、结果这三者之间的关系如图 3.1（a）所示，后来采用的搭桥比喻则更为直观（如图 3.1（b））。对于信息搜寻行为研究来说，意义建构理论的价值主要在于其揭示了信息搜寻行为的三大本质要素：带来信息需求的问题情境、通过获取信息填补缺口的搭桥过程以及使用信息后的结果。

很多研究都引入意义建构理论作为理论框架，例如，在健康领域，个人的健康状态会影响健康信息的需求、搜寻和使用，情境和个人努力程度会影响信息需求和信息搜寻，个人心理因素与信息需求显著相关,而信息需求和信息搜索显著相关[121]。意义建构是协作性工作的一个重要方面，尤其是在消防救援[122]、健康医疗[123]等高依赖性、时间关键的领域[124]，其本质是协作成员找到彼此间的纽带以合力搜寻用于完成共同目标的信息。协作式意义建构面临着一些挑战：首先是信息的排序，团队成员是否共享信息取决于他们对信息与需求之间的相关性的判断，不同成员对相关性有不同理解；其次，在合作式信息搜寻中，意义构建强调结果以及多位成员参与过程，即生成的轨迹；此外，成员的信息活动意识会不断发生变化，维持活动意识也是应该注意的问题[124]。

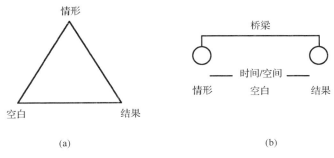

图 3.1　Dervin 的意义建构模型[120]

在方法学上，意义建构理论的应用主要涉及研究问题框架设计、问卷设计以及分析与结论[125,126]，其中最具有影响大的是意义建构理论与传统访谈方法结合而成的关键决策点时序访谈法（Micro-Moment Time-Line Interview），此方法强调研究人员必须按照情境、缺口和结果这三个要素对受访者的整个意义建构过程完成访谈与分析[127]。此外，中立提问（Neutral Questioning）也是一种以意义建构为指导的人际沟通策略[120]，它是指以访谈者为导向的沟通原则和提问策略，通常从缺口出发，循序渐进引导受访者描述相关情境和结果。Smith 利用关键决策点时序访谈法分析了图书馆在新生儿母亲进行信息搜寻过程中的作用，并分析了信息搜寻和情感之间的关系。该研究的受访者将信息缺口、来源、情感写在事先准备的不同颜色的卡片上，研究人员则选取了 10 名受访者对其进行关键决策点时序访谈。结果表明，在与喂养有关问题上，医生等专业人士可能不会提供奶瓶喂养的相关信息，家人、朋友、其他母亲则是新生儿母亲获取信息的重要来源，而图书馆也可为她们提供获取和分享信息的社区空间[128]。

Kari 指出，Dervin 的意义建构模型在逻辑上是存在问题的，因为该模型并未对每个要素分配权重，但实际上这些元素的权重并不都是相同的。比如说，情境相对于其他要素而言，它不仅是模型本身的组成部分，同时也是意义构建发生的背景，因此 Kari 认为意义建构过程应该如图 3.2 所示[129]。在意义建构理论提出后的 40 多年时间里，Dervin 本人也在不断对理论进行丰富——从 1983 年的建构方法[120]、1994 年的共同体[130]到 1998 年的动词论[131]、1999 年的后建构主义或后现代主义[126]。该

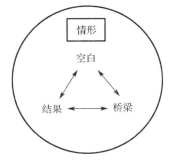

图 3.2　意义建构过程[129]

理论的应用已从图书情报学延伸至大众传播、公共宣传与政策制定、健康医疗、人机交互以及电子商务等领域，为研究人员提供了一种以用户为导向的方法。意义建构理论几乎适用于各种类型的情境，研究对象可以是任何类型的实体，具有普适性。

与 Dervin 的观点有所不同，Wilson 认为信息搜寻是由不确定性（Uncertainty）引起的，而不确定性又来自于人们所面临的问题，因此解决问题、消除不确定性是信息搜寻的根本目的。不确定性是造成焦虑和不自信等情感表现的认知状态，是信息搜寻中普遍存在的负面因素。Wilson 将问题解决过程划分为四个阶段，包括问题的识别、问题的定义、问题的解决和解决方法的陈述。每个阶段都对应着一定的目标：第一和第二阶段分别是为了确定问题的类型和本质，第三和第四阶段则分别是为了找到和展示问题的答案。从一个阶段到下一个阶段的转换是以不确定性的降低为前提的，如果某个阶段未能消除相应的不确定性，人们就需要回到上一阶段采取进一步的行动。这一问题解决过程如图 3.3 所示。Wilson 指出，如何消除不确定性是整个过程中最重要的问题，而这正是下面将要介绍的 Ellis 和 Kuhlthau 模型旨在解决的问题。

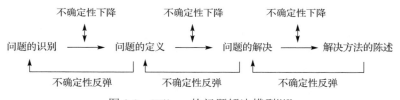

图 3.3　Wilson 的问题解决模型[118]

Wilson 等曾利用问题解决模型描述学术用户信息搜寻活动，将不确定性作为理解用户行为的一个重要变量。他们发现，用户的性别、年龄、学科等个人背景因素不会影响不确定性的程度，同时学科也不会影响用户对问题解决状态的识别，但问题状态的不确定性程度与用户的先验知识相关。随着问题状态的改变，不确定性也会发生改变；用户掌握的知识越多，不确定性程度越低[132]。

将信息搜寻活动中的不确定性整合到任务技术匹配模型（Task-Technology Fit Model）中可以用来评估互联网作为信息源的表现。整合的任务技术匹配模型主要考虑任务特征中的不确定性，认为互联网使用过程中的不确定性是可以测量的，降低不确定性与互联网使用的感知绩效正相关，任务技术匹配因素正向影响感知绩效。Dambra 和 Wilson 以与旅游相关的互联网使用为背景对该模型开展实证研究发现，互联网作为信息源，对用户绩效感知具有重要的调节作用，因此在设计服务时应尽量满足用户行为的目标导向要求，通过降低不确定性使问题得到解决[133]。

Spink 整合了日常生活背景下的意义建构、信息觅寻和问题解决观点，得到一个信息行为综合模型。该模型将信息行为置于更为广泛的人类行为中，将三种观点对应起来，其中问题解决主要关注认知-社会问题引起的个人信息搜寻过程，日常生活信息搜寻关注人们在信息行为过程中如何进行意义建构，信息觅食则是从演化的角度看待人类信息行为[134]。与 Dervin 的意义建构模型一样，Wilson 的问题解决模型也通常被当作方法论模型，也就是将信息搜寻行为放在问题解决的框架下来研究。该模型的应用范围涉及众多学科领域，包括健康医疗、电子商务、信息传播、人机交互、教育学、心理学等。

3.2　Krikelas 的信息搜寻行为模型

1983 年，Krikelas 构建了首个聚焦于信息搜寻行为的理论模型，具有十分重要的历史意义。当时他就特别强调了不确定性的作用，认为人们搜寻信息是因为意识到自己处于一种不确定的状态而试图将这种状态降低到可以接受的水平，工作或生活中的特定事件都可能带来不确定性。Krikelas 的模型（图 3.4）包含了三种行为活动：信息收集、信息给予和信息搜寻。信息收集指的是接受刺激物并将其存储起来以便需要时记起的活动，这种活动可能带有一定的目的性，如持续关注某科学领域内的最新研究进展，也可能是偶然的、缺乏方向性。信息给予则是指传播以书面、口头、可视化、可触知等形式交流的信息，这种活动可能发生在信息收集和信息搜寻的过程之中[73]。

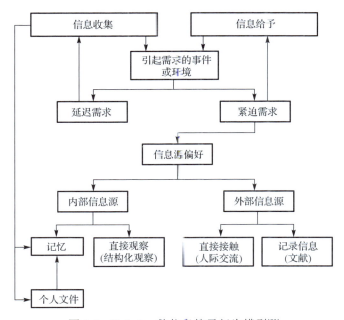

图 3.4　Krikelas 的信息搜寻行为模型[73]

　　从图 3.4 可以看出，人们在现实世界中所经历的很多事件或环境都可能引起信息需求，信息收集旨在满足延迟需求，而需要即刻满足的紧迫需求则有赖于信息搜寻。信息搜寻从选择合适的信息源开始，包括内部信息源和外部信息源。内部信息源即个人自身，实际上人们解决很多问题所需的信息都已经存在于自己的记忆中，各种各样的个人文件系统能够起到加强记忆的作用；另外人们也可以通过观察外界收集信息，由于未与他人发生交互，因而这也属于内部行为。外部信息源则是指他人，既包括直接的人际交流，又包括通过某种记录媒介（如传统的图书、期刊）交流信息；人们往往更倾向于前者，即将自己认识的、容易接触到的以及具备足够知识的个人当作信息源，只有当这些信息源无效时才会考虑后者。然而如今技术的发展已经模糊了这两者之间的界限，人们可以面对面或是利用电话、即时通信软件进行实时对话，也可以在短信、电子邮件、社交媒体中留言，同时实现了交流和记录的双重目的。

　　以上模型作为早期的信息搜寻行为模型，表现出简化和线性的特点，13 个组成部分由单项箭头相连接，以行为分类为主，并未涉及行为的具体细节或影响行为的诸多因素，而且可能更符合学术研究背景或工作导向型背景中信息搜寻的情况。而该模型也有两个特别之处，它一方面将不确定性看作是信息搜寻的诱因，另一方面突出了人类（包括个人自身和他人）作为信息来源的重要性，而不是其他模型所关注的正式信息系统。

　　Krikelas 的信息搜寻模型是图书情报领域中第一个考虑信息需求和不确定性的相关模型[135]。该模型较早被应用于医学领域的信息搜寻研究，作为探讨心血管护士附加信息搜寻行为的框架模型，附加信息是指不能从记忆中提取而需从计算机获取的信息，包括病人详细数据、机构信息、专业知识以及程序信息。心血管护士获取附加信息的外部信息源包括来自其他人的口头信息、书面文件或记录、电脑或监视器等设备[136]。

　　此外，该模型还被用于青少年的健康信息需求分析，引起需求的事件包括基础医疗保健、急诊、生殖健康、饮食与运动、诊断与说明、成长等。感知需求、搜索信息、发现信息、使用信息是人们获取信息的 4 个步骤。青少年会根据疾病的严重程度，使用不同的信息源来满足健康信息需求。紧迫需求表示直接搜寻与健康状况相关的信息，如搜寻治疗相关的信息；延迟需求则对应影响长期健康或是好奇心驱使的健康信息搜寻。对于紧迫需求，青少年会直接求助家人或医务人员；对于延迟需求，他们会选择移动设备作为信息源，当移动设备不能满足需求时，他们才会转而求助老师、家人或医务人员[136]。此外，该模型也被用于指导研究方法的设计，例如，调查问题的设计[136]。

　　该模型具有简化和线性的特点，要素之间的关系并不复杂，但 Henefer 和 Fulton 认为将"环境"作为所有要素的外部因素而非决定因素并不合适，信息给予和信息源偏好应该综合考虑，同时信息收集者的个性特征也会影响整个搜寻行为，但并没有包含在模型中[137]。此外，该模型是针对日常生活信息搜寻建立的，但实际上更适用于进行收集信息的学生或专家。模型中也缺少反馈循环，没有显示信息搜寻的过程，也没有考虑到信息搜寻结果不理想的情况。更重要的一点是，原模型中的外部信息源仅包括直接接触和记录信息，但随着网络媒体的出现和普及，外部信息源的范围也在不断扩大，直接接触既包括面对面的交流，也包括电话、电子邮件等，记录信息也可实现实时传播，与内部信息源下的直接观察难以区分，这在一定程度上限制了该模型的应用范围[138]。

3.3　Bates 的信息搜寻模式模型

在长期的信息搜寻行为研究中，Bates 最为关注的是行为模式方面，即用户在信息搜寻过程中所采取的可以相互区别的有形策略和方式。早在 1989 年，她就针对当时人们所推崇的经典信息检索模型（图 3.5）提出了"演进式搜索"（Evolving search）理论[16]。前者的核心观点在于用户查询式与文档表示之间的匹配，体现了信息检索中最简单、最基本的查寻机制；也就是说，用户的信息需求是"已知条目"，可以用一个具体的查询式来表达，经过与被检索文档索引的匹配会输出一组结果，只要查询式足够准确，结果就足够满意，几乎不需要用户再对其进行评价或比较。

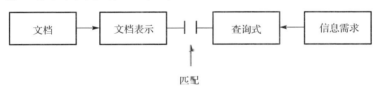

图 3.5　经典信息检索模型[16]

然而，演进式搜索理论颠覆了这种观点，Bates 指出了真实搜索的两个重要特征。一方面，用户的查询式是在不断变化的，而且可能不止停留在用语的修改上，因为搜索时遇到的新信息会给他们带来新的想法，其信息需求也会发生动态的演进。另一方面，用户的信息需求并不是由一组最优结果来满足的，他们会在检索的每个阶段采集到一些有用的信息，将这些信息碎片串联起来才能实现总体的检索目标。形象地说，演进式搜索遵循了"一次一点"的采莓（Berrypicking）模式，如图 3.6 所示。采莓可以理解为反复查询，每次查询可能带来一些有用的文档或信息，为用户提供各种各样的线索，帮助他们通过不断思考实现查询式和搜索过程的双重演进。将所有的查询连接起来会产生一条曲折向前的路径，该路径可能包含重大的转折，但是一般不会超出用户所感兴趣的知识范畴。

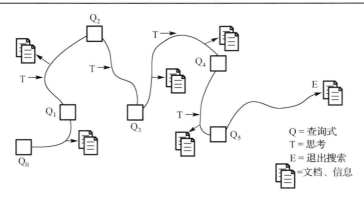

图 3.6　Bates 的演进式搜索采莓模型[16]

在描述采莓模式时，Bates 还特别将其与浏览（Browsing）模式区分开来。信息搜寻相关文献中对浏览的界定一直都存在着一些分歧，有人认为浏览与搜索相对，具有不确切性和探索性，也有人认为浏览是搜索的重要组成部分，甚至将其称为半结构化搜索（Semi-Structured Searching）。Bates 同意将浏览看作是独立的信息搜寻模式，搜索系统的设计应该考虑支持多种模式。后来她专门创建了信息搜寻模式模型（图 3.7），基于主动性和方向性这两个维度划分出四种模式：搜索、浏览、注意和追踪。主动性指的是用户是否积极投入时间和精力去获取信息，分为主动和被动两种情况；方向性则是一个连续的概念，从无向到定向，表示信息搜寻目标从模糊到明确[79]。

	主动	被动
定向	搜索	追踪
无向	浏览	注意

图 3.7　Bates 的信息搜寻模式模型[79]

在以上模型中，人们最熟悉的搜索处于左上象限，是方向性强的主动模式，通常也被称为系统的分析策略。其核心在于用户与系统的交互以查询的形式发生，而查询要求用户消耗认知资源从记忆中唤起特定的词语来表示与信息问题相关的概念，查询式的构造和重构以及结果的查看与评价是搜索模式的主要活动。正如演进式搜索理论所阐释的那样，以反复查询为特征的采莓模式才是搜索模式的真实反映。与搜索同属主动模式的浏览则表现出较弱的方向性，虽然用户有意识地去获取信息，但是其搜寻目标往往不太明确，有时是由于信息问题的复杂性或模糊性导致无法有效地表达目标，有时则是因为没有特定的目标，仅仅是出于好奇心和求知欲而进行探索发现。因此，浏览模式不涉及查询式的构造，用户在浏览时更多是依赖自己的感知能力从环境中识别相关的信息，扫视（Scan）、观察（Observe）、导航（Navigate）和监听（Monitor）都是浏览的主要方法。

位于模型右边两个象限的被动模式实际上都属于偶然信息获取（Serendipitous Information Acquisition）的范畴。偶然信息获取指的是低预期、低参与的情况下获取信息，也就是说，用户既未预料到当前会获取信息，甚至不知道该信息的存在，也未专门付出努力获取信息，而是在该信息经过身边时将其捕获。注意和追踪都表现出这样的特点，它们之间的区别又在于方向性，注意到的信息完全是随机的，环境中的任何信息都有可能引起用户的注意。而追踪到的信息往往与用户之前已有的问题或是其兴趣相关。追踪模式一般适用于紧迫性不高的信息需求，用户感觉没有必要主动采取行动去满足它；但有时追踪也是一种系统的策略，例如研究人员需要追踪领域最新成果，他们通常会倚赖一定的信息源，这些信息源能够在其所关心的知识领域提供信息的更新。

Bates 的采莓模型适用于探寻式信息搜寻的研究，强调缺少明确任务的浏览和导航也可以作为信息搜寻的模式。后来 Bates 对采莓模型与浏览的关系再次进行了阐述，认为用户在搜索的过程中也会对返回的结果进行点击与浏览，即信息的浏览可以作为改进信息检索策略与技术的重要基础[139]。

Erdelez 后来进一步验证并发展了采莓模型，她认为日常生活信息获取中无目的的信息获取也非常重要，并将其称为信息偶遇，区别于有目的的信息搜寻。她将信息偶遇同浏览联系起来，认为在系统设计时，应该综合考虑用户主动和被动获取信息的方式来制定策略[33]。Bilal 研究了儿童在使用 Yahooligans 搜索引擎完成特定搜索任务时的认知、情感和实际行为，发现他们在完成目标导向型任务时会选用搜索和浏览的方式，这两种方式相互包含、不断演变，符合 Bates 模型中的搜索和浏览两种信息搜寻模式，表明 Bates 信息搜寻模型同样适用于儿童这一群体的研究中[140]。

在方法应用上，Bates 的采莓模型常被用于指导搜索策略的设计。在文献调研中，采莓模型可帮助研究人员在搜索过程中的每一个步骤上获取有价值的文献，扩大了文献搜索的范围与准确性[141,142]，其中搜索策略主要包括脚注追踪、引文搜索、期刊浏览、领域浏览、作者搜索、参考书目主题搜索和摘要与索引服务等，这六种策略可以帮助获取定性分析的数据，最后一种是搜索者最常用的[142]。

3.4　Ellis 的信息搜寻行为模式模型

20 世纪 80 年代诞生的很多信息搜寻相关模型，其中大部分都是基于前人观点加入主观理据不断发展而成的推论模型。而 Ellis 认识到实证研究对于构建稳健模型的重要性，因此先后针对社会学家[143,144]、物理学家和化学家[145]以及业界工程师和研究科学家[145]开展了一系列实证研究，采取扎根理论方法（Grounded Theory Approach）分析了他们的信息搜寻行为，从而发现复杂的行为模式实际上是由少数几种活动构成的，这些活动包括以下几种。

（1）启动（Starting）：对信息的初步搜索。

（2）链接（Chaining）：跟踪资料之间的参考关系，如引用。

（3）浏览（Browsing）：在具有潜在价值的领域内进行半定向的搜索。

（4）辨别（Differentiating）：利用信息源之间的差别过滤掉性质和质量不符合要求的资料。

（5）追踪（Monitoring）：通过关注特定的信息源保持对领域发展的了解。

（6）抽取（Extracting）：在选定的信息源中系统地查找有价值的资料。

（7）验证（Verifying）：检查信息的正确性。

（8）结束（Ending）：在接近尾声的时候搜寻额外的信息，弥补不足。

其中，前六种活动源自于最早对社会学家的研究，后两种则是在后续研究中得到的。很显然，Ellis 的关注点在于可以观察、易于描述的行为，有别于当时更为盛行的认知视角。他最初曾经强调，不应该将以上活动看作信息搜寻过程的各个阶段，它们的关系比较抽象，对于反映特定的行为模式更有意义。但是后来 Wilson 在回顾 Ellis 的研究贡献时将这些活动表示为依次发生的阶段，形成了图 3.8 所示的图解模型[146]。

图 3.8　Ellis 的信息搜寻行为模式模型[146]

Ellis 在 1989 年以社会科学家为对象提出的信息搜寻行为只包括启动、链接、浏览、辨别、追踪、抽取，之后他在此基础上以自然科学家为对象研究人们的信息搜寻行为模式，新增了验证和结束。在 1997 年，Ellis 以工程师和科学家为对象改进了信息搜寻行为模式，将模型中的启动、辨别和验证改为调查、区分、过滤[145]。后来的学者大多是以 1993 年提出的模型为理论基础展开相关研究。

该模型常被作为理论基础研究不同用户群体在网络环境下的信息搜寻行为模式。Choo 等在研究知识工作者的信息搜寻行为时，将 Ellis 模型中的六个活动（启动、链接、浏览、辨别、追踪、抽取）与四个浏览模式（无目的浏览、有目的浏览、非正式浏览、正式浏览）相结合，形成了网络环境下人们信息搜寻行为模式，证明了 Ellis 的模型在网络环境下用户的信息搜寻行为研究中的适用性[147]。Makri 等在研究律师人员的信息搜寻行为时，将他们的信息搜寻行为活动分为高层次的行为和低层次的行为，其中高层次的行为包括识别与定位、评估、选择与处理，底层次的行为包括 Ellis 模型中的八个活动，以及搜索、选择、更新、记录、整理和编辑[148]。Taylor 以 Ellis 模型为理论基础，研究了千禧一代（1982 年以后出生的人）在网络环境下的信息搜寻行为，他将网络环境下的信息活动分为 5 个阶段：开始、探索、辨别、抽取和验证[149]。

此外，Meho 等以完善 Ellis 的社会科学家的信息搜寻行为模型为目的，进一步研究了社会科学家的信息搜寻行为模型。该研究在 Ellis 模型的基础上发现了一些新的活动，包括评估、联网、验证和信息管理，并且提出了社会科学家的信息搜寻行为模式，与 Ellis 模型不同，研究中将所有的活动分为四个相互关联的阶段，即搜索、评估、处理和结束[150]阶段。

3.5 Kuhlthau 的信息搜索过程模型

人类信息搜寻行为可以表现在两个层面上，一个是在物理层面上找到信息源和信息，另一个则是在心智层面上理解信息源中的信息和观点；Kuhlthau 提出的信息搜索过程（Information Search Process，ISP）描述的正是心智层面上的意义搜寻过程。与 Ellis 一样，她也是基于实证研究建立该过程模型的，同时也借鉴了 Dewey 的反省性思维过程、Kelly 的个人建构过程以及 Bruner 的建构解释过程，认为信息搜寻过程由六个离散阶段组成。Kuhlthau 尤其强调，人们为了应对复杂任务需要依次经历这些阶段进行建构和学习，在各阶段除了采取一定的行动，其思维和感受也会随之发生变化。

（1）启动（Initiation）：意识到自己缺乏知识和理解，经常会感到不确定和焦虑，思维也比较模糊。

（2）选择（Selection）：识别有待了解的大致领域或主题，并且根据个人兴趣、任务要求、时间分配和信息的可获得性等标准选择探索问题的方法，此时乐观情绪可能暂时取代不确定性，也准备好开始进行搜索。

（3）探索（Exploration）：查找与问题相关的信息，在新信息和已有知识间建立联系，希望能够尽快找到方向，此时很容易产生困惑、不确定、怀疑等情绪。

（4）形成（Formulation）：在探索得到的信息中找到重点，形成个人的观点，思维变得越来越清晰，不确定感觉逐渐消失，而自信心逐渐增强。

（5）收集（Collection）：针对中心问题收集关键的相关信息，此时已经找到明确的方向，自信心进一步增强，能够与信息系统进行有效的交互。

（6）报告（Presentation）：完成搜索、解决问题，能够将对问题的新理解陈述出来或是加以应用，此时无论是否满意结果都有一种如释重负的感觉[15]。

　　如图 3.9 所示，Kuhlthau 的信息搜索过程模型最显著的特点在于表现了行为、认知和情感三者的相互作用，而将情感方面影响因素引入信息搜寻行为研究也是她的重要贡献之一。根据不确定性原则，焦虑、不自信等情感状态通常都是由不确定的认知状态所引起的，人们在信息搜寻过程的早期阶段一般都会产生困惑、沮丧等负面情绪，与之关联的是他们对问题的模糊理解；而随着这一过程的推进，人们知识水平的提升会使其思维和感受都朝着积极的方向发展。

任务	启动	选择	探索	形成	收集	报告
感受(情感)	不确定	乐观	困惑、沮丧、怀疑	清晰	方向感、信心	满足或失望
思维(认知)		模糊 ─────────────────────→ 具体				
		────────── 兴趣增强 ──────→				
行动(行为)		搜寻相关信息、探索 ──────────→ 搜寻紧密相关信息、记录				

图 3.9　Kuhlthau 的信息搜索过程模型[15]

　　信息的获取会影响不确定性，但需要特别指出的是，这种影响可以是减少不确定性，也可以是增加不确定性。尤其是在形成阶段以前，由于最开始获取的信息往往缺乏系统性，存在零散、不一致甚至是相互矛盾的情况，人们很有可能经历不确定性的增加，但这并不意味着信息搜寻活动出现了问题。因此，形成阶段是整个过程的转折点，在此之前不确定性呈现出上升的趋势，这既包括对所需信息概念本质的不确定，也包括对获取信息方法和过程的不确定。

　　Kuhlthau 的 ISP 模型适用于教育、工作和日常生活等不同环境中的信息搜寻相关研究，在图书情报领域，该模型可作为理论框架，用于关联判断、知识构建、信息搜寻等的过程研究。ISP 模型的提出是基于传统图书馆的背景下，后来的学者将该模型应用于不同类型的研究中，研究对象主要有学生、本科生、研究生以及科研人员，应用的领域有信息搜寻行为研究、用户认知研究、检索系统的设计。

　　Byron 和 Young 验证了信息搜索过程模型（ISP）在虚拟学习环境中的适用性，他们让北德州大学图书馆学、教育学、地理学的 81 名本科生和研究生通过虚拟协同软件完成特定任务，并且在实验的开始、中间和结束三个时间段通过问卷的方式调查了被试完成搜索的情况。结果表明，拥有不同计算机水平的用户在虚拟学习环境下的信息搜索行为符合 ISP 模型，且随着搜索过程的进展，用户对任务的理解程度、对搜索结果的满意度以及自信度会增强[151]。

　　Weiler 基于 Krikelas 模型以及 Kuhlthau 的模型，通过动机理论、批判性思考理论和学习理论对 Y 代（1980-1994 年出生）学生的信息搜寻行为进行了研究，结果表明，Y 代学生进入大学后对新信息的处理能力都会提升；Y 代学生在搜索信息时都具有较强的时间观念；Y 代学生的信息行为是面向需求的[135]。同时，Hollida 也对 Y 代学生的信息搜索过程进行了研究，研究表明，虽然学生的信息搜索过程符合 ISP 模型，但是使用网络作为信息源的学生经常会跳过 ISP 模型中的个人观点形成阶段[152]。此外，ISP 模型也常被作为研究的框架，Aalst 基于 ISP 模型研究了学生在信息搜索过程中对信息源的选择以及他们的认知和情感的变化，在实验中，他通过观察学生的感受和思维，测量了学生的信息搜索过程是否符合 ISP 模型。结果表明，学生倾向选择网页、图书馆、老师作为信息源，在信息搜索的启动阶段，学生通常会带有不确定性和焦虑；学生在信息搜索过程中，最困难的是从探索到的信息中找到重点，形成个人观点[153]。

除了对个体信息搜索的研究外，该模型还可用于对群体信息搜索的研究。在群体合作的背景下，情景和社会因素会影响群体成员的信息搜索活动和认知与情感变化，相比个体的信息搜索活动，群体的信息搜索过程中不会出现情感的转折点，即负面情绪的减少，在信息搜索过程结束时，依旧会有部分群体成员感到不确定和沮丧[154]，群体成员的信息搜索过程只部分符合 ISP 模型，由于不确定性会受到人际关系等社会和环境因素的影响，在搜索过程中的不确定性特征不符合 ISP 模型[155,156]。

ISP 模型多被用于用户认知研究[157-159]。基于 ISP 模型的搜索过程，Kracker 利用调查问卷以及标准焦虑测验测试了学生在完成课程论文时进行信息搜索过程中的焦虑感，结果显示，在搜索过程中，情感主要分为三种：搜索过程中的情感状态（压力、焦虑、不确定），对搜索过程的感知（困难、容易），搜索任务的吸引力（兴趣、厌恶），其中，焦虑、困难、有趣三种类型的情感出现次数最多[160]。

3.6　Marchionini 的信息搜寻过程模型

Marchionini 认为，信息搜寻过程既具有系统性，也带有一定的偶然性，这取决于用户与信息任务、环境等因素的交互作用。他的信息搜寻全过程模型从问题的识别与接受开始，直到问题的解决或放弃结束，中间经历了一系列子过程。人们可以将这些子过程视为依次发生的若干个阶段，但更确切地说，它们是表现用户活动的一个个模块，有的可能循环发生，有的可能一直处于活跃状态，有的则可能在其他模块活跃时暂停。因此，图 3.10 在展现该过程模型时采用了多种样式的连线来表示各模块之间的转换关系，粗虚线箭头、细虚线箭头和实线箭头依次表示最有可能发生的（默认的）、非常有可能发生的和可能性较低的转换关系。

（1）模块一：识别接受信息问题。

信息问题在相关文献中又被称为"空ヨ"（Gap）、"本能需求"（Visceral Need）、"不规则状态"（Anomaly）等。由于一些内部或外部诱因，例如，对新事物的好奇或完成指定任务的需要，用户意识到问题的存在，如果判断当前的环境不具备充足条件或解决问题的成本过高，他们会选择抑制问题；否则就会接受问题，接受往往表示他们对自己的领域知识水平和利用搜索系统的能力具有自信。人们一般认为是否接受问题取决于用户，但实际上友好的系统设计能够促进他们接受问题。

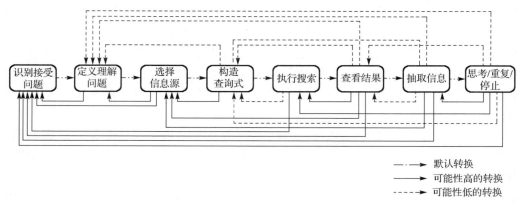

图 3.10　Marchionini 的信息搜寻过程模型[161]

（2）模块二：定义理解信息问题。

信息问题的定义是信息搜寻过程中的关键一环，这个子过程可能一直持续到整个过程结束，因而后面的子过程几乎都有指向它的虚线箭头。理解问题是识别主要概念及其相互关系的认知过程，从而实现问题的定义，表现为具体的信息搜寻任务。经过定义的问题将具有明确的边界，用户清楚该边界范围内应该包含哪些知识，也就是对问题答案的物理形式形成一个预期，例如，答案可能以事实、观点或文本、图像的形式存在，这种预期会影响到用户对搜索系统的选择。

（3）模块三：选择搜索系统。

搜索系统的选择会受到诸多方面因素的影响，除了定义问题时形成的答案预期外，还有用户对任务领域的既有认识和他们个人的信息结构框架等。领域知识作为一个重要的变量，可以帮助人们有效判断是否能够在搜索系统中找到所需信息；用户的个人信息结构框架则是建立在他们解决信息问题的一般经验、综合认知能力和使用特定搜索系统的经验等基础之上的。用户会试图将任务映射到搜索系统中，一方面考虑任务本身的特点（如复杂度、确切性），另一方面评价可用系统的特征，在这一过程中他们经常会尝试利用多个搜索系统。

（4）模块四：构造查询式。

查询式的构造是将用户对任务的理解与所选系统进行匹配的过程，由两种映射组成：从用户词汇到系统词汇的语义映射（Semantic Mapping）和从用户策略方法到系统规则与功能的行动映射（Action Mapping），它们在本质上分别表现出陈述性和程序性。正如用户用于表述需求的表达式（如自然语言查询式）必须符合系统可以识别的表达式，他们构造表达式的方式（如查询式采用逻辑算符）也受到系统界面要求的限制。一般来讲，初始查询式是用户对系统的试探，往往不够准确，后续还需要重构查询式。

（5）模块五：执行搜索。

执行是基于查询式构造时的语义和行动映射发生的实际活动。举例来说，用户在网络搜索引擎上执行搜索的物理动作主要包括在搜索框中输入查询式和点击搜索按钮。搜索系统越强大，用户执行搜索的动作越简洁。

（6）模块六：查看结果。

用户执行搜索后会从系统得到结果，即以特定形式呈现的信息单元，如文档、图片、文献记录等；而信息单元的数量存在较大差异，可能为零，也可能数以万计。查看结果主要是对这些信息的相关性进行评估，相关性可以看作是用户对后续信息搜寻活动的决策。如果找到所需信息、实现了目标，他们可能完成搜索；如果结果不太令人满意，他们可能重构查询式、甚至是重新定义信息问题；或者他们也可能认为找不到所需信息而放弃搜索。从图 3.13 可见，该模块是一个关键的决策点，与其他模块间存在很多连线。

（7）模块七：抽取信息。

抽取信息与查看结果之间存在着十分紧密的联系，对于经过评估确定为相关的结果，用户可能直接从中抽取信息用于问题的解决，也可能暂不抽取，而是在对其他结果完成相关性评估后再决定是否抽取。信息的抽取要求用户发挥阅读、浏览、分类、复制、存储等多项技能，而抽取出来的信息将融入用户的领域知识体系。

（8）模块八：思考/重复/停止。

仅通过一个查询式所带来的结果就能实现信息搜寻目标的情况很少，最开始得到的结果通常是为后面的查询式重构提供反馈和线索。用户在决定何时以及如何重新搜索时，需要思考整个信息搜索过程本身，尤其是抽取出来的信息对搜索任务的映射程度。而内外因素都可能导致用户决定停止搜索，例如，他们判断搜索系统功能不足或是自身的知识水平或搜索能力不足[161]。

Marchionini 指出，以上 8 个模块实际上可以归为三组。首先，识别接受和定义理解信息问题为一组，它们以心智活动为主；其次，选择搜索系统、构造查询式和执行搜索为一组，它们构成了信息搜寻的主体活动，即搜索策略的计划与实施；最后，查看结果、抽取信息和思考/重复/停止为一组，它们属于信息的评价和使用活动。值得一提的是，信息问题的定义理解贯穿于所有三组活动，信息搜寻过程中遇到的任何信息都有可能促使用户重新定义问题。同时，所有的子过程将如何连接是由用户主导控制的，这会受到其技能和经验等因素的影响，而现代搜索系统通过加强功能和界面设计提升了用户的交互能力，尤其是在构造查询式和查看结果的子过程中。总的来说，Marchionini 的信息搜寻过程模型以用户为中心，描绘了一个动态、非线性的行为过程。

Marchionini 的信息搜寻过程模型常被用来描述识别用户搜索信息的流程。Deursen 等识别了用户在访问互联网时经历的与个人技能相关的问题，研究中基于 Marchionini 的信息搜索过程模型识别了用户的信息网络技能，并制定了四种测量信息技能的策略：选择的网站或搜索系统，定义理解信息问题以及查询式，在搜索结果中选择所需信息，评估信息源[162]。

在分析用户的信息搜索策略时，早期的研究主要通过预先定义搜索策略以及人工编码数据的方式，Han 等提出了一种自动识别用户搜索策略的技术——隐马尔科夫模型（Hidden Markov Model，HMM）。该模型共识别了五种用户活动，包括查询（Query，S1）、访问结果列表（View，S2）、保存页面（Save，S3）、点击编辑或评论（Workspace，S4）、点击主题（Topic，S5）。通过对比 HMM 模型与 Marchionini 的信息搜索模型发现，在自动识别过程中，用户的搜索过程符合 Marchionini 的模型的搜索过程，即点击主题（S5）对应定义理解信息问题以及思考/重复/停止，查询（S1）对应选择搜索系统、构造查询式、执行搜索，访问结果列表（S2）和保存页面（S3）对应查看结果，点击编辑或评论（S4）对应抽取信息。因此，在 HMM 模型中，用户的搜索过程为 S5—S1—（S2—S3）—S4[163]。

Jurgens 等基于 Marchionini 的信息搜寻过程模型，提出了一个专利搜索过程模型，相比原模型，该模型只有 7 个搜索过程：识别接收信息问题、问题定义理解问题、选择数据库、构造查询式、查看结果、抽取信息/报告、思考/停止。由于 Marchionini 的信息搜寻过程模型中的"执行搜索"这一过程在专利搜索过程中并不重要，因而将其整合到"构造查询式"这个步骤中，另外还将"选择搜索系统"改成了"选择搜索数据库"，将"抽取信息"扩展为"抽取信息/报告"。特别地，在专利搜索领域，效率和透明度是专利搜索系统需要考虑的重要因素[164]。

3.7　Wilson 的信息行为模型

早在 1981 年，Wilson 就提出了反映信息行为的全局模型（如图 3.11）。根据该模型，信息搜寻行为的发生是因为信息用户感知到了信息需求；为了满足需求，用户会诉诸正式的或非正式的信息源或信息服务，从而可能成功获取相关信息，也可能失败。接下来用户会使用所获得的信息去满足最初感知到的需求，如果需求未能得到满足，用户就必须重复这一搜索过程。这一模型还表明，其他人可能通过信息交换参与到用户的信息搜寻行为中，而用户所获得有用信息也可能传递给其他人。与其他以信息搜寻行为为中心的模型不同，Wilson 的信息行为模型首次关注了信息使用、信息交换和传递等方面，但同时又忽略了导致信息行为的诸多因素[61]。

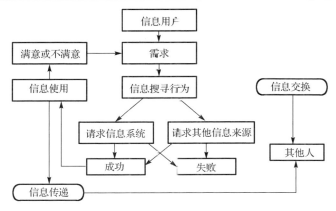

图 3.11　Wilson 的信息行为模型[61]

15 年后，Wilson 借鉴决策学、心理学等领域的研究对以上模型进行了重大修改，加入了触发机制和干预变量（如图 3.12），并明确了信息搜寻行为的内涵。新模型仍然以信息需求环境和处于环境中的人为核心，并将信息搜寻行为和信息处理与使用当作反馈循环的必要组成部分，不同的是通过三个相关理论对信息搜寻行为的发生进行了解释。其中，压力/应对理论可以解释为什么有的需求并没有触发信息搜寻行为；风险/奖励理论可以解释为什么有的信息源比其他的更受青睐；而社会学习理论包含了"自我效能感"这个概念，即能够成功实施行为取得预期结果的信心。就信息搜寻行为模式而言，Wilson 认为除了主动搜索外还应该包括被动注意、被动搜索以及持续搜索。当然，该新模型反映的依然是宏观的信息行为，但是对于触发机制和干预变量的扩展有利于研究假设的提出[13]。

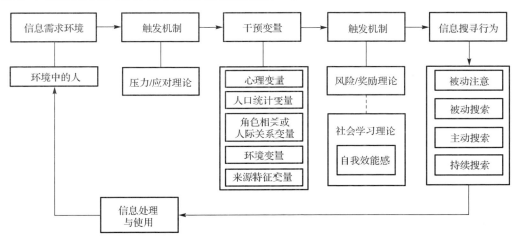

图 3.12　Wilson 的信息行为模型[13]

Wilson（1996）的信息行为模型在概念内容和图形呈现两个方面存在一定的缺陷，例如，在研究管理者的信息行为时，由于管理人员不是组织或计算机信息服务的最终用户，他们主要通过各种中介获取信息，因而该模型并不能用于描述管理者的信息行为。基于此，Niedzwiedzka 在研究管理人员信息行为时提出了一个新的信息行为模型，新模型包括 Wilson（1996）模型中的环境中的人、触发机制、信息行为的循环特征，还识别了干预变量的背景，并将信息行为嵌入在环境背景中，背景是由 Wilson（1996）的信息行为模型中的干预变量（人口统计变量、角色相关变量、环境变量）组成，表明了背景变量会影响识别需求、寻求信息、处理和使用信息等过程中各个阶段的行为。模型中还强调了信息获取过程的各个阶段都会发生触发机制，最后引入了搜寻信息的两种基本策略：直接和使用各种中间媒介搜寻信息[165]。

Wilson 的信息行为模型可以用于研究科学家、教师的信息搜寻行为。Niu 和 Hemminger 在研究学术科学家信息行为的影响因素时，基于 Wilson（1996）的信息行为模型以及 Buente 和 Robbin 的日常生活信息实践模型，提出了预测科学家的信息行为的框架，该框架包括的 3 个干预变量（心理、社会角色、人口统计特征）、环境背景、信息需求的概念。研究发现人口统计、心理、社会角色和环境因素均影响科学家信息搜寻行为；学术地位是影响科学家信息行为的最重要因素[166]。Azaden 和 Ghasemi 基于 Wilson 的信息搜寻行为模型研究了教师的信息搜寻行为，发现教师以出版科学论文为主要的工作目标；大部分教师通过互联网获取所需的信息；教师的英语能力、学术水平和工作经验对信息搜寻行为有显著影响[167]，这进一步证实了 Wilson 模型中人口统计变量与信息行为的关系。

此外，Wilson 的信息搜寻行为模型中的干预变量和触发机制还被作为研究的理论基础。Cao 等基于来源特征变量的特征（可用性、可信度）和触发机制（激励评估、自我效能）提出以下假设：信息源的可用性、可信度与激励评估正相关；信息源的可用性、可信度与互联网的自我效能正相关；激励评估和互联网自我效能可以预测在线健康信息搜寻行为；激励评估、自我效能在可用性和在线健康信息搜寻行为的关系中起中介作用；激励评估、自我效能在可信度与在线健康信息搜寻行为的关系中起中介作用，研究结果表明，上述假设均成立[168]。

3.8　Byström 和 Järvelin 的信息搜寻模型

自 20 世纪 80 年代，许多研究就开始关注人们所面临的任务与其信息搜寻行为之间的关系，Byström 和 Järvelin 则是最早将任务要素纳入信息搜寻模型的学者。如图 3.13 所示，该信息搜寻模型以"主观任务"作为起点，主观任务又被称为"感知任务"，与客观任务相对，强调人们对任务的主观感知是因为不同的人可能对同样的客观任务产生不同的理解，而这种理解决定了人们将如何提出需求并采取相应的行动。任务的特征有很多，Byström 和 Järvelin 主要考虑的是先验确定性（Priori Determinability），该特征指的是人们对任务所需的信息、过程和结果等方面的确定程度，这决定了任务的复杂度。复杂任务的先验确定性较低，往往会带来两种信息需求，即定义问题所需的信息和解决问题所需的信息，而简单任务则不涉及前面一种[169]。

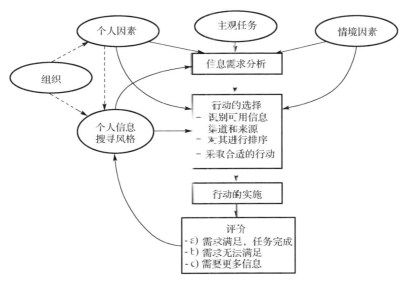

图 3.13　Byström 和 Järvelin 的信息搜寻模型[169]

按照复杂度由低到高或是先验确定性由高到低，与信息相关的任务可以依次分为：自动信息处理任务（Automatic Information-Processing Tasks）、普通信息处理任务（Normal Information-Processing Tasks）、普通决策任务（Normal Decision Tasks）、已知真实决策任务（Known, Genuine Decision Tasks）和真实决策任务（Genuine Decision Tasks）。人们对任务复杂度的主观判断能够影响他们对信息需求的定义，同时其个人因素（如态度、动机、情绪等）和情境因素（如时间紧迫性）也会起到一定作用。从图 3.13 可以看到，人们在完成信息需求分析后会采取一定的行动，这包括从可用的信息渠道和来源中选取合适的并利用其获取相关信息。接下来，他们需要对获取的信息进行评价：如果需求得到满足，那么任务就完成了；如果需求未能得到满足，说明任务可能无法完成；如果未能获得足够的信息，这意味人们还需要采取进一步的行动。

Byström 和 Järvelin 是在研究任务复杂度对信息搜寻和使用的影响时根据以往模型提出了以上模型，该模型为他们探讨任务复杂度与信息类型、信息渠道和来源之间的关系提供了理论框架。研究结果显示，任务复杂度增加会导致信息复杂度增加、信息渠道的内在性增加、信息来源数量增加、信息搜寻成功率降低。实际上，该模型还表现了个人信息搜寻风格对需求分析、选择和评价阶段的影响，但对这一点并未具体阐述。

该模型对任务复杂度的分类为后来学者的研究提供了重要指导，之后的研究主要涉及任务复杂度对信息类型和信息源之间关系的影响、任务执行动机对信息搜寻行为的影响、任务复杂度如何影响信息搜索行为、聚合搜索中的任务复杂性等。

Byström 在研究任务复杂度对信息类型和信息源之间关系的影响时，将任务复杂度分为三类：自动信息处理任务、普通信息处理任务、决策任务；相应的，研究中将信息类型分为任务信息、领域信息、任务解决信息；将信息源分为人、文本和访问。研究结果表明信息源类型和信息类型之间存在较强的关系；任务复杂度与信息源类型有直接关系；任务复杂度使专家作为来源比其他人和所有文本类型的来源更有吸引力。该研究证实了原模型中任务分类的适用性，且进一步证明了任务复杂度影响人们的信息活动[170]。Byström 和 Järvelin 的信息搜寻模型中将主观任务作为起点，将任务复杂度作为研究焦点，后续研究发现任务执行动机也会影响信息源的选择[171]。

在信息搜索行为的研究中，Bell 和 Ruthven 基于 Byström 和 Järvelin 的任务分类创建了一组搜索任务，以此来研究网络搜索者是否能够识别任务的复杂性以及任务复杂性如何影响搜索成功和搜索者满意度。他们将上述模型中的五种任务类型合并成三种复杂度等级，第一个复杂度等级指事先能够完全确认的任务，即很清楚所需信息以及找到该信息的方式，第二个复杂度等级指搜索者需要根据每一次的搜索结果进行判断才能找到所需信息，第三个复杂度等级是最复杂的任务，搜索者从一开始就不知道所需信息以及找到信息的方式。研究中根据修改后的三种任务类型进行试验，结果表明，用户能够识别任务的复杂度程度；任务越复杂，用户感知任务的完成度低；任务相关信息提供数量、检索的信息类型和数量会影响用户对任务复杂度的感知[172]。

聚合搜索聚合了专业搜索或垂直搜索的结果，Arguello 等研究了任务复杂度对聚合搜索行为的影响，他们利用认知任务复杂度区分并创建搜索任务，并将任务复杂度定义为任务的先验可确定性，指搜索者基于最初的任务陈述推断出搜寻信息的关键词、过程和结果的准确度。据此，研究中将任务复杂度分为高、中、低三个级别，并依据认知复杂度来区分搜索任务，结果表明任务复杂度会影响人们聚合搜索的行为：搜索任务越复杂，人们更易于发生信息搜索，访问更多的页面，相应的搜索会话时长更长；任务越复杂，搜索结果的点击次数越多[173]。

3.9　Johnson 的信息搜寻综合模型

Johnson 的信息搜寻综合模型（Comprehensive Model of Information Seeking,

CMIS）源自与癌症相关信息搜寻的研究背景，主要包含三类变量，即先决条件（Antecedents）、信息载体因素（Information Carrier Factors）和信息搜寻活动（Information Seeking Actions）。CMIS 的结构比较简单（如图 3.14），旨在表现三类变量的因果关系：先决条件为信息搜寻活动的发生提供了驱动力，而信息载体因素又决定了信息搜寻活动发生的形式[40]。

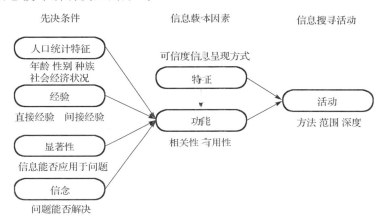

图 3.14　Johnson 的信息搜寻综合模型[40]

　　先决条件包括人口统计特征、经验、显著性和信念这四个变量，它们主要来自使用与满足理论（Uses and Gratifications）和健康信念模型（Health Belief Model）。具体来讲，人口统计特征指的是年龄、性别、种族以及教育水平、职业等社会经济状况，这些都是社会科学研究中的常见变量；经验则是指人们对当前知识领域（如癌症）的认识和了解，可以分为个人以往的直接经验和通过他人获得的间接经验，后者体现了人们的社会网络对他们的影响。显著性指的是信息对于个人的重要性，如果人们意识到特定信息可以应用于自己所面临的问题，就很可能会开展信息搜寻活动；信念是指个人对问题是否能够解决的判断，如果人们认为问题无法解决或是代价高昂，这将阻碍他们开展信息搜寻活动。

　　模型中间的信息载体因素，即信息渠道的特征和功能，主要来自媒体接受与评价（Media Exposure and Appraisal）模型。信息载体特征与信息的内容属性相关，例如，人们对信息源可信度和意图的感知以及对信息呈现方式的感知，都是常见的信息载体特征。另一方面，信息载体功能反映的是信息的有用性，也就是说媒介中所承载的信息是否与人们的目的和需求相关。当人们对特定信息渠道的特征和功能评价越高，他们就越倾向于通过该渠道搜寻信息。虽然 CMIS 并未表现信息搜寻活动的内涵，但是 Johnson 等指出可以从方法、范围和深度这三个维度来描述信息搜寻行为。其中，方法指的是信息渠道的选择，分为正式渠道和非正式渠道，它们分别强调了权威性和频繁交互性；范围和深度维度则分别代表了信息源的规模和信息量的大小。

该模型最初是以乳腺癌患者为研究对象，后续的研究延伸了研究对象，并验证了该模型同样适用于技术组织部门的员工的信息搜寻行为[174]，同时该模型也常作为研究网络环境下用户搜寻健康信息的行为模式的理论基础。Feng 和 Yang 基于上述模型中的先决条件、信息载体因素提出了研究假设，发现年龄、收入、健康状况和直接经验均不是预测人们是否利用互联网搜寻癌症相关信息的重要因素；媒体接受是预测使用互联网搜寻与癌症相关信息的重要因素；互联网功能在人口统计、直接经验、健康状况、媒体接受和可信度与互联网使用的关系之间起到中介作用，其中互联网功能是指信息源中包含的信息是否重要，是否与个人的具体信息需求相关；互联网的可信度可以预测是否利用互联网搜寻与癌症相关信息。研究建立的新模型中增加了健康状况、媒体接受、可信度三个先决条件，去掉了显著性、信念[175]。

此外，上述模型最初是针对单个信息渠道提出的，之后在网络环境下得到了进一步的改善，但是 CMIS 模型是否可以用来描述各种信息传递渠道中的信息搜寻行为还未得到验证，为此，Hartoonian 基于 CMIS 模型验证了与健康相关的因素、信息载体因素和信息搜寻行为三者之间的关系，其中，与健康相关的因素包括人口统计信息、直接经验、显著性和信念，与信息载体的相关因素包括特征和功能。研究发现显著性和信息载体特征对信息载体功能有直接影响；人口统计学和信念对信息载体功能的影响尚未得到证实；显著性对信息搜寻行为和信息载体特征有直接影响[176]。

人们在获取信息时通常有主动和被动获取两种方式，信息搜寻是一种主动获取信息的方式，信息扫视则是一种被动获取健康信息的重要方式，且两种获取信息的方式是相互交叉的，CMIS 是针对信息搜寻行为提出的模型，但是它可以有效扩展到健康信息扫视行为的研究中。Ruppell 利用信息搜寻综合模型（CMIS）来研究癌症信息扫视，结果发现与信息搜寻综合模型一致，健康相关因素与信息载体可信度有关，健康相关因素和可信度与信息源关注度有关；健康相关因素和信任与信息源关注度的关系强弱与信息源类型有关[177]。

3.10   Savolainen 的日常生活信息搜寻模型

日常生活信息搜寻（Everyday Life Information Seeking, ELIS）是相对工作环境中信息搜寻而言的概念。两者可能存在一定重合，因为有时人们的工作目标和个人兴趣是一致的；同时两者也具有一些共性，即人们可能遵循相同的原则和方法去对这两种情况。1995 年，Savolainen 在提出 ELIS 概念时将其定义为：人们获取各种信息元素以帮助自己适应日常生活或解决不直接与工作表现相关的问题，如购物、健康医疗。他专门针对 ELIS 构建了一个由生活方式（Way of Life）、生活控制（Mastery of Life）以及社会、文化影响因素共同组成的模型[178]，如图 3.15 所示。

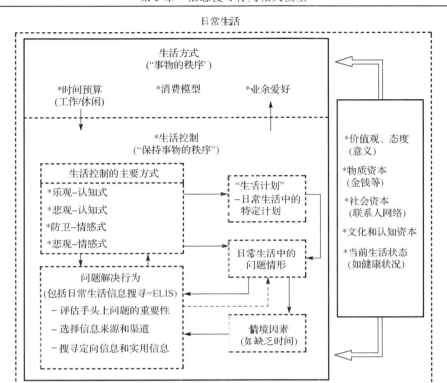

图 3.15　Savolainen 的日常生活信息搜寻模型[178]

生活方式又称为"事物的秩序"（Order of Things），指的是人们对日常生活中发生的各种活动赋予的偏好，这是由个人内在的思维、感知、评价体系所决定的，也会受到客观条件的影响。比如说，视频网站用户会根据自己的口味选择视频，但如果是会员专享的视频，则需要付费后才能观看。生活控制即保持事物的秩序（Keeping Things in Order），是人们采用符合个人价值观的方式处理日常生活问题的倾向，这些方式可以依据乐观程度（乐观/悲观）和理性程度（认知/情感）这两个维度来划分，主要包括以下四种。

（1）乐观—认知式的生活控制（Optimistic-Cognitive Mastery of Life）：相信问题的解决一定会带来积极的结果，当然这需要选择有效的来源和渠道开展系统的信息搜寻。

（2）悲观—认知式的生活控制（Pessimistic-Cognitive Mastery of Life）：认为有可能无法给问题找到最佳的解决方案，但还是会尝试通过系统的信息搜寻来解决问题。

（3）防卫—情感式的生活控制（Defensive-Affective Mastery of Life）：对问题的解决持乐观态度，但是解决问题的过程中情感因素会起到决定作用，规避可能导致失败的风险或是脱离现实的思考。

（4）悲观—情感式的生活控制（Pessimistic-Affective Mastery of Life）：不是依赖个人能力来解决问题，更多地表现出情绪化和缺乏远见的特征，也就是"习得性无助"（Learned Helplessness）。

从 ELIS 模型可以看出，生活方式和生活控制是相互关联的，前者为人们选择信息来源和渠道提供了大体的标准，后者描述了他们在解决问题的过程中倾向于采取何种信息搜寻策略。除了这两个方面以外，人们的价值观和态度、所处的人生阶段以及所拥有的物质、社会和文化资本都是 ELIS 不可或缺的"基本配备"，而当前的问题情境也会产生一定的影响。总的来说，该模型首次区分了工作环境和日常生活中的信息搜寻，并且强调了个人心理因素和外界社会因素的共同作用，为探讨信息搜寻者及其信息搜寻行为之间的关系提供了依据。

Savolainen 提出日常生活信息搜寻的概念后，后续研究人员开始关注不同人员的日常信息搜寻行为的研究，包括本科生、国际留学生、儿童等。Given 基于 Savolainen 的日常生活信息搜寻模型研究加拿大一所大学的 25 名本科生的日常生活信息和学术信息搜寻的关系，研究发现，本科生日常生活信息的搜寻经历符合日常生活信息搜寻框架；本科生的日常活动及信息行为与学术工作紧密相连；为了有效地利用时间，本科生用学术信息源解决日常问题，这反映了日常信息搜寻行为的核心主题：时间预算结构；本科生的社会关系和自身的学术知识反映了社会资本和认知资本对搜寻信息的重要性[179]。

Sin 和 Kim 研究了国际留学生的日常生活信息搜寻行为，发现他们经常利用社交网站搜寻日常生活所需信息，且不存在性别差异，但是年龄和学习水平与社交网站的使用成正相关。研究还发现，性格外向的人更可能利用社交网站搜寻日常生活信息。此外，值得注意的是社交网站（SNS）的使用是识别所获取信息是否较好满足国际留学生日常需求的唯一预测因素，这表明社交网站是人们搜寻日常生活信息的重要渠道[180]。

Lu 研究了儿童的日常生活信息搜寻行为，发现儿童在解决日常生活问题时表现出 5 种不同的信息搜寻行为模式：为解决问题进行信息搜寻；为逃避问题而进行信息搜寻；为改变情绪而进行信息搜寻；信息规避。这些模式表示在处理日常生活问题的情境下信息扮演着不同的角色，即信息不仅仅是 Savolainen 的 ELIS 中讨论的解决问题的方法，它超越了心理学家所理解的"以问题为中心的概念"。研究结果还发现儿童并不需要以"解决问题"来掌握生活，但需要通过信息搜寻来维持生活秩序。这扩展了 Savolainen 的 ELIS 理论，且表明日常生活信息搜寻理论的边界需要多样化，尤其是对不同类型的群体[181]。

解决问题或了解问题是日常生活信息搜寻的主要情境。Savolainen 关注日常生活信息搜寻的研究中特定问题的信息搜寻，具体来说，研究的是人们选择解决日常问题的信息源的标准。该研究基于两个理论提出其理论框架，即信息源视野和信息通路，前者表示信息源在虚拟环境中以优先顺序排序，而后者是指实际使用信息源的序列。据此，Savolainen 利用半结构访谈法访谈了 18 名对象，结果发现，在搜寻特定问题的信息时，人力资源和互联网最受人们青睐；信息内容、可用性和可访问性是主要的选择来源标准；信息源的可用性和用户的特征很少作为来源选择的标准；信息通路中一般包括 3～4 个信息来源，人力和网络来源在信息搜寻的早期阶段受到青睐[182]。

3.11　Williamson 的日常生活信息获取生态模型

Williamson 的日常生活信息获取生态模型进一步强调了信息来源的选择和能够对其产生影响的各种变量。实证研究结果表明，人们除了有目的地搜寻信息（Purposeful Information Seeking, PIS），也会留意身边的世界偶然地获取信息（Incidental Information Acquisition, IIA），又于日常生活中的很多话题都强烈希望"被告知"相关信息，因此他们常常诉诸个人社交网络和大众媒体，前者包括亲密社交圈中的家人和朋友以及更广泛的社交圈（如社会团体），大众媒体则是指当时占据主导地位的报纸、电视、广播和杂志等。在图 3.16 所显示的模型中，Williamson 利用环状层次按照亲疏远近排列这些信息来源。而处于最外层的机构来源（如专家、图书馆、政府部门等）比较特殊，这里通常只会发生有目的的信息搜寻，以向外的单向箭头（PIS）表示。在现实生活中，人们通过哪种方式获取信息及其依赖程度会受到很多因素的影响，包括他们的个人特征（如健康状况）、社会经济地位、价值观、

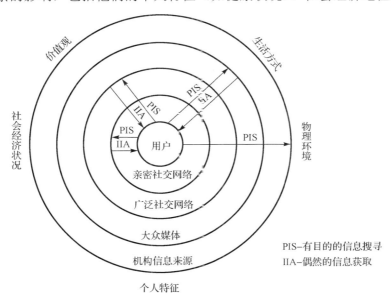

图 3.16　Williamson 的日常生活信息获取生态模型[183]

生活方式以及所处的物理环境等方面。该模型表明，日常生活信息研究应该以"用户"为核心，用户与社会中各种信息来源之间的关系非常重要，后者应该主动了解人们的信息需求，在他们自己无意识的情况下提供满足其需求的信息[183]。

在之后的研究中，Ross 以酷爱阅读的人为对象研究人们的日常信息获取方式，发现人们将偶然获取信息作为日常生活中获取信息的主要方式[37]。在研究新闻媒体在青少年获取日常信息中扮演的角色时，Willasmon 等发现青少年获取日常信息的方式也分为有目的的信息搜寻和偶然信息获取；与新媒体相比，传统媒体仍然是年轻人获取信息的主要渠道；年轻人用社交媒体的目的主要是与朋友沟通，很少从中获取信息；年轻人会以偶然的方式从纸质和在线新闻媒体上获取日常生活信息；年轻人通常利用各种媒体获取信息以满足自身的信息需求和特殊目的。因此，对年轻人来说，利用各种信息渠道获取日常生活信息是十分重要的[184]。

此外，研究人员还基于该模型研究了影响人们选择信息获取方式的因素，Heinström 研究了心理因素对人们选择信息获取方式的影响，研究表明动机性强、情绪积极、性格外向、好奇心强的人容易发生偶然获取信息的行为[60]。

Ooi 和 Liew 基于日常信息获取生态模型最内层圈（用户）来研究小说读者的个人特征和所处情景是否影响他们选择书籍的行为，其中，个人特征包括读者的心情、个人价值观和阅读兴趣，所处情景包括读者的生活方式和财务费用。研究结果发现，个人特征、日常生活的环境和信息来源均会影响读者选择书籍的行为。读者获取书籍的方式也存在两种：有目的的和偶然的，这一点与上述模型中关于信息获取的方式相一致；此外，虽然公共图书馆是人们获取小说书籍的主要渠道，但是它并不是人们获取信息的首选渠道。研究结果表明，Williamson 的日常生活信息获取生态模型对研究小说阅读者的书籍选择行为是有效的[185]。

3.12　本 章 小 结

20 世纪 80、90 年代，基于哲学、心理学、社会学等学科的理论与方法，学者们提出了许多情报学领域内的信息行为理论、概念及模型，本章对经典的信息行为模型进行梳理和分析，包括方法论模型、Krikelas 信息搜寻行为模型、Bates 的信息搜寻模式模型、Ellis 的信息搜寻行为模式模型、Kuhlthau 的信息搜索过程模型、Marchionini 的信息搜寻过程模型、Wilson 的信息行为模型、Byström 和 Järvelin 的信息搜寻模型、Johnson 的信息搜寻综合模型、Savolainen 的日常生活信息搜寻模型、Williamson 的日常生活信息获取生态模型。在这 11 种原始模型的基础上，本章进一步介绍了它们在后续研究中的演变、发展以及应用，展示了后来学者们对这些模型的验证、改进及应用。这些模型为后续信息行为领域的相关研究提供了理论基础或研究框架。

第4章　研究方法论

　　研究的本质是对未知的探寻，利用科学的程序找到问题的答案[186]。科学的程序是研究的重要特征，是控制人为失误的根本手段。从事研究的主体——人类对世界的观察往往不太准确，可能存在遗漏或失真的情况，同时人们的主观性可能导致一概而论或以偏概全，只关注、相信自己愿意接受的观点，而对于意见的分歧倾向于采取防御甚至是屏蔽的行动，盲目认为目前不能解决的复杂问题是无解的。

　　任何学术研究都必须遵循一定的研究方式（Research Approaches）。研究方式指的是研究的计划与程序，贯穿于从假设提出到数据采集、分析和解释的具体方法。根据 Creswell 的划分，研究方式主要包括定性（Qualitative）、定量（Quantitative）和混合方法（Mixed Methods）这三种[187]。实际上，定性和定量并不是完全互斥或截然相反的两种方式，它们代表了一个连续体的两端，定性研究往往更偏向于定性的那一端，而定量研究则更偏向于定量的那一端；混合方法处于这个连续体的中间位置，因为这种方式同时包含了定性和定量元素[188]。自 19 世纪晚期至 20 世纪中期，社会科学的研究大多采取定量方式，直到 20 世纪下半叶，人们才逐渐开始重视定性方式，同时混合方法研究也得到了发展。

　　通常，人们将定性研究和定量研究之间的差别归结为文字和数字的差别或是开放式问题和封闭式问题的差别。但在更深的层次上讲，定性研究试图探索并理解人们对人类或社会问题赋予的意义，定量研究试图通过考察变量之间的关系来检验客观理论[189]。它们分别依赖归纳（Induction）和演绎（Deduction）的策略：归纳和演绎代表了相悖的逻辑思维方向，前者是从个别到一般，后者是从一般到个别[78]。因此，定性研究更强调个体的意义，承认背景环境的复杂性，而定量研究则为了检验理论而防止偏差、排除替代解释，从而使得研究发现能够得以复制。

　　无论是定性研究还是定量研究，对于研究问题的探究都会受到一定的限制，而将两者结合起来的混合方法研究则可以突破这些限制，其核心思想在于通过融合数据源来克服定性数据和定量数据各自的不足[187]。一方面，混合方法研究允许研究人员从多个角度理解现象，这有利于他们从基础数据中提取更多更有意义的信息；另一方面，混合方法研究为研究人员提供了多种评价研究发现的手段，从而减少偏见，保证了数据解释的正确性。因此，混合方法研究在代表性（Representation）和合理性（Legitimation）上都具有独特的优势[190]。

　　在不同的研究方式下，需要进一步选择合适的方法论来指导整个研究设计。人们经常将"方法论"（Methodologies）和"方法"（Methods）混为一谈，但实际上方法只是方法论的一个组成部分。方法是围绕特定研究问题或假设采集、分析数据的技术或程序，而方法论则是选择并使用方法的策略、行动计划、过程或设计[191]。也就是说，方法是操作层面上的概念，是研究活动得以执行的手段。应用于研究活动的不同阶段，方法可以分为数据采集方法和数据分析方法，它们分别负责对研究对象的测度和对测度情况的解释。当提到方法论，这不仅仅在谈论方法本身，还包括方法背后的逻辑，比如为什么选择某种方法而不是其他方法、如何在当前研究背景下使用某种方法等。方法论是一个多维度的体系，为什么要开展研究、如何界定研究问题或构建研究假设、研究需要什么样的数据以及哪些采集和分析方法适用于这些数据等问题都属于方法论的范畴[186,192]。

各研究方式都拥有一些经典的方法论，包括定性的个案研究（Case Study Research）、人种学研究（Ethnographic Research）、扎根理论研究（Grounded Theory Research）、叙事研究（Narrative Research）和现象学研究（Phenomenonlogical Research）等，定量的调查研究（Survey Research）和实验研究（Experimental Research）等，以及混合方法研究的三种模型，即融合平行（Convergent Parallel）、解释性连续（Explanatory Sequential）和探索性连续（Exploratory Sequential）[187]。每种方法论会用到一些特定的方法或是方法组合，而数据的采集和分析方法之间又存在着固定的搭配。下面将具体介绍一下这些方法论的特点。

4.1　定性研究方法论

4.1.1　个案研究

1984 年 Robert K. Yin 给出了案例研究的经典定义：案例研究是一种经验主义的研究，是对生活场景中的暂时现象（Contemporary Phenomenon）的研究，基于这样的场景，需要研究的活动往往和活动发生的背景相互关联，不易区分，因此，研究者只能运用案例来进行研究。个案研究是在特定现象所处的现实环境中对其进行深入调查的方法论，在社会学、心理学、人类学、临床医学、教育学等领域都获得了广泛的应用[193]。个案所指代的现象可以是人、组织、事件、活动、过程、计划、政策等，而信息行为研究中的个案则通常是作为用户的个人或人群。个案研究可以是对某一个案例或某几个案例的研究。选择哪个或哪些个案进行研究取决于研究目的，有时研究感兴趣的就是特定个案本身，而有时则是希望通过对个案的研究获得一般的结论，这两种情况分别称为本征性个案研究（Intrinsic Case Study）和工具性个案研究（Instrumental Case Study）[194]。如果是后者，应该保证个案的代表性，条件允许时也可以引入多个个案来增强结果的一般性。为了表现结果的一致性而使用各方面都非常类似的多个个案叫作字面重复（Literal Replication）；使用同类的但又在某些方面存在区别的多个个案叫作理论重复（Theoretical Replication），这是为了表明这些区别造成了结果的差异性[195]。

个案研究方法适用于多种目的的研究，例如，描述性研究、测试理论的研究或构建新理论的研究。不过，采用个案研究方法的大部分研究都是为了形成理论，Yin[193]和 Eisenhardt[196]都曾指出，案例研究的本质在于创建构念、命题、理论。因此，个案研究和实证方法形成了鲜明的对比，实证方法多用于对已有理论的验证，而在科学研究中，不仅有对已有理论的验证，也需要有假设的提出，个案研究的方法可以用于新假说的提出，不过因此它也无法用于对已有理论的验证[197]。

个案研究具有四个重要的特征。首先，个案研究是对少量个案的深入研究。尽管较大的样本量可以带来清楚的统计结果，但并不是所有的研究项目都能够轻易接触到大量的用户，因此可以通过与少数几个用户的长时间密切接触探索一系列与研究相关的问题；其次，个案研究强调现实环境。受控的实验环境会故意消除研究不关心的影响因素，这样当然可以有效回答预设的核心问题，然而现象与环境往往紧密地融合在现实中，有时很多因素是不可控的，而且它们的共同作用才具有研究价值；再次，个案研究依赖多种数据来源。观察（Observation）、访谈（Interviews）等都是个案研究中常见的数据采集方法，另外用户从事相关活动的人为产物（如浏览器访问历史、社交媒体上发表的内容等）也是有益的补充；最后，个案研究强调定性数据和分析。以定性为主的研究属性允许研究人员细致、完整地描述行为并对其做出解释，有利于理解的深化，个案研究当然也可以同时带有定量的成分，不过其价值受限于个案的数量，可以作为多方测量工具来印证定性结果[198]。

此外，个案研究可以是针对某个案例的研究，也可以是针对一些案例的研究。针对某个案例的研究被称为"单一案例研究"。单一案例研究是针对某一个案例进行深入地、具体地分析，由于仅有一个案例，可以保证研究的深度。对一个案例的研究通常用于对已有理论的验证，而不适合用于新理论的构建。针对某些案例的研究被称为"多案例研究"，采用多案例研究时，研究者首先要对每一个案例都进行独立地、深入具体地分析，这个过程被称为"案例内分析"（Within-Case Analysis）。然后，基于对单个案例的分析结果，研究人员会对所有的案例进行分析，从全部的案例中归纳总结出共有的规律，得出本研究的研究结论。多案例研究通过研究案例的多样性，可以更加全面地分析研究现象，得出更具有可靠性和普适性的结论。而当对多个案例的分析结果都得出相似的结论时，归纳得出的研究结论将更具有有效性和可信度[194]。

4.1.2　人种学研究

人种学研究是对一个文化群体的共同价值观、行为、信仰、语言进行描述和解释的方法论，最早应用于 20 世纪初的比较文化人类学研究中[194]。人种学研究有很多类型，其中最为流行的包括写实性人种学研究（Realist Ethnography）和批判性人种学研究（Critical Ethnography）。写实性人种学研究是人类学家所采用的传统方式，研究人员的职责在于陈述事实，他们以第三人称报告从对象群体那里所看到的、听到的，不带有任何个人偏见。批判性人种学研究则是专门为社会边缘群体寻求解放而发展起来的，重点关注不平等、霸权、镇压、欺骗等社会问题[194]。与个案研究一样，人种学研究也主要依赖观察和访谈采集数据[199]。

参与（Participation）是人种学研究的关键特征，因为研究一个群体最好的办法是置身其中。参与允许研究人员作为内部人士获得第一手资料，并且能够更好地发挥自己的专业技能来进行观察和阐释。如果研究人员的参与程度很高，他们就成为完全参与者（Complete Participant），这往往是以高昂的金钱和时间投入为代价的。一旦他们把自己看作对象群体中的一员，就有可能失去客观公正的视角。与之相反的是完全观察者（Complete Observer），这种身份意味着研究人员不会与对象群体发生直接交互，而只是在关心的事件发生时从旁观察；由于无法向群体成员求证，他们有时可能会对事件的细节和意义做出主观、偏颇的判断。实际上，研究人员的角色会随着研究的推进而发生变化，初始阶段一般都是完全观察者，基于一些初步发现提出更有价值的问题，再逐步提高深参与程度[200]。由于具有参与这一特征，人种学研究是关注社会文化背景、过程和意义的整体研究，是不断进行推理、发现、调查的重复过程，也是开放、灵活、具有创造性的解释、反思和建构过程[193]。

近年来，社交媒体和网络社区的发展使得虚拟人种学研究（Virtual Ethnography）[196]成为可能。研究人员可以方便地创建在线身份，无须透露自己的真实意图，从而完全参与到虚拟世界的任何活动中，甚至可以创建多个在线身份来研究人们对不同行为的反应。由于避免了面对面的交流，虚拟人种学研究可能具有更高的客观性，可是如何评估研究对象表达的真实性也是一个挑战。

4.1.3　扎根理论研究

扎根理论研究是基于系统的数据采集和分析建立理论的方法论，由社会学家Glaser 和 Strauss 于 1967 年创建[197]，扎根理论研究方法的提出被视为是对当时社会研究现状的一种挑战[198]。与上述的个案研究和人种学研究相比，扎根理论研究更强调理论的建立。理论是对过程、活动、交互的总体解释，来自研究对象的观点，通常由核心现象、因果条件、策略、环境和结果等几个要素组成[194]。扎根理论研究与定量的实验研究是完全相反的两个过程，实验研究是从已有的理论开始，然后开展实验采集数据并利用数据去证明理论；而扎根理论研究则是从经验数据开始，试图从数据中建立理据充分的理论。实验研究的结果可以在复制的实验环境中得以验证，而扎根理论研究所建立的理论却难以被直观地评价[201]。

扎根理论的本质是归纳演绎的相互作用，它以一个研究场景而不是一项理论为开始。研究人员利用扎根理论的研究开始于对某个学术主题的兴趣，然后根据研究的主题进行数据收集，也允许有和研究相关的新想法的产生[202]。

　　人们认为成功的扎根理论研究离不开创造力和开放思维。这是因为在研究中搜集到的数据可能和预想的概念不完全符合，这时便需要开放思维以确保收集的部分数据不会被忽略。两位创始人后来在开展研究的方式上产生了分歧，Glaser 认为明确的、结构化的研究程序不利于发挥创造力和开放思维[187]，对此 Charmaz 提出了建构主义扎根理论研究（Constructivist Grounded Theory），也就是理论的建立更多地依赖研究人员的观点、价值观、信仰、感觉、假设和意识形态，而不是研究方法[198]。然而，正式的研究程序使得扎根理论研究更具体、更可行，因此人们还是更倾向于传统的方式，即通过访谈、观察、文档记录、视听资料等方法充分采集数据，再分阶段对数据进行系统分析、形成理论[203]。开始时，会采取归纳的方法，然后从数据集中归纳出假设和假设理论，这样，就建立了归纳演绎关系。从归纳出的数据中归纳出小理论，然后再通过理论上的抽样数据加以证实或反驳[204]。

　　扎根理论的方法不是线性的而是并行的、迭代的和一体化的，数据的收集、分析和相关概念的建立都是同时发生的，在研究一开始时就同时展开了。整个分析过程会一直进行下去，直到研究得出的理论可以解释数据集中的每一个变量时，才可以停止。这个分析过程被称为"持续比较法"。在这种分析方法中，核心类别包括了主要类别，并且解释了数据中的大部分变量[205]。扎根理论研究的数据分析过程一般包括开放编码（Open Coding）、主轴编码（Axial Coding）和选择编码（Selective Coding）这三个阶段。开放编码是整个编码过程中最初的无限制性阶段，指对文字进行分割并识别有价值的现象，每个现象都获得一个编码，内容相近或相似的编码形成概念，相关的概念组成类别；在主轴编码阶段，研究人员会不断寻找、完善概念的构建，从而解释类别之间的关系；最后，选择编码旨在清楚地建立类别之间的因果或关联关系，对数据中所包含的现象做出推理性或预测性的陈述[206]。如 Ju 在对跨学科协作交流阻力的研究中，在开放编码阶段，由两位工作人员独立地阅读访谈记录，独立地建立自己的一套编码体系。接下来，在主轴编码阶段，这两位研究人员一起共同编码，检验并对比他们的编码体系，通过双方的讨论，整合出一套完整的编码体系。接下来，两位研究人员对各个节点和其属性进行检验，来判断各节点内在的关系和它们之间的联系。在这个分析过程中，一些类别的编码会被折叠放到大的类别编码中，与此同时，另一些类别编码会被展开，并加入进新的类别。最后，在选择编码阶段，研究人员需要确定本研究的核心变量，然后再次阅读访谈记录，挑选出所有符合核心变量的节点，将其编入编码体系中[207]。运用扎根理论的方法，如此深入透彻的编码方案非常适用于文字型定性数据的分析，为理论的建立提供了丰富的理据，但有时对于研究人员来说却是一种负担，他们很有可能湮没在众多的细节中，难以找出真正重要的概念和主题。扎根理论研究特别强调理论的建立是一个渐进的过程,理论的成形到成熟需要经历多轮数据采集和分析活动[198]。不过,扎根理论的开放编码给了研究人员很大的灵活性,研究人员可以充分利用已有知识,同时也可以充分利用搜集到的数据集中的信息,这也就是说,研究人员可以参考已有编码模型,也可以进行创新性编码[206]。

4.1.4　叙事研究

　　人们常常会讲一些和自己生活经历相关的事情,通过讲故事,可以帮助人们更好地去反思和理解他们自身的想法、行为和反应,也可以帮助人们更好地去理解他人的想法和行为[208]。因此,搜集故事的方式已经成为一种十分普遍的定性研究方式。叙事研究是以一两个人为对象、了解其生活故事的方法论,起源于文学、历史学、社会语言学、教育学等领域[209]。故事是研究对象对事件或活动的口头或书面描述,然后由研究人员按照时间顺序对故事进行重构(Restory)。叙事研究的形式多种多样:传记研究(Biographical Study)是由研究人员来记录并撰写研究对象的生活体验;自传(Autobiography)则是由研究对象自行记录并撰写的;生活历史(Life History)描绘了一个人的一生;口述历史(Oral History)需要采集研究对象对事件的个人看法及其因果关系[202]。总的来说,叙事研究呈现了特定个体在个人、社会、历史背景中的生活经历,按时间顺序展开,揭示了这些经历中的一些重要主题。

　　在叙事研究中,故事通常被称为"现场文本"(Field Texts)[206]。研究对象可以在日记中记录下自己的故事,也可以由研究人员对他们进行观察做现场记录,或是收集他们的信件、从他们的家人那里了解他们、设法获得关于他们的文档、照片等。故事重构是一种特殊的定性分析手段,也就是从采集到的信息中提取出时间、地点、情节、场景等关键要素再重写成脉络清楚的序时表[210]。研究对象在这个过程中也发挥着一定的作用,研究人员会和他们讨论故事的意义,从而验证分析得到的结论[211]。广泛的信息收集以及与研究对象的合作都为叙事研究带来了较大的挑战,同时研究人员还要反思自身的背景可能对故事重构造成的影响。

　　在对故事进行分析的结构上,一般有两种结构:问题解决型的结构和三维型结构[212]。

　　问题解决型的结构,主要是先抽取故事中的重要要素,再按照时间顺序将这些要素安排整合起来形成一个完整的故事。在具体开展时,可遵循五个步骤:首先,将访谈进行录音然后转化成文档形式;然后,通过反复阅读文档来熟悉数据内容;其次,按照预先确定的重要元素对数据进行编码(一般为人物、环境、问题、行为和解决方案),最好将这些信息进行系统化地整理,可以使用 Nvivo、Nudist 等专业的编码软件对数据进行编码;接着将编码后的人物、环境、问题、行为和解决方案等数据元素组织成事件;最后,需要将事件按照顺序组织起来。研究人员需要不断调整事件的顺序,使整理后的事件产生实际的意义,这个实际意义是指事件在整理组织之后，会出现一个事件转折点，这个事件有关于问题是如何解决的。

三维型的分析结构，由 Clandinin 和 Connelly 于 2000 年提出，这种方法强调故事中的三个方面：交互、连续性和场景。这种方法需要充分理解个体的个人经历以及与他人之间的互动。交互包括个体和社会。研究人员需要对记录在文档中的数据进行分析，得出故事主体的个人经历以及主体和他人之间交互的信息，通过分析和他人进行交互的信息，可以得到和故事主题相关的其他意图、目的和观点。连续性是叙事研究的核心，它是指个体活动之间的关联性，即一个活动的产生往往是源于之前的活动，而随着该活动的进行或结束，又会引出新的活动。研究人员需要对故事主体的过去、现在和未来的相关经历都进行分析。场景是指故事主体在活动发生时身处的环境或地点，可能是某个具体的场景或者是一系列具体的场景。

4.1.5　现象学研究

现象学研究是描述很多人关于一个现象的生活经历的方法论[198]。上面提到的叙事研究关注的是独立的个体，而现象学研究则对所有研究对象的共性感兴趣，希望通过他们的经历抓住现象的本质。现象学方法的特征有以下几点：现象学的研究必须是严格描述性的、探究的是个人和情境之间的关系、使用现象学还原、通过使用研究时创建的变量，探寻个体活动的本质、结构和关系[213]。具体来说，描述性包括准确详细地记录下个体生活经历发生的具体场景、经过、人物等；而个人和情境之间的关系，强调的是现象学的研究一定要在一定的情境下进行，因为个体发生活动的情境是研究的重要组成部分，对个体主观体验和想法的研究离不开对产生该体验背景和想法的研究，这个背景包括个人以前的生活经历以及与当时所处环境的互动；而现象学还原是指把个体带回到当时的体验经历中去，即回到事物本身，现象学还原的任务是描述和发现意义；探寻个体活动的本质、结构和关系，是指探究事物本身的具有普遍性的意义，虽然每个人的生活体验有所不同，但透过现象看本质，可以探寻出事物所具有的共性，抽取出事物的结构和关系。解释现象学（Hermeneutic Phenomenology）和先验现象学（Transcendental Phenomenology）是现象学研究的不同方式。解释现象学认为，现象学不仅仅是一种描述，更是研究人员对现象进行说明的诠释过程[214]；与之相反，先验现象学只强调描述，要求研究人员尽可能抛开自己的个人经历，以全新的视角看待现象[215]。现象学研究对现象建立的描述是一个复合的概念，既包括人们经历了什么，也包括是如何经历的，它们分别被称为纹理描述（Textural Description）和结构描述（Structural Description）[187]。

现象学研究的数据采集主要依赖深度访谈，访谈对象的人数控制在 5～25 人，要求他们都经历过研究所关心的现象。其他的数据来源还包括观察和日记（Diaries），甚至是音乐、电影、戏剧、诗歌等艺术形式[216]。所有的访谈都离不开两个最基本的问题：你在现象中经历了什么？哪些情况影响了你的经历？在数据分析阶段，研究人员首先需要找出文字记录中的"重要陈述"，也就是对于理解访谈对象的经历有价值的语句或举证，然后根据这些重要陈述的意义进行聚类形成主题，并在此基础上建立纹理描述和结构描述，从而呈现现象的本质[214]。在现象学研究中，研究人员不仅要对研究的现象具有一定的了解，而且还要排除个人理解对于研究过程的干扰，而这一点对于解释现象学来说几乎无法做到。

4.2　定量研究方法论

4.2.1　调查研究

调查研究是通过样本了解整个人群的态度、观点和倾向的方法论[217]。在所有的定性、定量方法论中，调查研究的使用是最为广泛的，其最大优势是能够以较低的成本从较大数量的参与者那里采集数据，从而获得整个人群的全局图景[214]。调查研究有横向（Cross-Sectional）和纵向（Longitudinal）之分，前者的数据采集发生在某个时间点，而后者则会持续一段时间。

调查需要解决的最重要的三个问题是：确定调查的问题、收集以及回答的方法和参与调查的对象[218]。

（1）确定调查的问题。调查的问题一般包括人口统计问题和具体的研究问题。如何提问是由研究问题或假设决定的，不同的问题条目对应着不同的变量。一般来说，调查问题可以分为开放式问题和封闭式问题，前者允许参与者自由回答，后者又分为连续选项问题和分类选项问题。具体研究问题的编写围绕研究主题展开，具体编写时的注意事项和问卷时问题编写的注意事项类似，将在第 5 章研究方法部分详细展开阐述。

（2）选择合适的调查方法和数据采集、分析方法。在调查方法的选择上，问卷（Questionnaires）是调查研究采集数据的主要方法之一，以致于人们经常将"问卷调查"等同于"调查"，但它们之间是方法和方法论的关系。其实除了问卷（包括印刷问卷、在线问卷等形式）之外，访谈也是调查研究的重要方法，这包括个人访谈和小组访谈[214]。数据采集工具（如问卷表格）也是调查研究的基本组成部分。研究人员可以直接借用或改进已有的工具，这都需要获得授权，也可以自行开发新的工具。无论是哪种情况，都必须保证工具的信度（Reliability）和效度（Validity）。在信度方面，需要考虑内部一致性、测试和重复测试的相关性、调查执行的稳定性等；效度则包括内容效度（Content Validity）、预测效度（Predictive Validity）和建构效度（Construct Validity）[219]。调查研究的数据分析一般围绕统计、比较、判断误差、度量误差这几个方面展开。通过对结果的统计看出总的趋势和规律。而在对若干变量进行对比之后，可以发现变量之间的差异，找到特性以及影响因素。对比常用的方法是交叉汇总。因为大部分的调查都是抽样进行的，具备一定的误差，因此，对误差的判断有助于了解到本研究的精确性。一般用标准误差或标准差来评判调查研究的误差大小。度量误差不同于判断误差。判断误差是由于样本大小的问题所带来的，而度量误差是由具体的测量问题带来的，比如调查仪器带来的测量上的误差、时间上的变化导致的测量偏差等[219]。对数据的具体分析通常可以在两个层次上展开，首先是描述统计分析（Descriptive Analysis），即对所有自变量和因变量的均值、标准差、全距等指标进行计算；其次是推论统计分析（Inferential Analysis），这需要根据变量的数量和类型、样本数值的分布选择合适的统计方法，从而回答研究问题或验证研究假设[187]。

（3）选择合适的调查对象。在调查对象的选择上，在调查研究中，研究人员试图将样本的研究结果推广到整个人群，这样做的前提是样本能够代表整个人群，因此抽样是调查研究中最为关键的环节。抽样前首先要对人群进行分层处理（Stratification），这要求研究所关心的特征在样本身上能够得以体现，而且样本应该如实反映具有这些特征的人在整个人群中的比例分布[219]，例如，男性和女性各占一半。人们最为熟悉的抽样方式是随机抽样（Random Sampling），即人群中的每一个人被选为样本的可能性都相同，随机性能够保证样本的代表性。如果人群规模过大，随机抽样实施起来可能比较困难，可以考虑采取系统抽样（Systematic Sampling），即在备选对象列表上每隔 X 个人选一个。研究所需的样本数量取决于置信水平和误差界限[220]。比如说，95%的置信水平和±5%的误差界限对应的样本规模应为 384。

在以上两种抽样方式不适用的情况下，研究人员一般会诉诸非概率抽样（Nonprobability Sampling），即选择那些容易接触到的对象[187]。为了保证非概率抽样的有效性，研究人员可以通过参与者的人口统计数据（如年龄、性别、教育水平等）来判断他们是否具有足够的代表性，也可以利用过度抽样（Oversampling）手段来增加参与者的数量从而降低目标人群被排除在外的可能性[198]。在信息行为研究中，还存在一种特殊的抽样方式，也就是对行为本身抽样而不是行为者，例如，采集搜索引擎用户每天的第五次搜索行为，但这样做的问题在于整个人群中做出指定行为的人过多出现[221]。

4.2.2　实验研究

实验研究是检验特定因素对结果影响的方法论[222]。研究人员通常也是抽取一定的样本开展实验，并会人为控制所有其他因素对结果的影响，旨在探索客观事实发生的原因，揭示具有解释意义的因果关系[187]。虽然实验研究在行为科学中获得了广泛应用，但是人们普遍认为，构建合理的实验假设以及做到严格控制影响因素都是十分困难的，而且在实验室的模拟环境中进行实验很有可能造成霍桑效应（Hawthorne Effect），即实验参与者会因为作为观察对象的压力、不同的环境甚至是物质奖励而做出和自己平日里不一样的行为[221]。

实验研究一般都从提出假设开始。假设是关于自变量和因变量之间因果关系的陈述，即自变量是否以及如何给因变量带来改变。信息行为实验研究的典型自变量包括用户、系统、环境、任务等方面的特征，典型因变量包括用户行为模式及其认知、情感方面的表现。一项研究至少包括一条零假设（Null Hypothesis）和一条备择假设（Alternative Hypothesis），前者假定研究关注的两种情况不存在区别，后者则完全与之互斥，而实验的目的就是为了利用统计结果驳倒零假设、支持备择假设[223]。

实验研究是否能够获得正确有效的结果取决于实验设计，即对条件（Treatments）、对象（Units）和分组（Assignment）这三个要素的设计[224]。比如说，在研究分面导航工具是否能够提升用户搜索效率的实验中，是否提供分面导航工具是实验的条件，搜索用户是实验条件的应用对象。而分组方法有很多种，如果将对象随机分配到不同的条件组，那么这样的实验称为真实验（True Experiment），否则称为准实验（Quasi-Experiment），而只有一个对象的情况称为单一主体设计（Single-Subject Design）[225]。

在开展实验设计时，首先需要考虑的两个问题是实验中有多少个自变量以及每个自变量有多少个不同的取值。如果只有一个自变量，可以采取单层的基本设计，包括组间设计（Between-Group Design）和组内设计（Within-Group Design）两种形式[187]。组间设计指的是每位实验参与者只会经历一个条件，若采用这种设计，以上举例的实验需要两个分组，分别提供和不提供分面导航工具；组内设计则要求每位参与者依次经历多个条件，这样整个实验只需要一个分组。组间设计能够有效避免学习效应，减轻参与者的疲劳感和挫败感，但是对参与者数量要求较高，同时容易受到个体差异的影响；组内设计的优势和劣势与之恰恰相反，实际操作时应根据两种设计的适用性进行选择[226]。

因子设计（Factorial Design）广泛应用于包含多个自变量的实验，不仅可以研究所有自变量各自的影响，而且可以探索多个变量之间的相互作用[225]。除了组间设计和组内设计外，因子设计还包括裂区设计（Split-plot Design）形式，即有的自变量采用组间设计来研究，而其他的采用组内设计。假如以上举例的实验还需要考虑搜索技能的影响，可以对搜索技能的研究采用组间设计（搜索专家一组，搜索新手一组），对分面导航工具的使用研究采用组内设计（每位参与者都要在提供和不提供工具的两种情况下进行搜索）。在因子设计中，变量之间的相互作用是指一个自变量对因变量的作用取决于另一个自变量的水平[187]。比如说，分面导航工具只对专家的搜索效率起到提升作用，而对新手来说反而是一种负担。由于信息行为受到多维度的影响，很有可能单个自变量的作用不显著，但是在相互作用上存在显著结果。

实验研究的数据分析也包括描述统计分析和推论统计分析。实验研究的推论统计分析目的的明确，即确定不同的条件组之间是否存在显著差别，可以采用显著性检验来比较各组的均值。T 检验和方差分析（ANOVA）都可用于只有两个分组的情况，多于两个分组的情况只能采用方差分析，包括单因素方差分析（One-way ANOVA）、多因素方差分析（Factorial ANOVA）、重复测量方差分析（Repeated Measures ANOVA）和裂区方差分析（Split-Plot ANOVA），此外还有协方差分析（ANCOVA）和多元方差分析（MANOVA）[198]。显著性检验会告诉人们观察到的差异纯属偶然的可能性，如果这个可能性很小（小于 5%），那么差异应该归因于实验中的受控自变量。与物理、化学等自然科学不同，关于人类行为的实验结果往往难以复制，因为行为主体缺乏稳定性，可能出现随机误差（Random Errors）和系统误差（Systematic Errors），前者可以通过增大样本量来消除，后者可能是由测量工具、实验程序、参与者、研究人员、实验环境等方面的问题造成的，导致观测值发生系统偏移[227]。

4.3　混合方法研究模型

在融合平行混合方法研究中，研究人员将定量和定性数据融合到一起，以求对研究问题做出全面分析。定量和定性数据的采集差不多是同一时间进行的，并且对于最后得到的综合研究结果具有同样重要的解释作用，因此称为"平行"[228]。当然也可以以其中一种数据为主，在其采集过程中融入另一种数据的采集[229]，比如调查问卷可以主要由可量化的问题（如使用搜索引擎的频率）构成，而同时又包含基于文字描述的问题（如使用搜索引擎的原因）。这类研究可能出现定性结果和定量结果相互矛盾或是不一致的情况，这时就需要研究人员做出准确的判断。

两种连续混合方法研究则是由定性阶段和定量阶段共同组成的，后一阶段是对前一阶段研究发现的说明或扩展[230]。在解释性连续混合方法研究中，研究人员首先进行定量研究，得到分析结果后再通过对少数个案进行深入的定性研究对其做出更加详细的解释。"解释"指的是最初的定量结果是由后续的定性数据解释的。在探索性连续混合方法研究中，定性阶段在前，目的在于了解人们的观点，然后再通过定量阶段的大规模样本将其推广到整个人群。"探索"指的是前面的定性分析是为确定后面定量研究的变量、测度及工具而进行的探索[187]。在开展连续混合方法研究的过程中，研究人员需要确定前一阶段的哪些结果值得在后一阶段做进一步探讨，也要考虑两个阶段样本数量的差别可能带来的问题。

以上三种是混合方法研究的基本方法论，另外还存在一些更为高级的变体，如转化型（Transformative）、嵌入型（Embedded）和多阶段（Multiphase）混合方法研究[198]，其核心是根据具体的研究目标对平行或是连续策略进行有机组合。

Fidel 针对 2005～2006 年发表在信息科学四大期刊（《信息处理与管理》、《文献杂志》、《美国信息科学与技术协会杂志》、《图书馆与信息科学研究》）上的 465 篇论文的研究方法进行了系统分析，发现有 80 篇论文（17%）使用了多种方法，其中 41 篇是以定性或定量研究方式为主，不过采用了多种数据采集手段，另外 39 篇则同时包含了定性和定量研究，而只有 22 篇可以称为混合方法研究，即定性和定量的部分必须融合在一起，其数据或结果之间相互联系。

4.4　本　章　小　结

　　研究方式是研究过程中重要组成部分，在社会科学领域主要采用定性、定量或两者混合三种研究方式，本章首先介绍了这三种研究方式，归纳三者之间联系与差别。然后分别用一些经典的方法论阐述定性、定量、混合三种研究方式，在定性研究方法论中，主要以个案研究、人种学研究、扎根理论研究、叙事研究、现象学研究为代表；在定量研究方法论中，主要以调查研究、实验研究为代表；在混合方法的方法论中，融合平行混合方法、两种连续混合方法、解释性连续混合方法是三种基本方法论。在这三种研究方式中，定性和定量方式代表了一个连续体的两端，单独使用这两种方式会限制研究，作为二者的中间体的混合方法研究则有利于研究人员克服定性和定量数据各自的不足，也可以在一定程度上减少研究中的偏见，在代表性和合理性上均优于单独使用定性或定量的方法。研究方法论与研究方法是两个不同的概念，前者范畴更广，如何在研究方法论下选取合适的研究方法，我们将在下一章中详细阐述，并介绍研究方法的应用。

第 5 章　信息搜寻行为研究方法

从以上对研究方法论的介绍可以看出，方法论和方法是两个不同的概念，方法包含于方法论的范畴之中。任何方法论都对应着一定的数据采集、分析方法，而有的方法可能适用于多种方法论。信息行为研究的常用方法包括问卷、访谈、实验、观察、日记、焦点小组、内容分析、元分析等[78]。这些方法对信息行为领域的兴起和发展起到了至关重要的推动作用，其中问卷和访谈一直以来都是研究人员最为青睐的方法。

McKechnie 等对 1993～2000 年发表在信息科学重要期刊和论文集上的 247 篇信息行为研究论文进行了内容分析，发现这些论文使用的主要方法的比例为：访谈 35%、问卷 20%、观察 14%、内容分析 11.6%、日记 4.5%[231]。后来 Julien 等分析了 1999～2008 年的方法使用情况，他们的内容分析样本为 749 篇以"信息需求"和"信息使用"为主题的论文，结果显示问卷和访谈所占的比例分别为 34.7% 和 10.0%，总体呈下降趋势[232]。最近的一项研究表明，2012～2014 年这两种方法的总体比例进一步下降，其中访谈 24.6%、问卷 16.4%[233]。

尽管问卷和访谈的使用仍然最为广泛，但是其总体比例的减少也意味着研究人员对其他方法的逐步重视。由于以上研究所关注的除问卷和访谈以外的方法不尽相同，因此无法对其进行纵向比较来了解方法使用的变化情况。然而可以肯定的是，在过去的 30 年里，信息行为研究表现出明显的多样化特征，研究主题和背景不断更新，随之而来的是新方法的引入和传统方法的革新，多种方法的组合使用已经成为信息行为研究的重要趋势[234]。

在对常用研究方法做进一步了解之前，有必要对这些方法进行大致的分类，从而有利于把握方法的根本特征。最常见的分类方式是将研究方法分为定性方法和定量方法，一般认为前者的结果形式是文字（包括图片），后者则是数字[235]。而 Case 和 Given 更关注研究的过程，他们将信息行为研究方法分为调查方法、实验方法、文本方法、视觉方法以及多种方法（Multi-methods）等。

本书在对信息行为研究方法进行分类时采取了一个特别的视角，即方法的介入性（Obtrusiveness）。介入性指的是在数据采集阶段被研究的现象是否受到研究本身的干扰[41]。常见的非介入性研究方法大体分为三类[236]。

（1）物理痕迹观察法。物理追溯法主要分为侵蚀测量和累积测量。侵蚀测量主要是对物理表面有磨损部分的测量，如通过博物馆中不同地点地板砖的磨损程度来判断展品的相对受欢迎程度。累计测量是指对物理材料数量或种类的累积量的测量。

例如，对某公司员工的环保教育成果的测量，可以通过教育前后纸张耗费量的变化来判断。

（2）档案法。档案数据是指组织或个人以前产生并被记录下的数据。这些数据并不是专门为研究而生成的，但是却可以为某些研究所用，并且可以记录下观察等其他方法搜集不到的信息。政府、组织、报刊杂志多媒体等记录的信息往往蕴含有巨大的价值，可以充分利用起来。

（3）观察法。使用这种方法时，需要注意保证受试者不能察觉到有人在观察自己，即不能察觉到自己处于实验环境中。此外，目前也使用一些隐藏的设备，如隐藏式摄像头或录音机来代替人工的观察，这样可以避免人工观察时的走神、记录不认真、带有主观色彩等影响。

基于介入性这一特征，以下将信息行为研究方法分为介入性方法和非介入性方法两大类，问卷、访谈、焦点小组、日记、实验等都属于前者，后者主要包括内容分析、元分析、观察等。

5.1　介入性研究方法

5.1.1　问卷

问卷是由参与者自行回答预设问题的调查方法，区别于由研究人员主导提问的访谈[52]。基于问卷方法的研究一般都体现出调查研究的典型过程，包括确定研究目标和形式、抽样、创建问卷表格、招募参与者、分发并回收问卷、分析数据、报告结果等阶段[237]。印刷问卷是问卷的传统形式，通过邮寄的方式发送给符合条件的人，其不足之处在于回收周期长、回收率低。近年来，问卷在信息行为研究中的应用大多采取在线分发的形式，效率高、成本低、样本分布广泛[225]。在线问卷可以通过电子邮件发送，也可以使用专业的问卷调查服务，如 SurveyMonkey（https://www.surveymonkey.com/）和问卷星（http://www.sojump.com），这些服务提供的模板能够帮助研究人员快速创建问卷，其数据分析功能可以基于参与者的回复自动实时生成描述性统计结果及相关图表，方便研究人员做进一步分析[187]。

目前，以问卷形式进行的研究多是提出假设，构建结构方程模型，发放问卷后对数据进行信度和效度的分析，验证各项假设是否成立。

问卷的设计是问卷能否顺利展开以及得出可靠研究结论的一个重要因素，一般来说，问卷的结构通常包括：问卷题目、封面信、指导语、问题和答案、编码和其他资料[238]。其中最重要的是问题的设计部分。问题的设计需要注意以下问题[239]：①问题应当具体明确，不能含糊笼统；②不能出现复合型的问题，即一个题目中出现两个及以上的问题；③提问时避免给受试者诱导和倾向，如一些含有情感的词汇、权威地位的提及等；④尽量避免使用否定形式的提问；⑤尽量避免提一些敏感性的问题，如社会禁忌、个人隐私问题等，如具有必要提问，则需要注意方式方法，以一种恰当、易接受的方式进行提问；⑥注意控制问卷问题的数量，尽量使参与者在半个小时之内完成问卷的填写，数量太多会使受试者产生厌烦情绪，影响问卷的填写质量；⑦给填写问卷的受试者以适当的报酬，或是根据受试者的问卷填写质量来决定是否给报酬或决定报酬的多少，以这种方式可以提高问卷的填写质量；⑧问卷问题设置的顺序也需要遵循一定的规则。一般为层层递进、由浅入深、由易到难、先事实后观念态度、先封闭后开放、先有趣后困难枯燥。此外，可以将同一或相似主题的问题放在一起，使问题的设置具备一定的逻辑顺序。

问卷法是在目前研究中使用非常普遍的一种介入性的研究方法，它具有以下优点[238]。

（1）不受空间、时间的限制。目前的在线问卷彻底打破了问卷法的时空限制，问卷的发放和回收都十分便捷，节省了人力和物力，是一种十分节约成本的研究方式。

（2）有利于进行定量的分析。由于结构化的问卷答案是符合一定规则的，因此研究人员常常采用统计分析的方法对结构化的问卷进行数学上的定量分析。

（3）匿名性。由于填写问卷的方法可以避免调查人员和被调查人员之间面对面的接触，问卷也不涉及个人信息的统计，在这样匿名的环境下，参与者更容易说出自己内心的真实想法，减少了顾忌。

问卷法主要用于对信息搜寻相关的行为或态度的影响因素分析，例如，Soo Lee 通过问卷的方式，对比 10 年前后，网络的产生对汽车信息搜寻的影响[240]；Laroche 研究了性别对于购买圣诞礼物时的信息搜寻决策的影响[241]；McGee 通过对公司领导的问卷调查，研究感知策略的不确定性、环境审视和信息资源之间的关系[242]；Ti Bei 研究了消费者对信息资源的评价和使用与信息资源种类之间的关系。比较典型的是 Min 对社交媒体上用户隐私的影响因素的研究[243]，在该研究中，Min 应用问卷方法的基本步骤如下。

（1）提出假设。Min 提出了 14 个假设，构建了研究模型，这些假设围绕以下九个因素展开：感知社交网站信息风险、感知社交网站社交风险、感知信息被误用的忧虑、感知信息被误解的忧虑、提供个人身份信息的意向、提供个人形象信息的意向、用户使用时长、线下朋友占好友数的比例、持续使用网站的意向。

（2）设计问题。针对这 14 个假设，设计问卷，问卷问题由人口统计学问题和研究模型相关问题两部分组成。人口统计学问题包括性别、年龄、每周使用社交网站的平均时长、使用社交网站的总时长、每周在社交网站上进行更新的平均次数、和社交网站上的好友建立线下联系的比例。

需要先查找并阅读已有文献，再设置研究模型相关问题。已有研究中如果涉及本研究中相关变量的定义和变量问题，则需要参考已有文献的量表，并且根据本研究的具体情况进行细微调整。如果已有研究没有对该变量的定义或具体问题的阐述，则可以自行定义并设置具体的问题。

在 Min 的研究中，各变量均有相关文献支撑。因此，根据相关文献进行问卷问题的设置即可。

（3）发放问卷。目前，发放问卷主要有线上和线下两种形式。线下主要是发放纸质版的问卷，线上可以在社交平台或专业的问卷发放平台进行问卷的创建和发放。在 Min 的研究中采用了线上问卷的形式，在相关公司的帮助下，该问卷以电子邮件的形式被发放给 3000 名 Facebook 的用户，最终，有 672 名用户回复了这封邮件（回复率为 22%）。在去除掉 276 份无效问卷后，共有 396 份问卷用于分析。

（4）数据分析。目前，有许多可供分析问卷数据的统计学分析工具，使用较多的是 SPSS 和 Smart PLS。在本研究中，Min 采用 AMOS 软件，一款基于协方差的结构方程建模工具对问卷的数据进行分析。对问卷的数据分析主要包括模型的信度、效度分析和结构模型分析。

信度指的是根据测量工具所得到结果的一致性或稳定性。用问卷信度检验中最常用 Cronbach α 系数来测量问卷的信度。一般认为系数在 0.7 以上的问卷测量信度较高。

在效度方面，分为聚合效度和区分效度。变量的 AVE 值表示的是观察变量是否比误差变量能够更好地解释每个结构变量，当该值大于 0.5 时，说明聚合效度是可以接受的。本研究模型的 AVE 值大于 0.72，说明聚合效度是可以接受的。组合信度显示每个变量是否有充分的内部一致性。当各结构变量 AVE 的平方根大于其他结构变量之间的相关系数时，说明各个结构变量之间具有较强的判别系数，区分效度比较高。

在结构模型的分析方面，主要是对路径系数的检验。路径系数可以反映各结构变量间的直接效应大小，路径系数越大，指向变量对被指向变量直接效应就越大。

在本研究中，Cronbach α 系数均在 0.7 以上，AVE 值大于 0.72，而各结构变量 AVE 的平方根大于其他结构变量之间的相关系数，这说明模型的信度和效度都较高。

在结构模型的路径系数方面，经检验发现，用户使用社交网站的总时长对感知社交网站信息风险和信息错误使用忧虑之间关系的调节作用不显著，用户使用社交网站总时长对感知社交网站信息风险和信息误解忧虑之间关系的调节作用不显著，感知信息错误使用的忧虑对用户提供个人形象信息的作用不显著，除此之外，其他假设的路径均显著。

（5）得出结论。以上数据分析结果表明社交媒体用户对隐私的担忧包括他人对个人信息的错用和误解两方面，个人信息包括身份信息和照片信息。而个人感知到的信息和社交风险都会影响到个人对隐私的担忧。线上的社交媒体好友转化为线下好友的比例越高，越会加强社交风险对隐私信息的错用和误解这两种担忧。此外，对信息被错误使用的忧虑仅仅会影响个人身份信息的提供，然而，对信息被误解的忧虑会同时影响个人身份信息和形象信息的提供。

5.1.2　访谈

与问卷一样，访谈也是以问答为核心的研究方法，但问卷的优势在于其广度，而访谈的优势在于其深度[198]。同样的问题在问卷中可能只会得到很简短的回答，但在访谈中可以探讨得很透彻，因为口头对话让访谈对象享有较大的自由度，允许他们充分表述自己的理解和思考，很少受到篇幅限制，而研究人员在聆听过程中可以随时发现有价值的言论并据此提出后续问题，同时留意访谈对象的非语言反应，如表情、语调、动作等。当然，访谈的灵活性也对研究人员的提问技巧和控制能力提出了更高的要求，而访谈后期的数据处理和分析工作也更加耗时、复杂[244]。

开展访谈的方式多种多样，根据交互媒介的不同可以分为面对面访谈、电话访谈和网络访谈（如利用电子邮件和聊天工具），从访谈对象的数量上讲又可以分为个人访谈和小组访谈（即焦点小组），但更为重要的特征在于访谈的结构，按照结构化程度由高到低依次有以下几种。

（1）全结构化访谈（Fully Structured Interviews）。类似问卷，研究人员必须严格依照事先确定好的脚本来提问，一般不允许改变问题的顺序或是增加额外的问题，这样方便比较不同访谈对象对同一个问题的回答。

（2）半结构化访谈（Semi-structured Interviews）。通常会从预设的问题开始，但是后续可能向任意方向发展，旨在从对访谈对象的言论中挖掘出有意义的见解。

（3）非结构化访谈（Unstructured Interviews）。研究人员会表明讨论的主题，由访谈对象决定谈哪些问题，这对于探索未知领域、广泛搜集观点是十分必要的[245]。

考虑到访谈中不同角色的作用，全结构化和半结构化访谈又称为受访者访谈（Respondent Interviews），非结构化访谈又称为报告者访谈（Informant Interviews）[246]。

访谈法多用于那些难以通过做实验来进行的研究以及侧重个体主观感受的研究，如俞碧飐[247]、Foster[34]、Björneborn[243]等对信息偶遇这一很难通过实验来触发的行为研究；对个体主观感受的研究，如 Light 对用户网站界面感知的研究[249]，Addison[250]在有关在线健康信息搜寻的实验之后，通过访谈的方法了解用户在实验时做出某些举动的原因。其中，比较典型的非结构化访谈研究为俞碧飐对信息偶遇概念的研究，她在进行非结构化访谈时的基本步骤如下。

（1）设置访谈提纲。如果研究中涉及专业名词，要注意对专业名词进行解释说明，并注意访谈问题的易理解性和无诱导性。在该研究中，俞碧飐所进行的访谈类型为开放式访谈，整个访谈只设置了一个问题，指导语为：请描述一件让你印象最深刻（或最近发生）的信息偶遇事件（发生在学术资料搜索的过程中），并详细描述该事件发生的过程。然后对信息偶遇的概念进行解释：在过去的一年里，你有没有经历过这样的事情：文献检索的时候起初找不到突破口，正当一筹莫展之际，偶然在某处发现一篇文献或一条线索正合心意，随后顺藤摸瓜，检索也变得顺畅许多。

（2）招募访谈对象。在征集时以受试者的多样性为原则。在俞碧飏的研究中，采访了南开大学科研人员 11 名（男女比例 7∶4，以博士为主，专业涉及图书馆学、情报学、经济学、企业管理和药学）。

（3）进行访谈。根据访谈提纲，对被试者进行了面对面的访谈，时间持续 30～40min，在采访时，征得受试者允许的情况下进行全程录音。

（4）访谈数据的录入和分析。将访谈录音转化成电子版文档，并进行编码。可根据研究需要进行多层次的编码，如子节点编码等。在本研究中，研究人员根据关键事件中真假信息偶遇的对比，依照辨识向度将访谈事件中能表现向度特征的部分进行初次编码，编码后，针对各向度的含义，又进行更详细的子节点编码。

（5）得出研究结论。通过对访谈内容的编码分析，得出研究结论。在本研究中，俞碧飏通过对访谈内容的编码，得出了参与度和预期值的多层次内涵。重新验证了信息偶遇的含义。然后又根据扎根理论，通过分析访谈内容，总结出了信息偶遇的特点。

接下来，本书再以 Brückner 对大学生进行在线学习的信息行为研究为例，说明结构化访谈进行的具体步骤[239]。

（1）设置访谈问题。结构化访谈的特点就是事先已确定好访谈的问题，访谈时，访谈人员完全根据访谈提纲来进行提问，一般也不允许更改问题的顺序。本研究一共设置了 23 个问题，列出部分问题为：你会为了熟悉某一领域去查找传统信息资源（如百科全书）吗？你会使用哪种传统信息资源？你曾经在网上发布过有价值的信息吗？（如给维基百科贡献词条，注意不是指在社交媒体上发布信息）你是如何觉察到自己已经获取了足够多的信息了？你又是如何知道你想要得到更多信息的？你有什么工具或方法可以得到更多的信息吗？你是如何查找信息的？你会使用关键词、受控词汇、布尔检索词等高级检索方式吗？

（2）招募访谈对象。访谈对象的招募依然以多样性为原则。Brückner 在大学中招募了 23 名学生参与本次访谈。

（3）进行访谈。结构化访谈时，工作人员完全按照访谈的提纲进行提问。本访谈的持续时间在 39～77min，平均时长为 61min。访谈地点为大学办公室。在访谈期间，工作人员对访谈的内容进行记录。

（4）访谈数据的录入和分析。在本研究中，由于问题的完全结构化，对访谈内容的分析，主要是对各问题答案的分布进行比例分析。

（5）得出分析结论。通过对访谈的内容分析，得出了和学生网上学习的信息行为相关的结论，并给出了相关建议。

5.1.3　焦点小组

焦点小组是经过正式组织、严密规划的讨论小组，小组成员聚集到一起，针对特定主题展开讨论，分享想法和观点[251]。自 20 世纪 30 年代开始，社会学家就注意到个人访谈的不足之处，1956 年 Merton 等发表了《焦点访谈》（*The Focused Interview*）一书，焦点小组方法初步形成，但是在很长一段时间内未能引起学术界的重视，反而得到了商业市场研究的青睐，直至 20 世纪 80 年代才开始在学术研究中得以广泛应用[252]。焦点小组的一般程序如下。

（1）招募 6～10 位参与者，他们都具有与研究相关的某些特征。

（2）在自由、轻松的氛围中对一个具体的主题进行讨论，整个过程由主持人负责按事前设计好的提问路线（Questioning Route）来推进[253]。

（3）一项焦点小组研究至少需要 2～3 个小组，有利于充分收集观点，也可以实现组间的比较或对照[254]。

在进行焦点小组时，需要注意以下问题。

（1）在进行焦点小组之前，通常需要列出一张清单，包括要讨论的问题以及各类数据收集目标。

（2）在挑选焦点小组的参与者时，需要注意焦点小组的每组成员需要有一定的同质性。这样才可以保证每位成员在交谈中都感到舒适，从而表达出更多的观点。如需要考虑参与成员的收入、种族、性别、阶层、年龄、工作和计算机使用经验等，如果认为某些焦点小组的成员之间彼此不会有好感，就应避免将他们放在一起。不过，焦点小组成员之间的同质性并不意味着要求成员之间的方方面面都相似，而是根据研究的目的，选择研究需要的同质性即可。

（3）在焦点小组实施过程中，需要有一名专业的主持人。焦点小组中的主持人起着至关重要的作用，对主持人有以下要求：① 主持人最好可以提前几分钟和焦点小组成员进行短暂的交流，这样有助于了解每个成员的性格和谈话风格，例如，了解到哪些成员比较安静、说话较少，哪些成员比较健谈，容易引导讨论走向。② 主持人应该灵活掌控讨论走向，在参考焦点小组讨论提纲的基础上，可进行适当的调整。例如，成员之间自然而然地谈论起了本应在之后才讨论的一个话题，但是讨论氛围很好，那就不需要打断，顺势而为。③ 主持人需要注意让焦点小组的每个成员都能积极地参与，避免部分用户主导讨论，部分消极用户较少地参与讨论，留意那些发言较少或看起来没有兴趣发言的成员，找出原因，并尽量缓解。④ 当有人对自己的观点表述不清、具有歧义或与他之前的观点相矛盾时，主持人应该让其重申观点或再详细展开解释他想要表达的意思。⑤ 注意给焦点小组成员提供一定的思考时间，因为不是每一个人都可以在遇到问题之后立刻做出回答，一般提供的思考时间在 5～10s。⑥ 主持人要在不限制用户自由发表观点和评论的前提下，保持谈论的内容不偏离主题。

焦点小组的研究方法主要用来获取用户对于信息系统或网站的评价。郭瑞华[255]、谢蓉[256]、彭艳萍[257]、黎春兰[258]等对图书馆相关服务的研究以及张蒂[259]对资源发现系统的研究，都是通过焦点小组的方法来获得用户的体验及评价。其中，张蒂对两种资源发现系统的体验分析中，实施焦点小组的具体步骤如下。

（1）确定研究议题。本研究基于清华大学"水木搜索"和北京大学的"未名搜索"，研究用户对于这两个系统的功能感知、用户体验等方面的情况，研究的主要问题为：两种资源发现系统中的哪些功能让你印象深刻？经过一段时间的使用后，你对两种资源发现系统的体验包括哪些内容？对于未来资源发现系统的开发和设计，你希望在哪些方面有所改进？

（2）建立用户焦点小组。该研究邀请了 30 名本科生参加焦点小组的谈论和调研，根据他们的专业范围，建立了文科专业焦点小组和理科专业焦点小组。文科小组包括来自图书馆学、汉语言文学、经济学、行政管理、国际经济和贸易以及心理学的 15 名学生。理科小组包括来自化学、软件工程、环境科学、物理和数学专业的 15 名学生。

（3）开展焦点小组。为了更加深入细致地展开调研，减少焦点小组成员讨论中的随意性，笔者将调研过程分为四个阶段：介绍——体验——讨论——反馈。

介绍：首先为受试者介绍系统，向其展示如何进入清华大学的"水木搜索"和北京大学的"未名搜索"，但注意不会对两个系统的具体功能做详细说明。

体验：在随后的一周时间内，焦点小组成员不会接受任何人员的指导，独立地对两个资源发现系统进行使用，并记录自己的体验感受。

讨论：研究人员与焦点小组成员展开使用体验的讨论，每名小组成员在讨论会上发言，工作人员做详细记录。

反馈：讨论会后，焦点小组成员将自己的体验进行整理，以书面形式交给研究人员。

（4）对焦点小组的分析。进行完焦点小组后，对记录下的内容进行内容分析。在本研究中，张蒂采用语义内容分析和实用内容分析，并以表格的形式对内容进行了整理。

（5）得出研究结论。通过以上对焦点小组的内容分析，得出研究结论。张蒂将研究结果分为用户对两种资源发现系统的功能认知、具体体验感受、对未来资源发现系统的期望三个方面对研究结果进行了讨论。

与个人访谈相比，焦点小组最大的特点就是参与者之间的动态交互[260]，其主要目的并不是达成一致意见，而是营造一个更自然的表达意见的环境，因为人们在现实生活中本来就是相互影响的[261]。参与者不仅需要表述自己的观点，而且需要设法说服持不同观点的人，从而产生更多具有说明、解释作用的言论，这比观点本身更有价值。同时，小组讨论让参与者有更多机会相互启发，前面的言论为后续的讨论提供了方向、线索、背景，这样有利于他们打开思路，对其他人的看法和经历形成更深层次的理解[262]。

然而，动态交互本身就存在一些潜在风险，例如，强势的参与者试图主导整个讨论、参与者之间产生严重分歧、有的参与者出于某种原因不愿在他人面前表达真实想法等。这不仅是对主持人能力的考验，也对提问路线的设计提出了很高的要求[254]。具体来说，焦点小组有以下不足。

（1）由于焦点小组的参与样本数较小，通过焦点小组得到的研究结果通常可信度较低。通过焦点小组的得到的结论是基于研究人员的观察结果，这些结果往往只适用于具有相同群体特征的个体，无法保证某个小组中的反应比例符合更大用户群体的反应比例。

（2）通过焦点小组观察到的情形可能并不能足够反映真实情况。焦点小组中的成员展示出的情形往往对参与者和研究人员都具有欺骗性，研究人员通过字面解释焦点小组中的陈述，而不是提取出所暗含的用户态度。

（3）焦点小组得出的研究结果具有很大的主观性。因为数据收集和分析过程是通过多次的人工判断得来的，因此，研究结果很容易被人质疑，可靠性不足。

值得注意的是，焦点小组通常都与其他方法一起使用，并且适用于混合方法研究的三种模型。在融合平行研究中用于采集定性数据，在解释性连续研究中为定量阶段的结果提供更深刻的洞见，在探索性连续研究中首先对研究问题进行识别和定义[261]。

5.1.4 日记

日记是一种基于时间抽样的自陈方法，一般也与其他方法一起使用[78]。参与者在目标事件发生时对其进行记录形成日记，记录的内容可以是对事件的简单描述、解释甚至是他们的个人看法[263]。这与人们在日常生活中写私人日记类似，因此而得名。与之不同的是，参与者在日记研究中通常都需要根据预设的问题来提供日记条目，而不是自由记录，同时他们可能需要在研究指定的或是收到提醒的时间点上进行记录[198]。

日记大致可以分为两种，分别在研究中起到不同的作用。

（1）反馈日记（Feedback Diaries）。参与者根据研究要求提供的相关反馈，是数据采集的结果，强调的是研究人员所关心的事件，对于如何记录、何时记录等都提出了清楚的要求，因而其内容往往更加准确、客观。

（2）引导日记（Elicitation Diaries）。是数据采集的中间环节，目的在于获得一些关注点，用于在后续的访谈中引导参与者对这些关注点进行扩展，强调的是参与者所关心的事件，按照他们认为合适的方式进行记录，从而反映了他们的感受和观点[264]。

　　与问卷调查需要招募大量的参与者不同，日记研究更看重哪些人能够提供有用的见解。这些人除了符合研究的基本人口特征要求外，还应该了解研究的主题、理解日记的目标并且具有坚持准确记录的动力。此外很重要的一点是，他们需要会使用研究选择的日记工具[198]，包括以下几种。

　　（1）纸笔。最传统的工具，门槛低，但这样记录的内容形式比较有限。

　　（2）移动电子设备。允许参与者方便地记录文字、图片、音频、视频等多样化的数字内容。

　　（3）在线日记研究工具。专业软件如 Revelation（https://www.focusvision.com/products/revelation/），为日记结构设计、数据采集及分析提供了极大便利。

　　（4）生活流（Lifestreaming）。如今，相比在日记本上手写日记，人们更喜欢使用微博、博客以及社交媒体上的状态更新来随时随地记录生活并与他人分享，直接利用此类内容也是日记研究的一种形式[265]。

　　日记方法广泛应用于社会学、历史学、医学等领域。与问卷、访谈等方法相比，日记特别适合捕捉动态性强、容易发生变化的信息（如情绪、感知）以及一些不易察觉的隐性信息（如用户没有点击特定链接的原因）[263]。由于事件的发生和记录之间时间间隔很短，参与者对于细节的记忆还很清晰，这有利于降低个人偏见的影响，从而提高信息的准确性。有的现象无法通过受控环境中的实验或是自然环境中的观察来研究，也只能诉诸日记方法。然而，如何避免记录工作对参与者正常活动的干扰以及如何保证他们持续提供足够的日记条目都是研究人员需要面临的挑战[198]。

　　在信息搜寻领域，日记法主要用于研究在日常生活中的信息行为的特点，如日常生活中发生的信息规避行为的研究[99]、团队成员的信息协作相关行为研究[99,266]、家庭主妇的情绪对信息行为的影响研究[267]。接下来以 Narayan 研究信息规避时所进行的日记方法为例来说明日记方法的具体实施步骤。

　　（1）选择受试者。Narayan 通过最大变异抽样法挑选了来自 6 个国家的 40 名受试者，这些参与者来自各行各业，包括护士、家庭主妇、物理学家、程序员、图书馆员、学生、按摩师、律师、档案管理员、平面造型设计师，年龄为 26～64 岁，其中有 22 名女士，12 名男士（最终只有 34 名参与者完整地完成了该研究）。

　　（2）陈述具体要求。研究人员要求受试者在网上记录下自己的私人日记（日记不会公开）。具体要求为：参与者需要记录下自己每天和信息相关的活动和想法，比如，线上和线下的信息搜寻行为等。

　　（3）收集日记数据，进行内容分析。在两周之后，研究人员在网上收集参与者的日记数据，然后对数据内容进行分析。本研究采用扎根理论对日记内容进行分析。

　　（4）得出结论。通过对日记的内容分析，Narayan 发现，信息规避行为是一种普遍的现象，会发生在每天的生活中。信息规避包括消极规避和积极规避两种形式，并且信息规避主要发生在人们的健康、财产、个人关系相关的活动中。

进行日记分析时，首先要阅读受试者的日记，对不同受试者之间的日记内容进行比较，了解大致的研究趋势。然后，采用更严格的方法对日记的内容进行分析，如对日记内容进行编码，采用统一的编码规范对受试者的日记数据进行规范化地组织。编码和组织的过程可以让研究人员了解到搜集的数据中具备的某些趋势和关系，帮助得出研究结果。然后，根据分析总结出的趋势，得出研究结果[221]。

5.1.5　实验

以上问卷、访谈、焦点小组、日记都属于自陈式研究方法，由研究参与者对自己过往的行为进行描述和评价，介入问题的影响主要体现在他们报告的真实性、客观性、准确性等方面，但并不涉及行为本身。相比而言，实验是最为典型的介入性方法，因为参与者行为发生在研究过程之中或由研究所引发。毕竟人类不同于物理、化学等学科所关心的自然现象，他们是有知觉、有意识的，会不断地去适应自己所处的环境，包括人为构建的实验环境。出于伦理方面的考虑还必须向他们强调实验环境的存在，因为"知情同意"原则认为，保护实验参与者隐私和权益的最佳办法就是对他们表明研究的目的和性质，让其自行决定是否参与实验[78]。为了减轻介入问题的影响，信息行为领域的实验研究往往会在变量的受控程度上做出适当的调整。

（1）受控实验（Controlled Experiments）。试图控制所有的外部因素来确定行为是否以及如何随研究所关注的因素发生变化，可是这样既难以实现又无法得到具有现实意义的结果。

（2）现场实验（Field Experiments）。实验条件并不是控制得到的，而是自然形成的，实验环境趋于真实世界。

这两类实验分别表现出真实验和准实验的特征[268]。从某种意义上说，人类的特殊性使得行为相关研究的实验都属于后者[73]。

实验法主要用于某种具体的信息搜寻行为的影响因素研究。Schulz-Hardt 研究了团队决策中偏见性对信息搜寻行为的影响[269]，Czaja 研究了性别差异对复杂的信息查找和检索任务的影响[270]，Xiang 研究了社交媒体对在线旅游信息搜寻的影响，Kelly 研究了主题相似度对信息搜寻行为的影响[271]，王宇则研究了个体搜索能力和搜索任务复杂度对信息搜寻行为的影响[272]。接下来以王宇对探索式搜索行为的眼动研究为例，说明实验进行的一般流程。

（1）实验设计。首先研究人员确定本实验为 2（被试信息搜索能力：高分组、低分组）*3（搜索任务：事实型搜索、探索式单主题搜索、探索式多主题搜索）型实验。研究人员根据实验的具体要求，选取被试对象。探索式搜索是一种相对复杂的信息搜索行为，在该实验中，选择了在校本科生以及研究生这一具有一定学历背景的人群。通过实验前的问卷，了解其信息搜索能力，将受试人群分为高分组和低分组。经过筛选，共有 31 人参加实验，其中高分组 14 人，低分组 17 人；男生 9 名，女生 22 名，年龄均在 18～25 岁。在搜索任务方面，本实验设计了事实型搜索与探索式搜索这两种类型的搜索任务，而探索式搜索又根据其复杂程度分为单主题搜索与多主题搜索。实验要求受试者在搜索过程中，收藏有价值的页面。

（2）实验的进行。进行实验时，要选择合适的实验环境，本研究的实验在安静、均光的实验室进行，时间持续预计约 45min。首先，工作人员在 5min 内进行实验流程、实验要求说明与介绍；然后受试者坐在眼动仪前依次完成 3 组实验任务，任务 1 搜索时间为 2min，任务 2、3 分别为 10min；在 3 组任务完成后，对受试者根据实验搜索过程进行实验后访谈，实验结束。

（3）实验数据处理。本实验中的眼动数据使用 SMI Begaze 软件进行处理，然后将实验所得的所有数据录入到 SPSS 17.0 软件中，进行数据分析。数据分析采用的显著性差异标准为 0.05，对于符合正态分布且方差齐性的数据采用方差分析，其他数据运用秩和检验。

（4）得出实验结论。对实验数据运用以上分析方法进行分析后，得出研究结论。王宇将研究结果分成搜索能力、任务两个维度，得出了其对搜索行为、注视频率、注视时长以及不同兴趣区的影响关系。

5.2　非介入性研究方法

5.2.1　内容分析

尽管内容分析方法历史悠久，但是人们对其的理解至今仍然存在很多差异，如内容分析究竟是定性还是定量方法、分析仅限于内容还是也关注形式等。当然，内容分析区别于其他研究方法的本质还是获得了普遍认同，即这种方法一定是基于结构化的研究手段和系统的研究设计，目的在于从文本（Texts）中做出可复制的、有效的推理[273]。内容分析中的文本不仅仅指书面或口头文字，而是泛指所有可以用来传递信息的客体，包括文字、声音、图像等一切可观察的交流产物，有的是实物，有的是数字化的[274]。如果将其他形式的资料转录成文字，其中必定会损失一定的信息，例如，人们讲话的音调、节奏无法体现在转录的文字中。

目前，内容分析方法主要包括以下三种方式。

（1）基本内容分析（Basic Content Analysis）。认为有意义的内容是完全包含于文字之中的，主张利用定量的分析方法来处理文字的交流内容，基于字词的频率或是段落的使用来确定特定内容的相对重要性，从而实现数据的描述和组织。

（2）解释内容分析（Interpretive Content Analysis）。从交换的信息中寻找根据对交流双方进行推理，类似于主题分析（Thematic Analysis），分析不仅关注显性内容

（Manifest Content），即明确表现在信息中的内容，也关注隐性内容（Latent Content），即隐藏于信息中的主题和意义，这可能需要跨越多个句子或段落来抽取。

（3）定性内容分析（Qualitative Content Analysis）。强调分析过程的实证性和受控性，即遵循一定的分析规则和步骤模型，不追求量化，研究人员试图在反馈循环的编码（Coding）过程中将大量内容划分到明确合理的类别中并不断修改完善，以保证其可靠性和有用性[275]。根据编码方案的不同，定性内容分析还可以进一步划分为：传统内容分析（Conventional Content Analysis）——编码类别直接来自于文本数据；定向内容分析（Directed Content Analysis）——相关理论和研究发现为分析提供初步的编码；总结内容分析（Summative Content Analysis）——研究人员的关注点或是以往的文献决定了分析的关键词[276]。

值得注意的是，定性内容分析已经非常接近话语分析（Discourse Analysis），但两者在本质上还是存在着一定的区别。尤其是从认识论角度来看，内容分析认为意义是对现实的反映，具有不变性，可以通过科学的方法来明确。可以说，只要有清楚的编码方案，任何接受过训练的人都能够完成编码工作。而话语分析则认为意义是对现实的构建，是可变的，高度依赖研究人员的解释，其技能和倾向起到决定性的作用[273]。

内容分析的过程一般由 6 个部分组成，它们不一定按照线性顺序依次发生，而是可能不断重复循环。

（1）单元化（Unitizing）。将文本分解为不同的单元，主要包括抽样单元、记录/编码单元和上下文单元。

（2）抽样（Sampling）。从所有可获得的文本中选取一个具有代表性的、容易处理的子集，这通常比调查或实验研究中的抽样要更为复杂，因为文本包含了多个层次，例如，文字内容的抽样可以在字词、句子、段落或章节等层次上进行。

（3）记录/编码（Recording/Coding）。将短暂的现象转换为持久的记录，并且将原始文本转换为可供分析的表示。

（4）归纳（Reducing）。从大量数据中归纳出真正重要的部分，通过定量的统计方法或是定性的重述或总结实现。

（5）溯因推理（Abductive Inferring）。利用分析建构（Analytical Constructs）从文本的描述说明中推理出隐含于上下文的意义、指代、前提、原因或后果。

（6）陈述（Narrating）。以易懂的方式陈述结果，解释研究发现的意义和贡献[277]。

正如定量的内容分析会使用统计分析软件，定性的内容分析在数据量较大的情况下也需要借助相关软件来完成繁琐的分析，如 NVivo、ATLAS.ti 等。软件工具不仅为数据的操作、抽取、编码等工作提供了便利，而且记录下了所有的分析步骤，使分析过程的重复成为可能[203]。

社会科学研究采用内容分析时通常利用公开的二次数据（Secondary Data），如人口调查、政府信息、机构记录等，区别于当前研究中所产生的原始数据（Primary Data）[275]。从这一点上讲，内容分析应属于非介入性研究方法。当然，内容分析也可以基于原始数据开展，包括通过问卷的开放式问题、访谈、焦点小组、观察等方法采集到的数据[276]，图书情报领域的内容分析研究大多属于这种情况[203]。

对于单纯采用内容分析方法的研究，主要集中在信息搜寻相关概念的研究[278,279]以及综述类研究[280,281]上；同时，也有很多研究将内容分析与其他研究方法结合起来，此时的研究主题也更加多样化，其中，比较典型的是 Jeon 对社交问答平台上的社交搜索行为的研究[282]。

在研究中，Jeon 对受试者进行访谈，并对访谈进行录音，然后把录音转换成文本形式。研究人员将这些文本导入到 Nvivo 中，进行定性内容分析。

在本研究的内容分析中，最重要的内容是编码规则的制定。研究人员需要提前规定对文本的编码规则。这些编码规则的制定来自对访谈问题的演绎和已搜集到的数据的归纳中。编码共分为 7 个主题，包括 24 个总编码和 67 个子编码。7 个主题有：对社会化问答服务的感知；对社会化问答服务的使用；社会化搜索的目标；对答案的期待；提问公式策略；社会化搜索的结果；评估的可靠性。其中，社会化搜索的目标这一主题下包括 5 个编码：好奇、决策制定、学校作业求助、获得知识、解决问题。提问公式策略这一主题下包括 5 个主题：缩小范围、结构化、规定目标、降低、引起注意。

然后，根据编码规则对内容进行分析。在本书中以社会化搜索这一主题为例，说明该内容分析的研究结果。在本研究中，主要是对各编码出现的次数进行了分析，从而显示人们在社会化问答平台搜索的不同目的分布情况。分析结果发现，满足好奇心这一目的在访谈中出现的次数最多，有 125 次，占比 31%；而有 19% 的参与者进行社会化搜索的目的是进行决策的制定；还有 18% 的参与者是为了完成学校的作业而进行搜索；有 17% 的受试者陈述自己进行搜索的目的是获取对个人发展有益的知识或技术；另有 15% 的受试者是为解决问题而进行搜索。

5.2.2　元分析

元分析是对以往多项研究的结果进行综合与解释的统计工具[283]。由于元分析的样本对象是相关实证研究，而无须获取一次分析或二次分析中的原始数据[284]，也是一种非介入式研究方法。在本质上，元分析是文献回顾的一种形式。如果是为了整合理论观点或是寻找领域内常用的理论解释，这样的文献回顾称为"理论回顾"（Theoretical Review）。而关注研究结果的文献回顾述称为"研究综合"（Research Synthesis）[285]，其中，人们所熟悉的叙述回顾（Narrative Review）是对以往研究的定性综合，即更多依赖研究人员的主观理解来对研究结果进行归纳总结；与之相对的元分析属于定量综合，研究人员采用系统的方法和程序对单个研究所得到的效应量（Effect Sizes）进行统计分析[284]。效应量是元分析的核心概念，是受观察效应大小的标准化测度，反映了现象的强度，例如，认知风格对用户信息搜寻过程的影响程度、基于文本的和可视化的搜索界面给用户搜索表现带来的差别程度。最常见的效应量指标主要有三种，包括标准均数差 d（Standardized Mean Difference）、相关系数 r（Correlation Coefficient）和对数差异比 OR（Log Odds Ratio）[286]。

一般来说，元分析的过程分为以下 6 个阶段。

（1）查找文献。根据元分析所关心的研究问题搜索相关实证研究，清楚定义入选标准，确定哪些研究最后纳入分析样本之中。

（2）研究特征编码。类似于原始研究中的变量选择，确定元分析的研究问题所涉及的研究特征，例如，抽样特征、测度特征、研究设计特征、研究质量特征等。

（3）效应量计算。除了以上三种基本效应量指标，还有一些有用的特殊指标，包括单变量的平均数、比例、方差或标准差，以及非标准效应量、多元回归的效应量等。

（4）基本元分析。根据各研究效应量的准确度对研究赋予权重，计算出加权平均效应量并基于该平均值得出结论。

（5）调节分析（Moderator Analysis）。如果发现各研究的效应量存在较大差异，可以通过调节分析来评价效应量是否随特定研究变量出现规则变化，揭示这种差异的来源。

（6）报告结果。表明如何搜索文献及确定入选标准、选择了哪些效应量指标及如何开展分析等[287]。

由于整合了多个原始研究的结果，元分析具有一些独特的优势。一方面，单个研究在抽样方面存在一定局限，但是所有研究的样本共同组成了一个规模更大、范围更广的样本，增强了分析发现的一般性。另一方面，许多统计功效（Statistical Power）不足的研究经过整合后能够表现出更强的统计功效，即接受正确的备择假设的概率[284]。然而，元分析也受到了一些质疑，例如，入选分析样本的研究可能在研究问题、工具、抽样等各方面存在较大差异，没有得到显著结果的研究可能因为难以发表而未能纳入元分析，原始研究设计的缺陷会带入元分析[288]。

目前在信息搜寻领域，使用元分析方法的研究还较少，在本书中以 Shiri 对网络使用和社交焦虑之间关系的研究为例，说明元分析是如何具体进行的[289]。

Shiri 的研究目标是使用元分析的方法回顾现存有关社交焦虑和网络使用的文献，验证社交焦虑和三个网络使用变量之间的关系：在线的舒适感、在线时间、有问题的社交使用。应用元分析的步骤如下。

（1）查找文献。研究人员搜索了 PsycINFO 和 PubMed 数据库，检索时间段为 1990～2013 年，检索"social anxiety"、"social phobia"、"SAD"、"internet use"、"internet addiction"、"online communication"、"CMC"、"cha"、"t"、"IM" 和 "online gaming"

这几个词在关键词、标题以及摘要中出现过的论文。此外，也通过引文追溯的方法来获取更多的相关文章。通过这种方法，共查找到了 245 篇论文，去除掉论文的题目中含有"therapy"和"treatment"的论文后，剩下 143 篇论文。

（2）制定筛选标准。在初步搜集到文献后，需要进一步对文献进行筛选，筛选标准为：含有对社交焦虑症状进行实际测量的研究；含有对网络使用变量的测量或和网络使用相关的经历。按照这两个筛选标准，在 143 篇论文中，又去除掉 114 篇，又去除掉那些文章没有提供完整数据的论文，最终，对 23 篇论文进行了元分析。

（3）编码。对每个研究都对网络使用变量以及测量、社交焦虑测量、参与者人数、平均年龄、女性参与者比例进行编码。

（4）统计分析。对元分析的数据进行发表偏差检验、效应量计算和异质性检验。在发表偏差检验方面，研究人员使用失安全系数（Rosenthal's Fail-Safe N 值）和 Egger 检验。在效应量检验方面，采用相关系数 r 作为效果量。在异质性检验方面，用 χ^2 对效果量进行异质性 Q 检验。

（5）分析结果。该研究对社交焦虑和在线社交舒适度之间的关系、社交焦虑和在线时间之间的关系、社交焦虑和具体的网络使用之间的关系、社交焦虑和有问题的社交使用之间的关系分别进行了效应量计算和出版偏差检验。结果显示，社交焦虑和在线舒适度之间有正向关系，和在线时间、邮件使用以及即时通讯的总体花费时间没有关系，但是和花费在游戏上的时间有正向关系，此外，也和有问题的社交使用之间有正向关系。

5.2.3　元人种志方法

元人种志（Meta-Ethnography）方法由元分析演化而来的，5.2.2 节已对元分析方法进行了详细的介绍。元分析目前在多个领域都起到了很大的作用，方便了社会的进步。但是对于一些定性数据分析，元分析就显得不够科学。近年来大量的定性数据分析表明了元分析确实存在些许缺点，因此学者们努力寻找新的收集定性数据方法，定性综合集成出现在人们的视野里。然而，元人种志作为定性综合集成的众多方法中到目前为止最经常使用的方法[290]，在一定程度上已经成为其他定性综合集成方法的参考模版[291]。

元人种志是定性研究中最常用的定性集成方法，其技术各方面都高度成熟。该方法并不是对已有研究成果进行叙述性叙述，而是抽取原始研究中的核心概念，对比分析相同的以及不同的要素，形成集成式的新研究成果。它将同一主题中不同来源的文献研究结论放在一起然后予以分析、解释、比较、集成。总的来说，它是一项总结性的科学试验方法，其实验得到的数据具有很高的科学性。把元人种志方法单独作为一种研究方法运用于研究中，具有代表性的学者是 Noblit 和 Hare[292]，他们提出采用元人种志方法的研究步骤如下。

（1）识别集成主题。此方法的第一阶段主要是确定此次研究的主题，为原始研究的文献信息检索提供范围与方向。

（2）界定集成主题的内涵。本阶段根据研究主题进行文献检索，粗略浏览检索得到的文献资源大致内容，删除掉与本研究主题不相符但含有检索词的文献，确定原始研究。

（3）阅读原始研究。本阶段是对最终确定的原始研究进行进一步详细的阅读，对每一篇文献的研究问题、研究过程、研究方法和研究结论进行总结归纳，阅读原始研究的具体情况。

（4）确定研究之间的关系。经过上一步骤阅读原始研究确定研究维度。从本步骤开始到最后展示集成成果，是元人种志方法中的关键性步骤，确定研究之间的关系这一步骤为接下来的相互转译奠定基础。

（5）研究间的相互转译。本步骤将是取每一篇原始研究中与研究维度相关的核心概念进行相互之间的转译，使得不同原始研究间的比较成为可能，但需要注意的是，转译过程中必须保留原始研究的原文本的意义，保留原始研究中核心概念之间的关系。

（6）合成转译。本阶段的合成转译是在上一步骤研究间相互转译的基础上对转译后的概念进一步的优化整合，对各个原始研究中看似互相对立的核心概念进行分析，提取具有对立性质的概念进行诠释综合，通过对原始研究进行二次诠释，以达到对这种互斥概念的理解和解释，对上阶段初步得到的信息偶遇影响因素进行优化。

（7）展示集成成果。本阶段为元人种志方法的最后一步，在本阶段将对前面步骤的研究结果进行整合，展示概念转译以及合成转译之后得到的最后结果。

在这七个集成步骤中，涉及使用三个关键的集成方法，分别为：相互转译分析，即抽取独立原始研究中的关键核心概念转译为其他概念；驳斥集成，即对存在矛盾的研究结论之间的进行对比分析和解释；论证集成，即通过驳斥集成对不同部分的对比分析后，最终形成对研究主题内容的整体认识。

Noblit 和 Hare 作为提出元人种志研究方法的代表性学者，在后续研究中，学者便以 Noblit 和 Hare 提出的研究步骤为依据进行集成。由于此方法较少应用于信息行为领域，更多的则是用于医学领域或者健康保健领域，为了全面了解此方法，在介绍信息行为领域的应用的同时，还会适当介绍此方法在医学领域的应用。

Atkins 采用元人种志方法研究结核病的治疗，其中，在确定研究的问题、界定集成主题的内涵这两个步骤中，Atkins 认为这一过程主要包括：定义集成的关键点、定位相关研究、质量评价，其中，质量评价是确定原始研究的重要前提。最后，经过集成得到结果，Atkins 通过此次研究最终提出了影响依从性因素的模型，这对未来结核病的治疗具有指导性的意义[293]。另外，在 Campbell 的研究中，也也采用了元人种志的定性资料综合方法，综合有关糖尿病和糖尿病护理的传统经历，得出有关于糖尿病护理的新理论，有利于糖尿病预防以及治疗的进一步发展[294]。Higginbottom 也同样采用了元人种志方法，研究移民妇女在加拿大妇产科服务的经历，最后得到的集成结果在医疗保健杂志上出版和相关会议上交流，这对妇产科医疗领域以及移民妇女提供新的见解[295]。

　　然而，在信息行为领域里，周佩采用元人种志方法严格遵循 Noblit 和 Hare 提出的七个步骤，选取 12 项信息偶遇原始研究进行综合集成，旨在回答信息偶遇的发生要素、发生流程、效果、情境这四个维度对信息偶遇的影响的问题。经过对原始研究的转译和合成转译，最终展示集成成果，提出了信息偶遇的全景模型。他认为信息偶遇是行动者与信息、情境良性互动从而产生积极行动后果和积极情绪体验的一种信息行为方式，受到个体认知风格、认知任务、信息组织、物理和社会情境的影响。

　　元人种志方法虽然到目前为止大多被应用于心理学领域或者医学领域，研究的内容与信息科学领域的研究内容也存在一定差异，但在研究方法的使用上各个学科领域实际上是共通的，其他领域使用此方法展开的研究对本研究也具有较大的参考意义。

5.2.4　观察

　　对于信息行为研究来说，观察是一种非常重要的方法，它强调行为的过程而不是结果，在实验室外自然发生，对观察对象的反应几乎没有什么限制[296]。相比以上的介入性方法，观察具有一些独特的优势。一方面，自陈式方法在行为描述的细致程度上存在不足，而且对于缺乏语言表达能力的人群并不适用，这两个问题都可以在观察中得到解决[297]。另一方面，尽管实验过程中研究人员也会通过观察采集特定数据，但是观察作为一种独立的方法具有独特的自然性。这种自然性首先表现在行为方面，参与者的行为是无意识或不自觉做出的，而不是对研究的回应；其次表现在条件方面，研究的条件可以是人为设定的，但是参与者并不知道；最后表现在环境方面，参与者感知到的环境并不是专门为了开展研究而建立的[296]。

　　观察研究的过程一般由 5 个步骤组成。

　　（1）了解研究所关心的现象有可能发生的环境，并且获得进入该环境的权限。

　　（2）确定观察环境中的哪些人以及他们的哪些行为，同时选择抽样方案。时间抽样（Time Sampling）是指隔一段时间进行一次记录，事件抽样（Event Sampling）则是在事件或行为发生时进行记录[298]。

　　（3）对观察到的行为进行记录。记录手段多种多样，除了传统的观察清单（Observation Checklist）外，现场笔记、画图、拍照、录音、录像等手段也获得了广泛应用，另外事务日志、录屏工具、眼动追踪工具、甚至是生理（如血流量、心跳、呼吸频率等）测量工具也逐步受到重视[78,198]。

（4）对捕捉到的观察数据进行预处理。主要是通过分类或编码将原始数据转换成一系列的事件或是抽象出对研究有用的数据点，观察数据的定性分析要求研究人员对行为及其发生环境做出详细描述，定量分析则强调分类或编码的可靠性，要求所有的行为类别都得到清楚定义。

（5）离开观察的环境并根据研究需要对数据开展进一步分析[299]。

在实际执行中，观察方法表现出丰富的形式，其差别主要体现在以下几个维度。

（1）直接程度（Direct vs. Indirect）。研究人员可以直接通过看、听、甚至是交流来观察，也可以通过他人的转述或是已有的记录来间接了解。

（2）结构化程度（Structured vs. Unstructured）。结构化观察又称为系统观察，研究人员事前会明确观察的对象和程序，而在非结构化观察中，他们会注意与研究问题相关的所有方面，至少在观察开始的阶段，这样有助于了解问题的本质。

（3）揭露程度（Revealed vs. Unrevealed）。是否让研究对象知道自己在被观察，如果不知道，他们的行为将更加自然，但出于伦理方面的考虑又应该让他们知道。

（4）自然程度（Natural vs. Contrived）。自然性是观察方法的重要特征，可有时为了准确研究现象之间的关系还是需要建立人为环境，这样研究人员也不必等到现象自然发生的时候。

（5）参与程度（Participant vs. Non-participant）。也就是研究人员参与到所观察现象中的程度，在参与性观察中，他们既是观察者又是参与者，试图融入观察对象所处的环境，而在非参与性观察中仅扮演观察者的角色[300]。

可见，观察既可以归为介入性方法，也可以归为非介入性方法，取决于研究人员在以上各维度如何选取适合研究目标的程度。Bailey 指出，非介入性观察涉及多样化的观察手段，比如透过单面透视玻璃直接观察或是采集与观察对象相关的资料间接观察，但总体来说间接观察手段的非介入效果更为突出，研究人员不用出现在观察对象面前，却能够利用侵蚀性的或累积性的痕迹了解其过去的行为，这样的行为不仅非常真实，而且很可能是无法直接观察到的[301]。本书接下来三章将要重点介绍与阐述的事务日志分析属于间接观察，也就是在网络服务器事务日志这一积累性痕迹中挖掘出人们的信息行为。

观察法主要用于对人们信息搜寻行为特点的研究上，如 Skov 对用户在网上博物馆的信息搜寻行为的研究[302]、Slone 关年龄、搜寻目标和搜寻经验对网络搜寻方法影响的研究[303]、Hara 对协作行为影响因素的研究[304]，Given 对学龄前儿童的信息技术使用特点的研究[305]。以较典型的有关学龄前儿童技术使用的观察研究为例，说明观察的具体实施步骤。

（1）了解研究发生的场景，获得进入该场景的权限。研究人员招募了 15 个有学龄前儿童的家长，要求其在家中安装录像设备。

（2）确定观察环境中的人和行为。工作人员要求家长记录下孩子在家中使用任何技术设备的场景，历时一周。

（3）对观察到的行为进行记录。在本研究中，收集到的录像总时长为 29h，包括了孩子使用笔记本电脑、电脑和其他手持设备的场景。

（4）对数据进行处理。Given 采用了"清理座位"法来对录像内容进行分析。"清理座位"法提供了一种系统的方式来分析观察到的行为的细节，包括：谁出现在录像里，进行了什么活动，进行活动的位置，个人随身携带的物品。在本研究中，人物均为学龄前儿童，因此，编码的内容主要有三个：地点（如卧室），物品（如平板电脑），活动（如唱歌）。同时，在分析时也记录下了录像中出现的其他人（如父母、兄妹）以及他们之间的互动，并将该内容记录在了"物品"这一编码下。

（5）得出结果。编码后，对录像数据的分析结果显示，电视和 DVD 播放机是在家庭中最常见的孩子会使用的技术，而相对笔记本电脑和台式电脑，平板电脑和手机被儿童使用的更多。此外，儿童常会在家庭中的一些公共区域，如书房（38%）、客厅（36%）使用专为成人设计的设备；许多（45%）孩子都可以独立使用技术设备。

5.3　本章小结

本章全面展示了信息行为研究方法。首先，系统地介绍了一种新的研究方法分类原则——介入性和非介入性。其次，详细地阐述了介入性研究方法和非介入性研究方法及其在具体研究中的应用，期望能够较为细致地描述每一种研究方法的具体应用步骤以及需要注意的问题。其中，介入性研究方法包括问卷、访谈、焦点小组、日记和实验法。问卷、访谈、焦点小组和日记法均属于自陈式研究方法，由研究参与者对自己过往的行为进行描述和评价，介入问题的影响主要体现在他们报告的真实性、客观性、准确性等方面，但并不涉及行为本身。相对而言，实验是最为典型的介入性方法，因为参与者行为发生在研究过程中或由研究所引发；非介入性研究方法包括内容分析法、元分析法、元人种志法和观察法。内容分析法既可以用于公开的二次数据，也可用于原始数据；元分析法主要用于综合和统计以往多项研究的结果；元人种志是元分析法的演进，它们拥有相同的研究对象，只是在分析层次上不同；观察法既可以归为介入性方法，也可以归为非介入性方法，取决于研究人员在以上各维度如何选取适合研究目标的程度。

第6章　事务日志分析基础：网络分析

利用事务日志分析研究用户信息行为是本书所关注的重点。从以上章节的相关研究方法分类总结可知，问卷、访谈、实验等常用方法都存在介入性问题，在研究中，参与者的行为是对研究问题的反应，很可能有别于自然状态下的真实行为，从而不利于研究获得可靠有效的结论。而事务日志分析是观察方法中最具代表性的非介入形式，也就是将网络服务器上的事务日志作为观察记录用户信息行为的手段，捕捉他们在现实中从事信息活动所留下的痕迹数据，这样不仅对行为本身没有产生任何干扰，而且用户甚至并不知晓自己的行为将会被研究。在用户隐私得到充分保护的前提下，事务日志分析方法对信息行为研究具有不容忽视的价值，因而也在以往研究中获得了广泛应用。

事务日志主要可以分为搜索日志和点击流数据这两种类型，它们分别对应一套独立的数据分析体系。本书第7~8章将分别对搜索日志分析和点击流数据分析进行系统阐述，而本章将介绍事务日志分析所属的领域范畴——网络分析（Web Analytics）。

6.1　网络分析概述

网络分析协会（Web Analytics Association）将网络分析定义为"对互联网数据的测度、采集、分析和报告，目的在于了解并优化网络使用"[306]。这里的"互联网数据"指的是用户与网站（包括移动应用等）发生交互时所产生的行为数据。目前这些数据的自动采集与分析已经成为许多网站日常运转中不可或缺的部分，用于获取决策信息、提升用户体验，从而实现网站的根本目标[307]。网络分析在业界实践中的普及程度和发展速度都十分惊人，这也为其应用于学术研究提供了重要的启示[308]。

图 6.1 展示了网络分析的过程，主要由以下四个阶段组成。

（1）明确目标。目标是网站存在的原因，任何网站都拥有一定的目标，例如，电子商务网站的目标是售卖产品，新闻网站的目标是提供内容，社交媒体网站的目标是交流与分享。目标决定了如何衡量网站的成败。

（2）确定关键绩效指标（Key Performance Indicators，KPI）。KPI 的作用是衡量网站目标的达成情况，应该依据具体目标而定，这不同于网络分析的量度指标（Metrics）。量度指标仅仅反映用户在网站中的行为，而 KPI 的确定涉及用户行为与

图 6.1　网络分析的过程

网站目标的关系，即考虑哪些行为是网站所期望的行为（Desired Behavior）以及这些行为具有多大价值[306]。

（3）数据采集与分析。通过采集并分析用户使用数据了解网站在各 KPI 上的表现，这是网络分析的主要内容（本章将在接下来的 6.2 和 6.3 节详细介绍不同的数据采集方法以及常见的数据分析量度指标和分析维度）。

（4）实施优化。这是极易被忽视的一个环节，网络分析的意义不仅在于量化网站实际表现与目标之间的距离，而且在于根据分析发现采取行动，从网站的信息构建、界面设计、内容管理等各方面入手进行优化，从而更好地达成目标。

需要特别指出的是，网络分析是一个不断循环的过程，尤其是对网站实施优化之后，又要进行新一轮的数据采集与分析，旨在揭示优化的效果，真正实现数据驱动型（Data-driven）的网站发展[309]。以上的循环过程是建立在网络分析工具之上的，网站已经不再依赖内部技术团队来开展网络分析，而是会根据自身的需求和预算选择合适的工具。经过 30 多年的发展，网络分析行业已经相对成熟，一批功能强大的综合性工具一直占据着市场，包括 Google Analytics（http://google.com/analytics/）、Adobe Analytics（http://www.adobe.com/marketing-cloud/web-analytics.html）、IBM Analytics（http://www.ibm.com/analytics/）、WebTrends（https://www.webtrends.com/）等，而一些免费的创新工具也颇受欢迎，例如，以点击热图（Heatmaps）为特色的 Crazy Egg（https://www.crazyegg.com/）、开源的 Piwik（https://piwik.org/）和 Open Web Analytics（http://www.openwebanalytics.com/）等。

6.2　网络分析的数据采集策略

网络分析的历史可以追溯到 20 世纪 90 年代，当时人们发现网络服务器有时无法成功返回用户所请求的资源，于是开始利用日志来捕捉这种错误。服务器日志（Server Logs）不仅记录下有人访问了网站，而且还提供了请求的文件名、时间、访问来源、IP 地址、浏览器标识、操作系统等额外信息。这些信息原本是为了满足网站运转的技术需求而采集的，但后来人们意识到其商业价值，于是创建脚本对日志文件进行自动解析，网络分析就此产生。1995 年发布的 Analog 正是早期日志文件分析程序的代表，用于分析网站点击的来源。后来以 WebTrends 为代表的网络分析服务商获得了快速发展，他们对标准的日志文件解析程序做出了改进，并且能够提供对商业团队具有吸引力的图表。考虑到服务器日志在页面缓存、网络爬虫等方面所面临的问题，人们又提出通过页面标签（Page Tagging）采集数据，即给网站的每个页面都加上一段具有追踪作用的 JavaScript 代码，这种做法简单有效，从而催生了一批新的网络分析服务商，其中最具影响力的是 2006 年问世的 Google Analytics[310]。

可见，网络服务器日志是网络分析数据采集的原始方法，而今页面标签方法却成为行业标准。其实除了这两种基本方法外，网络信标（Web Beacons）和数据包侦听（Packet Sniffing）技术也得到了一定的应用[311]。本节将首先重点介绍服务器日志和页面标签方法，并对两者进行比较，然后简要描述网络信标和数据包侦听的工作原理。

6.2.1　服务器日志

日志是在网站的服务器上生成并保存的记录文件，每当服务器接收到页面或资源请求时，都会在日志中将其记录下来。图 6.2 直观地展示了这一过程。

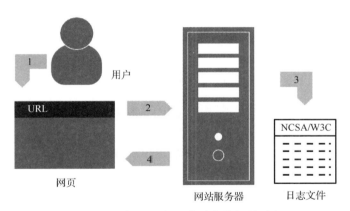

图 6.2　服务器日志方法采集数据的过程

（1）用户在浏览器地址栏输入要访问的页面 URL。

（2）该页面请求被发送到网站服务器上。

（3）网站服务器接受该请求并在日志文件中创建一条记录。

（4）网站服务器将请求的页面返回给用户[309]。

服务器日志具体会记录哪些内容取决于其所采用的日志文件格式，常见的格式包括 NCSA 普通日志文件格式（NCSA Common Log File Format）和 W3C 扩展日志文件格式（W3C Extended Log File Format）[309]。NCSA 普通日志文件格式是仅包含一些基本字段的固定格式，如用户 IP 地址、用户名、日期和时间、请求类型和资源、状态代码、传输的字节数等①，如图 6.3 所示。

61.135.189.141 - - [19/Jul/2014:07:09:25 +0800] "GET /3671 HTTP/1.1" 404 202
61.135.189.134 - - [19/Jul/2014:07:09:25 +0800] "GET /135/news-18323.html HTTP/1.1" 404 217
61.135.189.139 - - [19/Jul/2014:07:09:25 +0800] "GET /3769/news-29712.html HTTP/1.1" 404 218
61.135.189.142 - - [19/Jul/2014:07:09:25 +0800] "GET /3638/activity-1969.html HTTP/1.1" 404 221
61.135.189.144 - - [19/Jul/2014:07:09:25 +0800] "GET /2956/news-27310.html HTTP/1.1" 404 218
61.135.189.138 - - [19/Jul/2014:07:09:25 +0800] "GET /qggxwl HTTP/1.1" 404 204
61.135.189.140 - - [19/Jul/2014:07:09:25 +0800] "GET /3671/activity-1965.html HTTP/1.1" 404 221
61.135.189.131 - - [19/Jul/2014:07:09:25 +0800] "GET /1421 HTTP/1.1" 404 202
61.135.189.133 - - [19/Jul/2014:07:09:25 +0800] "GET /2651 HTTP/1.1" 404 202
61.135.189.137 - - [19/Jul/2014:07:09:25 +0800] "GET /songyunshishe HTTP/1.1" 404 211
61.135.189.130 - - [19/Jul/2014:07:09:25 +0800] "GET /193/news-20220.html HTTP/1.1" 404 217
61.135.189.129 - - [19/Jul/2014:07:09:25 +0800] "GET /2831/news-27153.html HTTP/1.1" 404 218
61.135.189.136 - - [19/Jul/2014:07:09:25 +0800] "GET /taolushishe/news-list-1.html HTTP/1.1" 404 226
61.135.189.135 - - [19/Jul/2014:07:09:25 +0800] "GET /1321 HTTP/1.1" 404 202
61.135.189.143 - - [19/Jul/2014:07:09:25 +0800] "GET /3140/news-28792.html HTTP/1.1" 404 218
61.135.189.132 - - [19/Jul/2014:07:09:25 +0800] "GET /3/news-18944.html HTTP/1.1" 404 215

图 6.3　NCSA 普通日志文件格式示例

　　该格式存在两种扩展形式：NCSA 联合日志文件格式（NCSA Combined Log File Format）还包含来源页面、用户浏览器和操作系统信息、Cookie 这三个字段；NCSA 分离日志文件格式（NCSA Separate Log File Format）所包含的字段与联合日志文件格式一样，但是分成普通日志（Common Log）、来源日志（Referral Log）和代理日志（Agent Log）这三个文件[309]。W3C 扩展日志文件格式是微软互联网信息服务（Internet Information Services, IIS）的默认格式，其最大的特点是可定制，即根据需要选择日志文件所包含的字段，这样可以省略掉不重要的字段以控制文件的大小②，如图 6.4 所示。

#Software: Microsoft Internet Information Services 6.0
#Version: 1.0
#Date: 2014-08-06 00:00:33
#Fields: date time s-sitename s-ip cs-method cs-uri-stem cs-uri-query s-port cs-username c-ip cs(User-Agent) sc-status sc-substatus sc-win32-status
2014-08-06 00:00:33 W3SVC76983985 192.168.8.3 GET /business-brand.aspx nid=50002 80 - 192.168.8.32 Mozilla/5.0+(compatible;+EasouSpider;++http://www.easou.com/search/spider.html) 200 0 0
2014-08-06 00:01:14 W3SVC76983985 192.168.8.3 GET /robots.txt - 80 - 192.168.8.32 Mozilla/5.0;+rv:6.0.2)+Gecko/20100101+Firefox/6.0.2 404 0 64
2014-08-06 00:01:14 W3SVC76983985 192.168.8.3 GET /index.asp - 80 - 192.168.8.32 Mozilla/4.0+(compatible;+MSIE+8.0;+Windows+NT+5.1;+Trident/4.0) 200 0 0
2014-08-06 00:01:14 W3SVC76983985 192.168.8.3 GET /favicon.ico - 80 - 192.168.8.32 Mozilla/4.0+(compatible;+MSIE+8.0;+Windows+NT+5.1;+Trident/4.0;+360SE) 404 0 2
2014-08-06 00:01:49 W3SVC76983985 192.168.8.3 GET /favicon.ico - 80 - 192.168.8.32 Mozilla/4.0+(compatible;+MSIE+7.0;+Windows+NT+5.1;+.NET+CLR+2.0.50727;+360space) 404 0 2
2014-08-06 00:01:49 W3SVC76983985 192.168.8.3 GET /content/goodsinfo.asp id=234 80 - 192.168.8.32 Mozilla/5.0+(compatible;+EasouSpider;++http://www.easou.com/search/spider.html) 404 0 3
2014-08-06 00:01:49 W3SVC76983985 192.168.8.3 GET /Manager/inc/FineMessBox/css/con/14516.html - 80 - 192.168.8.32 Mozilla/5.0+(compatible;+YandexBot/3.0;++http://yandex.com/bots) 200 0 0
2014-08-06 00:02:00 W3SVC76983985 192.168.8.3 GET /favicon.ico - 80 - 192.168.8.32 Mozilla/5.0+(compatible;+YandexBot/3.0;++http://yandex.com/bots) 200 0 0
2014-08-06 00:02:00 W3SVC76983985 192.168.8.3 GET /Manager/inc/FineMessBox/css/con/3085.html - 80 - 192.168.8.32 Mozilla/5.0+(compatible;+EasouSpider;++http://www.easou.com/search/spider.html) 200 0 0
2014-08-06 00:03:38 W3SVC76983985 192.168.8.3 GET /Manager/inc/FineMessBox/css/con/24669.html - 80 - 192.168.8.32 Mozilla/5.0+(compatible;+Baiduspider/2.0;++http://www.baidu.com/search/spider.html) 200 0 0
2014-08-06 00:04:21 W3SVC76983985 192.168.8.3 GET /index.asp - 80 - 192.168.8.32 Mozilla/4.0+(compatible;+MSIE+8.0;+Windows+NT+5.1;+Trident/4.0;+AskTbFXTV5/5.15.4.23821) 404 0 2
2014-08-06 00:04:21 W3SVC76983985 192.168.8.3 GET /favicon.ico - 80 - 192.168.8.32 Mozilla/4.0+(compatible;+MSIE+8.0;+Windows+NT+5.1;+Trident/4.0;+AskTbFXTV5/5.15.4.23821) 404 0 2

图 6.4　W3C 扩展日志文件格式示例

　　该格式首先会显示日志文件中包含哪些自定义的字段（"#Fields"），接下来的每行记录与 "#Fields" 行的字段类型一一对应，由空格隔开。由于遵循了标准的格式，日志文件可以直接导入 Analog、Webalizer（http://www.webalizer.org/）等程序进行分析。

6.2.2　页面标签

　　页面标签是目前大多数网络分析服务商所采用的数据采集方法。以 Google Analytics 为例，它会为网站生成一段特定的 JavaScript 跟踪代码（如图 6.5）插入到每个页面的 HTML 源代码的＜head＞部分；每当用户浏览器打开页面时，JavaScript 代码被激活，将用户信息和活动发送到 Google Analytics 服务器，也就是第三方服务

① https://www.microsoft.com/technet/prodtechnol/WindowsServer2003/Library/IIS/a3ca6f3a-7fc3-4514-9b61-f586d41bd483.mspx?mfr=true
② https://www.microsoft.com/technet/prodtechnol/WindowsServer2003/Library/IIS/a3ca6f3a-7fc3-4514-9b61-f586d41bd483.mspx?mfr=true

器，而不是网站服务器。这一过程可由图 6.6 表示。

网站跟踪

这是针对此媒体资源的 Universal Analytics 跟踪代码。

要充分发挥 Universal Analytics 为此媒体资源带来的优势，请将此代码复制并粘贴到您要跟踪的每个网页中。

```
<script>
(function(i,s,o,g,r,a,m){i['GoogleAnalyticsObject']=r;i[r]=i[r]||function(){
(i[r].q=i[r].q||[]).push(arguments)},i[r].l=1*new Date();a=s.createElement(o),
m=s.getElementsByTagName(o)[0];a.async=1;a.src=g;m.parentNode.insertBefore(a,m)
})(window,document,'script','https://www.google-analytics.com/analytics.js','ga');

ga('create', 'UA-54516992-1', 'auto');
ga('send', 'pageview');

</script>
```

图 6.5　Google Analytics 的 JavaScript 跟踪代码示例

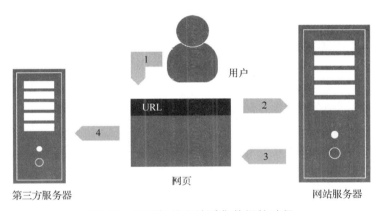

图 6.6　页面标签方法采集数据的过程

（1）用户在浏览器地址栏输入要访问的页面 URL。

（2）该页面请求被发送到网站服务器上。

（3）网站服务器将添加了 JavaScript 代码的页面返回给用户。

（4）页面加载时执行 JavaScript 代码，捕捉用户会话信息并发送到第三方服务器[309]。

各网络分析服务商通过页面标签所采集到的数据不尽相同，但通常都包括加载的页面、页面加载的时间、访问来源、IP 地址以及用户所使用的浏览器、操作系统、屏幕分辨率和色彩等技术信息。该方法在向第三方服务器发送信息的同时也会在用户的电脑上设置 Cookie，用于追踪用户在访问该网站之前是否访问过其他网站以及他们如何到达该网站，将用户的访问情况和页面的被访问情况结合起来可以确定用户以怎样的顺序浏览了哪些页面[307]。

6.2.3　服务器日志与页面标签方法比较

　　尽管页面标签早已取代服务器日志成为最受欢迎的网络分析数据采集方法，但是实际上两者是各有优劣的[308,310-312]，这也是为什么行业内仍然存在很多基于日志的分析工具，如 Analog、Webalizer、AWStats（http://www.awstats.org/）、W3Perl（http://www.w3perl.com/）等，此外也出现了一些混合解决方案，如 Piwik、Sawmill（http://sawmill.net/）等，对通过这两种方法采集到的数据都具备分析能力。表 6.1 从数据的可获得性、丰富性、准确性、总体成本和数据分析等方面对服务器日志和页面标签方法进行了全面地比较。

表 6.1　网络分析数据采集方法比较：服务器日志与页面标签

	服务器日志		页面标签	
	优点	缺点	优点	缺点
数据可获得性	直接从服务器获取	服务器托管问题	—	需添加额外代码 降低页面加载速度
数据丰富性	记录所有资源请求	仅限于与服务器的交互 人工分配 Cookie 无用技术信息	记录不涉及服务器请求的用户行为 记录额外的用户信息	—
数据准确性	—	网络爬虫问题 页面缓存问题	—	JavaScript 和 Cookie 禁用问题
总体成本	免费或开源程序	大规模数据存储成本 技术部门管理培训成本	基本服务免费	高级服务收费高
数据分析	拥有数据 定制分析方案 自由选择、更换分析程序	—	无须额外投入 实时分析结果	数据安全、用户隐私问题 更换服务商成本高

　　在数据的可获得性方面，服务器日志占据一定优势，因为它本身就是网站日常运行维护活动的产物，可以直接从服务器获取，而现实中的问题是很多网站都没有意识到自己所拥有的这一数据资源的价值。页面标签方法要求给网站的每个页面都添加一段用于捕捉信息的 JavaScript 代码，虽然这可以通过全局的网站元素（如页脚）轻松实现，但是代码调用第三方服务器时会降低页面加载速度。当然，在网站托管服务器的情况下，页面标签就变成了唯一的选择。

　　在数据的丰富性方面，服务器日志仅限于与服务器的交互，无论是成功的还是失败的请求都会被记录下来，其中包括下载和网址重定向信息，可是如果要向用户分配 Cookie 还需人工配置服务器，而且日志数据中还包含许多与网站运行维护相关的技术信息(如服务器错误)，可能对研究用户行为或是商业营销推广手段没有意义。相对来说，基于页面标签获得的数据更为丰富，不涉及服务器请求的用户行为也能够捕捉到，如与 Flash 动画的交互、JavaScript 鼠标事件（如 onClick、onMouseOver）等，此外还可以获得用户的地理位置、屏幕大小甚至是其浏览页面的内容（如购物车、订单页面上的产品名称、数量）等额外信息。

　　在数据的准确性方面，两者各有不足。对于服务器日志来说，它一方面包含了网络爬虫与服务器的大量交互，这不属于人类活动，仅对搜索引擎优化（Search Engine Optimization）有用，而另一方面又未能反映页面缓存的情况，因为打开缓存页面无须访问服务器，从而导致分析得到的页面浏览量存在误差。页面标签虽然不存在这两方面的问题，但是它要求用户浏览器同时开启 JavaScript 和 Cookie，如果有的用户出于隐私安全考虑将其禁用，也就意味着无法采集到他们的数据。

　　从网络分析的总体成本来看，基于页面标签的网络分析服务商的一般做法是基本服务免费、功能更全更强的高级服务收取高昂的订购月费或年费（如 Google Analytics 收取 15 万美元/年），而日志分析程序通常都是免费或开源的，如以上曾提到的 Analog、AWStats、Piwik 等，当然服务器日志还需要考虑大规模数据的存储成本以及网站技术部门的管理、培训成本等。

　　最后，从数据分析的角度考虑，服务器日志能够提供更高的个性化和自由度，因为数据的所有权在网站，网站可以根据自身需要来定制数据的分析方案，选择一种或多种合适的分析程序，甚至可以采用效率更高的新程序来分析历史数据。然而在页面标签方法中，数据采集与分析是捆绑在一起的，也就是说在选定了网络分析服务商之后，数据的捕捉、处理、存储、分析和报告全部由服务商负责，尽管网站无须投入额外的人力物力就能够得到实时的分析结果，但是无法掌控数据本身及其所包含的用户隐私信息，而且分析结果的质量取决于服务商的能力，如果不满意要更换服务商的成本较高。

6.2.4　其他数据采集方法

　　网络信标方法产生于横幅广告盛行的年代，主要用于了解广告的曝光度和点进率以及新闻邮件或推广邮件的效果。网络信标实际上是置于网页 img src 标签内的 1x1 像素的透明图片，页面加载时会调用该图片，将浏览数据发送给第三方服务器，然后第三方服务器又将该图片连同数据采集代码发送到用户浏览器，读取 Cookie 并捕捉匿名用户的行为数据。该方法可以帮助广告商方便地追踪同一用户在不同网站的行为或是同一网站中不同用户的行为，不过随着 JavaScript 标签的兴起已经比较少见了[309]。

　　数据包侦听是所有网络分析数据采集方法中技术上最为复杂的，因而应用不太广泛，主要用于多元测试（Multivariate Testing）。在该方法中，用户的页面请求到达网站服务器之前会先经过数据包侦听器，捕捉请求的属性；服务器接收到请求后返回的页面也会先经过数据包侦听器，捕捉页面信息，有时还会添加 JavaScript 标签采集更多的用户数据。数据包侦听器可以是安装在服务器上的软件，也可以是与数据中心连接在一起的物理硬件，所有发送到服务器的流量都会经过数据包侦听器[309]。

6.3　网络分析的数据分析策略

从以上比较可知,服务器日志和页面标签作为数据采集方法具有各自的优缺点,其中两者所对应的数据分析过程分别能够满足不同的研究需要。由于服务器日志提供了原始数据,其价值并不仅限于以网站优化为目的的网络分析,而可以应用于更为广泛的学术研究,借助合适的分析工具和手段解决各种研究问题。本书所关注的信息行为研究很早就开始利用在网络服务器上生成并存储的事务日志,其分析方法将在第 7～8 章展开阐述。而接下来本节则会重点介绍网络分析的数据分析策略,尤其是通用的基本量度指标,并且以 Google Analytics 为例展示一系列以用户为中心的分析维度。

6.3.1　基本量度指标分析

之前已经提到过量度指标这个概念,它是对网站中的事件和趋势进行量度得到的统计数据。如果一个量度指标能够帮助网站了解目标达成的情况,那么它就成为 KPI。不同的网络分析工具提供的量度指标不尽相同,最常见的有 7 个:页面浏览量(Pageviews)、访问量(Visits)、独立访问者数量(Unique Visitors)、访问时长(Visit Duration)、跳出率(Bounce Rate)、退出率(Exit Rate)以及转化率(Conversion Rate)[313]。

6.3.1.1　页面浏览量指标

网站是由网页组成的,页面的实质是 HTML 文件,在网络分析中是最基本的内容单元。页面浏览量是一段时间内页面被浏览的次数,如果页面被同一用户浏览多次,按实际次数计算[307]。该指标主要用于测量网站内各页面的相对人气,从而知道哪些页面更受欢迎,需要重点关注的是长期趋势中的峰谷,是哪些原因造成了浏览量的上升和下降。总体上,网站是希望增加页面浏览量的,即让页面获得更频繁地使用,然而并不是所有类型的页面都是使用得越频繁越好,内容页面的浏览量高固然是好的,但是对于将用户指引到内容页面的导航页面来说,其浏览量高可能意味着网站的信息构建出现了问题[312]。

6.3.1.2　访问量指标

访问指的是用户来到网站、浏览一系列网页、离开网站的全过程,在很多网络分析工具中也叫作“会话”(Sessions)[306]。每次访问从用户打开第一个页面开始,但是访问的结束分两种情况,一种是由用户主动关闭页面或浏览器,另一种是在用户连续 29 分钟处于静止状态后自动终止[313]。访问量是一段时间内用户访问网站的次数，通常又称为访问者数量（Visitors），反映了整个网站的人气[312]。访问量和页面浏览量都是最基本的网络分析指标，用于追踪长期趋势和意料之外的变化，著名的 Alexa 浏览排名（Alexa Traffic Ranks）就是结合这两个指标来对全球各大网站的受欢迎程度进行排名的，目前排在前 5 位的网站依次为 Google.com、Youtube.com、Facebook.com、Baidu.com 和 Yahoo.com[①]。

6.3.1.3 独立访问者数量指标

独立访问者数量是一段时间内访问网站的不同用户的人数（除去网络爬虫后的人类用户数量），该指标总是小于访问量的，因为有的用户在这段时间内不止一次访问网站[313]。网络分析工具一般是利用用户浏览器上的永久 Cookie 来统计独立访问者数量的，这样做的问题在于使用公共电脑的多位用户只能分享一个 Cookie 标识，此外同一用户可能使用了电脑、平板、手机等多个设备访问网站而被多次计算[307]。根据用户的访问情况，可以将其进一步分为几类：首次访问者（New Visitors），是在给定时间段内第一次访问网站的用户；重复访问者（Repeat Visitors），是在给定时间段内多次（至少两次）访问网站的用户；回访者（Return Visitors），是在给定时间段之前也访问过网站的用户[306]。

6.3.1.4 访问时长指标

访问时长主要包括用户在网站中停留的总时间（Time on Site）和在单个页面上停留的时间（Time on Page）。理论上，访问时长是基于打开网站/页面和离开网站/页面之间的时间差来计算的，但实际的计算工作并不容易，因为几乎所有的网络分析工具都无法获取用户离开最后一个页面的时间点，从而导致在最后一个页面上停留的时间不可知，只能计为零。另外值得注意的是分页浏览（Tabbed Browsing）的情况，也就是用户在浏览器的多个标签页中同时打开不同的页面，这通常需要进行额外的规范化处理（Normalization）才能计算访问时长[313]。无论是哪种类型的网站都希望用户的访问时长更长，然而需要特别指出的是，用户在网站中停留的时间不一定等于他们与网站内容发生实际交互的时间，他们很有可能把页面打开后去做别的事情了[310]。

6.3.1.5 跳出率指标

跳出率是指只浏览了一个网页的会话数量在网站访问量中所占的百分比，以前也有少数网络分析工具基于时间计算跳出率，即时长不超过 5 秒的访问所占的百分比[307]。除了在整个网站层面上计算跳出率，也可以计算网站中排名前几位的着陆页面（Landing Pages）的跳出率。着陆页面又称为进入页面（Entry Page），也就是用

户访问网站时浏览的第一个页面，这很有可能不是网站的主页，而是由搜索引擎决定的。计算着陆页面的跳出率有利于了解网站流量的主要来源（Referrers）以及搜索关键词的效果。一般来说，跳出率是越低越好，但也存在不需要用户进一步点击就达到目标的情况，比如说博客的跳出率通常都很高，这是因为用户进入博客读完最新文章后就会离开[313]。

6.3.1.6　退出率指标

与进入页面相对应，用户访问网站时浏览的最后一个页面叫作退出页面（Exit Page）[312]。用户可能从任何页面退出网站，一个页面的退出率指的是从该页面退出的用户在所有访问网站的用户中所占的百分比。退出率高的页面可能存在一些问题导致用户的"漏出"（Leakage），不过也有可能是用户在网站中已经找到所需信息或是完成了特定的任务后再退出，因此仅仅依据退出率的数值无法做出有效的判断。退出率指标在评价封闭式的结构化体验时非常有用，比如说用户在电子商务网站中将产品加入购物车、填写地址和付款方式、提交订单，从点击提交按钮前的任何环节退出都需要引起注意[313]。

6.3.1.7　转化率指标

转化是网络分析的关键概念，它意味着用户完成了目标活动。转化起源于电子商务环境，也就是将访问网站的用户转化为购买产品的顾客。而对于其他类型的信息环境来说，转化的意义更为广泛，可以是网站期望实现的任何目标的达成，如注册、订阅、下载等，有时甚至可能延伸到线下的活动[312]。转化率的计算一般采用结果（Outcomes）除以独立访问者数量（或访问量），作为分子的结果是目标达成情况的量化表示，就分母而言，选择独立访问者表明网站认为用户在转化前可能不止一次访问网站，而选择访问量意味着每一次访问中用户都有可能转化[314]。Kaushik曾提出用基于主要目标的任务完成率取代转化率[310]。

6.3.2　Google Analytics 分析维度

以上了解了网络分析的 7 个基本量度指标及其计算方法，它们在大多数网络分析工具中都是通用的，构成了分析报告的主要内容。当然，不同的分析工具拥有不同的理解和思路，会采用不同的报告结构，将相关的数据分析结果组织到特定的维度中。每个维度对各量度指标的客观数值进行比较、排序、关联、可视化，从而能够回答具体的问题，描述用户的各方面属性，例如，用户的地理位置分布、他们如何进入网站以及查看网页内容的情况等。由于无法一一介绍各工具的诸多分析维度，下面仅以 Google Analytics 为例，通过登录其专门的演示账户（https://analytics.google.com/analytics/web/demoAccount）展示其 4 大维度，包括受众群体（Audience）、流量获取（Acquisition）、行为（Behavior）和转化（Conversions）。

6.3.2.1 受众群体维度

受众群体是 Google Analytics 中的基础分析维度，涵盖了大部分的基本量度指标，主要涉及网站用户的人口统计特征和技术使用特征。如图 6.7 所示，受众群体概览以折线图的形式显示了近一个月来会话、用户数、网页浏览量、每次会话浏览页数、平均会话时长、跳出率、新会话百分比等量度指标的变化情况，并且列出了一系列用户特征供人们选择查看，包括用户的语言、国家/地区、城市，他们所使用的浏览器、操作系统和服务提供商，以及在移动设备上访问网站的用户所使用的操作系统、服务提供商和屏幕分辨率。

图 6.7 Google Analytics 受众群体维度概览（见彩图）

此外，人们还可以在左侧的菜单中选择查看各项用户特征的详细信息，其中未纳入概览的兴趣和行为特征也是十分有价值的。兴趣分析不仅表明了市场内用户可能对哪些内容感兴趣（"有购买意向者细分"），而且也提供了相关市场的情况（"兴趣相似类别"）。行为分析则告诉人们新用户和回访用户的比例、访问频率和新近度、互动程度（分别通过访问时长和页面浏览量来衡量），反映了网站的总体吸引力以及留住用户的能力。掌握用户特征有利于网站对用户群体进行细分，从而针对不同的细分提供定制化的版本设计、内容、功能甚至是广告①。

---

① https://support.google.com/analytics/topic/1007027?hl=en&ref_topic=3544907

6.3.2.2　流量获取维度

流量获取维度关注的是将用户引向网站的来源（Source）和媒介（Medium），来源是指特定的网站（如 Google、Twitter），而媒介是指这些网站所属的类型。比如说 Google 属于自然搜索（Organic Search）、Twitter 属于社交网络（Social），其他的主要媒介还包括：直接访问（Direct），即用户直接输入 URL 或是打开浏览器中收藏的书签；来源推荐（Referral），即用户点击其他网站上的链接。从图 6.8 可以发现，该维度除了在"所有流量"分析中对各渠道进行对比，还特别提供了以下几个渠道的流量获取详情。

图 6.8　Google Analytics 流量获取维度概览（见彩图）

（1）AdWords。AdWords 是 Google 提供的在线广告服务，AdWords 流量分析有助于了解用户通过点击 AdWords 广告访问网站或是使用移动应用的情况。

（2）搜索（Search Console）。主要包括用户通过搜索进入网站的着陆页面、他们所处的国家/地区、所使用的设备类型以及输入的查询式，其中，查询式分析"查询"对揭示用户的信息需求具有重要价值。

（3）社交。社交分析可以帮助网站确定高价值的社交网络和内容，跟踪站内（插件）和站外（社交网络引荐）用户与网站内容的交互情况，然后通过目标和转化数据，将这些信息与网站收益一一对应起来[①]。

---

① https://support.google.com/analytics/topic/3125765?hl=en&ref_topic=3544907

6.3.2.3　行为维度

这里的行为特指用户进入网站后与页面及其他元素之间的交互，该维度的分析对于基于网络服务器事务日志的信息行为研究具有重要的启发意义。

如图 6.9 所示，Google Analytics 的行为分析维度主要包括以下 6 个子维度。

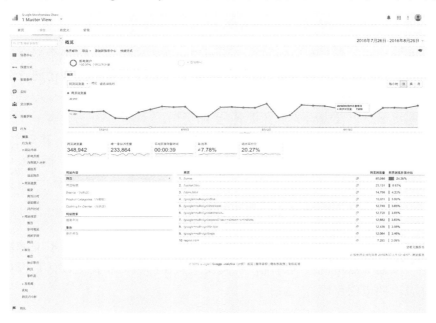

图 6.9　Google Analytics 行为维度概览（见彩图）

（1）行为流（Behavior Flow）。行为流是对用户在网站中的点击路径的可视化，如图 6.10 所示，该可视化中的绿色节点代表页面（组）或事件（组），节点旁的红色分支代表用户的退出，连线代表从一个节点到另一个节点的移动，其宽度表示流量的大小，人们可以通过行为流可视化了解用户访问网站的一般路径，发现其与特定页面的交互模式。

图 6.10　Google Analytics 行为维度行为流可视化（见彩图）

（2）网站内容。对所有页面的浏览量、平均停留时间、跳出率、退出率、价值等量度指标进行全面统计（"所有页面"），并进一步分析网站中一级页面（"内容深入分析"）、着陆页面（"着陆页"）和退出页面（"退出网页"）的情况。

（3）网站速度。网页计时反映的是单个页面的加载时间，用户计时则是独立点击、事件或用户交互的执行速度或加载时间（如图片加载时间、点击按钮的响应时间等）。

（4）网站搜索。用户在访问网站的过程中可能需要快速定位某个网页，这时可以利用网站的内部搜索，对这类搜索行为的追踪有利于了解用户的访问意图，该子维度主要涉及用户使用搜索框的频率（"使用情况"）和查询词（"搜索字词"）、搜索发生在哪些页面上以及搜索的目标页面（"网页"）。

（5）事件。除了页面加载以外的交互都属于事件，例如，下载、移动广告点击、小工具、Flash 元素、Ajax 嵌入元素以及视频播放等，该子维度以事件本身为中心分析其类别、操作和标签（"热点事件"），同时分析事件发生的页面（"网页"），并且通过"事件流"可视化展示各类事件发生的顺序和频率。

（6）网页内分析（In-page Analysis）。在实际页面的截图上，每个可点击区域旁边都会显示一个百分数，这是点击该区域的用户所占的百分比，该子维度旨在呈现用户在单个页面上点击链接的情况，从而反映页面的布局和视觉设计是否有利于用户浏览并做出期望的反应[①]。

6.3.2.4　转化维度

前面已经提到，转化代表着对网站成功至关重要的活动的完成，Google Analytics 在该维度上主要提供目标转化分析（图 6.11）和电子商务转化分析（图 6.12）。前者需要事先界定目标，包括宏观目标和微观目标，然后统计总体的目标达成次数、价值、转化率、放弃率等量度指标，此外还采用"目标流"可视化表现网站流量逐步减少的漏斗形趋势，只有很小一部分流量最后实现目标转化。后者主要分析网站中的购买行为，包含收入和电子商务转化率等基本量度指标，重点关注用户的购物行为和结账行为（"购物分析"）、单个产品的销售业绩和购买行为（"产品业绩"）和单次交易的收入、税款、运费等详细信息（"销售业绩"），同时也对广告、内部推广、优惠券、联属机构等各种营销手段进行评价（"营销"）[②]。

---

① https://support.google.com/analytics/topic/1120718?hl=en&ref_topic=3544907
② https://support.google.com/analytics/topic/1631741?hl=en&ref_topic=3544907

图 6.11　Google Analytics 转化维度目标概览（见彩图）

图 6.12　Google Analytics 转化维度电子商务概览（见彩图）

6.4　网络分析的辅助方法

网络分析通过各种技术手段大规模采集用户行为数据，并且基于特定的指标和维度对其进行系统分析，从而能够准确有效地回答用户"做了什么"以及"怎么做"的问题。遗憾的是，这样还不足以呈现出用户使用网站的全貌，因为数据的局限性导致网络分析无法解释他们"为什么这么做"[308]。因此，人们会采取多种用户研究方法弥补网络分析的不足，例如，第5章曾经提到过的问卷、访谈、焦点小组等，以及经常用于网站设计与开发的可用性测试（Usability Testing）、启发式评价（Heuristic Evaluation）、卡片分拣（Card Sorting）、认知走查（Cognitive Walkthrough）等[315]。以下将重点介绍应用最广泛的可用性测试、启发式评价和问卷调查。

6.4.1　可用性测试

可用性测试是人们非常熟悉的以用户为中心的研究方法，其核心在于让具有代表性的用户利用网站完成具有代表性的任务，从而发现网站中存在的问题。该方法起源于实验研究，正式的可用性测试也会提出假设、随机抽样、控制无关因素，以探讨自变量和因变量之间的因果关系[316]。然而，可用性测试是业界用于改进网站界面和功能设计的方法，这不同于学术研究中对科学问题的探索。Wixon 甚至认为，可用性测试不是研究，而属于工程的范畴，因为网站的构建是一个以最小投入和风险创造最优产品的过程，通过可用性测试发现问题、解决问题正是实现不断优化的根本手段[317]。可用性测试在网站建设周期中的不同阶段可以起到不同的作用，早期主要用于探索初步设计概念的有效性（Exploration），中期用于评价低层操作的可用性（Assessment），后期用于检验网站是否达到预设的标准（Validation），而整个周期中都可能涉及与同类网站的比较（Comparison）[318]。

基于可用性测试发生的场所，人们将其划分为实验室测试、现场测试和远程测试[315]。由于拥有固定的专门场所，实验室测试更容易控制，也便于布置观察设备，如录像机、眼动追踪仪等。现场测试则是在用户自己的家里或办公室里对其进行观察，从而可以进一步了解现实环境中各方面因素的影响，但是这对预算和时间投入提出了更高的要求。如果观察人员在时间或空间上无法接触到用户，他们会考虑远程测试，利用音视频设备和网络工具对其进行追踪[319]。无论对于哪种可用性测试来说，参与测试的用户和他们所需完成的任务是最重要的两个组成部分。

可用性测试的样本规模一直是困扰人们的突出问题，究竟招募多少用户才足够？有研究指出，只需要 5 位用户就可以发现网站中大约 80%的可用性问题[320]，可是其他研究对此却并不认同，并且认为能够找出多少可用性问题取决于网站本身和任务范围，而不是用户数量[321]。Nielsen 和 Landauer 则表示，合理的用户数量应该视项目规模而定，小型项目需要 7 位用户，而中到大型项目需要 15 位用户[322]。此外值得注意的是，即使再多的用户也无法发现所有的问题，而且发现问题并不是最终的目标，无法解决的问题即使发现了也是没有价值的[317]。

任务是促使用户与网站发生交互的前提条件，创建任务列表是可用性测试中挑战最大的工作之一。任务列表由情境和一系列问题组成，前者将用户置于一定的背景之下，后者一般对应着超越常识而又唯一明确的答案，这样用户既必须在网站中寻找答案又知道用什么方法能够找到答案[319]。理想的任务列表通常应该具有以下几个特征。

（1）相关。任务应该与用户的典型活动相关，并且向他们强调这一点，比如说，如果需要用户在网站中注册账号，就应该说明为什么注册账号很重要。

（2）具体。任务的要求应该具体，能够让用户看到明确的目标，但同时任务的描述不能太过具体，以免给他们过多的提示。

（3）全面。尽可能涵盖网站中所有的重要特征，比如说，如果用户可以通过浏览、搜索和推荐找到信息，那么这三种方式都应该包含在任务之中。

（4）顺序合理。根据现实的活动顺序安排任务，例如，将购买任务安排在产品搜索任务之后，这样会让用户感到更加真实，也有助于网站了解任务之间的相互影响。

（5）领域中立。用户对任务所涉及领域的了解程度最好相差不大，不至于让一些完全不了解的用户不知道从何入手，也避免领域知识丰富的用户走捷径。

（6）保护隐私。越真实的任务越具有代表性，但这并不意味着需要用户暴露自己真实的财务、健康状况或联系方式等个人信息，用户对此会非常反感，降低参与测试的愿望[318]。

在用户执行任务的过程中，人们可以通过各种手段采集各类数据。效率（Efficiency）和效能（Effectiveness）是最常见的定量指标，两者分别指用户完成任务所用的时间（或步骤）和找到答案的正确率，其他指标还包括从错误操作中恢复所需的时间、特定页面的浏览量、特定链接或按钮的点击量等。此外，可用性测试的目的也决定了哪些指标更有价值，比如说以重新设计搜索引擎为目的的测试可能更加关注查询词重构的次数和搜索结果条目的点进率等[319]。当然，定性数据对于可用性测试来说也同样重要，观察人员经常鼓励用户在与网站交互的同时将自己的思想活动大声地说出来（Think Aloud），他们所表达的即时反应、感受、看法和建议都是非常有用的反馈，因此可用性测试常常可以发现特殊、细微的问题[316]。

6.4.2　启发式评价

对于可用性，人们引入了"小 u"（Little u）和"大 U"（Big U）的概念，其中，小 u 特指可用性测试，而大 U 则包含了一切与评测可用性、了解用户体验相关的工具、手段和过程[315]。启发式评价是大 U 中最具代表性的方法之一，能够与可用性测试形成有效的相互补充。1990 年，Nielsen 和 Molich 提出了启发式评价方法，其基本思想是让专家根据一套相对简单而全面的启发式准则（Heuristics）发现网站的可用性问题[323]。这里的"专家"一般指可用性专家，有时也可以指同时拥有可用性专长和领域知识的分析人员，启发式评价也常常称为"专家审查"（Expert Review）或"专家分析"（Expert Analysis）[310]。

　　启发式准则是该方法的关键元素，这是在网站设计和用户体验与交互中受到广泛认可的一套规则。Jakob Nielsen 在《可用性工程》（Usability Engineering）一书中提出了十大可用性准则，它们一直沿用至今。

　　（1）系统状态的可见性（Visibility of System Status）。网站应该在合理的时间内向用户提供适当的反馈，不断告诉他们当前的状态。

　　（2）系统与现实世界的对应（Match Between System and The Real World）。网站应该以用户的语言与其交流，使用他们熟悉的词语、短语和概念，而不是面向系统的技术术语，同时还应该遵循现实世界的习惯，按照自然而合乎逻辑的顺序提供信息。

　　（3）用户控制及自由度（User Control and Freedom）。用户常常会错误地选择网站功能，这时需要有一个明显的"紧急出口"标识指示他们脱离出乎意料的状况，避免他们与网站发生多余的交互，支持撤销与重做。

　　（4）一致性与标准（Consistency and Standards）。用户可能不确定不同的词汇、情境或操作是否具有相同的含义，网站不应该让他们产生这样的困惑，而应该遵循用户已经习惯的统一规则。

　　（5）防止出错（Error Prevention）。防止用户出错比向他们提供明确的错误提示更重要，有时错误是可以避免的，对系统进行多次调试或是在用户执行操作前提醒他们都能够有效地避免出错。

　　（6）以识别取代记忆（Recognition rather than Recall）。网站中的对象、操作以及选项都应该是显而易见的，从而尽可能降低用户的记忆负担，不应该让用户在交互过程中还要刻意记下相关信息，而是在任何需要的时候都能方便地找到系统使用说明。

　　（7）灵活性与使用效率（Flexibility and Efficiency of Use）。网站应该允许用户定制常见的操作，这样可以同时满足新老用户的需要。

　　（8）美学与最简约设计（Aesthetic and Minimalist Design）。交互中不应该包含不相关的或很少用到的信息，这些信息会分散用户的注意力，不利于他们注意到有用的信息。

　　（9）帮助用户识别、判断、弥补错误（Help Users Recognize, Ddiagnose, and Recover from Errors）。错误是难以完全避免的，因此应该尽量向用户提供表达清楚的错误提示，不仅要准确地指出问题所在，而且要建设性地提出解决办法。

（10）帮助和使用文档（Help and Documentation）。为了提高用户使用系统的效率，有必要向他们提供帮助和使用文档，这类信息应该紧紧围绕用户的任务，列出具体的执行步骤，但又不宜太复杂，而且要易于搜索[322]。

在进行启发式评价时，专家会将自己当作用户去执行一些与网站目标相关的任务，依据以上的可用性准则去发现网站中存在的问题，当然他们也会用到自身从事可用性研究的经验和网站设计的普遍原则。启发式评价是一种成本低、效率高的用户研究方法，通常只需 3～5 位专家在几小时内就可以完成，平均一位专家能够发现 35% 的可用性问题，而计划周详的研究最多能够发现 90% 的问题。通过启发式评价发现的问题一般都是严重影响用户体验的显著问题，了解这些问题有助于评估网站可用性的整体水平、改善界面设计以及优化工作流程[310]。在预算和时间充足的情况下，将启发式评价与可用性测试结合起来可以得到更好的效果。一方面，两者分别在发现显著问题和细节问题上具有优势，这两类问题可能在某种程度上存在重合，但总体上是相互补充的。另一方面，在可用性测试之前开展启发式评价可以帮助研究人员确定测试目标并事先修复网站中一些显而易见的问题，这样测试时就可以将注意力放在用户遇到的新问题上，即使未能及时修复也可以测试一下那些问题是否确实对用户有影响[315]。

6.4.3　问卷调查

网站界面和功能设计的特点在很大程度上塑造了用户行为，以上的可用性测试和启发式评价都是在识别网站问题的过程中深入理解行为的发生。相对而言，问卷调查对于用户行为的揭示作用更为直接，它可以有针对性地从用户那里获得准确可靠的解释，洞察与行为相关的情境（Situational）、认知（Cognitive）、情感（Affective）因素，对网络分析来说是更为有效的补充[314]。在学术研究中，问卷是一种低廉、高效的调查方法，从研究问题和调查目标的确定、调查人群和样本的确定，到问卷的设计、发放与回收，再到数据分析和讨论，所有的研究步骤都需要经过周密地计划和执行。但是作为网络分析的补充，问卷调查则表现出业界实践所注重的即时性和实用性，经常穿插于用户对网站的访问中，因而称为"站内调查"（Website Surveys）。

站内调查往往是由特定的用户行为所触发的，比如点击某个链接、离开网站或是浏览了一定数量的网页，这时问卷就会自动弹出，这样非常适合捕捉用户最新鲜的感受和想法，从而了解其此次访问的背景和体验。站内调查可以分为两个层次：站点层次调查（Site-level Surveys）着眼于用户在网站中的整体体验，涵盖了他们对网站性能、内容质量、功能效果、帮助提示等多方面的评价，旨在揭示用户访问网站的原因、发现影响其满意度的宏观问题；页面层次调查（Page-level Surveys）主要对单个页面的性能感兴趣，通常比站点层次调查更加简短，以采集页面的用户满意率或任务完成率为主，这些信息为页面的即时改进提供了参考。为了避免对用户正常访问的干扰，也可以在访问结束后通过电子邮件向其发送问卷采集更详细的反馈数据，例如，他们的问题是否通过网站得以解决、找到的信息是否有用等，这属于访问后调查（Post-visit Surveys）。与网络分析一样，问卷调查也可以定期或长期持续开展[310]。

6.5　本　章　小　结

本章全面地展示了事务日志分析基础——网络分析方法的相关知识及其在用户信息行为研究中的应用。首先介绍了该方法的分析过程，其主要包括四个阶段：明确目标、确定关键绩效指标、数据采集与分析和实施优化。其次系统地阐述了网络分析的数据采集策略，重点介绍了服务器日志和页面标签两种数据采集方法，进而从数据的可获得性、数据的丰富性、数据的准确性、网络分析的总体成本和数据分析五个方面较为细致地比较了这两种数据采集方法的优势和劣势，并简要描述了网络信标和数据包侦听的工作原理。然后详细地叙述了数据分析策略，主要介绍了基本量度指标，并以 Google Analytics 为例展示一系列以用户为中心的分析维度。其中，基本量度指标包括页面浏览量指标、访问量指标、独立访问者数量指标、访问时长指标、跳出率指标、退出率指标和转化率指标；Google Analytics 分析维度包括受众群体维度、流量获取维度、行为维度和转化维度。最后本章详细介绍了几种应用最广泛的网络分析的辅助方法：可用性测试、启发式评价和问卷调查。

第 7 章　搜索日志分析方法

　　随着网络的普及和搜索技术的发展，各类网络搜索系统已经成为人类日常生活和工作中获取信息最为重要的来源，这一现象也引起了学术界极大的研究兴趣。纵观信息搜寻与检索文献，搜索日志分析是研究用户信息搜索行为最常见的方法之一，它利用网络服务器上的日志文件记录了真实用户与搜索引擎之间发生的所有交互，然后通过对日志文件中的"踪迹数据"进行分析来了解用户行为，包括查询式的构造和重构、搜索结果相关度的评价、结果条目链接的点击率等方面[325]。这对于改进搜索引擎算法提升检索系统性能、改善界面设计和功能、增强用户体验都具有显著的实际意义。

　　搜索日志分析方法的起源可以追溯到 20 世纪 60 年代，当时的数据库检索系统出于监察管理、系统恢复等考虑会将用户使用系统的情况以事务日志的形式记录下来，而人们分析事务日志的目的也仅限于系统性能评估。到了 70、80 年代，事务日志分析的意义延伸到用户行为研究，它不仅能够揭示用户在与系统交互过程中是如何做的，而且还能够预测他们为了有效使用系统下一步应该做什么；这个时期内图书馆公共目录系统（OPAC）的引入也为分析提供了新的研究背景，并且延续至今[326]。在网络逐步走入人类日常生活的 90 年代，记录网站访问情况的网络日志引起了人们的注意[309]，而搜索引擎的迅速普及使得网络日志分析很快聚焦于搜索日志分析这个子集。特别是在世纪之交的时候出现了一系列以当时主流网络搜索引擎为背景的开拓性搜索日志分析研究[327-329]，开启了基于日志数据研究网络搜索行为的新范式。

7.1　搜索日志分析方法探索

　　搜索日志记录了在特定搜索片段内发生在搜索系统和用户之间的所有交互，搜索日志分析是使用搜索日志里的数据研究相关问题的方法，涉及用户、搜索系统或信息内容之间的交互[325]。自 20 世纪 90 年代末以来，人们对搜索日志的利用日益频繁，尽管所探讨的研究问题多种多样，然而在开展搜索日志分析的手段上彼此之间存在很多重合，只是未形成统一、可复制的研究模式。

　　2005 年，信息检索领域著名学者 Ricardo Baeza-Yates 与同事率先使用数据挖掘方法对搜索引擎进行了专门探索，提出了一套较为完整的研究方案。他们强调了数据预处理的必要性，预处理工作主要包括搜索会话的识别和结构化查询式关联表格的构建。其中，搜索会话的识别算法会首先根据 IP 地址区分不同的用户，然后对同一用户的不同会话采取 15min 的时间间隔来区分，即如果用户提交查询式的行为距离上一次点击超过了 15min，则认为他开始了一段新的搜索会话。图 7.1 展示了该研究所创建的数据模型，模型中的主要关系包括搜索会话（QuerySession）、点击（Click）、查询式（Query）、网址（URL）、人气（Popuq）、查询词（QueryTerm）和关键词（Keyword）。

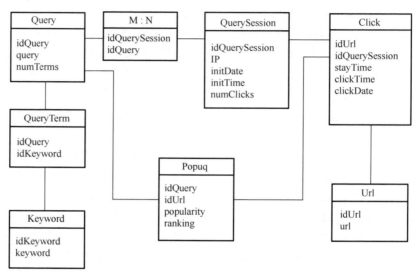

图 7.1　搜索日志数据模型示例[330]

接下来，Baeza-Yates 等基于智利语搜索引擎 TodoCL 的日志文件开展了非聚合式的数据分析，关键词分析和点击分析是整个数据分析过程的核心部分。前者旨在确定与查询式组成有关的关键词集合特征，如最流行的查询式、使用频率最高的关键词、关键词分布等；后者侧重揭示查询行为与点击行为的关系，即用户对特定查询式带来的结果文档的点击情况，特别是文档在结果列表中的排序如何影响用户的点击偏好。此外，他们还引入了三个交互模型来表现这些变量，包括点击数预测模型、马尔可夫状态转换模型和时间分布转换模型。分析结果显示：用户倾向于构建较短的查询式、点击查看少量的页面，大部分人都会对初始查询进行改进以获得更为相关的结果；查询式频次、关键词频次、各排序位置上的点击次数以及结果文档的选择次数都符合齐普夫定律；整个查询式空间实际上是相当稀疏的，80%的查询式只出现过一次。这些发现可以应用于查询式推荐系统和结果排序算法[330]。

以上的初步探索为搜索日志分析方法论的形成奠定了基础。2006 年，网络搜索行为研究领军人物 Bernard J. Jansen 正式提出了由数据采集、处理和分析三个阶段组成的搜索日志分析过程（如图 7.2 所示），并对各阶段所包含的任务内容进行了详细的描述，尤其是分析阶段的三个层次，即关键词（Term）、查询式（Query）和搜索会话（Session）[331]，这也成为后续诸多相关研究纷纷遵循的方法指引。考虑到该方法论的广泛应用，以下将分阶段对其进行详细阐述。

图7.2　搜索日志分析方法论

7.2　搜索日志分析过程

7.2.1　搜索日志数据采集

搜索日志是网络服务器上事务日志的一种特殊形式。第 6 章已经提到过，服务器日志文件通常会采取 NCSA 普通日志格式或 W3C 扩展日志格式存储，后者支持字段的定制。表 7.1 对一条基于 NCSA 普通日志格式的搜索日志记录示例进行了分解，展示了各字段的具体含义。

表 7.1　搜索日志记录示例字段分解

搜索日志记录示例：			
59.172.108.112 - - [28/Sep/2016:18:29:05 +0800]　"GET /search?q=python HTTP/1.1" 200 8750 372			
位置	示例	字段	含义
#1	59.172.108.112	IP 地址	发出查询请求的用户 IP 地址
#2	—	用户识别符	用户的 RFC931 身份，通常为空
#3	—	用户名	发出查询请求的用户名称，通常为空
#4a	28/Sep/2016	日期	标准格式的查询日期
#4b	18:29:05	时间	标准格式的查询时间
#4c	+0800	时差	与 GMT 的时差
#5a	GET	请求方法	用户与服务器间的请求-响应交互类型
#5b	/search	网址	搜索结果页面的网址
#5c	?q=python	搜索参数	搜索查询式及其他选项
#5d	HTTP/1.1	协议版本	HTTP 协议版本（始终保持不变）
#6	200	状态代码	反映请求响应结果的代码
#7	8750	字节数	返回的字节数，即搜索结果页面的大小
#8	372	命中数	搜索得到匹配结果的数量

　　作为事务日志的一个子类，搜索日志侧重反映搜索交互的特点。在表 7.1 所显示的字段中，用户 IP 地址和日期时间是划分搜索会话的基本依据，而对搜索行为分析最重要的字段就是搜索参数，因为它至少包含了用户向搜索引擎提交的查询式，这是分析的核心对象。以上示例中的查询式为"python"，这是由查询式代码"q"所指示的，其他类似的代码还包括"qq"、"qt"、"qry"、"query"、"w"、"words"、"s"、"st"以及"search"等，搜索引擎会说明所采用的代码，为从日志中提取查询式提供了便利。此外，还有一些常见的搜索参数会与查询式一起出现，各参数用"&"连接。表 7.2 对一条内容丰富的搜索参数字段进行了分解，不同的参数代码指示着不同的对象。

表 7.2　搜索参数字段代码分解

搜索参数字段示例：
?q=python&l=en&s=21&p=20&v=programming&i=1

代码	全称	示例	含义
q	query	q=python	查询式"python"，即用户在搜索框里输入的关键词组合
l	language	l=en	用户所使用的语言为英语
s	start	s=21	目前所显示搜索结果从排序 21 开始
p	per page	p=20	搜索结果页面每页显示 20 条结果
v	section	v=programming	只在"programming"类别中匹配查询式
i	interface	i=1	采用的是简单搜索界面

7.2.2　搜索日志数据准备

　　从服务器上获取的搜索日志原始数据在进入分析阶段前通常都需要经过一系列的准备处理，主要包括数据清洗（Data Ccleaning）、数据解析（Data Parsing）和搜索片段标准化（Searching Episode Normalizing），这三项工作一般利用关系数据库来完成。Jansen 为搜索日志分析的关系数据库构建了一个实体——关系（Entity-Relation, ER）图解模型（如图 7.3 所示），旨在通过标准的 ER 标识展现数据库的概念模式。搜索日志数据可以轻松导入大多数关系数据库，导入时应该保持数据记录时所用的字符编码（如 ASCII 或 UTF-8），导入后数据库工具会自动为每条记录分配一个主键或唯一标识符。

　　在图 7.3 中，搜索日志数据库的 ER 模型主要由三张数据表组成，即搜索片段（searching_episode）、关键词（terms）和共现（cooc）。其中，搜索片段是最核心的数据表，包含了所有的搜索交互，重点统计查询式的出现频次（occurrences），其他实体还包括用户 IP 地址（uid）、服务器记录的时间（thetime）、每条记录的主键（qid）、用户输入的查询式关键词（searcher_url）、查询式长度或包含关键词的个数（q_length）、查询式包含布尔逻辑符的情况（boolean）、查询式包含高级查询符的情

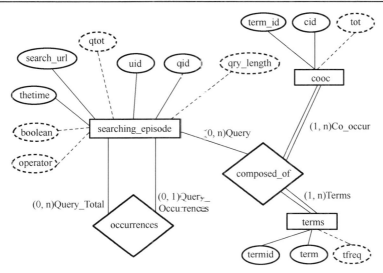

图 7.3　搜索日志数据库 ER 模型

况（operators）以及查看的结果页面数量（qtot）。搜索片段数据表衍生出了关键词和共现数据表，前者由关键词标识（term_ID）、关键词用语（term）和关键词在查询式中的出现频次（tfreq）这三个实体组成，后者反映的是关键词之间两两共同出现的关系，其实体包括关键词标识（term_ID）、关键词对的组合标识（cid）和关键词共现频次（tot）。

　　数据导入完成后就可以开始进行以下数据准备工作。

　　（1）数据清洗。首先需要从原始数据中清除的是由于服务器生成日志时发生了错误而导致的崩溃记录，如字段内容的缺失或错位，这在日志文件中比较常见，但是所占比例不大。崩溃记录的筛查一般都依赖人工来实现，可以依次对所有的字段进行排序，错误数据会因为不符合普通数据模式而出现在每个字段列的两端或是聚集到一起，这样可以一并删除。

　　（2）数据解析。搜索日志文件还可能包含来自计算机代理的查询记录，这对人类用户行为研究没有价值。计算机代理的特征是在短时间内提交大量的查询式，因此可以规定一个阈值，认为连续提交查询式的数量不超过这个阈值的才是真实的用户。对于阈值的选择目前人们尚未形成统一的做法，Jansen 将阈值定为 101，即认为人类用户在一次搜索会话中最多只会提交 100 个查询式，这是一个任意阈值，较高的阈值可以避免将人类用户的大量连续活动误当作计算机代理活动的风险。

　　（3）搜索片段标准化。用户提交查询式、点击进入某个结果条目、查看外部网页，当他再返回搜索引擎的时候，服务器会生成一条新的记录，其中，查询式保持不变，只是更新了时间，这样有利于确定用户查看了多少个搜索到的网页，但是会给查询式数量的统计带来误差，所以需要将日志文件中的查询式提交记录和结果页面请求记录区分开来，然后对同一个用户的相同查询式进行合并[2]。

7.2.3 搜索日志数据分析

以上数据准备阶段有助于保证接下来数据分析的准确性。Jansen 的搜索日志分层分析框架是根据搜索交互的基本构成提出来的：关键词是对意义的表达，在形式上不可再分，是最小的单元；查询式由一个或多个关键词组成，代表了用户的信息需求；搜索会话是指用户为了实现特定搜索目标而进行的一系列活动，包括查询式的提交和结果条目的点击，一段搜索会话中可能出现一个或多个查询式。搜索日志分析可以在关键词、查询式、搜索会话这三个层次中的一个或多个上进行，表 7.3 列举了各层次上值得考虑的分析指标并简要描述了其具体内容[325,332]。

表 7.3 搜索日志分层分析框架

分析层次	分析指标	分析内容
关键词	关键词总数（Total Terms）	数据集中所包含的所有关键词的总数
	关键词频次（Term Occurrence）	每个关键词在数据集中出现的总次数
	独立关键词（Unique Terms）	数据集中所包含的所有不同关键词
	高频关键词（High Usage Terms）	数据集中出现频次最高的若干个关键词
	关键词共现（Term Co-occurrence）	关键词两两出现于同一查询式的频次和概率
查询式	初始查询式（Initial Query）	一个特定用户在搜索引擎中提交的第一个查询式
	改进查询式（Modified Query）	由同一用户提交的不同于之前所有查询式的查询式
	相同查询式（Identical Queries）	由同一用户提交的与之前一个或多个查询式完全等同的查询式
	独立查询式（Unique Query）	数据集中所包含的所有不同查询式
	重复查询式（Repeat Query）	数据集中来自于不同用户的相同查询式
	查询式复杂度（Query Complexity）	查询式语法分析，即用户对布尔逻辑或其他算符的使用
	查询式长度（Query Length）	组成一个查询式的关键词的个数
	失败率（Failure Rate）	用户构造查询式的方式与搜索引擎规则偏离的程度
搜索会话	会话长度（Session Length）	用户在一段会话中所提交查询式的个数
	会话时长（Session Duration）	用户从提交初始查询式到最后离开搜索引擎之间的时长
	点进分析（Click Through Analysis）	用户通过点击搜索结果页面上的条目查看到的外部网页
	网页查看时长（Document Viewing Duration）	用户从点击搜索结果页面上的条目到回到搜索引擎之间的时长

需要特别指出的是，关键词和查询式是可以直接从日志文件中提取的；而如果一个用户拥有多个搜索会话，这些会话之间不存在可见的边界，必须根据一定的机制来进行划分。搜索会话的划分可以基于会话间隔阈值，如果两条相邻记录之间的时间间隔超过该值，那么它们就属于不同会话[333]。这样搜索会话的定义就类似第 6 章提到的网络分析的访问量指标。另外也有研究人员认为搜索会话通常都很短，是由有限时长内一系列交互组成的，因此他们倾向规定一个会话时长阈值，凡是超过

该时长的记录都划入下一个会话，但是不同的研究所采用的时长阈值也各不相同，为 5～120min 不等[332]。

7.3　搜索日志分析研究实例

7.3.1　元搜索引擎 Dogpile 日志分析

元搜索引擎（Metasearch Engines）是基于联合搜索（Federated Search）技术的新型搜索引擎，其基本特征是搜索结果来自多个来源。与一般的网络搜索引擎不同，元搜索引擎并没有利用爬虫程序建立自己的网页索引，而是在接收到用户的查询式后将其同时发往多个来源搜索引擎，每处都会返回一定数量的搜索结果，这些结果之间可能存在一些重合，元搜索引擎负责对来自不同来源搜索引擎的结果进行整合、排序，形成新的搜索结果列表呈现给用户。实际上，用户在使用元搜索引擎时不会感到任何特别之处，他们都是在统一的界面上提交查询式并获得搜索结果，但是背后的联合搜索使他们不必分别前往多个来源搜索引擎进行搜索，这样在保证搜索全面性的同时减少了冗余。

2007 年，Jansen 等对元搜索引擎 Dogpile 开展了日志分析，充分体现了以上搜索日志分层分析框架对用户网络搜索行为研究的价值。Dogpile 是当时元搜索引擎业务的市场领导者，其来源搜索引擎包括 Ask Jeeves、Google、MSN 和 Yahoo！。在这一具有代表性的研究背景下，Jansen 等探讨了以下研究问题。

（1）Dogpile 元搜索引擎上的搜索交互具有哪些特征？

（2）Dogpile 元搜索引擎上的搜索行为在时间上表现出哪些特征？

（3）Dogpile 元搜索引擎上的搜索在主题上表现出哪些特征？

这些研究问题分别涉及不同层次上的分析内容，其中问题（1）包含了会话长度、查询式长度、查询式结构、查询式构造、搜索结果查看和关键词使用等方面的分析，问题（2）主要对应着会话时长和会话中交互频次分析，问题（3）则是基于特定的查询式子集针对其主题性质进行定性分析。

研究所采用的搜索日志数据时间跨度仅为一天，但是数据文件中包含了4,056,374 条记录，主要字段共有4个，即用户IP和Cookie、时间以及查询式。经过数据准备后形成了4张数据表，分别用于时间分析、会话和查询式分析、关键词分析和关键词共现分析；而对于问题（3）则是从数据集中随机选取了2,500个查询式，由两位评价者分别依据Spink等总结的11个主题类别对其进行人工分类[334]。

搜索日志数据所反映的 Dogpile 用户一天的基本搜索情况可见表 7.4。在这一天时间内，共发生了 2,465,145 次搜索交互，有 534,507 位用户提交了 1,523,793 个查询式，总共包含 4,250,656 个关键词，其中 298,796 个为独立关键词；查询式长度平均为 2.79 个关键词，几乎一半的查询式都至少由 3 个关键词组成；搜索会话长度平均为每位用户 2.85 个查询式，29.4%的会话至少包含 3 个查询式。近 10%的查询式为重复查询式，独立查询式占到了 58.96%，有 69.07%的查询式用户只查看第一个结果页面；使用了布尔逻辑（2.19%）或其他高级算符（7.6%）的查询式所占比例很小。在所有的关键词中，仅有 4.06%的关键词只出现过一次，在独立关键词中占 57.7%；前 100 个高频关键词占到了关键词总数的 17.71%；整个数据集中的关键词对达到 2,209,777 个。

表 7.4　Dogpile 搜索日志分析基本统计结果

用户	534,507	
查询式	1,523,793	
关键词		
独立关键词	298,796	7.03%
关键词总数	4,250,656	
地理位置（美国）	1,282,691	84,1%
平均查询式长度	2.79, $SD = 1.54$	
查询式长度		
包含 1 个关键词	281,639	18.5%
包含 2 个关键词	491,002	32.2%
包含 3 个及以上关键词	751,152	49.2%
平均搜索会话长度	2.85, $SD = 4.43$	
修改查询式的用户	246,276	46.08%
重复查询式（不同用户提交的相同查询式）	151,413（57,651 位用户）	9.9%
独立查询式（整个数据集中只提交过一次的查询式）	898,393	58.9%
通过反馈生成的查询式	128,126	8.4%
会话长度		
包含 1 个查询式	288,231	53.9%
包含 2 个查询式	88,875	16.6%
包含 3 个及以上查询式	157,401	29.4%
结果页面的查看		
查看 1 个页面	1,052,554	69.07%
查看 2 个页面	253,718	16.6%
查看 3 个及以上页面	217,521	14.2%
平均查看搜索结果数量	1.67, $SD = 1.84$	
布尔查询式	33,403	2.1%
其他查询式语法	116,905	7.6%
数据集中未重复的关键词（172,488 个关键词；占独立关键词的 57.7%）	172,488	4.06%
前 100 个高频关键词的使用（100 个关键词；占独立关键词的 0.03%）	752,994	17.7%
其他 126,208 个关键词的使用（126,208 个关键词；占独立关键词的 42.24%）	3,325,174	78.2%
独立关键词对（整个数据集中所有查询式包含的关键词共现）	2,209,777	

　　在搜索会话层次上，研究重点分析了会话的长度和时长。以查询式数量计算的会话长度分布特征如表 7.5 所示，Dogpile 用户在每次会话中提交查询式数量并不是很多，不超过 3 个查询式的会话占总数的 79%，这与其他几项网络搜索行为研究的结果比较一致[334,335]。会话时长则是按照用户提交第一个查询式到最终离开搜索引擎且不再回来的时间差来计算的，因此该时长包含了用户在 Dogpile 上停留的总时长，包括查看所有的搜索结果页面和离开 Dogpile 查看结果文档的时长，除了最后一个文档之外，这属于发生在搜索引擎以外的活动，服务器无法记录。从表 7.6 可见，在 Dogpile 上以短会话居多，10min 以下的会话占到了 78.9%。经过计算发现，Dogpile 用户的搜索会话时长平均为 26min 32s，标准差为 1h 36min 25s，最长的会话持续了近 24h，而最短的会话为 0s，即只提交了一个查询式就离开了搜索引擎，没有发生任何其他交互。与以往研究发现相比，Dogpile 的会话时长更短，结合其较高的搜索转化率（83%）来看，该搜索引擎所返回的结果相关度比较高。

表 7.5　Dogpile 搜索会话长度分析结果

会话长度	频次	百分比
1	288,231	53.9%
2	88,875	16.6%
3	47,664	8.9%
4	29,345	5.4%
5	19,655	3.6%
6	13,325	2.4%
7	9,455	1.7%
8	7,165	1.3%
9	5,497	1.0%
10	4,130	0.8%
>10	21,067	3.9%
总数	534,557	100%

表 7.6　Dogpile 搜索会话时长分析结果

会话时长	频次	百分比
<1min	302,653	56.6%
1~5min	83,255	15.5%
5~10min	36,347	6.8%
10~15min	19,805	3.7%
15~30min	27,210	5.1%
30~60min	18,441	3.4%
1~2h	14,235	2.6%
2~3h	8,262	1.5%
3~4h	5,901	1.1%
>4h	18,415	3.4%
总数	534,557	100%

研究在查询式层次上的分析内容最为丰富，包括查询式长度、高频查询式、查询式重构帮助功能的使用、搜索内容类型的选择以及结果页面的查看。查询式长度即所包含关键词的个数，Dogpile 用户所构造的查询式通常较短，不超过 3 个关键词的查询式占 75.2%，虽然最长的查询式由 25 个关键词组成（如表 7.7）。然而，单词（One-term）查询式所占的百分比要远小于其他研究的结果，这可能与网络搜索查询式长度正缓慢增加的趋势有关。表 7.8 展示了 Dogpile 上前 20 个高频查询式，它们所属的主题类别非常广泛，例如，名人（lohan pics、paris hilton、50 cent）、娱乐（music lyrics、american idol、playstation 2 cheats）、导航（google、yahoo、mapquest）等。另外一个非常有趣的现象是人们依然习惯将搜索引擎作为网络导航的快捷方式，也就是在搜索框中输入网站名称，网站的网址就会返回在搜索结果中，然后点击网址进入网站。

表 7.7　Dogpile 查询式长度分析结果

查询式长度	频次	百分比
1	281,639	18.5%
2	491,002	32.3%
3	373,003	24.5%
4	193,633	12.7%
5	95,334	6.3%
6	45,368	3.0%
7	22,155	1.5%
8	11,500	0.8%
9	5,757	0.4%
10	2,890	0.2%
11	1,124	0.1%
12	311	0.0%
13	61	0.0%
14	9	0.0%
15	3	0.0%
18	1	0.0%
24	1	0.0%
25	2	0.0%
总数	1,523,793	100%

表 7.8　Dogpile 排名前 20 的高频查询式

排序	查询式	频次	百分比
1	lohan pics	3153	0.2069%
2	music lyrics	2464	0.1617%
3	american idol	1675	0.1099%
4	games	1278	0.0839%
5	poetry	1192	0.0782%
6	funny jokes	1074	0.0705%
7	paris hilton	1021	0.0670%

续表

排序	查询式	频次	百分比
8	google	792	0.0520%
9	Yahoo	710	0.0466%
10	sex	674	0.0442%
11	ebay	645	0.0423%
12	tony blair	642	0.0421%
13	Playstation 2 cheats	639	0.0419%
14	mapquest	619	0.0406%
15	Games cheat	574	0.0377%
16	food	560	0.0368%
17	50cent	555	0.0364%
18	ip tests	541	0.0355%
19	maps	535	0.0351%
20	used cars	533	0.0350%
总数		19,876	1.3000%

　　以往研究对用户利用系统帮助功能重构查询式的情况关注不足，Jansen 等则对此进行了专门的分析，发现只有 8.4%的查询式是通过重构帮助生成的，但仍高于以往研究的结果，说明 Dogpile 用户对系统帮助的接受度更高。Dogpile 和很多通用搜索引擎一样，支持多种类型内容的搜索，默认的是网络文档，另外还包括图片、视频、新闻、购物等，因此搜索网络文档的查询式多达 71.2%，接下来图片搜索占 19.1%，其他类型的搜索比较少。用户提交查询式后会查看搜索结果页面，Dogpile 用户对查看大量结果的容忍度较低，只查看一个或前两个结果页面的情况共占 85.7%，这也可能是因为排序靠前的结果就满足了他们的信息需求。

　　最后，研究在关键词层次上主要分析了高频关键词和关键词共现。表 7.9 列出了排名前 20 的高频关键词，前 10 个中有 7 个都属于英语中的功能词或停用词，即 of、the、in、and、for、a 和 to。从总体上看，这些高频关键词所涉及的信息需求比较广泛，但它们在所有关键词中所占的百分比较小。与单个关键词相比，关键词共现更能反映用户的词汇使用情况。从表 7.10 可以发现，最常共现的关键词大多是英语中的固定搭配；每个关键词对都对应着一个共同信息统计值（Mutual Information Statistics），该指标表明了一对关键词的关联强度，相关度高的关键词往往都是固定搭配，但是很多关键词对的相关度并不高。

表 7.9　Dogpile 排名前 20 的高频关键词

排序	关键词	频次	百分比
1	of	60902	1.40%
2	the	50871	1.20%
3	in	40197	0.90%
4	and	34154	0.80%
5	free	24348	0.60%

续表

排序	关键词	频次	百分比
6	for	24161	0.60%
7	a	23049	0.50%
8	to	21264	0.50%
9	girls	13755	0.30%
10	sex	13418	0.30%
11	on	12651	0.30%
12	how	10146	0.20%
13	nude	9279	0.20%
14	lyrics	9181	0.20%
15	music	9067	0.20%
16	new	9056	0.20%
17	pictures	8915	0.20%
18	mp3	8496	0.20%
19	what	8460	0.20%
20	is	7999	0.20%

表 7.10　Dogpile 关键词共现分析结果

排序	关键词	关键词	频次	百分比	共同信息统计值
1	of	the	14,753	0.67%	0.96
2	the	in	7,300	0.331%	0.68
3	how	to	6,089	0.276%	2.74
4	of	a	3,818	0.173%	0.4
5	what	is	3,701	0.168%	3.41
6	to	a	3,419	0.155%	1.35
7	lohan	pics	3,389	0.154%	4
8	pictures	of	3,334	0.151%	1.22
9	for	sale	3,300	0.15%	2.92
10	the	the	3,163	0.144%	−0.4
11	and	the	3,019	0.137%	−0.04
12	of	in	2,856	0.13%	−0.44
13	what	the	2,778	0.126%	1.27
14	new	york	2,770	0.126%	4.06
15	the	on	2,659	0.121%	0.82
16	music	lyrics	2,652	0.12%	2.87
17	how	a	2,641	0.12%	1.83
18	the	is	2,583	0.117%	1.25
19	to	the	2,452	0.111%	0.22
20	high	school	2,355	0.107%	3.8

　　查询式主题分类是该研究中的一项独立分析内容，其结果见表 7.11，排在前三位的类别依次为"商业、旅行、就业或经济"、"人物、地点或事情"、"未知及其他"（无法分类或是非英语的查询式）。与以上的关键词分析结果结合起来看，用户利用网络完成信息任务的类型越来越多样化。

表 7.11　Dogpile 查询式主题分类结果

排序	(2,500 个 Dogpile 查询式)	数量	百分比
1	商业、旅行、就业或经济	761	30.4%
2	人物、地点或事情	402	16.0%
3	未知或其他	331	13.2%
4	健康或科学	224	8.9%
5	娱乐或消遣	177	7.0%
6	计算机或互联网	144	5.7%
7	教育或人文	141	5.6%
8	社会、文化、种族或宗教	119	4.7%
9	性或色情	97	3.8%
10	政府或法律	90	3.6%
11	艺术	14	0.5%
总数		2500	100.0%

　　Jansen 等在会话、查询式、关键词三个层次上对 Dogpile 的搜索日志开展系统分析，全面揭示了用户在元搜索引擎上的行为特征。与之前基于通用网络搜索引擎的日志分析结果相比，Dogpile 上的交互水平更高，用户的停留时长更短，提交短查询式的比例更高，所涉及的兴趣内容更为丰富。研究认为这可能与搜索引擎的类型和数据采集的时间有关。总的来说，这些研究发现可以为元搜索引擎、通用搜索引擎的设计与开发提供重要的启示。

7.3.2　中文搜索引擎 Timway 日志分析

　　以往的搜索日志分析大多以英文搜索引擎为背景。随着网络上非英文资源的增长，针对特定语言的搜索引擎也获得了越来越多的使用，例如，德文的 Fireball（https://fireball.de/）、日文的 Goo（http://www.goo.ne.jp/）和俄文的 Yandex（https://www.yandex.ru/）。由于语言、文化等方面的差异，特定语言搜索引擎的用户很可能表现出不同的搜索行为。因此，Chau 等对中文搜索引擎 Timway 开展了日志分析，试图回答以下研究问题。

　　（1）非英语搜索引擎的查询式具有哪些特征？

　　（2）这些查询式与英文搜索引擎的查询式相比有何异同？

　　（3）研究结果对于非英文搜索引擎的设计具有什么意义？

　　Timway 是主要面向香港市场的搜索引擎，允许用户提交中文和英文的查询式，搜索结果也包括两种语言的网页。研究所获取的搜索日志数据时间跨度为 3 个月，共包含 1,255,633 条记录，每条记录由 4 个字段组成，即查询式、命中数、用户 IP 地址和时间戳。该日志文件具有两个特别之处。一方面，Timway 的双语兼容性导致日志中出现了三大类查询式：仅包含 ASCII 字符的纯英文查询式、仅包含双字节符的纯中文查询式、同时包含 ASCII 和双字节符的混合查询式。尽管英文搜索引擎的日志分析也可能涉及非英文的查询式，但是其比例通常很低，而 Timway 的纯英文查询式和纯中文查询式数量相当。另一方面，Timway 的纯中文查询式采用了三种字符编码：Big 5、GB-2312 和 GBK。其中，Big 5 编码是香港最流行的中文编码方案，以上纯中文查询式中 98.56%都使用了该方案。为了分析方便，使用 GB-2312 和 GBK 的查询式都被转换成 Big 5 编码的。

　　在 Jansen 的搜索日志分层分析框架中，一个或多个查询式构成搜索会话，一个或多个关键词构成查询式，这样的构成关系对基于单词的字母语言都是适用的。然而中文属于表意语言，其最小单元是字符，在结构上与英文存在着差异。因此在搜索日志分析的具体操作中，Chau 等首先遵循分层分析框架对会话和查询式的基本特征进行研究，然后专门针对查询式中所包含的中文字符依次进行单字符分析、二元分析（Bigram Analysis）、三元分析（Trigram Analysis）和 N 元分析（N-gram Analysis）。

　　研究从 Timway 搜索日志中共识别出 671,612 次会话，不过会话层次上的分析内容仅限于会话长度，没有涉及会话时长，表 7.12 和图 7.4 展示了会话长度的分布情况。53%的会话只包含一个查询式，不超过 7 个查询式的会话占到了 90.25%，会话长度的分布表现出明显的长尾效应。

表 7.12　Timway 搜索会话长度

会话长度	频次（百分比）	会话长度	频次（百分比）
1	355,956(53.00%)	11	1015(0.15%)
2	130,726(19.46%)	12	651(0.10%)
3	58,890(8.77%)	13	475(0.07%)
4	29,788(4.43%)	14	347(0.05%)
5	16,179(2.41%)	15	254(0.04%)
6	9,251(1.38%)	16	197(0.03%)
7	5,401(0.80%)	17	151(0.02%)
8	3,439(0.51%)	18	109(0.02%)
9	2,179(0.32%)	19	62(0.01%)
10	1,483(0.22%)	20	63(0.01%)

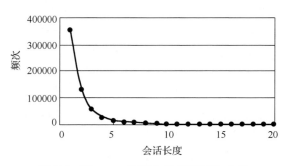

图 7.4　Timway 搜索会话长度频次分布

查询式层次上的分析主要涉及各类查询式的数量统计。所有会话所包含的查询式总数为 1,255,633，其中，包括 536,814 个纯中文查询式（42.75%）、641,169 个纯英文查询式（51.06%）和 77,650 个混合查询式（6.18%）。另外，这 1,255,633 个查询式是由 1,033,182 个独立查询式（82.28%）和 222,451 个重复查询式（17.72%）组成的。每次会话中，用户平均提交 2.03 个查询式，与之前采用相同会话划分方法的 Alta Vista 研究接近（N=2.02），而独立查询式的平均数量为 1.67，较之低了 18.74%。因而 Chau 等认为，Timway 的会话长度应该与英文搜索引擎的差别不大，并且用户很少在同一会话中重复使用相同的查询式。

表 7.13 分别列出了排名前 25 的英文和中文高频查询式。从主题来看，一半以上的中英文高频查询式都与性相关，这类似于几年前英文搜索引擎的情况；紧随其后的常见主题类别包括旅行、电子商务和计算机系统等。就混合查询式而言，它们大多是一些专有名词（如电影"頭文字 D"、动漫名"外星 BB 撞地球"）和翻译搭配（如"mp3 機"、"卡拉 ok"）（如表 7.14），反映了香港中西合璧的文化特点，但是前 100 个高频查询式中并没有出现混合查询式。

表 7.13　Timway 排名前 25 的英文和中文高频查询式

排序	英文高频查询式	频次（百分比）	中文高频查询式	频次（百分比）
1	sex	25,721(2.05%)	一樓一	6,841（0.54%）
2	141	7,589(0.60%)	成人	4,621（0.37%）
3	sex141	5,619(0.45%)	色情	3,995（0.32%）
4	161	4,915(0.39%)	走光	2,869（0.23%）
5	man161	4,786(0.38%)	衣	2,558（0.20%）
6	bt	3,937(0.31%)	六合彩	2,555（0.20%）
7	mp3	3,840(0.31%)	貼圖	2,147（0.17%）
8	adult	3,740(0.30%)	性	1,473（0.12%）
9	map	3,010(0.24%)	酒店	1,348（0.11%）
10	one floor one	2,644(0.21%)	歌詞	1,289（0.10%）
11	hotel	2,610(0.21%)	一樓一鳳	1,264（0.10%）
12	wallpaper	2,548(0.20%)	學生妹	1,233（0.10%）
13	midi	2,272(0.18%)	絲襪	1,180（0.09%）
14	travel	2,148(0.17%)	情色	1,102（0.09%）
15	sauna	2,047(0.16%)	食譜	991（0.08%）
16	av	2,007(0.16%)	旅行社	990（0.08%）
17	169	2,004(0.16%)	窺	982（0.08%）
18	gay	1,749(0.14%)	拍賣	952（0.08%）
19	sextvb	1,709(0.14%)	地圖	951（0.08%）
20	BT	1,525(0.12%)	中原	896（0.07%）
21	macau	1,506(0.12%)	勞工處	880（0.07%）
22	best161	1,478(0.12%)	手機	877（0.07%）
23	car	1,400(0.11%)	桑拿	862（0.07%）
24	bank	1,287(0.10%)	論壇	850（0.07%）
25	yahoo	1,252(0.10%)	电影	846（0.07%）

表 7.14　Timway 前 10 个混合查询式

1	頭文字 D	6	h 漫
2	mp3	7	外星撞地球
3	卡拉 ok	8	台灣 kiss
4	H 漫	9	BT 下载
5	AV 女	10	bt 下载

　　Chau等还对查询式复杂度进行了分析,主要针对纯中文查询式和混合查询式。由于Timway界面上并未对系统所支持的搜索算符做出明确说明,用户很少将其应用于查询式的构造,如表7.15所示。包含算符的纯中文查询式和混合查询式仅有2,227个,使用最多的算符是"+",多于效果相同的"AND"算符,总体上算符利用率远远低于英文搜索引擎的结果,因为搜索算符起源于西方文化,其形式也更适合英文查询式的构造。

表 7.15　Timway 查询式的算符使用情况

功能	查询式	百分比
AND	241	0.0392%
OR	18	0.0029%
NOT	4	0.0007%
+（加号）	1,085	0.1766%
−（减号）	258	0.0420%
" "	63	0.0103%
（ ）	488	0.0794%
上述任一功能	2,227	0.3624%

　　中文字符分析是该研究的重要特色。首先,单字符分析结果表明,平均每个纯中文查询式由 3.380 个字符组成,略高于台湾搜索引擎研究数据（N=3.18）,而且在很大程度上高于以往研究所得到的英文查询式平均长度,说明中文字符并不能直接等同英文关键词;同时,536,814 个纯中文查询式仅包含 7,303 个独立中文字符,前 50 个高频字符的出现频次占到了所有字符的 25.25%（如表 7.16）,字符的高利用率可能与中文字符集本身的规模有限有关。从表 7.16 可见,Timway 查询式中的前 50 个高频字符与 Usenet 新闻组文章所使用的前 50 个高频字符只有 11 个重合(22.0%),表明用户实际搜索的信息与网上可获得的信息并不十分相符。其次,二元和三元分析分别提取了查询式中二字符组合（如表 7.17）和三字符组合（如表 7.18）,其中,有一些组合是无效的,如"六合"、"限公司",它们必须与其他字符一起组成有意义的词,因此研究通过人工识别出至少出现了 500 次的有效 N 字符组合（N≥3）（如表 7.19）。

表 7.16　Timway 查询式和 Usenet 新闻组文章中的前 50 个高频字符

Timway 搜索日志			Usenet 新闻组		
字符	频次	百分比	字符	频次	百分比
人	24,090	1.19%	的	6,538,132	3.80%
中	19,906	0.98%	是	3,200,626	1.86%
港	19,841	0.98%	不	2,831,612	1.65%
香	19,077	0.94%	我	2,584,497	1.50%
電	18,569	0.92%	一	2,542,556	1.48%
情	17,492	0.87%	有	2,289,333	1.33%
成	16,761	0.83%	大	1,891,383	1.10%
色	15,564	0.77%	在	1,715,554	1.00%
學	14,616	0.72%	人	1,598,855	0.93%
小	13,258	0.66%	了	1,507,218	0.88%
會	12,800	0.63%	中	1,322,363	0.77%
圖	12,151	0.60%	到	1,310,850	0.76%
文	11,955	0.59%	資	1,115,608	0.65%
美	11,265	0.56%	要	1,034,142	0.60%
大	11,252	0.56%	以	994,958	0.58%
國	11,239	0.56%	可	992,842	0.58%
手	11,064	0.55%	這	986,130	0.57%
機	10,972	0.54%	個	933,857	0.54%
女	10,630	0.53%	你	915,385	0.53%
樓	10,461	0.52%	會	894,569	0.52%
日	9,837	0.49%	好	860,232	0.50%
網	9,672	0.48%	爲	847,332	0.49%
天	9,233	0.46%	上	828,394	0.48%
生	9,192	0.45%	來	812,950	0.47%
子	8,939	0.44%	學	806,783	0.47%
性	8,859	0.44%	就	803,921	0.47%
公	8,637	0.43%	交	728,005	0.42%
影	8,491	0.42%	也	712,260	0.41%
地	8,340	0.41%	用	695,290	0.40%
新	8,038	0.40%	能	668,264	0.39%
星	7,963	0.39%	如	659,275	0.38%
下	7,385	0.37%	時	658,186	0.38%
遊	7,145	0.35%	文	651,140	0.38%
行	7,085	0.35%	説	638,724	0.37%
明	6,834	0.34%	没	638,184	0.37%
金	6,765	0.33%	他	635,766	0.37%
的	6,677	0.33%	看	632,561	0.37%
片	6,602	0.33%	那	610,340	0.36%
車	6,595	0.33%	問	601,742	0.35%
心	6,483	0.32%	生	601,668	0.35%
光	6,231	0.31%	提	599,147	0.35%
理	6,214	0.31%	下	589,356	0.34%
工	6,151	0.30%	過	586,922	0.34%
馬	6,066	0.30%	請	576,417	0.34%
水	5,936	0.29%	們	571,155	0.33%
物	5,807	0.29%	天	569,684	0.33%
合	5,714	0.28%	所	558,469	0.32%
歌	5,629	0.28%	多	542,911	0.32%
畫	5,573	0.28%	麼	535,402	0.31%
司	5,514	0.27%	小	530,133	0.31%

表 7.17　Timway 前 50 个高频二字符组合

二字符组合	频次	二字符组合	频次
香港	17,1314	中文	2,416
成人	13,768	鈴聲	2,416
色情	9,922	電話	2,372
公司	5,045	寫真	2,304
下載	4,858	卡通	2.235
貼圖	4,111	旅游	2,213
日本	4,006	中心	2,209
走光	3,996	賽馬	2,200
中國	3.850	中原	2,116
電影	3,841	歌詞	2,114
情色	3,573	馬會	1,994
酒店	3,441	足球	1,965
遊戲	3,414	討論	1,934
六合	3,374	旅行	1,913
小说	3,372	電子	1,885
漫畫	3,283	生妹	1,879
免費	3,221	網上	1,860
合彩	3,185	有限	1,829
手機	3,109	限公	1,819
明星	3,095	網頁	1,806
電腦	3,082	数碼	1,773
二手	3,036	論壇	1,765
學生	2,876	食譜	1,750
内衣	2,778	日報	1,737
地圖	2,650	世界	1,730

表 7.18　Timway 前 25 个高频三字符组合

三字符组合	频次
六合彩	3,177
有限公 [a]	1,816
限公司 [a]	1,815
學生妹	1,814
旅行社	1,631
討論區	1,418
中原地	1,158
情色文 [a]	1,141
賽馬會	1,118
圖书舘	1,098
貼圖區	1,049

续表

三字符组合	频次
手提電[a]	1,047
百老匯	923
成人小[a]	899
勞工處	899
模擬器	896
領事館	871
成人漫	867
提電話[a]	865
百分百	839
數碼相	795
寫真集	771
新世界	771
碼相機[a]	750
人漫畫[a]	747

表 7.19　Timway 的高频 N 字符组合（N≥3）

排序	N 字符组合	频次	排序	N 字符组合	频次
1	六合彩	3,177	23	香港賽馬	655
2	學生妹	1,814	24	手機鈴聲	654
3	有限公司	1,812	25	中原地圖	633
4	旅行社	1,631	26	心理測驗	630
5	討論區	1,418	27	二手車	622
6	賽馬會	1,118	28	林心如	599
7	圖書館	1,098	29	網頁素材	597
8	貼圖區	1,049	30	香港賽馬會	594
9	百老匯	923	31	成人小說	589
10	勞工處	899	32	成人電影	588
11	模擬器	896	33	楊千嬅	585
12	領事館	871	34	電子書	576
13	手提電話	864	35	天文台	574
14	百分百	839	36	中文大學	569
15	數碼相	795	37	輸入法	567
16	寫真集	771	38	工聯會	560
17	新世界	771	39	張柏芝	556
18	數碼相機	746	40	情人節	541
19	情色文學	736	41	倚天屠龍記	541
20	成人漫畫	726	42	香港小姐	514
21	聊天室	716	43	聯交所	505
22	夜總會	684			

Chau 等对 Timway 的搜索日志分析是具有代表性的非英文搜索引擎用户行为研究，旨在探讨不同的语言和文化可能带来的搜索行为上的差异。研究以 Jansen 的搜索日志分层分析框架为基础，并且以中文字符分析取代关键词层次分析。结果显示，Timway 的会话长度特征类似英文搜索引擎，但是查询式的构成显示出中文特有的使用习惯，包括中文查询式包含字符的数量大于英文查询式包含关键词的数量，独立中文字符数远远低于英文的独立关键词数，同时较少出现 AND、OR 和 NOT 这些英文形式的搜索算符。该研究是非英文搜索日志分析的重要尝试，为中文搜索引擎的设计和开发提供了有价值的参考结论。

7.4　搜索日志分析研究现状

搜索日志是用户使用搜索系统留下的痕迹，搜索日志分析的主要目的就是研究用户的基本搜索行为，揭示他们如何利用系统满足自己的信息需求，对于实现以用户为中心的系统构建具有十分重要的意义。已有的大多数搜索日志分析研究都表现出这样的特征。但搜索日志也可以用于更为广泛的研究问题，可能涉及特定用户的特定行为，也可能通过用户行为反映特定的现象。因此，以下将系统回顾自 1998 年以来出现的搜索日志分析实证研究，并且按照主题特点对其进行划分，其中，以通用网络搜索引擎和其他在线搜索系统为背景的用户行为研究是最为重要的组成部分，其次是聚焦于特定搜索行为和特定搜索用户群体的研究，此外搜索日志还被用于实现多样化的研究目的，主要包括查询式研究、搜索会话研究、查询意图研究和搜索系统功能研究等。

7.4.1　通用网络搜索引擎用户行为研究

针对通用网络搜索引擎的用户基本行为研究始于 Hölscher 对德文搜索引擎 Fireball 的日志分析，该研究主要关注查询式结构[327]。紧随其后的是 Silverstein 等的 Alta Vista 研究和 Jansen 等的 Excite 研究，关键词、查询式、搜索会话三个层次在基于这两个搜索引擎的日志分析中以不同程度体现，并且带来了较为相似的结果[328,329]。这些早期的开拓性研究揭示了搜索引擎发展初期的用户行为特征，其中普遍存在的特征包括：查询式长度很短、布尔逻辑算符使用比例很低、查询式改进不太常见、查看结果页面数量很少。此外，AltaVista 研究还发现高度相关的关键词通常都是固定搭配短语的组成部分，Excite 研究则显示关键词使用频率呈高度偏态分布，搜索主题呈现出多样化特点，与性相关的主题较为突出。

几年后 Jansen 等再次采集并分析了 AltaVista 的日志数据，通过对比 Silverstein 等的 AltaVista 研究反映出用户搜索行为的变化[336]：搜索会话和查询式长度都有所增加，表明用户与系统之间的交互增强；尽管交互频率增长，但是大多数的搜索会话时长都不超过 5min；高频关键词所占的比例不足 1%，说明用户的信息需求变得更为广泛。

在搜索日志分析方法论确立的同时，Jansen 和 Spink 对 9 项搜索引擎日志研究的结果进行了元分析（Meta-analysis），这些研究开展的时间跨度长达 5 年，涉及来自美国和欧洲的 5 个搜索引擎[337]。他们对比了这些研究所报告的搜索会话长度和查询式长度，发现各搜索引擎差别不大，都是以只包含单一查询式的搜索会话和只包含单一关键词的查询式为主，且两者所占比例未随时间发生明显变化。然而在查询式复杂度和结果页面查看这两个方面趋势较为明显，即查询式高级算符的使用增加了，而针对每个查询式查看结果页面的数量减少了，同时美国搜索引擎的用户比欧洲搜索引擎的用户更常使用算符。查询式主题分析表明，人名、地名、事件、商业、旅游、就业、经济等相关主题的查询式所占比例稳步提升。

除了以上提到的元搜索，多媒体搜索（主要包括图片、音频和视频搜索）受到了更多关注，基于不同搜索引擎的日志分析研究所得到的结论各不相同。在 Excite 中，多媒体查询式在所有查询式中所占的比例呈下降趋势，长度比非多媒体查询式更长，其中，音频查询式比图片或视频查询式更多[338]。在 AltaVista 中，多媒体搜索比一般的文字性搜索要更加复杂，用户与搜索引擎之间的交互更明显，表现为更长的查询式和会话、更多的点进，但是查询式算符的使用率仍然较低[339]。在 Dogpile 中，图片搜索是多媒体搜索最主要的类型，多媒体搜索会话的时长很短，使用到的关键词很少[340]。此外还有一项图片搜索日志分析研究发现，描述性的和专题性的查询式比较普遍，布尔逻辑算符的使用很频繁，但并不是太有效，以致于用户需要改进查询式，而改进策略却显得不太成熟，大多都是试验性质的[341]。

以上所提及的搜索引擎，除 Fireball 外均为英文搜索引擎。在非英文搜索引擎研究中，除了以上基于中文搜索引擎 Timway 的日志分析[342]，另一项大规模研究分析了韩文搜索引擎 NAVER 的日志数据。该研究结果显示用户在搜索时比较被动，很少会去更改系统的默认搜索设置；用户的搜索行为也很简单，查询式很短，查看的结果页面很少，不常使用高级搜索功能；在改进查询式的时候，他们往往不会在原有查询式的基础上增加或删除关键词，而是改成完全不同的查询式[343]。

7.4.2　其他在线搜索系统用户行为研究

除通用网络搜索引擎外的其他搜索系统一般只能覆盖有限的用户范围并为他们提供特定类型的搜索服务。针对这些搜索系统的搜索日志分析更多是以了解系统使用情况为目的，例如，OPAC 功能升级效果监测[344]、数字图书馆搜索界面评价[345]等，这样得到的结论往往只对当前研究的系统适用。此外，由于系统本身或所获得的日志数据存在一定的特殊性，相关研究在形式和内容上都表现得更加个性化。

Sakai 和 Nogami 分析的搜索系统引入了 Wikipedia 链接结构，该系统鼓励用户开展探寻式搜索、寻求偶然发现，因而他们在研究中主要关注用户需求的转变，并发现需求转变一般都发生在同一查询式类别中，如从一个人（地）名到另一个人（地）名[346]。Wang 等从美国一大学网站获得了长达四年的搜索日志，通过对此纵向数据中的查询式、词汇、关键词关联、拼写错误等方面进行统计分析，发现查询式数量和主题呈现季节性的变化，这可能受到教学周期和本地活动的影响，但总体来说用户的搜索行为在四年间并未发生明显变化[347]。Han 等以一个图片数字图书馆为分析对象，其搜索日志中包括图片集合内部搜索数据和来自搜索引擎的外部数据，他们分别针对内、外部搜索进行高频查询式、关键词、关键词共现以及搜索算符使用情况分析，发现两者存在明显区别[348]。另外还有两项针对网站的研究[349,350]，数据是以事务日志形式获取的，用于分析用户访问网站的整体情况，搜索行为只是其中一部分。

需要特别指出的是，移动搜索、社会搜索、垂直搜索是网络搜索发展的新领地，近年来这几个重要主题在搜索日志分析研究中也得以体现。针对移动设备的搜索日志分析最早见于 2005 年，当时 Kamvar 等研究了 Google 移动搜索界面上的用户行为模式，包括 12 键的传统手机和全键盘的 PDA[351]；以 Kamvar 为核心的 Google 科学家团队在后续研究中还关注了用户移动搜索行为的变化趋势[352]，并且增加了对 iPhone 这种流行设备的分析[353]。他们的分析结果显示，移动搜索在查询式和会话长度、结果查看数量、搜索主题多样性等方面都不及电脑设备上的一般网络搜索，但是在用户行为演化过程中这些方面都有增长的趋势，而且高端移动设备（如 iPhone）上的搜索行为已经比较接近电脑。

此外，Baeze-Yates 等[354]和 Yi 等[355]也先后对 Yahoo!的移动搜索日志进行了分析，他们的研究在三个基本分析层次之外还考虑了不同的语言或国家给移动搜索用户行为带来的区别，比如日语中不同的输入方式使得日语查询式比英语更短，而美国用户使用的查询式比国际用户更长。特别地，Yi 等研究了移动设备上的语音搜索这一特有现象，发现语音查询式因为更接近自然语言而比文字查询式更长，并且集中于零售、本地、汽车、金融等主题类别[356]。

社交媒体既是流行的在线社交平台，也是人们获取信息的重要来源。为了研究著名微博网站 Twitter 上的用户搜索行为及其与一般网络搜索的区别，Teevan 等结合了搜索日志分析和搜索动机定性分析，发现 Twitter 上的搜索往往与时间（如突发新闻、流行趋势）或人物（如针对搜索者的定制内容、大众观点和看法）相关。与网络搜索相比，Twitter 用户提交的查询式更短、更常用、更零碎。Twitter 上的搜索重复性很高，因为人们希望对相关结果的更新进行追踪，而在网络搜索中他们则会围绕某一主题不断改进查询式。就搜索内容而言，Twitter 搜索结果中包含更多社交聊天和活动的内容，而在网络搜索的结果中则会更多地看到基本事实和导航性的内容[357]。

随着垂直搜索的逐步兴起，研究人员开始关注其特定形式之一——人物搜索。在人物搜索引擎日志数据的帮助下，Weerkamp 等针对人物搜索提出了一套分类方案，包括查询式、搜索会话和用户三个层次，并在各层次上识别出了不同的类型。该研究发现，人物搜索与一般网络搜索具有一些明显的区别，大量的人物搜索用户只输入单一关键词，只包含单一查询式的会话所占比例更大，而点进率更低，并且用户更倾向于点击社会媒体类结果[358]。

7.4.3　以特定搜索行为为中心的研究

以上用户基本搜索行为研究旨在反映用户与各类搜索系统发生交互的总体特征，分析内容囊括了交互过程的各个方面。然而相关文献中也存在一些专门研究，聚焦于某一种特定的搜索行为，其中最受关注的是用户的查询式重构行为，其次还有他们获得搜索结果后的浏览行为，两者在基本行为研究中也都有所涉及。

利用搜索日志数据开展的查询式重构行为研究主要专注于重构模式分析。Rieh 和 Xie 很早就关注了查询式重构的模式顺序问题，他们从 Excite 的搜索日志中提取了包含多次查询式改进的搜索会话，分析得到了查询式重构的三个维度，即内容、格式和资源，大多数重构都涉及内容的改变，15% 的重构与格式改变有关。他们还通过顺序分析得到了 6 种重构模式，包括具体化重构、平行重构、一般化重构、动态重构、格式重构和替换性重构[359]。Jansen 等基于对 Dogpile 的搜索日志的研究将查询式重构模式划分为 8 种，其中，重构和帮助占到了 45%，然后利用 n-gram 模型预测了查询式重构模式之间的转换，从而了解用户在什么时候需要帮助以及需要什么类型的帮助[360]。最近 Kato 等还利用 Bing 的日志数据专门研究了用户使用系统查询式建议的行为，结果显示用户在五种情况下使用比较多：初始查询式比较偏；初始查询式只包含一个关键词；查询式建议比较明确；查询式建议是对初始查询式的概括或错误修正，以及用户在第一个搜索结果页面上点击几个 URL 之后[361]。

在搜索结果浏览行为研究中，Jansen 和 Spink 基于搜索引擎 FAST 发现，用户面对大量搜索结果时缺乏耐心，每次提交查询式后查看结果页面以及点进查看结果文档的数量都很少。他们认为用户的信息需求大多不太复杂，如果搜索引擎在索引和排序方面做得比较好，用户一般查看两个结果文档后就能找到所需信息[362]。Wolfram 基于 Excite 得到的结论与之比较接近，即用户基本上只会浏览前面一两个结果页面，不论他们在构造查询式时付出了多少努力[363]。

相关文献中还有一项针对用户重复搜索行为的研究，即再次查找以前曾经找到过的结果，这种行为是非常普遍的，而且可以根据用户以往的查询式和点进来进行预测。该研究结果表明，搜索结果排序的改变会降低用户重复点进的可能性或减慢他们重复点进的速度，因此搜索引擎应该依据用户的期望返回结果[364]。

7.4.4　以特定搜索用户群体为中心的研究

以特定用户群体为对象开展研究是信息搜寻行为领域的常见做法。针对特定用户群体的搜索日志分析通常会明确指出研究对象，以期揭示其搜索行为特征，并且与普通网络用户搜索行为进行比较。这类研究所采用的日志数据可能来自通用搜索引擎，也可能来自专业搜索系统。

Torres 等试图研究儿童信息的搜索与普通信息的搜索之间可能存在的差别，前者的搜索主体一般为儿童。基于 AOL 搜索日志分析的结果显示：儿童在搜索时会用到更长的查询式，查询式构建过程中会更常用到自然语言、形容词和动词词组以及疑问句式；由于无法有效判断信息的相关性，儿童往往需要在搜索会话中提交更多的查询式并花费更多时间；此外，儿童的搜索表现相对较差，他们常常会点击排名更靠后的结果[365]。

Tsikrika 等关注的则是医学专业人士的图像信息搜索行为，旨在了解他们的典型信息需求及其查询式改进行为。该研究采用的日志数据来自一家专门提供放射影像搜索的医学搜索引擎，分析揭示了 mri（核磁共振成像）、ct（计算机断层扫描）、ultrasound（超声）、xray（X 射线）等高频关键词，这对于创建实际的医学视觉信息搜索任务十分有用。在查询式改进分析中，研究基于 5,713 对包含共同关键词的相邻查询式发现，查询式改进的常见方法包括重构、扩展和细化，而且用户采用哪种方法与系统检索到的结果数量具有一定的关系[366]。

为了研究科技信息用户的搜索行为，Park 和 Lee 采集了科技信息检索系统 NDSL 一整年的搜索日志数据，并且明确地基于关键词、查询式、搜索会话这三个层次开展分析。结果表明：与网络搜索引擎的使用相比，该系统所接收到的查询式更加简短，搜索会话长度却要长得多；就会话时长而言，三分之一的会话不到一分钟，其成功率只有 17.1%，但随着会话时长的增加，成功率逐渐提高，超过一小时的会话能够取得 80%以上的成功率；在搜索主题方面，70%的会话都与生命科学、机械、医药等领域相关，高频关键词和经常共现的关键词也常常来自这些领域[367]。

7.4.5　以查询式为中心的研究

查询式本身就是搜索日志分析中最重要的研究层次，但是相关文献中有研究将分析对象限定为特殊类型的查询式。Bendersky 和 Croft 将 MSN 搜索日志中长度大于 4 但不超过 12 的查询式定义为长查询式，并将其进一步划分为问句式、算符式、复合式、名词短语式和动词短语式，分析结果表明用户的点击行为与查询式长度、形式、频率都存在一定关系[368]。Pu 基于图片搜索引擎的日志数据研究了失败查询式，发现失败查询式与成功查询式相比更长、差异性和独特性更明显，失败后用户会尝试改进查询式并以概念上的改进为主[369]。

另外，研究人员采取了多样化的方法来研究查询式。考虑到一天之中高峰时段和非高峰时段的区别，Beitzel 等对 AOL 搜索引擎日志中的查询式按小时进行分析，发现每小时内查询式重复率变化不大，大多数查询式出现的次数不多，高峰时段的查询式彼此之间更相似；此外他们还对查询式按其主题类别进行了分析，结果显示有的主题类别在关注度上变化显著，不同类别中的查询式也呈现出不同程度的相似性[370]。Hollink 等指出，从语义角度分析查询式更有助于确定查询式的含义以及会话中相邻查询式之间的关系。他们基于一家商业图片门户的搜索日志揭示了语义分析相比语法分析的优势，特别是对无法确定查询式改进类型的情况，因为很多查询式改进通常不包含相同的关键词[371]。查询式聚类可用于发现搜索引擎上的流行话题。Wen 等认为，如果用户在两个查询式所返回的结果中点进了相同或相似的文档，那么这两个查询式就是相似的，因而搜索日志可以为查询式聚类提供有用的数据。他们利用 Encarta 百科网站的搜索日志开展实验的结果显示，将基于关键词和基于点进的方法结合起来会达到更好的聚类效果[372]。

7.4.6　以搜索会话为中心的研究

研究搜索会话的前提是实现搜索日志中会话的自动识别。Göker 和 He 采取了间隔法，为了确定一个合理的间隔阈值，他们选取了多个阈值来处理日志文件，比较了每次不同长度的会话的分布情况，并通过对比人工实验的结果发现最优的间隔取值应该在 $11\sim15\mathrm{min}$[333]。他们在接下来的另一项研究中提出，实现会话自动识别更科学的方法是计算两相邻活动间发生会话转换的可能性，因此采用 Dempster-Shafer 理论并结合会话时间间隔和用户搜索模式类型这两个方面，对路透集团网站的搜索日志进行了会话识别实验，取得了较为理想的效果[373]。

以搜索会话为中心的研究并不多见，主要围绕会话特征展开。Wolfram 等采用聚类分析的方法研究了三种不同网络环境下的搜索会话特征，包括学术网站、普通搜索引擎和健康信息门户，发现不同网络环境中都普遍存在着三类会话，即聚焦特定主题的超短会话、关注流行主题的简短会话、使用模糊关键词且查询式改进频繁的持续性会话。特别地，利用学术网站搜索日志数据进行的纵向分析表明，随着时间的推移，第一类会话数量减少而第二类增多。了解搜索会话特征有助于系统针对不同类型的用户提供相应的搜索功能[374]。用户的领域知识水平是其搜索过程和表现的主要影响因素之一，而搜索本身能够令用户接触到更多的领域相关信息，从而提高其知识水平。Eickhoff 等利用搜索引擎日志文件深入分析了用户是如何在搜索中学习的，他们将分析的重点放在获取两类知识的搜索会话上，即关于如何做某事的过程性知识和关于某事物是什么的陈述性知识，研究了用户在特定主题上的查询语言和搜索行为的变化情况，发现会话中的学习可以在会话间延续，并且识别了对学习具有明显推动作用的那些会话和页面访问。在此基础上，他们还提出了一种能够自动预测页面访问对用户领域知识增长重要性的方法[375]。

7.4.7　查询意图研究

近年来搜索日志成为信息检索领域查询意图研究的重要数据来源之一。网络用户查询意图一般可分为"信息型"（即获取网页上信息）、"导航型"（即访问特定网站）和"事务型"（即实现交互活动）[376]。一系列研究对搜索日志中所包含的查询式进行了意图识别。Broder 发现三种类型的查询式所占比例分别为 48%、20%、30%[377]；与之相比，Rose 和 Levinson 的分析结果中信息型查询式略多、导航型查询式略少，且大部分的信息型查询式都是为了找到特定的商品或服务，而不是了解其相关信息[378]。Jansen 等的结论与之前的研究差别较大：约 80%的查询式属于信息型，导航型和事务型查询式仅各占 10%[379]；在一项后续研究中，Zhang 等得到三者之间的比例为 12∶1∶2，并发现信息型查询式的数量在一天中的不同时间段变化很大，另外两种类型的查询式受时间影响不明显[380]。这些研究结果上的差异很可能是由不同数据集造成的。

早期的查询意图识别是基于人工判断的，为了实现大量查询式的快速分类，研究人员尝试了各种方法对查询意图进行自动识别。Pu 等从搜索日志中抽取一定数量的高频关键词作为分类特征[381]；Baeza-Yates 等基于 SVM 和 PLSA 模型，采取了先确定查询式目标内容再将查询式划分到 ODP（Open Directory Project）相应类别中去的做法[376]；Jansen 等通过找出每种类型查询式的外在特征创建了自动分类算法，实验取得了 74%的准确度[380]；而 Strohmaier 和 Kröll 的算法旨在从搜索日志中自动识别带有明确意图的查询式，从而抽取出多种多样的用户意图，可用于补充现有的人类目标常识知识库[382]。

7.4.8　搜索系统功能研究

在以用户为导向的搜索技术革新中，搜索日志为系统功能的探讨提供了最直接、可靠的用户数据。搜索引擎缓存技术能够降低服务器负担、加快响应速度，搜索引擎日志数据曾用于缓存机制的研究。Xie 和 O'Hallaron 基于 Vivisimo 和 Excite 这两个搜索引擎的日志数据研究了查询式的局部性，发现 30%～40%的查询式都是之前已经提交过的。他们根据研究结果指出，广大用户普遍使用的查询式可以缓存在服务器端，而由同一用户提交的查询式可以缓存在用户端，前者应该缓存数天，后者只需缓存数小时就足够了，同时两者都可以考虑基于用户词典的预取操作[383]。Lempel 和 Moran 在研究搜索结果页面缓存时提出了 PDC（概率驱动缓存）方案，他们利用 Alta Vista 的搜索日志评价了该方案，结果显示 PDC 优于 LRU、SLRU 等传统方案，而且如果整合预取技术能够大幅提高缓存命中率[384]。

聚类是组织搜索结果的有效方式，能够帮助用户快速识别相关结果，但是很多时候聚类产生的类别并不是用户感兴趣的，而且类名所提供的信息比较有限。对此 Wang 和 Zhai 提出了一种新想法，即对于一个查询式可以对与其相关的过往查询式及点进行为进行聚类，然后将该查询式对应的结果划分到那些类别中去，并用过往查询式来命名分类。他们利用 MSN 搜索日志开展的实验证明了该方法的有效性[385]。

查询式建议是一种有用的搜索帮助，能够解决用户构建查询式过程中的许多问题，以此为主题的搜索日志分析研究比较丰富，主要目的在于探索如何从日志中挖掘、抽取出可以用于建议的相关查询式。Huang 等尝试基于相似搜索会话中的关键词共现提供关键词的建议，而不是从检索到结果文档中抽取关键词[386]。Cui 等通过搜索日志挖掘来构建查询式关键词和网页文档关键词之间的概率相关性[387]。Shi 和 Yang 等利用改进的关联规则挖掘模型从搜索日志中识别相关查询式并按照相关度对其排序[388]。White 等比较了两种查询式改进技术，即传统的伪相关反馈和从搜索日志中抽取的流行查询式扩展[389]。Zhang 和 Nasraoui 将从搜索日志中挖掘出来的用户连续搜索行为作为搜索系统提供查询式建议的基础[390]。也有研究关注了特定语言和跨语言查询式建议。Jones 等专门根据日文搜索日志的特点探讨了日文相关查询式的自动生成[391]。Gao 等提出在计算两种不同语言查询式之间的相似度时可以利用搜索日志里的关键词共现、点进数据[392]。此外，信息检索评价也曾用到搜索日志，考虑不同用户的不同检索背景，区别于以往以检索到的文档为中心的评价方式[393]。

7.4.9　搜索日志分析研究现状总结

7.4.9.1　搜索日志分析研究方法讨论

从以上实证研究调查可以看出，搜索日志分析的引入丰富了信息搜寻与检索领域用户信息行为研究方法，使得人们可以通过定量的方式分析并展示搜索用户的客观行为特征，从而给整个研究领域带了许多通过访谈、观察、调查、实验等传统方法所无法获得的发现[78]。从数据采集的角度来讲，搜索日志实现了大规模数据的低成本采集，为研究人员准确识别用户的行为模式提供了可能。更重要的是，搜索日志属于非介入性的数据采集方式[394]，它对出于个人真实目的而使用搜索系统的用户来说是不可见的，这样不会出现由于研究人员的介入而导致研究参与者搜索行为偏离实际的情况，保证了研究的效度。

然而，搜索日志分析方法的软肋已存在于数据采集阶段，因为日志数据的可获得性是采用这一方法的根本前提。众所周知，搜索日志作为研究数据公开发布曾遭到严重质疑，即使是匿名用户的身份也有可能通过他们的搜索内容识别出来，对用户隐私造成了威胁①。因此往往只有搜索系统内部人员或与之建立起密切合作关系

---

① http://en.wikipedia.org/wiki/AOL_search_data_leak

的研究人员才能获得数据，这种排他性导致搜索日志分析研究难以复制，所得结果无从验证。此外，并不是上文提到的所有实证研究都基于比较理想的数据集，有的是日志数据比较陈旧，无法反映近期的情况；有的则是数据时长非常有限，最短的只覆盖了数小时，可能不足以得到稳定可靠的研究结论。针对搜索日志数据可获得性的问题，学术界已经进行了一些有意义的尝试，比如一项名为 LogCLEF 的研究计划已经为跨语言评价论坛的参与者提供了多个搜索日志文件资源，其中包括中文搜索引擎搜狗的数据[395]。

7.4.9.2　搜索日志分析实证研究特点

近十多年来，信息搜寻与检索领域积累了大量基于搜索日志的实证研究，但却一直缺乏全面的回顾与整理。领域内引用最广泛的综述性文章发表于 2001 年，文中主要评价了 Fireball、AltaVista、Excite 三项开拓性研究，并提及了当时已有的一些网络搜索研究，主题可分为网站研究、搜索相关反馈、多媒体搜索、查询式关键词等[396]。本书所囊括的研究则大多出现在这一时间以后，这些研究也因整个领域的发展和演进而表现出新的特点。

在研究方法上，由关键词、查询式、搜索会话三个层次组成的分析框架得到了广泛的应用，几乎所有的相关研究都是在其中一个或多个层次上开展的。关键词层次上涉及的分析内容主要包括关键词频次分布、高频关键词、关键词共现等；查询式层次上包括查询式长度及复杂度、查询式主题分类、查询式改进等；搜索会话层次上包括会话长度及时长、结果页面查看、结果点进等。值得注意的是，不同的研究对某些分析指标的理解和处理方式可能存在差异。举例来说，Jansen 计算查询式长度时采用的是查询式中所包含关键词的个数，但是有其他研究人员采用的是查询式中所包含字符的个数；此外，对于亚洲国家的文字来说，由于不像英文单词间会有空格，将查询式分隔成关键词本身就是一个难题，给查询式长度的计算带来了挑战。

在研究模式上，现有的搜索日志分析表现出两个较为明显的特点。一方面，研究人员非常注重比较，包括横向比较和纵向比较，以Jansen和Spink的元分析研究[337]为代表。有的研究本身定位就是比较型研究，例如，比较多个系统用户搜索行为之间的区别，或是比较特定系统在相当长一段时间内用户行为的变化。这往往对日志数据获取要求很高，要么可以接触到多个数据源，要么需要保证数据的时间跨度。大多数研究则都是在报告分析结果时与以往的研究进行比较，有基于同一搜索系统的，更常见的是比较特定系统或用户群体与通用搜索引擎或普通搜索用户之间的区别。而另一方面，研究人员过分依赖单一方法，即搜索日志分析。任何一种方法都存在其固有的不足之处，搜索日志分析是一种定量分析，可以客观反映用户的外在搜索行为，但却无法揭示行为发生的内在影响因素，因为日志文件捕捉不到用户的人口统计特征、搜索动机、情感认知特征或外界环境。已有相关研究基本仅仅停留于行为分析上，而进一步的探索有必要将搜索日志分析与定性方法结合起来，互相弥补不足。

在研究内容上，我们看到的是日益多样化的搜索日志分析。尽管利用搜索日志研究网络搜索行为已经成为一种成熟范式，但是研究人员逐渐意识到人类搜索行为具有高度的复杂性，早期主要以通用搜索引擎为背景的浅层概况分析所带来的研究发现对领域的发展推动力有限，因而他们开始扩展研究范围、细化研究主题。网站内部搜索系统、图书馆 OPAC、数字图书馆、元搜索引擎、多媒体搜索引擎、专业领域搜索系统、移动设备、社交媒体、垂直搜索系统等相继走进研究人员的视野，极大地丰富了搜索日志分析的研究背景，这也使得面向特定搜索用户群体的研究成为可能，如科技信息用户、医学专业人士、儿童等。同时，用户利用各类搜索系统满足信息需求过程中的不同阶段也获得了专门的关注，主要包括查询式的构建和重构、搜索结果的点进和查看等，其中不乏一些针对性很强的研究，深入探讨了特殊类型的查询式和搜索会话。特别要指出的是，目前搜索日志的利用已经超越了搜索行为研究，渗透到信息检索领域的查询意图和系统功能研究。

7.5　本 章 小 结

本章全面展现了搜索日志分析方法的研究及应用。首先介绍了该方法论的理论基础与历史沿革；接下来系统阐述了 Jansen 提出的搜索日志分析方法论。该方法论已经获得了广泛认可和采用，它将搜索日志分析方法分为三个阶段：数据采集、数据处理和数据分析，其中，数据分析阶段分为三个层次：关键词（Term）、查询式（Query）和搜索会话（Session）；然后通过元搜索引擎 Dogpie 和中文搜索引擎 Timway 两个搜索日志分析研究实例系统地描述了利用该方法论分析搜索日志数据的详细过程；接着，回顾了自 1998 年以来在信息搜寻与检索领域内出现的关于搜索日志分析的实证研究，并且按照主题特点将其划分为基于通用网络搜索引擎和其他在线搜索系统的用户行为研究、基于特定搜索行为和特定搜索用户群体的研究及基于搜索日志分析的多样化目的研究，据此对搜索日志分析相关的实证研究进行了细致的梳理，希望能够全面反映人们利用搜索日志这一特定形式的数据研究各类相关问题的具体情况；最后深入讨论了搜索日志分析作为一种非介入式研究方法的优势和劣势，同时从研究方法、研究模式、研究内容三个方面讨论了以往相关搜索日志分析实证研究的重要特征。

第 8 章　点击流数据分析方法

与搜索日志一样，点击流数据也是事务日志的一种类型。相对而言，点击流数据的存在更为普遍，从本书 6.2.3 可知凡是自身拥有服务器的网站都可以直接获得用户访问网站留下的点击流数据。对于提供搜索功能的网站来说，其点击流数据还可能包含搜索日志信息。点击流数据分析的兴起可以追溯到大约 2000 年左右，当时电子商务发展伊始，人们的购物活动从线下逐渐转移到线上。如何吸引人们访问并将其转化成能够带来利润的顾客是传统营销管理研究的核心问题，这一点在网络时代也是适用的，只不过电子商务平台为用户提供了更多元化的购物体验，使得他们的访问行为和购买行为更加复杂、多变，想要对其行为进行预测和干预变得愈发不容易。营销管理研究人员在面临新的挑战的同时也得益于网络技术手段的便利性而对用户行为实现了准确、完整、无干扰的直接观察，这就是在网站服务器上生成的点击流数据。经过十几年的发展，点击流数据分析已经成为电子商务学者和从业者的重要工作。

随着点击流数据分析在电子商务领域的推广应用，计算机科学、教育学、社会学、行为学、传播学等学科领域的研究人员也逐步认识到点击流数据的价值，纷纷借助这种非介入性的数据采集来探讨各类研究问题。遗憾的是，以揭示人类信息行为为核心内容的信息科学、情报学研究却迟迟未引入点击流数据分析。这一方面可能是因为研究人员都更为关注信息搜索行为这一行为子集，认为搜索日志分析就已经足够。另一方面，点击流数据分析广泛分布于多个领域，用途各异，尚未形成获得一致认可的研究模式，对该方法的进一步推广造成了阻碍。因此，本章将基于其他学科领域采用点击流数据分析开展学术研究的现状提出一套系统、科学的点击流数据分析方法通用框架，以期为信息搜寻行为研究提供新的手段。

8.1　点击流数据分析研究现状

与本书第 7 章综述的搜索日志分析相关研究不同，以往的点击流数据分析相关研究表现出明显的多样性，领域间差异较大。以下在回顾 2001 年以来出现的点击流数据分析实证研究时，主要依据文献所属的领域或点击流数据的来源网站类型来分类，对常见的研究背景还考虑了不同的研究主题。经系统梳理可发现，点击流数据分析所涉及的研究背景主要包括电子商务、社交媒体、社交商务、在线学习、信息门户、医疗健康、搜索引擎、学术交流等，研究人员基于这些特定背景对用户的各类行为进行了深入的探索，或是基于点击流数据开展了模型构建或算法改进。特别地，点击流数据分析与搜索日志分析的差别还体现在前者对可视化分析技术的应用上，研究人员利用各种图形形式对用户的行为特征实现了直观地呈现，有助于人们从中发现数值描述难以揭露的模式和规律。

8.1.1　以电子商务为背景的研究

8.1.1.1　电子商务用户群体分类研究

用户访问网站的目的和方式不尽相同，对他们进行群体细分有利于网站针对每个群体提供个性化的服务，从而尽可能满足所有用户的需求，已有研究大多采用聚类分析来实现用户群体的分类。Moe 从某营养品电子商务网站获取了为期 7 周的点击流数据，根据用户的导航模式及其查看页面的内容将所有的访问进行 K-means 聚类，得到购买、浏览、搜索和知识构建这四种类型。在购买型访问中，用户查看商品的数量非常有限，并且会多次查看同一商品；搜索型访问所涉及的商品类别较少，但用户在同一类别中会查看多个商品；用户在浏览型访问中则会广泛查看多个商品类别和商品；知识构建型访问以查看网站中的信息相关页面为主，停留时间较长。每种类型的访问可能出自不同的动机，发生购买的可能性也不相同，因此页面访问分析能够帮助商家识别更有可能购买的用户并为其定制更有效的促销广告[397]。

Hofgesang 和 Kowalczyk 则基于 7 家电子商务网站的点击流数据开展了异常检测和用户侧写研究。他们根据会话识别符字段共抽取出 50 多万个访问会话，通过分析会话长度、时长、内部一致性等基本属性发现了一些异常情况，例如，超长会话、超密集会话、平行会话等。去除了异常会话后，他们进一步采取有限混合模型（Finite Mixture Model）对用户进行聚类，并利用聚类结果建立了不同的用户类型，主要包括广泛浏览型、聚焦搜索型、比较搜索性和潜在购买型。由于各类型间可能发生转变，该研究还利用导航树图展现了最常见的转变顺序，用户在访问开始时最有可能（68.1%）表现出广泛浏览型特征，其次是聚焦搜索型特征，而且大多数用户在多次广泛浏览后成为潜在购买者[398]。

为了实现商品类别内部和类别之间的动态个性化推荐，Chen 和 Su 利用类别访问路径、浏览频率和相对访问时长这三个指标来描述用户行为，并依据粗糙集理论（Rough Set Theory）提出了一种改进算法用于对兴趣相似的用户进行聚类。他们利用某电子商务网站的点击流数据（时间跨度仅为 1 天）对该算法开展了初步实验，得到了一些有趣的兴趣模式，例如，查看了饼干的也会查看牛奶或薯片，查看了洗发水的人也会查看沐浴露、牙膏甚至是速食面[399]。后来，Su 和 Chen 在另一项实验中进一步对算法参数进行改进和优化，使其更适用于大规模数据分析以及用户多重兴趣的发现。聚类结果显示，在他们所研究的电子商务网站中，用户数量最多的前三个类别分别对女士连衣裙、食物和日用品、电子产品感兴趣[400]。

8.1.1.2　电子商务用户访问与购买行为建模研究

由于站内浏览行为点击流模型的缺乏，Bucklin 和 Sismeiro 专门为此开展了建模研究。他们认为用户在网站中导航时需要不断考虑是否继续请求其他页面以及在页面上停留多长时间，这两个方面构成了用户个体浏览行为的简化表示。该研究利用类型 II Tobit 模型对页面请求和停留时长决定进行了联合建模，并将其应用于某互联网汽车公司网站的点击流数据分析。结果显示，用户的持续浏览倾向随着访问深度和重复访问频次而动态变化，表现出锁定效应和学习效应，用户会考虑时间限制并权衡成本收益[401]。

随后，Sismeiro 和 Bucklin 进一步对用户的购买行为构建了模型。他们指出，在线购买行为的预测面临着多方面的挑战：购买可能性低会导致模型缺乏预测力和解释力；有时很难解释用户在浏览的过程中看到了什么、做了些什么；在线购物的受众很广，购买行为模型必须反映用户的异质性。因此，Sismeiro 和 Bucklin 将用户的购买过程分解为三个任务，即完成商品配置、输入完整的个人信息和提供信用卡信息并确认订单。他们通过汽车行业电子商务网站的点击流数据分析发现，用户的浏览体验和导航行为能够预测任务完成的情况，但是无法从重复访问的次数判断购买的可能性，网站为用户提供的决策帮助也并不能保证转化率。这种系列任务方法的预测效果要优于单一阶段基准模型，能够在早期任务中识别可能的购买者[402]。

用户在网站中浏览网页形成路径，路径实际上包含了很多信息，包括用户的目标、知识和兴趣。Montgomery 等对路径信息进行了分类，并利用动态多项概率模型（Dynamic Multinominal Probit Model）对用户浏览行为建模。该模型在在线书店 Barnes and Noble 的点击流数据分析中得以评价，结果表明用户路径确实可以反映其目标，有助于预测他们在网站里的下一步行动，预测效果要优于传统的多项概率模型和一阶马尔科夫模型。该模型可以用于购买转化的预测，只要用户访问了 6 个页面，他们的购买可能性预测准确率可以达到 42%，而不考虑路径信息的基准模型只能达到 7%。电子商务平台可以利用这一技术根据用户路径为其提供个性化的界面设计和商品列表[403]。

Blanc 和 Giudici 针对点击流数据中的顺序规则探索提出局部和全局两种分析模型。局部模型采用的是传统的关联规则，用于理解被访问页面间的顺序关系，通过明确计算直接顺序规则来表现最常见的用户导航模式。与之不同，全局模型是以概率专家系统（Probabilistic Expert Systems）为基础的，将页面间可能存在的所有相互关系都考虑在内。该研究获得了某销售软硬件产品的公司网站为期 2 年的点击流数据，将这两种方法应用于该数据集的分析，证明了其实际应用价值[404]。

Chen 和 Yao 针对商品搜索中属性不确定的情况提出了一个顾客连续搜索结构

模型，该模型依赖排除性限制变量将顾客效用和搜索成本区分开来，而这种排除性限制变量通常可以在点击流数据中获取，因而该模型对拥有点击流数据的在线购物网站都适用。该研究利用旅游网站在线酒店预订的点击流数据对该模型进行了验证，结果表明搜索改进工具对用户行为和市场结构都具有显著的影响，不仅使搜索率增长了 33%，而且也将已购产品的效用提高了 17%。大多数网站都会依据受关注度、质量或相关性对搜索结果排序，如果用户对这些排序规则不了解，他们可能会在更多的搜索中使用改进工具，当搜索成本超过效用时，用户的获益减小，因此告知用户排序规则是有必要的[405]。

　　除了支持在线交易的电子商务平台，还存在一种非交易网站，即网站只负责展示商品，而交易在线下完成，此类网站的点击流数据与线下交易数据结合后能够产生全新的数据集，将点击流状态变量引入传统的库存计划模型有助于预测线下订单的倾向、数量和时机，这些变量既包括一般的点击变量，如访问量和平均访问时长，又包括特定页面（如联系信息页面、感谢信息页面）的点击情况。在许多典型的参数情境中，点击流数据中所包含的需求信息可以将库存和缺货管理的成本降低 3%～5%[406]。

8.1.1.3　电子商务用户入站行为研究

　　最近，站外（Off-site）点击流数据也开始受到研究人员的重视，此类数据能够反映用户通过站外的广告渠道进入网站的情况，从中可以了解购买发生前他们的决策过程，有助于电子商务平台改进营销和广告策略。基于欧洲市场某时尚类电子商务平台的站外点击流数据，Schellong 等研究了用户选择的广告渠道与其购物活动之间的关系。他们将 11 个广告渠道分为导航型和信息型两类，同时考虑用户的参与度（访问频率和时长），采用 K-means 聚类得到购买、搜索、浏览和弹出这四种购物者类型，并进一步发现通过导航型渠道进入网站的用户目标更明确、购买的可能性也更高，经常访问某个店铺的用户也更有可能购买。购物者类型的区分有利于电子商务平台为用户提供个性化的体验[407]。

　　在线旅游消费者进入旅游网站的方式主要分为两种：输入 URL 直接进入和经由其他引荐网站间接进入。Park 和 Chung 认为，通过直接方式进入的用户一般都拥有明确的搜索目标，而通过间接方式进入的用户则更有可能开展探寻式搜索，进入方式的不同会影响用户的购买行为，购买行为应该是搜索动机和用户参与度的函数。他们从 comScore 获得了 1190 位在线旅游消费者的点击流数据，这些用户在特定时间段内不仅访问过旅游相关网站，而且发生了购买。该研究通过层次回归分析发现，直接进入网站的用户更容易发生购买，他们在网站中停留的时间越长，查看页面的数量越少，购买的可能性越大，而间接进入的用户则恰恰相反[408]。

8.1.1.4　电子商务用户跨站行为研究

除了基于特定网站的页面访问分析，研究人员也对用户在处于竞争关系的电子商务网站间的访问行为开展了研究。Johnson 等发现，在互联网发展的初期，人们的在线访问活动相当有限，平均每个家庭每月仅访问 1.2 个图书网站、1.3 个 CD 网站和 1.8 个旅行网站，但是相对活跃的在线消费者访问站点的数量会更多。

Park 和 Fader 也指出，仅仅分析用户访问单个网站所产生的点击流数据是不够的，从用户在一些网站中的行为模式可以预测他们未来访问其他网站的时长和频率。为此 Park 和 Fader 从第三方数据源 comScore 获取的两个图书网站和两个音乐网站的点击流数据，基于访问重合率（Coincidence of Visits）和访问率（Visit Rates）这两个指标开展了数据分析，并在此基础上构建了一个反映用户跨网站访问行为的随机时序模型（Stochastic Timing Model），该模型能够对新用户的未来访问行为做出准确的预测[409]。

用户的在线行为具有多样化的特征，不同的行为之间会产生一定的相互影响。Aguiar 和 Martens 从第三方来源获取了 16,500 多名欧洲音乐用户的点击流数据，时间跨度为 1 年，通过用户在某个网站或某类网站上留下的点击量了解其音乐消费的情况，进而分析不同在线音乐消费行为之间的关系，音乐消费行为包括音乐的购买、下载和在线试听。研究结果表明，下载行为不会影响购买行为，但在线试听行为能够促进购买；个人特征差异会影响消费行为的选择，对音乐兴趣较高的人将在线试听和下载作为购买的补充[410]。

8.1.1.5　电子商务用户交流行为研究

实时聊天工具已经成为电子商务中买卖双方相互沟通的重要渠道，有利于降低信息不对称的影响，在商家和消费者之间建立起合作信任。Tan 等从 Alibaba 获取了3000 位顾客的点击流数据，分析了他们查看商品、实时聊天和购买商品的历史，发现用户倾向于在商家好评率较低或商品评论数量较少的时候与商家聊天，而聊天能够提高转化率，尤其是对于声誉不高的商家来说更是如此，同时聊天也能够促进用户对这类商家的重复访问[411]。

8.1.2　以社交媒体为背景的研究

8.1.2.1　社交媒体用户行为特征研究

在线社交与在线购物一样，也是当今人们使用网络从事的主要日常活动之一，社交媒体已经成为 Web 2.0 的重要组成部分，了解用户行为有利于社交媒体改善其界面和功能设计、提升内容质量和信息组织程度、为人与人之间的社会交互和交流提供有效的支持。点击流数据分析为社交媒体用户行为研究带来了新的机会。

　　Benevenuto 等通过社交网络聚合器采集了 37024 位用户在 12 天内访问 Orkut、MySpace、Hi5 和 LinkedIn 这四个社交媒体的点击流数据，分析了用户访问这些网站的频次和时长以及活动类型和顺序，此外还抓取了 Orkut 的社交网络拓扑结构以揭示用户的交互特征。特别地，他们在分析用户活动时采取了一种名为"点击流模型"（Clickstream Model）的全新策略，首先从点击流数据中识别出具体活动并根据网站结构对活动进行归类，然后计算出活动间的转换率，利用马尔科夫链表现活动类别间的转换。该研究发现，社交媒体用户的总体访问行为存在较大差异，会话时长遵循重尾分布（Heavy-tailed Distribution）；他们的交互行为分为公开可见的行为（如评论、推荐等）和仅能从点击流数据中提取的页面浏览行为，后者又被称为"无声交互"，在所有活动中所占的比例高达 92%，四个网站的用户都最倾向于浏览朋友和简介页面，并在此类页面上花费大部分时间；由于"小世界"现象的存在，用户不仅关心自己的直接朋友，而且也会对朋友的朋友感兴趣，这一比例为 22%[412]。

　　目前，各大社交媒体都普遍受到虚假身份、僵尸账户（Sybil Account）问题的困扰和威胁。考虑到现有防御工具的不足，Wang 等提出通过点击流数据聚类探测僵尸账户。他们对来自人人网的 5998 个正常账户和 9994 个僵尸账户的点击流数据进行了对比分析，发现 50% 以上的僵尸账户只有一个会话，远低于正常账户，少部分的僵尸账户表现非常活跃，拥有 100 次会话记录。该研究进一步利用马尔科夫链分析用户的点击转换，发现正常账户活动类别之间的转换更频繁，活动范围更广，主要是查看照片和分享，而僵尸账户则是频繁地发送加好友请求、查看个人简介。相比正常账户，僵尸账户具有登录更频繁、停留时间更短、点击更迅速的特点[413]。

　　以手机为代表的移动设备不断普及，人们对随时在线的需求日益增强，这使得社交媒体的使用从电脑端的网站延伸至移动端的应用。Chiang 和 Yang 从第三方来源获取了为期 3 个月的 Facebook 点击流数据，分析了 294 位电脑端用户和 39 位移动端用户的性别、年龄和平均周访问时长。结果显示，这些用户中女性居多，但是她们的平均周访问时长并不长，在电脑端和移动端都是如此，因此她们可能主要使用 Facebook 来发布动态；其次，用户的年龄大多在 21～40 岁，他们访问 Facebook 的时间段集中在下午 1 点到 3 点；最后，年龄和性别都不会影响电脑或移动设备上的 Facebook 使用，但是与电脑端用户相比，移动端用户的访问时长更长，这表明人们越来越倾向于在移动设备上访问社交媒体，移动设备逐渐出现了取代个人电脑的趋势[414]。

8.1.2.2　社交媒体用户群体分类研究

　　用户分类也是社交媒体背景下网络信用挖掘的重要内容之一，可以通过路径聚类实现，但是已有聚类方法大多忽略了时间因素。考虑用户在页面上停留的时间能够表明他们对页面内容的感兴趣程度，Banerjee 和 Ghosh 基于加权最长公共子序列

（Weighted Longest Common Subsequences）提出新的聚类算法，该算法在计算两条路径的相似值时采用了页面访问时长与重要性因子的加权函数，同时将原始访问路径转换为概念路径，即利用同类页面的主题概念代替页面本身，从而降低了实际页面极少重合的影响。该研究从在线社区 Sulekha 采集了一个月的点击流数据验证了新算法的有效性，成功地将用户分为 6 个类别，例如，大致浏览文章的用户和实际阅读文章的用户[415]。

　　Lindén 以在线杂志网站为背景开展了研究，通过分析 250 位随机选取的用户为期 6 周的实际点击流数据发现，用户对博客内容的关注要远远大于网站编辑内容，大约 80% 的点击量都发生在与博客相关的内容中。该研究指出，基于行为模式的用户分类对非电子商务网站来说也是十分重要的，因而进一步利用顺序路径分析和聚类分析从原始数据中抽取出用户的行为模式，并采用泳道图（Swim-Lane Diagram）展示了 6 种用户原型：目标导向型浏览者、编辑内容阅读者、商业导向浏览者、娱乐导向浏览者、主动内容贡献者以及一次性访问用户[416]。

8.1.2.3　社交商务用户行为研究

　　社交媒体的盛行也为电子商务的发展带来了新的机遇，社交媒体上的交互活动以及用户贡献的内容成为人们了解商品和服务的新渠道，从而催生了社交商务（Social Commerce）这种全新商业模式。为了研究社交商务中的用户行为，Gu 等随机选择了 2000 位用户，对他们的跨站点浏览行为实现了点击流数据采集，而数据分析仅针对包含先访问社交媒体网站、再访问电子商务网站这种情况的会话。聚类结果表明，用户的在线浏览行为可以分为四种：广泛浏览、深度浏览、目标导向浏览和以愉悦为目的的浏览，表现出后面三种行为的用户更有可能访问电子商务网站，而目标导向浏览最有可能带来最终的购买[417]。

　　与社交商务具有一定关联的是社交购物社区（Social Shopping Communities），此类购物平台一般兼具直接购物和社交购物功能，前者指的是传统的商品搜索引擎，后者的范围更为广泛，包括商品推荐列表、商品或店铺评价、标签、风格搭配和用户概况等。Olbrich 和 Holsing 从某社交购物社区采集到为期 6 个月的点击流数据，分析了用户购买行为的影响因素，尤其是社交购物功能的影响。该研究将实际的购买称为"click-out"，通过逻辑回归分析得到社交购物功能对 click-out 的显著影响。具体来讲，标签和高评分对 click-out 具有正向影响；而用户查看的推荐列表和风格搭配越多，click-out 越不容易发生，但这两个因素有助于增强用户粘性和浏览活动。此外，直接购物功能的使用会降低用户 click-out 的可能性，这可能与交易成本的增加和信息过载有关；社交购物社区注册用户比普通用户的 click-out 可能性更高，说明前者更有可能带来利润[418]。

8.1.3　以在线学习为背景的研究

慕课（Massive Open Online Courses, MOOC）是近几年来快速发展的开放学习模式，视频讲座观看点击流数据已经成为了解学生学习过程的一种全新手段。Sinha 等获得了慕课网站 Coursera 上的一门入门级编程课程的视频点击流数据，对 21952 名学生的 222021 个视频会话进行了系统分析。他们站在认知心理学的角度，将点击流数据分析分为三个层次：第一个层次是对播放、暂停等点击操作进行编码，然后对每名学生的每次视频观看形成一个由点击事件编码串联而成的序列；第二个层次是对点击序列进行分组得到 7 个具有语义内涵的行为类别，包括重新观看、跳过、加快观看、放慢观看、明确概念、核对参考和播放速率变化；最后一个层次是将行为与更高级的认知思维活动关联起来，构建定量的信息处理指标（Information Processing Index, IPI）对各类活动赋予权值。这种层级式分析可以帮助课程讲授者从学生的导航方式推断出他们处理、记忆所学内容时的认知资源分配情况，从而发现视频中需要编辑改进的部分[419]。

在慕课背景下，点击流数据还被用于预测学生学习表现及其课程完成情况，有助于课程提供者提高课程管理效率。Brinton 和 Chiang 在对 Coursera 上某课程视频开展点击流数据分析时，计算了视频片段播放时长、播放完成百分比、播放的片段数量以及暂停、重放、快进、后退的次数等指标；他们同时获取了学生的视频内小测验表现数据，发现视频观看行为指标可以提升"首次回答正确率"的预测，特别是在课程刚刚开始的一段时间[420]。Crossley 等基于页面访问分析考察了 320 名学生观看课程视频、论坛交互、页面浏览和完成作业的情况，同时利用不同的自然语言处理工具得到了相关指标，最后在统计分析中发现将两方面结合起来可以将预测学生是否完成课程的准确度提高至 78%[421]。

除慕课外，在线学习环境（Online Learning Environment）也可以通过点击流数据来了解学生的学习活动和学习成果。Park 等指出，学习中学生的行为变化是一个值得探究的问题，使教师在课程进行的过程中就能够识别需要帮助的学生，并根据他们的需求从总体上改进课程教学。他们通过某大学所使用的 Canvas 学习管理系统（Learning Management System）获得了两门课程（一门面授课程和一门在线课程）的点击流数据，利用统计变化监测技术（Statistical Change Detection Techniques）来研究学生的在线学习行为，主要关注预习和复习这两种主要活动，两者分别指课程日期之前和之后发生的文档查看或下载。点击流数据分析结果表明，两门课程中学生行为变化的总体比例基本相似，大约一半学生的预习和复习活动量上升，另一半下降；在面授课程中，复习活动量上升组的学生通过考试的可能性更高，复习活动量能够比预习活动量更好地预测学生成绩[422]。

8.1.4　以信息门户为背景的研究

　　以 Yahoo!、Lycos、MSN 为代表的网络门户是早期备受用户青睐的网站类型，门户网站一般具有搜索功能，并且提供新闻、电子邮件、网络目录等服务。Goldfarb 通过第三方点击流数据采集服务获得了 2000 多个家庭所有的网站访问情况，包括进入和离开网站的时间、在网站内查看页面的数量以及在线会话的开始和结束等，研究了用户对 8 个门户网站的选择行为，发现广告投入、着陆页面、媒体推广、访问页面数量都不会对用户的选择行为产生显著影响，但是忠诚度是用户选择门户网站的重要促进因素[423]。

　　信息门户网站通常包含丰富的信息类别和复杂的浏览路径，用户的站内导航行为分析能够为网站构建提供有用的启示。Jiang 等针对二手房信息网站开展用户行为研究，结果显示该网站中的访问流量分布非常不均衡，公寓列表页面和公寓详情页面受到了极大关注，而作为网站重要组成部分的房产租售代理页面和相关信息页面却鲜有访问，这说明用户对网站的实际使用情况和网站设计目标严重不符[424]。

8.1.5　以健康医疗为背景的研究

　　Mushtaq 等对医疗机构电子健康记录（Electronic Health Record，EHR）的使用数据进行了分析，是相关文献中少有的以医疗领域为背景的研究。为了解病人使用 HER 的行为模式，该研究同时采取了直接和间接的数据挖掘方法，前者是自上而下根据已知目标从数据中创建预测模型，后者则是自下而上从数据中找出实际存在的关系和模式再确定其价值。根据两种方法的分析结果，80%的病人用户年龄在 41～80 岁，几乎一半的会话只包含 6 次或更少的点击，用户活动集中发生在早上 8 点到下午 2 点间，年龄越大的用户表现得越活跃，用户在页面上查看信息的时间随着年龄增长。此外，在点击流数据所覆盖的 4 年时间内，活跃用户数量每年增长 67%，每位用户的平均点击活动量每年增长 28%[425]。

8.1.6　以搜索引擎为背景的研究

　　搜索引擎的点击流数据除包含用户提交的查询式和搜索会话外，还能够提供用户点击、查看搜索结果和网页的信息，这些信息可以用于改善搜索结果排序。Kou 和 Lou 提出了一种多因素层级式聚类算法，该算法结合用户的搜索和浏览历史，能够面对大规模的文本集合将页面请求分配到最相关的类别中，在不影响聚类中心计算的前提下处理噪音数据。他们利用某专业搜索引擎的点击流数据开展了实验，结果表明该聚类算法确实能够提高排序的点入准确率，聚类的一致性和实用性要优于传统搜索引擎提供的结果[426]。

　　搜索引擎通常依赖点入率（Click Through Rate，CTR）来评价用户体验，但是用户群体的异质性和网络爬虫的存在使得 CTR 估计值可能出现较大的差异。因此 Sadagopan 和 Li 认为有必要在点击流数据中识别出典型和非典型的用户会话，他们采取的是基于马氏距离（Mahalanobis Distance）检测异常值的方法来进行会话识别，这种会话模型纳入了多种关键的点击流特征，包括在马尔科夫链分析中得到的一致性得分。该研究利用此方法分析了某搜索引擎搜索结果页面（Search Results Page）随机一天的点击流数据，发现典型和非典型会话识别的准确率达到 89%，去除非典型会话后可以将 CTR 均值的不确定性降低 40%，这有助于清除噪音数据，提高用户体验评价的准确性[427]。

8.1.7　以学术交流为背景的研究

　　作为一种全新的应用，点击流数据取代了引证数据被用于学术活动的研究和科学图谱的创建。与引证数据相比，点击流数据具有一系列优势：网络学术门户所记录的点击交互数量规模要远超过所有的引文；点击流数据反映的是学术门户所有用户的活动，而不像引证仅限于作者之间；点击流数据能够实时反映学术动态，因为论文在线发表后就会立即产生点击交互。基于这些考虑，Bollen 等从一些知名学术出版商、机构协会的网络门户采集了将近 10 亿量级的点击流数据，广泛涉及人文、社会科学和自然科学。他们从用户的交互序列中抽取出代表期刊点击流模型的一阶马尔科夫链，再通过与 Getty Research Institute 的建筑与艺术词典进行对比使其得到验证，最后将该模型可视化为一种期刊网络，不仅描绘了各个科学领域之间的关系，而且使得人文、社会科学与自然科学的关联得以呈现[428]。

8.1.8　点击流数据的可视化分析

　　用户在网站中的导航过程可能是相当复杂的，如果仅以数值来描述缺乏直观性，因而以往的相关研究已经在点击流数据分析中逐步引入可视化分析。以下将深入分析不同可视化视图的视觉特征，从中总结出普遍的规律和趋势。

8.1.8.1　有向图

　　在早期的点击流可视化研究中，WebQuilt 和 ClickViz 都是比较具有代表性的可视化系统，两者都采用有向图的形式来展现用户的访问路径。如图 8.1 所示，WebQuilt 在缩放界面上同时呈现了网站为用户设计的最优路径和实际中用户完成特定任务时的常见路径，后者是用户的访问踪迹经过聚合而成的。图中的节点为用户访问页面的足迹，由页面截图表示；箭头代表用户在页面间的移动，箭头越粗，表示页面间的移动频次越高。箭头颜色也具有一定的含义，蓝色用于网站的推荐路径，红色用于用户的实际路径，红色越深表示用户在移动之前的页面上平均访问时长越长。该系统的特点在于其交互性，允许人们利用界面左侧的滑块来对视图进行缩放，既可以查看整个图形，又可以向下查看子路径甚至是单个足迹，例如，选定某个节点后即可放大显示相应的页面截图及其 URL[429,430]。WebQuilt 在远程的网站可用性测试中具有应用价值，有助于了解用户的导航模式、访问时长、路径偏离情况、退出页面等方面，从而发现网站中的可用性问题。

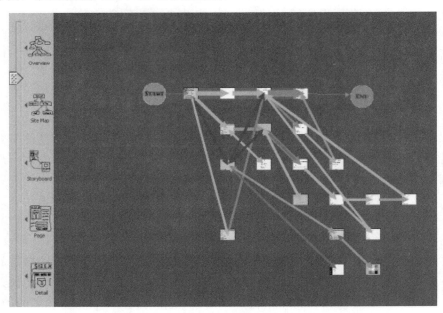

图 8.1　WebQuilt 可视化系统[429]（见彩图）

　　与 WebQuilt 相比，ClickViz 不仅展示了网站的拓扑结构和用户的访问路径，而且根据用户的人口统计信息和购买历史记录等属性对点击流数据进行了细分，这有利于网站直接比较不同的用户群体，从而更深入地理解用户行为。如图 8.2 所示，ClickViz 的可视化视图也是以节点和箭头分别表示页面和页面间移动，其中同类页面以相同的图标表示，箭头粗细也表示移动频次的高低，但是不同的箭头颜色对应着不同的用户属性值，人们可以从属性列表中选择想要查看的属性和属性值。特别地，该系统对节点位置的排布采取了两种设计：层级式和循环式。在层级式设计中（图 8.2（a）），节点由上至下分布，位于最上面的节点代表出度（从当前页面移动到其他页面的频次）最大的页面，而位于最下面的节点代表入度（从其他页面移动到当前页面的频次）最大的页面；循环式设计则将同类页面聚集在一起，呈环状放置，如图 8.2（b）中将页面分为三类，左下方是所有与结账相关的页面。这两种设计都是利用第三方软件 Tom Sawyer Software 自动生成的[431]。

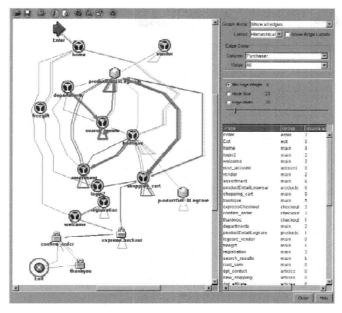

(a) ClickViz 可视化系统层级式视图

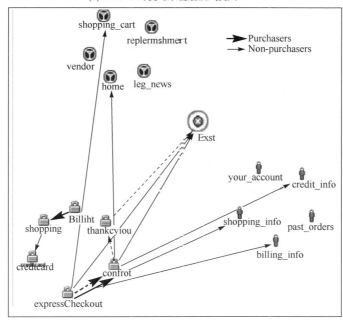

(b) ClickViz 可视化系统循环式视图

图 8.2 ClickViz 可视化视图[431]（见彩图）

　　除了上述的布局设计外，也存在类似树形的有向图（图 8.3），其本质也是由节点和箭头组成，分别代表页面（通过颜色和数字编号区分）和页面间的移动，但是它清楚地标明移动率和移动频次，同时利用箭头的粗细来表示两者的大小，从而形成了展示常见导航路径的导航树[398,432]。此外还存在环状的有向图（图 8.4），代表网站内固有内容分类的节点呈环状分布，节点没有颜色或大小的差别，仅以分类名称标识。代表页面间移动的箭头也具有粗细这一属性，而且还可以指向节点自身，表明用户是在属于同一分类的页面间移动，比如说从图中可以看出用户倾向于访问运动类（Sports）页面，而且会在该类别下查看多个页面[433]。

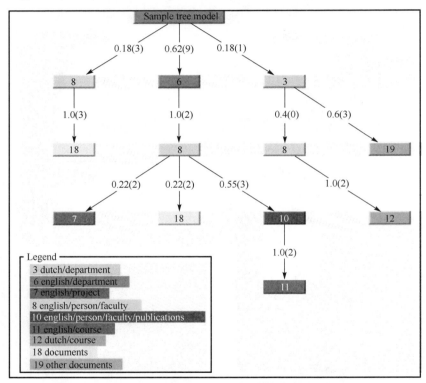

图 8.3　树形有向图可视化（导航树）[432]（见彩图）

8.1.8.2　序列图

　　与有向图不同，序列图并不反映用户在页面间的移动，而是更加强调用户在网站中的各类活动随时间推进的过程和规律。WebCANVA 是采用序列图对点击流数据进行可视化分析的开创性尝试，研究人员首先利用一阶马尔科夫模型对用户聚类，根据用户访问页面的顺序将相似用户划分到同一类别，然后在每一类别中对单个用户的路径分别可视化。图 8.5 为基于 msnbc.com 网站日志数据得到的可视化视图，

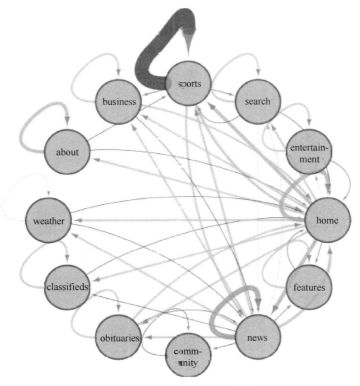

图 8.4　环状有向图可视化[433]

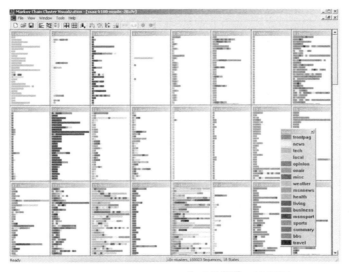

图 8.5　WebCANVA 可视化系统[434]（见彩图）

其中每个窗口代表一个用户类别，窗口内每个横排的序列条代表一位用户的路径，序列条由不同颜色的正方形依次排列而成，颜色表示页面类型（两者对应关系见右侧图例）。WebCANVAS 能够表现每类用户访问行为的特征，比如说，类别 1 中的用户大量访问了 weather 页面，类别 11 和 13 中的用户则大多从 tech 页面进入网站，这些发现都可以用于网站设计的改进[434]。

　　序列图在后来的点击流数据分析中经过改进实现了更为多样化的展示效果。Wei 等同样使用由不同颜色（图 8.6(b)区域为图例）矩形组成的序列条表示点击路径，但是他们利用自组织地图（Self-Organizing Map）对所有路径的聚类结果进行了整体可视化。自组织地图是一种用于高维数据映射与聚类的神经网络模型，由节点或神经元在常规的 2D 网格上排列而成。该模型的引入有效降低了可视化视图的杂乱程度，如图 8.6(a)区域所示，序列条的大小与该点击序列模式的出现频次成正比，其位置则由随机贪婪算法（Randomized Greedy Algorithm）确定，按螺旋路径依次排列而避免重合，这样有利于重要聚类模式的识别。在与该可视化交互时，人们可以选择单条点击流序列（图 8.6(a)区域中"I"标识）或是序列组（"G"标识），相应的用户统计信息就会显示在图 8.6 右侧(d)区域，如用户细分、年龄、使用年限等，其中灰色部分表示所有路径的情况，蓝色部分表示选中部分的情况。选择单条序列时图 8.6(c)区域还会显示该序列模式出现频次的百分比[435]。

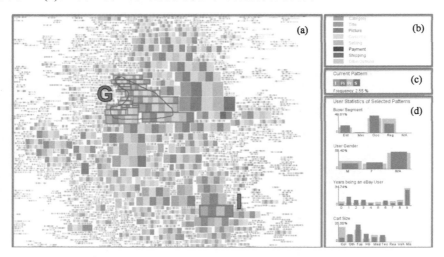

图 8.6　基于自组织地图的序列图可视化[435]（见彩图）

　　采用序列图的还有 Shen 等开发的双层可视化分析系统 TrailExplorer2，由基于 Hadoop 的大规模数据查询引擎和支持交互的可视化界面组成。如图 8.7 所示，在该界面的主视图中，从左向右延伸的序列条代表经过聚合的访问会话，除了利用颜色区分用户活动类型外，序列条还具有宽度（纵向）和长度（横向）属性，两者分别表示会话的数量和持续时间。当人们选择图 8.7 右下方图例中的特定活动类型时（如 PaymentReview），其详细信息就会显示在右上方的面板中，包括活动时长的平均值、中位数和累积分布等，此外该活动发生前后的相邻活动的分布情况也以饼图分别表示出来，主视图下方的活动时长分布图则反映了包含该活动的会话累积百分比随时间变化的情况[436]。

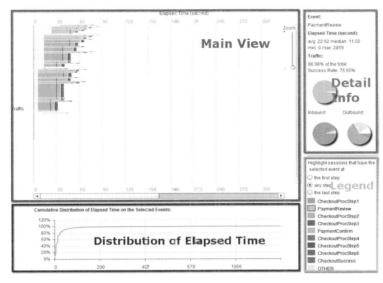

图 8.7　TrailExplorer2 可视化系统[436]（见彩图）

8.1.8.3　折线图

前文曾经提到由节点和箭头组成的有向图，这类图形能够直观地表示用户在页面间的移动，但当用户的访问路径非常复杂时，很难清楚反映页面的访问顺序和停留时间等，为此 Ting 等提出了一种全新的足迹图（Footstep Graph）来克服这些不足[437]。如图 8.8 所示，足迹图是一种简单的二维图形，纵轴表示页面，横轴表示时间，通过折线反映用户在页面之间移动（纵向变化）和访问时长（横向距离），能够帮助人们识别出特定的浏览模式。他们根据不同用户完成不同任务的足迹图发现了多种模式："上楼模式"（图 8.8（a））表现为用户访问不同的页面直至达到完成任务，"下楼模式"（图 8.8（b））是指用户返回之前已访问过的页面，"山峰模式"（图 8.8（c））由上楼模式和下楼模式相邻组成，而"指形模式"（图 8.8（d））则表明用户陷入了若干页面的循环浏览。这些模式能够直接为网站设计带来改进建议，比如说在"指形模式"所涉及的页面上提供额外的链接可以将其转变为有效的"上楼模式"。该研究团队基于足迹图还开展一系列后续研究，首先提出了模式还原方法（Pattern Restore Method）的改进算法，用于解决页面缓存造成的数据丢失问题，从而提升足迹图的效率和准确性[438]；接着将足迹图与问卷、观察数据结合起来研究了大学生访问课程网站的浏览行为，验证了其有效性[439]；最后提出自动模式发现（Automatic Pattern Discovery）方法，实现了点击流数据的自动处理和浏览模式的自动识别[440]。

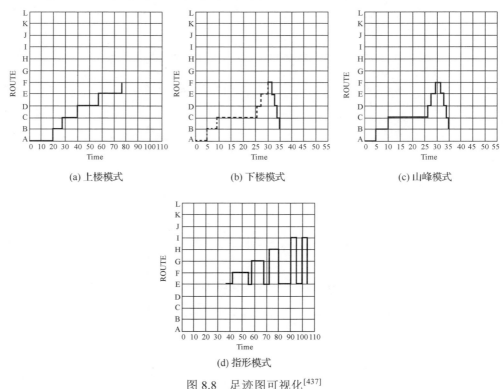

(a) 上楼模式　　　　　　　　(b) 下楼模式　　　　　　　　(c) 山峰模式

(d) 指形模式

图 8.8　足迹图可视化[437]

8.1.8.4　网络图

社会网络分析（Social Network Analysis）原本是利用网络和图形理论研究社会结构的方法，网络结构由节点和关系连线组成。后来情报学领域的研究人员也纷纷引入该方法探讨网站结构和用户点击之间的关系，主要通过度中心性、中介中心性、聚类系数、平均路径长度等指标揭示网络结构的特征[441-443]。Ortega 和 Aguillo 结合社会网络分析指标和网络图，利用 Gephi 软件对 webometrics.info 网站的访问情况开展了可视化分析，其网络图（图 8.9）展示了用户通过外部链接进入网站以及在网站内导航的情况。图中节点代表用户访问的页面（节点上标有页面 URL），连线代表页面间的移动，访问次数越多，节点越大。外部页面（如 www.google.com）以粉橙色表示，内部页面则以不同颜色区分其类别，连线的颜色与初始端节点的颜色相一致。通过此可视化图形可以发现，该网站的访问范围大致分为右上角的英语页面和左下角的西班牙语页面,前者吸引了大部分访问量,两者之间很少发生直接跳转,且各自与外部页面相连。由于能够清楚地表现访问量的分布和网络结构中的群组,网络图有利于研究人员发现网站导航过程中的重要页面以及页面访问的小世界属性[444]。

图 8.9　网络图可视化[444](见彩图)

8.1.8.5　点云图

Kannappady 等指出,已有点击流数据可视分析方法在大规模数据和实时数据处理方面存在不足[445]。因此,他们首先采用关系模糊减法聚类(Relational Fuzzy Subtractive Clustering)算法对历史访问会话进行聚类,然后结合多维尺度分析(Multi Dimensional Scaling)和 Sammon 映射(Sammon Mapping)在 3D 空间内对聚类中心分配位置,以求更好地反映它们之间的差异性,其他会话的位置则根据其与聚类中心的关系来确定,最终形成一个立体的点云图(图 8.10)。点云图中的每个点代表一个会话,经过聚类的相似会话聚集在一起形成点云,点击点云可以查看该类会话所包含页面的 URL。此外,该技术还实现了点击流数据的实时可视化,如果活跃用户访问了新的网页,会话将保持动态更新,新会话与聚类中心的相似性可能发生变化,其在点云中的位置也将随之调整。

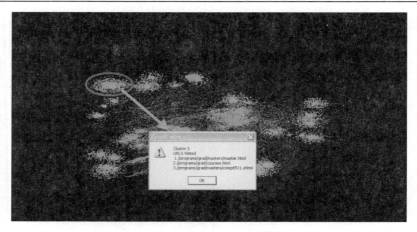

图 8.10　点云图可视化[445]

8.1.8.6　矩阵图

虽然利用箭头表现节点间移动是最直观的做法,但是 Zhao 等却提出了全新的转移矩阵表示方法 MatrixWave,目的在于比较两个来自不同时段或不同用户群体的点击流数据集。如图 8.11 所示,MatrixWave 中的矩阵呈锯齿状分布,每个矩阵表示两个连续页面间的移动,矩阵旁显示了一组页面 URL,矩阵间的矩形节点反映的是两个数据集在这些页面访问量上的差异,利用紫色渐变为橙色的色谱对差异的大小进行编码,紫色和橙色分别代表第一个和第二个数据集在比较中更占优势,节点颜色越接近色谱两端表明优势更明显,同时节点越大表示两个数据集中相应页面的平均

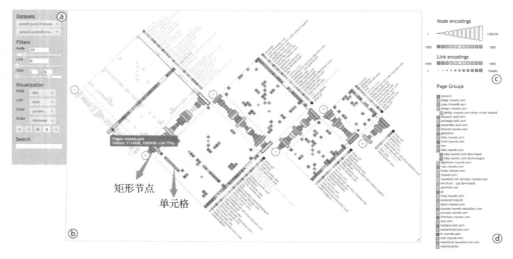

图 8.11　MatrixWave 可视化系统[446]（见彩图）

访问量越大。页面间的移动则由矩阵内的单元格表示，通过单元格位置的排和列可以判断哪两个页面间发生了移动，同样的颜色编码方案也用于反映两个数据集在这两个页面间移动频次上的差异，单元格内还包含了一个小方块，其大小对应页面间的平均移动频次。从图中 @ 区域可以看出：该系统提供了丰富的交互功能，如过滤、改变颜色、排序等。不同于其他可视化方法，MatrixWave 强调两个数据集的比较，矩阵所包含的元素及其含义都较为复杂，必须经过较长的学习过程才能掌握[446]。

8.1.8.7　堆积图

视频点击流数据的可视化分析大多采用堆积图来表现用户的各类点击操作（如播放、暂停、跳转等）随视频播放时间变化的规律，一般通过颜色区分点击操作。研究人员可以观察堆积图中的峰值并确定造成峰值的操作类型，再结合相应时间段内的视频内容分析用户视频观看行为的特征及其成因。Shi 等开发了专门针对慕课网站视频的可视化分析工具 VisMOOC。如图 8.12 所示，除了下方的堆积图外，该系统还提供了两个平行坐标图（Parallel Coordinates）展示用户观看视频过程中从当前时间点跳转到其他时间点的情况，包括向前跳转（Forward Seek）和向后跳转（Backward Seek）。平行坐标图中上下两条轴分别表示跳转后和跳转前的时间，每条连线代表一次跳转，其中，蓝色和橙色的连线分别表示首次和再次观看视频的用户的跳转行为。连线较为密集的区间能够反映视频中值得关注的时间段，例如，图中 p1 和 p2 分别是两类用户重看某一段视频的多发区间，同样结合视频内容就能够推断用户跳过或重看的原因[447]。

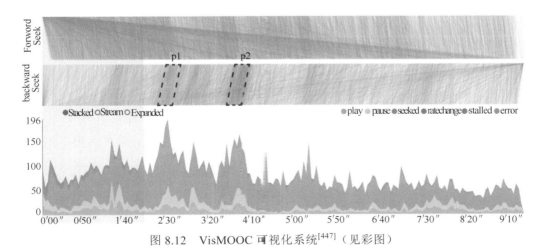

图 8.12　VisMOOC 可视化系统[447]（见彩图）

　　Wang 等利用动态叙述可视化（Animated Narrative Visualization）技术为视频点击流数据分析设计了一套动态可视化系统。该系统界面（图 8.13）由四个部分组成：（a）是经过"焦点+背景"（Focus+Context）处理的视频播放时间轴，其中 a_1 为时间弹簧（Time Spring），其松紧程度代表视频播放速度，a_2 为条形图，显示了各时间点上的用户点击次数；（b）是当前的时间点；（c）是动态气泡，气泡表示当前时间点上激增的点击操作，其颜色代表点击操作的类型，点击次数越多，气泡越大；（d）是动态堆积图，各图层由气泡不断下落并填充融入而成，表现了各类点击的次数随时间变化的动态过程。该系统的特点在于采用了非线性时间映射（Non-linear Time Mapping）和堆积图预测（Foreshadowing）设计，前者能够放大显示人们所选择的时间段而又不失整个时间轴，后者则可以帮助他们注意到动态事件[448]。

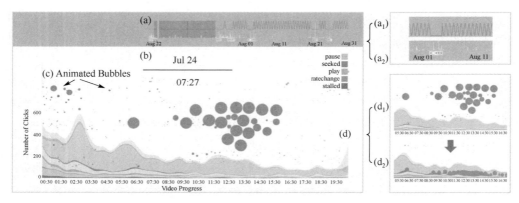

图 8.13　视频点击流动态可视化系统[448]（见彩图）

8.1.8.8　多种图形

　　电子商务平台的点击流数据分析能够为商品营销和促销策略的制定提供有价值的信息，比如顾客如何找到网站、他们查看了哪些商品以及购买了哪些商品等。Lee 等的研究在电子商务领域具有一定的开创性，他们基于平行坐标图和星野图（Starfiled Graph）分别实现了访问会话和商品情况的可视化[449]，前者常用于识别多变量数据集中各变量之间的关系[450]，后者则将对象标绘在两个顺序变量组成的坐标轴上[451]。具体来讲，Lee 等在平行坐标图（图 8.14(a)）上依次展示了在线购物过程的四种活动，即进入网站（Referrer）、点入查看商品（Clickthrough）、加入购物车（Basket）和购买（Buy），以及最后的交易金额（Value）；图中的每条折线代表一个会话，黑色折线表示该会话完成了购买，人们可以根据两条平行坐标轴之间的线段数量计算对应两种活动间的微转化率（Micro-conversion Rates）。与之不同，星野图

（图 8.14(b)）在该研究中反映了商品的可见性（Impressions）和点击率（Interest）之间的关系，图中的方块代表商品，其颜色和大小分别表示商品的类别和属性（长度表示价格；高度表示利润）。可以发现，位于图形左上角的商品（Underexposed）可见性低而点击率高，有必要加大对其的推广力度。

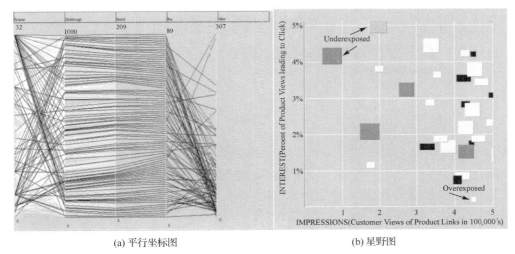

(a) 平行坐标图　　　　　　　　　　　　(b) 星野图

图 8.14　电子商务平台点击流数据分析的多种可视化视图[449]

　　Wang 等在展示用户行为聚类结果时尝试了多种可视化方式，包括填充图（Packed Circle）、树图（Treemaps）、冰挂图（Icicle）和辐射图（Sunburst）。他们将相似图形（Similarity Graph）应用于用户点击路径的聚类，采取迭代特征修剪算法（Iterative Feature Pruning Algorithm）划分相似图形，该算法能够捕捉到用户类别内的天然层级而产生可用于可视化的直观特征。在可视化系统中，填充图因为能够更好区分不同类别而被设置为默认界面（图 8.15(a)），其特点在于以不断嵌套的圆形表现类别的层级结构，圆形的大小表示类别中所包含用户的数量，以颜色区分级别，类别标签由人工输入。在与填充图交互时，人们可以点选特定类别以了解其详细情况（图 8.15(a)中弹框），包括类别 ID、用户数量、按卡方值排序的常见点击活动模式（由活动类型与活动间隔时间组成）及其出现频率。实际上，其他三个可视化视图与填充圈一样也旨在展现类别间的包含关系，但是外在形式各不相同：树图采用了不断嵌套的矩形（图 8.15(b)），冰挂图中的类别自上往下延伸（图 8.15(c)），辐射图则是由里往外延伸（图 8.15(d)）。人们可以根据自己的喜好选择相应的可视化方式，从中识别重要或特殊的行为或行为模式[452]。

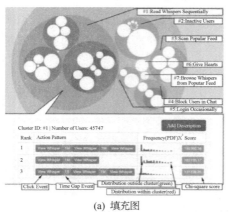

(a) 填充图

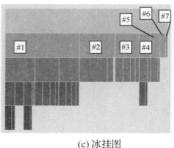

(b) 树图　　　　　　　　　　(c) 冰挂图　　　　　　　(d) 辐射图

图 8.15　用户行为聚类结果展示的多种可视化视图[452]（见彩图）

8.1.9　点击流数据分析研究现状总结

8.1.9.1　点击流数据分析规模及来源

数据获取是点击流数据分析的第一步，点击流数据都是由网站服务器生成，研究人员获取点击流数据的方式主要有两种：以网站为中心的数据和以用户为中心的数据。前者是以单个网站为单位收集网站服务器中的数据，这种方式能够详细记录用户访问某特定网站的交互信息，研究具有针对性，但只有网站内部人员或与之建立了密切合作关系的研究人员才能获得该数据，即研究人员往往与该网站有所关联，这种排他性的数据来源会导致点击流数据分析研究难以复制，研究结果也无从验证。这种数据获取方式也缺乏诸如人口统计特征等用户具体信息。

以用户为中心的数据大多来自第三方数据源，主要是一些网络分析服务的提供商，如 comScore、Net Conversion、Nielsen NetView 等。这些网络分析服务可以提供受众分析、广告投放分析、视频分析等功能，它们还可以通过各种网络追踪技术（Cookies、本地共享对象、HTML5、像素标签等），从数字媒体、社交媒体、广告、视频、电商等多个类型网站收集面板数据。具体来说，这些提供商通过在用户电脑中安插 ISP、Java Applets、Javascript 代码，记录用户使用电脑访问网站的点击流数据。但这种数据来源也存在一定的局限性，当以用户为中心的方式收集单一网站用户点击流数据时，若该网站的流量低，收集的样本量会很少，尤其是在电子商务类型的网站中；若多个用户共用一台电脑时或一个用户使用多台电脑，数据的可信度和效度会受到质疑。

此外，少许研究通过实验法的方式获取点击流数据，这种方式往往结合了问卷调查法或访谈法等其他介入性的研究方法，帮助研究人员分析个人特征对网站使用的影响。在针对单个网站进行分析时，由于研究目的的不同，一些研究只需要网站中的部分点击流数据，如分析慕课网站中某个视频的点击流数据、某搜索引擎的 SERP 点击流数据。

研究中的数据规模都在万条以上，最多的达到了 10 亿条会话，数据时间跨度的选择与研究目的相关，如果研究涉及多个网站之间的用户行为，或是比较特定网站在相当长时间内用户的行为规律，这类研究中对点击流数据的要求较高，研究人员要么能够接触到多个数据源，要么需要较长时间的时间跨度。时间跨度最短的是 1 天，最长的是 4 年，其中，在 Chen&Su 的研究中，为期 1 天的点击流数据足以用来对提出的模型算法进行验证，而 Mushtaq 等研究的是病人使用 HER 系统的行为模式规律，电子病历系统中数据保存时间长，且研究分析的数据越长，结果的准确性越高，因而，该研究数据的时间跨度长达 4 年。但在一般研究当中，由于研究时间以及数据可获得性的限制，大部分都集中在 1~3 个月及 5~12 个月。在电子商务网站中，用户访问量大，在短期内可获得的点击流数据量大，研究中的数据量也多于其他类型的网站。此外，如果是以用户为中心收集数据，研究主要关注特定用户群体的网站访问规律，数据规模一般在几百到几千人，如 Goldfarb 研究 2000 多个家庭用户所有网站访问情况，Crossley 研究 320 名学生在 MOOC 上的行为。

总的来看，点击流数据分析要求研究人员具有处理和分析大量数据的能力，在数据获取条件允许的情况下，分析的数据量越大，越能反映用户行为的变化规律，但是，数据时间跨度过长会影响研究的效度和信度，根据已有研究来看，数据量在一年内为宜。

8.1.9.2　点击流数据分析实证研究的特点

近十多年来，信息行为领域积累了大量基于点击流数据分析的实证研究，早期点击流数据分析方法较多应用于电子商务领域，随着该方法的不断推广应用，其他领域的研究人员也逐渐意识到点击流数据分析方法的价值，本文囊括了自 2000 年以来应用点击流数据分析方法的研究，随着领域的发展和推进，这些研究也展现出了新的特点。

在研究内容上，点击流数据分析日渐多样化，早期主要以电子商务网站为背景，研究某一网站或跨网站间的用户购买行为，随着互联网的快速发展，网民规模快速增加，研究人员发现用户在其他类型网站中的行为逐渐突出它的重要性，因而，他们开始扩展研究范围。社交媒体、在线学习网站、健康医疗网站、搜索引擎、学术交流网站等相继进入研究人员的眼帘，极大丰富了点击流数据分析的研究背景，这也使得研究人员关注特定用户的研究，如家庭、学生、病人、科研人员等。同时，研究人员主要以点击流数据中的用户会话为依据，关注会话中的访问页面、时间、路径等信息，分析用户在网站中的访问行为特征，包括浏览行为、选择行为、购买行为、预测行为，其中还有一些有针对性的研究，深入探讨了用户访问行为和访问目的之间的关系。总的来看，点击流数据分析内容主要关注三个问题：①用户及其行为的规律；②用户群体在访问网站时的行为特征；③影响网站用户行为的因素。

在分析方法上，用户细分是分析中很重要的一部分，不同的用户访问网站有不同的意图。点击流相似度的计算经常用于用户的分类和聚类，通过相似度计算发现用户的相似性行为，从而找到相似的用户群，有效的相似用户群的发现依赖于精确的点击流信息和相似度度量方法，因而一些研究主要研究相似度算法，通过细分用户群体，发现群体访问的共性，从而识别细分群体的访问目标，优化推荐系统的建设，这里有代表性的研究是对电子商务网站和社交媒体网站的用户群体分类的研究。此外，在数据分析过程中，常用的聚类分析有交易聚类和站点页面聚类，前者需要对交易事务中的页面赋予一定权重，后者需要首先将站点页面表示成具有站点特征的词条，然后依据特征词条占页面的权重进行聚类，常用算法包括 K-means 等；关联规则分析主要用于捕捉网站页面之间的关联度和用户访问页面的频繁项集；序列模式分析则捕捉常被用户访问的路径，如马尔科夫模型。

在研究目的上，现在的点击流分析表现出了三种研究目的：用户基本访问行为规律、网站/系统优化、行为预测。不同的研究目的分析点击流数据的指标也各不相同，如研究学生在在线学习网站中的点击流数据，研究人员需要结合在视频中反映出来的点击事件，识别视频中的重难点，从而优化课程的讲解，同时也能根据点击事件分析学生学习效果的影响因素；而对搜索引擎的相关研究则主要关注改善用户的搜索体验，结合历史点击流数据中的搜索浏览页面，提升相关搜索结果排序的准确性。网站优化相关研究是站在系统的角度，从点击流数据中表现出的频繁访问页面、访问频率、访问时间分布等信息中，发现用户需求特征与趋势，识别网站构建中的缺点，如搜索系统中，用户的主页搜索率低，则表明该页面的搜索功能建设不合理。行为预测是研究人员近年来关注的重点，它有利于推荐系统的建设，尤其在当今信息过载的环境下，一个好的推荐系统往往能够洞察用户的喜好与意愿，获得用户的青睐，而点击流数据中的访问路径则是预测行为的依据。

8.1.9.3　点击流可视化视觉特征分析

在分析结果的呈现方式上，点击流数据分析可能反映出用户较为复杂的行为过程，仅以数据的方式来描述缺乏直观性，因此，点击流数据分析的可视化引起了大量学者的关注，在这些研究的可视化视图中有不同的可视化视图的视觉特征，下面分别从图形的表示特征、呈现特征和交互特征三个方面进行总结。

（1）表示特征。用户的访问页面通常表现为节点，节点具有形状、大小、颜色、位置等属性，主要用来反映用户访问页面的类型和访问量，例如，不同类型的页面以不同形状（或图标）和/或颜色区分、位置更接近的节点属于同类页面等，而访问量往往与节点大小成比例。用户在页面间的跳转则通常直观表示为拥有方向的箭头，其粗细对应着用户跳转的频次，有时已通过颜色表达额外的含义。而访问路径一般是将页面和跳转结合得到，如在有向图和桑基图中。然而，序列图中的路径只包含节点（即页面），折线图中的路径只包含连线或箭头（即跳转），前者只能反映访问页面的顺序，而后者利用坐标轴标示出页面间跳转发生的时间；网络图同时包含节点和连线，但是由于缺乏时间属性而无法表现路径。

需要注意的是，点击流可视化可以分为两种情况：一种是针对用户个体行为的表示，同属折线图的足迹图和路径图揭示的都是特定用户某一次访问的情况；而其他可视化视图展现的则是单次访问经过分类、聚类、聚合后的用户群体行为。除基本的页面和路径外，上述的点击流可视化中也出现了其他表示对象，例如，点云图中的访问会话、矩阵图中的访问量差异、星野图中的商品、填充图以及相关图形中的用户类别。

（2）呈现形式。以上对已有的点击流可视化进行了细致的分类描述，分类的依据就是视觉对象的呈现方式。这些可视化大多采用了人们所熟悉的图形类型，例如，统计分析中常用的折线图、堆积图等以及信息可视化中常用的网络图、树状图、平行坐标图等，能够在很大程度上降低学习成本。技术的不断成熟也使得点击流可视化逐步由单一图形发展为多种图形的组合，基于不同指标揭示用户行为的不同方面或是以不同方式反映特定分析结果。

从图形的形式来看，所有可视化中除点云图是 3D 图形外，其余都是平面图形，这也更加符合主流计算机显示设备的特点。大多数可视化都具有时序特征，能够体现出用户访问网站的过程或特定指标的变化情况，这有效地利用了点击流数据的日期和时间字段。特别值得关注的是视频点击流动态可视化系统（图 8.13），它通过动态叙述可视化技术实现了点击次数动态变化的展示，与比静态视图相比，在易理解性、易记忆性、甚至是美观度和趣味性等方面都具有明显的优势。

从图形的用途来看，以个体行为为中心的可视化可以帮助人们了解用户使用网站的具体过程，从而发现网站界面和功能设计中的细节问题；以群体行为为中心的可视化则有利于人们将用户属性与其行为模式特征关联起来以探讨其中的规律。然而，后者往往基于较大的数据规模，有时大量元素（如节点和连线）的同时展示可能会降低可视化的易读性和直观性，反而不利于模式的识别。

从图形的生成方式来看，部分研究利用了第三方可视化工具，这些工具常常用于生成特定类型的图形（如桑基图、网络图），但是也可以满足点击流数据分析的需求。还有很多研究本身就是为了开发点击流可视化系统，它们可能会对数据输入提出特殊的要求，比如说矩阵图可视化系统 MatrixWave 需要两个可供比较的数据集。

从图形的美观度来看，点击流可视化经历了由黑白向彩色图形转变的过程，颜色可以用于传达更多的信息。在颜色的使用上，同一色系的不同色彩值（如图 8.15）取代了早期饱和度高的丰富色彩（如图 8.5），实际上过于复杂的颜色编码方案不利于人们区分和记忆。此外，视觉对象的扁平化处理和整体画面清晰、简洁程度的提升都非常符合目前的视觉设计潮流。

（3）交互特征。交互性是可视化的基本属性，交互允许人们选择显示在可视化视图中的元素并控制这些元素的显示方式。Shneiderman 和 Plaisant 总结了 7 大类可视化交互功能，包括概览（Overview）、缩放（Zoom）、过滤（Filter）、详细信息（Details-on-demand）、关联（Relate）、操作历史（History）以及提取（Extract）[453]。总的来说，独立的点击流可视化系统在不同程度上提供了这些功能，但是利用第三方工具生成的可视化往往不具备交互性，只能通过改变数据输入来改变当前视图。

概览是对整个数据集合的总体展示，详细信息是对选定的一个或一组对象揭露更多的信息，缩放则是对感兴趣的对象放大显示。这三种操作组成两种交互模式："概览+细节"以及"焦点+背景"。前者非常普遍，一种方式是通过点选概览中的特定对象，在指定窗口（如基于自组织地图的序列图、TrailExplorer2 可视化系统）或弹出窗口内（如点云图、填充图）显示其详细信息，另一种是通过缩放操作将视图由概览变为细节。大部分可视化都支持空间缩放，即放大局部以近距离查看；WebQuilt 可视化系统则支持语义缩放，从聚合路径到子路径再到足迹层层深入，视图本身由于缩放发生了改变。"焦点+背景"模式仅出现在视频点击流动态可视化系统中，该模式利用扭曲技术实现了选定对象的放大显示，但其相邻对象不会被挤出当前视图，而是压缩显示。

此外，过滤和关联功能也出现在以上点击流可视化中。过滤是去除不感兴趣的对象，MatrixWave 可视化系统允许人们通过滑块设置希望查看的移动次数，比如说过滤掉所有的中间移动只查看首尾两个节点。关联是发现对象或对象组之间的关系，利用相同的图标或颜色表示同一类页面、利用箭头连接移动所涉及的两个页面等都属于关联的范畴，另外关联也可以通过对象的邻近（如点云图中同类会话聚集在一起）和包含（如填充图中不同层级类别的嵌套）得以体现。由于相关研究并未提及其他可视化交互功能，因而无法确定实际系统对其是否支持。

8.2　点击流数据分析过程

点击流数据与搜索日志同属网站服务器上产生踪迹数据，分别强调用户点击和查询式。两种方法的实施过程具有相似性，都需要经历数据采集、准备和分析这三个阶段，但是每个阶段所包含的任务因数据形式的不同而存在一定的差异。本节将简单阐述点击流数据的采集与准备阶段，主要突出点击流数据的特别之处，然后在接下来的两节为数据分析阶段探讨并提出具体框架。

从以上点击流数据分析研究现状可知，以往研究的数据来源可以分为以网站为中心和以用户为中心两种，本书的点击流数据分析框架主要针对前者提出，即点击流数据来自于特定网站，能够详细记录所有用户的真实点击操作，这种数据提供了用户请求页面的网址，允许研究人员访问相应页面了解其主题或类型，从而能够从数据中抽取出每次点击所代表的物理行为。表 8.1 对一条基于 W3C 扩展日志格式的点击流记录示例进行分解，展示了各字段与具体含义。

表 8.1　点击流记录示例字段分解

点击流记录示例:
#Software: Microsoft Internet Information Services 6.0
#Version: 1.0
#Date: 2017-11-05 20:18:01
#Fields: date time c-ip cs-username s-sitename s-ip cs-method cs-uri-stem cs-uri-query sc-status sc-win32-status sc-bytes cs- bytes time-taken s-port cs(User-Agent) cs(Referrer)
2017-11-05 20:18:01 59.172.182.16 - W3SVC2137172230 202.114.65.34 GET /web/index.asp obj_id=150 200 0 18230 506 80 16 HTTP/1.1 Mozilla/5.0 (compatible; MSIE 6.0; Windows NT 5.0) - http://210.42.121.166

位置	示例	字段	含义
date	2017-05-28	日期	请求发生的日期（标准格式）
time	20:18:01	时间	请求发生的时间（与 GMT 的时差）
c-ip	59.172.182.16	用户 IP 地址	发出资源请求的用户 IP 地址
cs-username	—	用户名	发出资源请求的用户名称，通常需要注册
s-sitename	W3SVC2137172230	服务器名	收到用户请求的服务器的名称
s-ip	202.114.65.34	服务器 IP 地址	收到用户请求的服务器的 IP 地址
cs-method	GET	请求方式	用户与服务器间的请求-响应交互类型
cs-uri-stem	/web/index.asp	请求资源	用户请求的资源的统一资源标识符 URI
cs-uri-query	obj_id=150	请求参数	URI 的请求参数部分，与上一字段以 "?" 连接
sc-status	200	状态代码	反映请求响应结果的代码
sc-win32-status	0	win32 状态	反映请求响应结果的代码
sc-bytes	18230	字节数	服务器向用户返回的字节数
cs-bytes	506	字节数	用户向服务器发送的字节数
s-port	80	服务器端口	服务器端口编号（默认为 80）
time-taken	16	时长	完成请求所耗费的时间（以秒为单位）
cs-version	HTTP/1.1	协议版本	HTTP 协议版本（始终保持不变）
cs(User-Agent)	Mozilla/5.0 (compatible; MSIE 6.0; Windows NT 5.0)	用户代理	用户发送请求所使用的浏览器版本和操作系统版本
cs(Cookie)	—	Cookie 信息	用户到服务器的 Cookie 信息传送情况（"-"表示不接受 Cookie）
cs(Referrer)	http://210.42.121.166	引荐页面	提供链接将用户指向网站的来源页面

　　数据采集完成后，点击流数据的准备工作主要由数据清洗和会话识别这两个步骤组成。数据清洗对任何类型的网络分析来说都非常重要，只有在服务器日志中的数据确切反应用户访问网站的情况时，通过数据分析得到的统计数据和发现的关联才有意义。点击流数据清洗工作主要包括清除日志文件中的受损记录和冗余记录。受损记录是服务器生成日志时产生的错误数据，可以通过依次对各字段排序来识别，由于错误数据与正常数据模式不符，排序后通常会集中出现在数据列的顶端、底端或是特定的位置。冗余记录则是没有反映用户目标行为的无关数据，过滤掉这些数据有助于精简文件大小、加快接下来分析的进度。点击流数据中的冗余记录一般包括网络爬虫的请求、失败请求、外部链接、与数据提交相关的请求（请求方式非 GET）以及对图片、样式、脚本等非页面资源的请求等。

　　访问会话是后期进行用户访问路径分析的重要依据，因而会话识别是数据准备阶段不可或缺的步骤，在对所有记录按照用户 IP 地址划分后就可以对同一用户的不同会话作进一步划分。与搜索日志的搜索会话划分一样，点击流数据的访问会话也可以通过两种方式来划分，即设置时间间隔阈值和会话时长阈值。根据目前较为普遍的做法，两种阈值都可以设为 20 分钟或 30 分钟，这样能够在很大程度上保证会话划分的准确性。

8.3　点击流数据分析方法探索

　　虽然点击流数据分析在电子商务销售和营销研究中获得了广泛应用，但其价值在相当长一段时间内并未受到网络用户信息搜寻行为研究人员的充分重视，领域内也尚未形成像 Jansen 的搜索日志分析过程那样的方法指引。这两方面的不足可能是互为因果的，一方面，搜索引擎的普及使得人们把更多的注意力放在信息搜索行为研究上，而对反映更高层面上的信息搜寻行为的点击流数据了解不够，因而也没有着力探索相关的分析方法；另一方面，从电子商务研究利用点击流数据的情况来看，大多数研究都是根据自身需要以个性化的方式分析数据，也不存在一套通用的分析体系，有可能数据分析上的困难也使得点击流数据分析没有作为信息搜寻行为研究方法推广开来。

　　目前，对于点击流数据分析方法最全面、最系统的探索是网络取证框架（Web Forensic Framework）。2006 年，Arun Sen、Peter A. Dacin 和 Christos Pattichis 针对点击流数据分析在电子商务研究中的应用现状和趋势提出了该框架。他们指出，虽然网络分析的数据采集技术得到了较大发展，但是数据分析仍然局限于网站管理目的和简单的营销量度指标，而在线购物的飞速增长要求网络分析能够真正帮助网站深入了解顾客的访问行为并最终将其转化为能够为网站带来利润的忠实顾客。因此，他们基于犯罪现场调查的模式构建了一套层级式的结构化方法论。网络取证框架表现为金字塔的形式，强调由底至顶逐步增强点击流数据及其分析的商业价值，共包含以下 5 个层级。

（1）基本量度指标报告（层级 0）。该层级对应的正是现在大部分网络分析工具所提供的服务，主要开展访问点击情况的分析，得到既定的量度指标。

（2）网络数据仓库（层级 1）。该层级主要进行大规模数据集的存储、点击流数据与企业数据的整合、初步的决策支持等，从而实现商业发现、数据设计、架构设计、数据仓库的实施与配置。

（3）访问行为跟踪（层级 2）。该层级旨在了解用户的访问行为，既包括他们的单个行为，也包括在网站中的整体导航模式（由于该层级对于点击流数据在信息搜寻行为研究中的应用具有重要的启发意义，接下来将对其所包含的分析内容进行详细阐述）。

（4）顾客细分（层级 3）。该层级的目标在于通过点击流数据分析的结果对顾客进行分类，因为针对每一位顾客提供个性化服务是无法实现的，更有效的做法是将相似的顾客划分到同一个类别中去，他们的特征、需求、行为都比较接近，然后再针对顾客细分提供相应的服务。从营销的角度来讲，点击流数据分析可以揭示哪个细分更容易产生购买行为，也就是哪个细分最有可能带来利润。

（5）忠实顾客识别（层级 4）。忠实顾客包括最有可能带来利润的顾客和重复访问网站的用户，对于网站的注册用户来说，利用其访问历史和个人资料就可以实现忠实顾客的特征识别，然而根据其特征采取针对性更强的营销手段，进一步还可能设法将更多的用户转化成忠实顾客。

在以上的层级中，层级 2 访问行为跟踪是整个网络取证框架的关键组成部分，涉及点击流数据分析的具体操作。Sen 等在该层级上提出了 3 个基本概念，即脚印（Footprint）、踪迹（Track）和路线（Trail），它们之间具有层层包含的关系。

首先，一个脚印对应着用户与页面的一次交互，表现为日志文件中的一条点击流记录，提供了用户 IP 地址、日期、时间、停留时长、来源页面、页面标识等信息。根据用户在页面上的停留时长可以将脚印分为时长较长的"明显脚印"（Well-defined Footprint）和较短的"隐藏脚印"（Latent Footprint）；另外，页面只有部分出现在点击流记录中的情况称为"局部脚印"（Partial Footprint）。

其次，踪迹是由一组脚印组成的，反映的是用户在网站中的浏览历史。踪迹可以分为"一般踪迹"（General Track）和"焦点踪迹"（Focused Track），后者是包含了特定页面的踪迹，也就是说用户访问了对网站来说具有重要意义的页面，如电子商务网站中的订单页面。每条踪迹具有几项基本属性，包括页面浏览顺序、页面停留时长、进入页面和退出页面等，此外还包括页面的具体内容及其所属的类别等。

最后，相似的踪迹经过聚类后形成了路线，这意味着采取相同路线的用户可能表现出相似的外在行为甚至是内在的态度、信念和价值观。这样的路线是基于用户的实际访问情况而产生的，因而又被称为"用户驱动路线"（Visitor-Driven Trail）。另外还有一种"网站驱动路线"（Site-Driven Trail），这是网站设计开发人员认为用户在访问网站时可能采取的路线。比如说，旅游预订网站中一般存在着多种网站驱动路线，如机票预订路线和租车路线分别帮助用户实现不同的目标。然而用户驱动路线揭示了真实用户的访问习惯，有可能不同于网站驱动路线，比如说有的用户可能希望机票预订和租车能够捆绑在一起以得到更优惠的价格。所以，通过点击流数据分析得到的用户驱动路线可以为网站的组织、导航设计和页面布局优化提供更有效的参考。

顾客访问在线购物网站的目的是购买商品，通过研究他们浏览了哪些商品、是否点击了广告、是否付款购买等情况，可以了解网站的销售模式和营销策略是否有效、哪些功能是有利可图的以及界面设计中存在哪些问题等。信息搜寻者访问各类信息富集型网站的目的是获取信息资源，通过研究他们对哪些信息资源感兴趣、如何查找资源、是否找到了资源等情况，可以揭示网站信息构建的有效性及其提供的信息搜寻体验。很明显，两类研究都可以利用非介入性的点击流数据记录人类行为，然后通过点击流数据分析揭示其行为模式特征，最终实现各自的研究目标。所以说，以上针对电子商务研究提出的网络取证框架对丰富信息搜寻行为研究方法具有不容忽视的启发作用。

接下来的问题是，该框架是否能够直接移植到信息搜寻行为研究中来呢？这里需要考虑的是框架自身的实用性，尤其是体现点击流数据分析的访问行为跟踪层级。从 Sen 等的论文被引用的情况来看，几乎所有的引用都没有涉及整体框架或是其中层级 2 的实际应用，同时后期开展点击流数据分析的相关研究对其又并未提及，这与 Jansen 的搜索日志分层分析框架获得广泛应用的情况是截然不同的。就层级 2 而言，虽然文中描述了三个概念的基本含义和分类，但是未能深入阐释实际操作的时候如何从点击流数据中识别提取脚印、如何将脚印连成踪迹以及如何通过聚类得到路线，因而本质上只是提出了一种分析思路，而不是能够带来结果的分析方法。

基于以上考虑，本书根据点击流数据的特点对网络取证框架的访问行为跟踪层级进行了一定的调整，针对信息搜寻行为研究创建了一套点击流数据分析方法通用框架，分为多个分析层次，对每个层次上的各个变量进行了可操作的界定，并提供了具体的定量表示和计算方法，从而保证了本框架的实用价值，可以类似搜索日志分层分析框架进行推广。

8.4 点击流数据分析方法通用框架构建

8.4.1 点击流数据分析层次总览

前面已经提到，网站服务器日志文件中的点击流数据捕捉的是用户从进入到离开网站所执行的一系列请求页面的点击。以最常见的点击操作为例，当用户在页面 A 上点击链接打开了页面 B，那么就会生成一条点击流记录。由此可见，点击流数据分析离不开对网站本身的了解，只有知道了网站包含哪些页面以及页面之间存在怎样的链接关系，研究人员才能够理解每一次点击对于信息搜寻的意义，这就像研究人们在物理世界中的导航离不开地图一样。

为了方便阐述，现假设有一个示例网站的蓝图如图 8.16 所示。蓝图显示了网站内部各信息要素（主要是页面，也包括其他资源）之间的关系，从中可以了解网站关键内容的组织和标引以及如何在网站中进行导航以获取内容。在该示例网站中，用户可以从主页（Home）访问对应两个主要分类的一级页面 Cat1Lev1 和 Cat2Lev1，它们又分别进一步包含了多个二级页面；此外，二级页面 Cat1Lev2P3 和 Cat2Lev2P1 之间设有直接的语境链接。现又假设某用户访问该网站后生成了如表 8.2 所示的点击流数据（非完整的日志文件，仅列出将用于分析的字段），以图 8.17 的形式将其表现出来更为直观。简单来说，该用户进入示例网站后着陆在主页上，然后他依次浏览了页面 Cat1Lev1、Cat1Lev2P3、Cat2Lev2P1 和 Cat2Lev1，最后从 Cat2Lev1 退出网站。

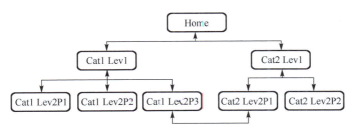

图 8.16 示例网站的蓝图

表 8.2 某用户访问示例网站的点击流数据

DATE	TIME	UID	METHOD	REQ	REF
2016-12-25	09:00:00	202.103.0.168	GET	/home.html	—
2016-12-25	09:00:12	202.103.0.168	GET	/cat1lev1.html	/home.html
2016-12-25	09:00:19	202.103.0.168	GET	/cat1lev2p3.html	/cat1lev1.html
2016-12-25	09:00:58	202.103.0.168	GET	/cat2lev2p1.html	/cat1lev2p3.html
2016-12-25	09:01:24	202.103.0.168	GET	/cat2lev1.html	/cat2lev2p1.html

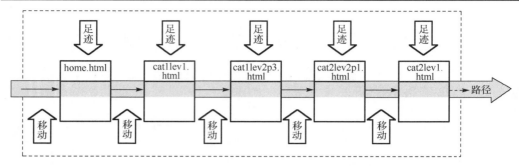

图 8.17　足迹、移动、路径关系示意图

以上这一过程可以从三个层次上来描述。首先，每个被请求的页面都因为用户的到访而产生了"足迹"（Footprint）。其次，用户的每一次点击都将他从当前页面带到了链接所指向的页面，使他在网站中发生了"移动"（Movement）。最后，将用户请求的所有页面按照时间顺序连接起来就得到了他在网站中导航的"路径"（Pathway）。这里的足迹、移动和路径正是本书所提出的点击流分析方法通用框架的三个层次。

8.4.2　点击流数据的足迹层分析

"足迹"原本是脚走路留下的痕迹。在访问网站时，用户每次打开页面后一般都会与之发生一定的交互，如查看页面内容、点击链接或按钮甚至是输入提交信息，因而可以认为他们在页面上留下了痕迹。对于用户在网站中请求的第 i（$i>=1$）个页面，可以将其称为第 i 个足迹，用 F_i 来表示。F_i 对应着用户的着陆页面，由于经常出现在着陆页面上跳出的情况，因此很多的网站访问可能仅留下一个足迹。需要特别说明的是，如果用户多次请求同一个页面，每次留下的足迹都应该是新的；这样规定是考虑到页面被请求得越频繁，其重要性也就越高，比如说用户在网站中迷失的时候经常都会选择返回主页重新开始。

对于每个足迹，可以从点击流数据中提取出两个基本属性，即类别和停留时长。足迹是访问页面后产生的，所以足迹的类别对应页面的类别。一般来说，网站开发人员为网页设置 URL 时都会遵循一定的规则，属于某一类别的页面通常在 URL 中包含特定的关键字符，如以上举例中的 cat1、cat2 等。因此，处理数据时可以根据 REQ 字段的关键字符识别足迹的类别，然后以特定的符号 CODE 表示，而所有属于同一类别的足迹表示为 F{CODE}。各类别页面在网站中的角色有主次之分，帮助用户实现目标（如获取信息、完成任务）的页面为目标页面，而帮助他们到达目标页面的其他页面为导航页面。相应地，用户留在目标页面和导航页面上的足迹分别称为"核心足迹"（Core footprint，CF）和"外围足迹"（Peripheral footprint，PF）。

停留时长代表了足迹的深浅，在某种意义上反映了用户与页面的交互深度：停留时长越长，交互越深入。当然这对提供内容和操作的目标页面来说是成立的，因为查看内容与执行操作需要时间，但是网站中还有功能性的导航页面，其作用是将用户指向目标页面，在这类页面上停留时长越长往往是导航设计的效果越差的表现。足迹的停留时长需要结合点击流数据中的当前记录和下一记录的 TIME 字段来计算两次点击的时间差：$D(F_i) = T_{i+1} - T(i \geqslant 1)$。比如说，以上举例中前四个足迹的停留时长依次为 12s、7s、39s 和 26s。而对于任何访问中的最后一个足迹，由于服务器日志未能追踪用户离开网站的时间点，其停留时长是无法计算的。

在足迹层上，点击流数据分析以足迹分布分析（Footprint Distribution Analysis）为主。足迹的分布可以从两个方面去研究，包括足迹在网站各主要页面类别中的分布情况以及用户的足迹分布情况。前者能够反映网站的整体使用情况、各信息类别的受欢迎程度，从而挖掘出用户访问网站的目的。对于大型网站来说，其组织结构可能表现为不断向下划分的层级体系，因而足迹分布分析也可以针对更低的层级，选取研究所关心的类别分析其中的足迹分布情况，以深入了解用户对特定信息的需求和获取。另一方面，用户的足迹分布分析可以分别基于用户群体和个体来开展。用户群体的足迹分布分析主要关注足迹数量，旨在探索用户对页面的浏览呈现出怎样的总体规律，并且识别出在访问过程中留下大量足迹的深度用户，其具体行为值得在后续分析中作进一步探讨。用户个体的足迹分布分析则更加关注足迹类别，可以根据单个用户主要在哪些类别中留下足迹对其进行特征描述，最终实现用户定位与细分。

8.4.3 点击流数据的移动层分析

"移动"在大多数词典中都被定义为位置的改变。实际上，点击流数据中的每一条记录都对应着一次移动，描述了某位用户（UID）在某个的时间点（TIME）改变了其网站中的位置——从来源页面（REF）到被请求页面（REQ）。图 8.18 表现了移动与足迹的关系，每次请求会导致一次移动并产生一个足迹，可以将移动表示为 $M_i: F_{i-1} \rightarrow F_i (i \geqslant 1)$，用户访问网站过程中的移动次数与足迹个数是相等的。M_1 代表用户进入网站的"着陆移动"（Landing Movement），其特殊之处在于跨越了网站的边界，无论用户是从其他网站点击链接进入还是直接在浏览器中输入 URL 或打开书签收藏进入，其来源都位于网站外部。虽然用户离开网站也发生了跨越边界的移动，但是服务器日志并未对其进行记录，因而无法分析，这也是为什么图 8.17 中最后一个细箭头用虚线表示。

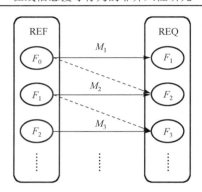

图 8.18　移动与足迹的关系示意图

　　用户移动的结果是在页面上留下足迹，一次移动连接着上一足迹和当前足迹，因此在描述移动时最重要的属性是由其两端足迹的类别所决定的方向性。前面曾经区分了核心足迹和外围足迹，它们分别代表着对网站中目标页面和导航页面的请求；大多数情况下研究包含核心足迹的移动（即 F_i 为 CF）更有价值，可以将这些移动称为"关键移动"（Pivotal Movement，PM），那么其他的移动都属于"过渡移动"（Transitional Movement，TM）。过渡移动反映的是用户为了实现目标而做出的各种尝试和努力，而只有关键移动才能够准确地表明他们最终是怎样实现目标的，因此后者应该是点击流数据分析在移动层上的重点分析对象。

　　在以信息搜寻为目标的网站访问中，用户实现目标时实际上经历了两个阶段，首先要到达提供信息的目标页面，然后对信息内容进行评价后确定获取。当然，第二个阶段往往表现为用户内在的认知活动，无法直接观察，但他们离开目标页面后的活动在很大程度上可以说明评价的结果，目前还有很多网站支持用户对评价有用的信息进行收藏、分享等获取操作，服务器日志也会将这些操作作为点击流数据记录下来。基于这样的考虑，可以将第二阶段中的信息获取活动看作是独立的一类移动，称为"实现移动"（Consequential Movement，CM）。在点击流数据中，关键移动和实现移动分别对应着 REQ 字段为目标页面的记录和 REF 字段为目标页面的记录。

　　对所有的关键移动开展上一足迹（F_{i-1}）的类别识别和频次统计有助于了解用户是采取何种方式搜寻信息的以及每种方式的普遍性。比如说，如果上一足迹为搜索结果页面，那么对应的信息搜寻方式应为关键词搜索。对所有的实现移动开展当前足迹（F_i）的类别识别和频次统计则可以揭示用户的信息需求是否得到满足以及他们处理所获取信息的方式。比如说，如果当前足迹为搜索结果页面，那么很有可能之前查找到的信息未能满足需求，而需要进一步搜索。这两方面的分析也可以针对特定用户对象开展以研究其信息搜寻的模式与效果，这需要结合 UID 字段提取相关数据。

正如电子商务平台的顾客经常在找到商品后却放弃购买，通过某种方式搜寻到的信息也会因为没有价值而遭到丢弃。也就是说，不是所有的关键移动后面都跟随着实现移动。因而移动层分析最后应该聚焦于信息搜寻方式的有效性，计算信息满足用户需求而被获取这种理想情况的发生比例。为此本分析层次特别类比电子商务研究中的"转化率"（Conversion Rate）提出了"实现率"（Achievement Rate，AR）的概念，前者为转化（通常指提交订单）次数在网站访问量中所占的百分比；与之类似，实现率为获取所需信息的次数在信息搜寻活动量中所占的百分比。实现率的计算可以针对网站用户整体信息搜寻活动或是特定类型活动（例如搜索或浏览），具体公式为

$$AR = \frac{Freq_{CM}}{Freq_{PM}} \times 100\% \tag{8-1}$$

（$Freq_{CM}$ 表示实现移动频次；$Freq_{PM}$ 表示关键移动频次）

8.4.4　点击流数据的路径层分析

不同于 Sen 等提出的"网站驱动路线"，这里的路径是一个回溯性概念，即事先并不存在，而是根据用户实际表现出的导航行为形成的。如果说移动是通过点击实现的一个动作，那么路径就是通过一系列点击实现的一个过程，其结果是产生了一系列的足迹。若用户访问网站时共请求了 j（$j \geq 1$）个页面，此次访问的路径可以表示为 $P(j)$: $F_1 \rightarrow F_2 \rightarrow \cdots \rightarrow F_{j-1} \rightarrow F_j$。当 $j=1$ 时，用户在着陆页面上跳出，路径也就等同于移动。由于之前在数据准备阶段已经完成了对用户访问会话的划分，从点击流数据中提取路径也就比较容易，一条路径对应属于同一用户时间上邻近（间隔不超过 30min）的一串记录。

在描述路径的形态特征时，可以采用这四个基本属性：长度（Length）、时长（Duration）、宽度（Width）和容量（Capacity）。前两个属性来自 Jansen 的搜索日志分析框架，它们分别从空间和时间上反映了路径的总体规模，其中路径长度为移动的总次数，而路径时长为着陆移动和最后一次移动之间的时间差。宽度和容量这两个属性则是专门针对网站访问目标提出的　以信息搜寻目标为例，路径宽度和容量分别指用户在该次访问中搜寻到相关信息和获取所需信息的次数，两种可以分别以关键移动（$Freq_{PM}$）和实现移动（$Freq_{CM}$）的频次来计算，当然后者是否能够计算还取决于点击流数据中是否记录了能够表玥信息获取的操作（如收藏、分享等）。在得到每条路径的各属性值后可以对这些属性开展相关统计分析，从而了解用户的目标达成情况是否与其投入程度（即访问页面的数量和花费时间的长短）有关。

路径所反映的可能是一个复杂的行为过程，如果仅以数值来描述缺乏直观性，因此路径的可视化也是不可或缺的分析手段。根据以往相关研究的经验，对用户导

航路径进行整体和个体可视化分析都是有必要的，前者一般是基于全局的页面浏览统计情况来展示网站结构中各部分吸引流量的访问趋势，后者则更强调用户行为的细节特征，通常采取节点和连线的形式来表现随时间推进的个性化过程。为了满足这两种可视化分析的需要，本框架在路径层特别引入了用于整体分析的桑基图（Sankey Diagram）可视化，并且创建了用于个体分析的"路径图"（Pathway Graph）可视化。

　　桑基图是流程图的一种，形式为朝特定方向不断延伸的流量分支，分支的宽度与其所代表的流量数值成正比。最早的桑基图是用于反映蒸汽引擎能量效率的，图中分支宽度的变化与热能损耗成正比。在科学研究中，桑基图最适合于展现两个领域间的多对多映射关系以及包含一系列阶段的多条路径，点击流数据分析中的路径可视化显然属于后者（如图 8.19 所示）。第 6 章曾介绍了 Google Analytics 的行为分析维度，其中的"行为流"（图 6.10）就采用了桑基图可视化，可以看出网站访问的每一步都有大量的流量损失，即用户中途退出网站。目前，桑基图的绘制可以借助很多专业工具，例如，Sankey Diagram Generator（http://sankey-diagram-generator.acquireprocure.com/）、Sankey Diagram Creator（http://infocaptor.com/sankey-diagram-software.php）、Google Charts Sankey Diagram（https://developers.google.com/chart/interactive/docs/gallery/sankey）等。

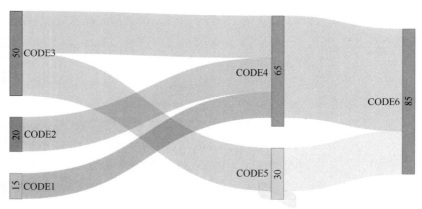

图 8.19　桑基图（见彩图）

　　路径图将用户个体访问网站所产生的单条导航路径作为可视化的对象。如图 8.20 所示，其本质是二维折线图，横轴表示时间，纵轴表示足迹的类别（类别由足迹层分析所使用的类别符号 CODE 进行标识）。每条折线由两个元素组成，即节点和有向连线，它们分别代表足迹和移动，从图中很容易看出两者的属性。足迹的类别可以直接从纵轴读取，停留时长对应以该节点为起始端的有向连线在横轴上的投影长度。移动的方向则根据有向连线的指向来判断，斜线代表不同页面类别间的移动，直线代表相同类别中的移动。根据研究需要也可以在纵轴上标出与目标实现有关的关键类别，那么末端落入该区间的有向连线就表示关键移动。路径的属性也能够基于图形整体进行识别，尤其是长度和时长，分别表现为整条折线在横轴上的投影长度及其分段的数量，而路径宽度和容量的查看则应该聚焦在纵轴上标出的关键区间。路径图除了以非常直观的方式展示出路径，其绘制也十分简便，利用 Excel 的图表功能即可根据数据表自动生成折线图。

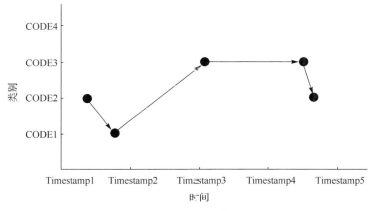

图 8.20　路径图可视化示意图

8.5　本 章 小 结

本章全面展现了点击流数据分析方法在各领域中的应用以及分析过程，并基于其他学科领域采用点击流数据分析开展学术研究的现状提出一套系统、科学的点击流数据分析方法通用框架。首先介绍了点击流数据分析研究现状，主要以电子商务、社交媒体、在线学习、信息门户、健康医疗、搜索引擎、学术交流为背景分析该方法的研究和应用，接着广泛调研 2000 年以来国内外点击流数据可视化研究，针对文献中点击流可视化视图的视觉特征开展了细致的比较与分析，主要从视觉特征、视觉呈现、视觉交互三个方面展开讨论，希望通过对这些文献的梳理能够全面反映人们对点击流数据这一非介入性分析方法研究的各类相关问题的情况；接下来对点击流分析过程进行总结，阐述点击流数据的采集与准备阶段，介绍点击流中重点字段的含义；最后对点击流数据分析方法进行探索，详细介绍网络取证框架构造，并基于网络取证框架针对信息搜寻行为研究创建一套点击流数据分析方法通用框架，该框架将点击流数据分析分为足迹层分析、移动层分析、路径层分析三个层次，并对每个层次上的各个变量进行了可操作的界定，提供了具体的定量表示和计算方法，从而保证了本框架的实用价值。

第9章 学术图书馆OPAC系统用户信息搜寻行为研究

9.1 学术图书馆 OPAC 系统概述

信息技术和互联网的飞速发展推动着学术图书馆的不断革新，为需求与服务带来了巨大的机遇，同时也引领了学术图书馆的重大突破。20 世纪 70 年代，随着图书馆自动化理念的兴起，美国一些大学图书馆和公共图书馆共同开发出了专门用于检索图书馆馆藏书目的开放式公共查询目录（Open Public Access Catalog），后来演化为联机公共查询目录（Online Public Access Catalog，OPAC）。OPAC 系统出现不久便成为图书馆自动化应用的重要领域，搭建起了用户与图书馆直接交流的路径，极大地提高了图书馆馆藏资源的利用率和利用效果。OPAC 系统的内容全面性、功能强大性、服务多样性更是成为图书馆评价的重要指标。80 年代初，国内也开始引入并应用国际联机检索。

早期的 OPAC 系统更像是一个书目数据库，将传统图书馆卡片目录的构建思路替代成为电子版本，在搜索中为用户提供线索[454]。仅对用户开放图书馆的书目资料和馆藏信息是远远不够的，20 世纪 80 年代的 OPAC 系统又为用户提供了布尔逻辑检索和帮助信息等更多功能。随后，信息检索领域的发展使其功能得到不断拓展，比如说，简单的书目查询演变为全文检索和资源综合查询，布尔逻辑检索向更高级的智能化检索与匹配发展等。

然而学术图书馆 OPAC 系统的发展跟网络技术的渗透相比却是滞后的，传统 OPAC 的局限性逐渐暴露，落后于现代互联网搜索工具。网络搜索引擎（如 Google）以及 Web 2.0 的成功不断重构着网络用户的期望[455]，人们已经越来越习惯像 Amazon 这种在线书店所提供的集收藏、分享、评分和标注于一体的社会性参与目录，这些形式提升了他们对信息资源类型和数量的需求，但却不被学术图书馆 OPAC 系统所支持[456,457]。相比 OPAC 系统，人们更偏好界面友好、功能强大、操作便捷的 Google 搜索引擎[458]。为了适应网络技术的发展、满足用户期望，学术图书馆的变革迫在眉睫[455]。

这时，下一代 OPAC 系统（Next-generation OPACs）应运而生，它包括早期 OPAC 系统中的许多内容，但是同时融入了商业网站和社交网站中的信息发现特征[459]，模仿互联网服务，使用户能够在整合环境中快速轻松地找到学术信息[458,460]，为用户提供更满意的图书馆馆藏服务和搜索体验。自 2000 年以来，学术图书馆纷纷引入下一代 OPAC 系统。与传统 OPAC 相比，下一代 OPAC 具有更高的灵活性，通过发现工具（Discovery Tools）提供了更为丰富的资源和内容，改善了搜索功能和搜索界面[461-464]，在提高馆藏目录功能和价值的同时，进一步满足了用户在网络上进行参与和交互的需求，并利用用户贡献的元数据信息为资源发现提供了更多的途径[465]。

学术图书馆的用户对发现工具的依赖越来越强。发现工具将更广泛的信息、资源和服务整合在一个更全面、更现代化的搜索界面中[459,466]。搜索范围不再局限于图书馆的馆藏，而进一步延伸到数字化资源、文献数据库、网页以及其他学术资源。发现工具对下一代 OPAC 系统赋予了类似 Google 搜索引擎的用户体验，系统反应速度更快、一致性更高，查询帮助和相关度排序的效率得到提升。就查询帮助而言，系统可以根据馆藏目录的使用情境为用户提供查询式建议，从而有效防止大量失败搜索的发生；同时，系统还支持拼写检查，能够检测查询式中的常见拼写错误并提供快捷获取正确搜索结果的途径。在搜索结果排序方面，系统将查准率和用户访问流量统计结合起来形成更科学的相关度排序指标，使得用户获得的搜索结果不仅具有实用性，而且更有可能是人们普遍关注的热门资源[459,461]。

更为重要的是，分面导航和 Web 2.0 功能的引入大大丰富了下一代 OPAC 的用途，除了基本的书目查询外，用户还可以获得"发现"和"社会学术图书馆体验"[464]。分面导航（Faceted Navigation）建立在多面分类的基础上，这种分类体系区别层级分类，首先包含了多个分面，分别代表信息集合的多个属性，然后每个分面又包含了代表各种属性值的若干个分类[467]。分面导航对搜索结果进行精炼，按多个属性特征将其划分到相应的类别中[455]，学术图书馆资源所涉及的分面一般包括作者、主题、年代、地区、语言等，允许用户选择自己感兴趣的分面对搜索结果进行更有效的浏览。同时，Web 2.0 的重要功能与下一代 OPAC 系统集成，如社会性标签、评价和评分、订阅等，重构了学术图书馆以用户为中心的功能结构[465,468]。2005 年，"图书馆 2.0"这一全新概念诞生[469]，这是 Web 2.0 技术与图书馆资源与服务相结合的产物，呈现出源于用户、社会活动丰富、多媒体化和共同创新的特征[470]。学术图书馆更多地关注教育科研，具有信息技术上的优势，这使其领先于其他类型的图书馆率先引入 Web 2.0，于是在 2006 年就出现了"学术图书馆 2.0"的概念，突显了个人用户的分布式参与对于重新创造 OPAC 系统的价值[465,471]。

9.2　研究问题与研究意义

近年来下一代 OPAC 系统在北美的学术图书馆得到了广泛应用，一种情况是提供全新的 OPAC 界面功能，如 VuFind、AquaBrowser，另一种是提供整合式发现工具，如 Summon Service、Ex Libris Primo、EBSCO Discovery Service 等。其使用情况越来越受到研究人员的关注，尤其是用户的搜索活动和任务表现以及两方面如何随时间发生改变，主要目的在于评价发现工具的有效性。相关研究主要通过访谈、问卷、搜索日志和实验等方法采集用户的行为数据，获得了一系列实证结论。

国内的学术图书馆也于 2009 年开始大力引进下一代 OPAC 系统，诸如北京大学、清华大学、复旦大学、武汉大学等国内顶尖大学的图书馆都纷纷对 OPAC 进行了升级。绝大多数学术图书馆都是直接购买整合式发现工具，很少有自行设计开发系统的情况。下一代 OPAC 系统的推广也引起了国内学者的关注，但是已有研究倾向于采取图书馆管理的视角，旨在探讨学术图书馆对发现工具的引进、实施及推广策略，在研究模式上则主要利用自建框架或借鉴欧美学术图书馆下一代 OPAC 系统发展的成功经验对特定的系统功能开展评价。这固然有利于推动下一代 OPAC 系统的应用和发展，然而由于缺乏以用户为中心的实证研究，图书馆并不了解用户对系统的需求以及系统的真实运转情况。

因此，本研究试图通过用户信息行为研究全面揭示国内学术图书馆下一代 OPAC 系统的使用情况，进而为系统设计和图书馆管理提供有价值的实践启示。具体的研究问题如下。

（1）用户在总体上如何使用 OPAC？用户如何使用 OPAC 的特定功能？

（2）用户在 OPAC 中如何搜索感兴趣的资源？

（3）用户在 OPAC 中导航时所采取的路径具有什么特征？

学术图书馆是最重要的图书馆类型之一，对大学、科研院所来说是必不可少的学术资源宝库。OPAC 作为图书馆集成系统面向用户的窗口，起着沟通用户与馆藏资源、用户与资源服务的作用，是图书馆提供服务的核心所在。本研究专门针对学术图书馆 OPAC 系统的用户行为开展了事务日志分析，涵盖了点击流数据分析和搜索日志分析，前者关注 OPAC 用户使用系统的总体导航行为，后者聚焦于用户为了获取学术资源所表现出的搜索行为。该研究不仅丰富了以往的用户在线信息行为研究内容，而且也在实际应用中检验了非介入性方法在学术图书馆 OPAC 系统这一特定背景下的适用性。特别值得一提的是，本研究改变了国内学术图书馆 OPAC 系统用户行为研究匮乏的现状，从用户使用的角度暴露出现有系统在界面设计、功能设计等方面存在的问题，为系统改进提供具有建设性的意见，实践意义显著。

9.3　理论基础与相关研究

9.3.1　探寻式搜索理论基础

根据 White 和 Roth 对探寻式搜索内涵的概括，这个概念既可以表示"无唯一答案、持续发生、包含多个层面的信息搜寻问题背景"，也可以表示"方向不确定、多次循环、依赖多种方法的信息搜寻过程"。这两个方面其实是紧密关联的，因为解决复杂或模糊的信息问题必然有赖于非线性的探索过程[472]。

　　人类之所以会搜索是因为意识到了信息问题的出现。为了保证生活和工作的正常运转，人们每天都不得不执行各种各样的任务（Work Tasks），这为搜索活动提供了必要的问题背景[473]。Byström 和 Hansen[474]、Kim 和 Soergel[475]、Li[476]等基于不同的维度框架对任务类型进行了详尽的分类。在众多的维度中，有三个是最根本也是最通用的任务属性，即预期答案的确切性（Specificity）、容量（Volume）和时间性（Timeliness）。确切性高的答案更倾向于呈现单个的事实，用户有足够的把握确定其是否有效；确切性低的答案则更着重给出全面的诠释或评论，但用户对目标是否达成缺乏清晰的判断。与确切性对应的是容量，事实性答案所容纳的信息不多，也许只有一个名称、一串数字或一张图表等；而诠释性或评论性的答案可能贯穿一个或多个文档，从不同的角度反映相关现象的本质。时间性指的是得到答案所需的时间，可以是一瞬间、几分钟，也可以以小时、天、月来计算，甚至更长[2]。

　　图 9.1 利用连续变化区间来表示以上三个方面。毫无疑问，触发查寻式搜索的信息问题在这三个连续区中都向左端趋近。也就是说，用户对明确的、有限的搜索目标有着即时的预期。而探寻式搜索并不单纯是为了获取信息，它更像是与之交织在一起的学习（Learning）与研究（Investigation），通常都会牵涉到结构不完整的信息问题[81]。结构越不完整的信息问题对人类认知资源的消耗越多，在确切性、容量、时间性三个连续区中就越趋近右端，同时无唯一答案、持续发生、包含多个层面这些特征也表现得越显著。

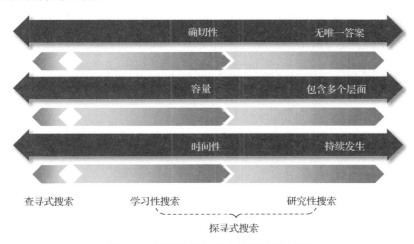

图 9.1　信息问题的三个连续变化区间

　　搜索过程是在一定的问题背景下发生的过程，Wilson 将其划分为四个阶段：问题的识别、问题的定义、问题的解决以及答案的陈述，其中两个相邻阶段的过渡总是伴随着不确定性（Uncertainty）的大幅下降[477]（见本书 3.1 节）。不确定性是造成焦虑和不自信等情感表现的认知状态，是信息搜寻中普遍存在的负面因素[478]。根据 Shannon 的交流理论，人们接收到的信息越多，其不确定性就越低；信息科学的观点则认为，新信息的出现有时会导致不确定性的反弹，尤其是在搜索的初期[479]。

而由探索性的问题背景引起的不确定性可能呈现出更明显的波动，这种波动一般会随着时间的推移而趋于缓和，不确定性也不断下降。但有一些特殊情况，譬如信息范围的扩大和（或）复杂程度的增加，会使得不确定性继续波动甚至上升[480]。后一种现象可能发生在以上任一阶段，用户将不得不回到上一阶段重新降低不确定性[477]。因此，探寻式搜索过程是由这四个阶段的逐步推进和反馈循环共同组成的（如图 9.2 上半部分）。

与不确定性不同，用户行为是搜索过程中可触知、可观测的变量。Wilson[13]、Choo[481]以及 Bates[79]等都曾全面地探讨过各种信息搜寻行为模式，大家普遍认同提问（Querying）与浏览（Browsing）是两种基本的主动模式，即用户是有意识地投入时间和精力去获取信息的。而它们的区别又在于，提问者需要从记忆中唤起适合的用语来表达信息需求，浏览者则需要从周围环境中辨认出有用的信息[2]。探索性的搜索过程是以提问与浏览的相互融合、交替为特点的（如图 9.2 下半部分）[81]。

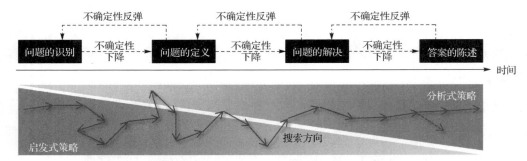

图 9.2　探寻式搜索过程模型

从信息问题的初步识别到充分定义，用户在很大程度上依赖以浏览为主导的启发式策略：向具有潜在价值的信息集合导航，通过一系列快速扫视在文档中定位与问题有关的概念，利用横向思考建立起概念之间的联系，从而为进一步明确核心的信息需求提供前提。在为信息问题寻求答案时，用户则更多地采取以提问为主导的分析式策略：将信息需求分解为操作性更强的子需求并转化为提问式，串行或并行地从搜索系统获得结果，凭借纵向思考深化对有关概念的理解，逐渐提高提问式的准确度直至最后获得满意的答案。

正如浏览前尝试性的提问是启发式策略的一部分，提问后针对性地浏览也是分析式策略的一部分。由于浏览是由外界信息驱动的，因而用户有机会对偶遇的概念产生兴趣，这为新需求的产生提供了可能，使得搜索朝新的方向发展。虽然内驱的提问一般不会带来搜索方向的明显改变，但如果一个提问式对应的结果为空，用户很可能由此发现一个新的问题。在整个探索性的搜索过程中，用户会沿着不可预知的路线曲折前进。

9.3.2　学术图书馆 OPAC 系统用户行为相关研究

关于学术图书馆 OPAC 的早期研究主要基于两种搜索类型反映用户信息行为，即已知条目搜索和主题搜索。如果用户已知所需资源的著录信息，那么他们可以对标题、作者等确切的字段进行搜索。Widemuth 和 O'Neil 通过对大学图书馆用户进行访谈发现，标题搜索占到了 94%，但是其准确率并不是很理想，用户总是无法清楚记得所需资源的完整标题，因此已知条目搜索会受到资源自身特征以及用户对资源了解程度等因素的影响。

相比而言，主题搜索则具有开放性，用户可能想要获取所有与主题相关的资源。这两种类型的搜索所占比例在不同的研究中差别很大，实际上有时很难准确区分两种类型，比如说"信息检索"可以视为书名，也可以视为主题领域。此外，已知条目搜索也有可能演进成为主题搜索，这使得两者间的界限非常模糊。主题搜索要求用户能够用合适的查询式表达信息需求并且在搜索结果不满意的时候能够重构查询式，因而其成功率通常较低，逐渐取而代之的是关键词搜索。

发现工具的出现引起了人们对下一代 OPAC 系统的研究关注，学术图书馆的用户对发现工具的依赖越来越强。目前国内学术图书馆 OPAC 系统所提供的功能一般都包括一站式搜索、查询式提示、拼写检查、页面内容全面、每个页面提供搜索入口、分面导航、相关度排序、相关资源推荐、用户参与、RSS 技术等。根据最近的研究发现，用户更喜欢更能够接受任何关键词的简单搜索框以及拼写检查和查询式建议等查询工具；他们通常都只会查看第一个搜索结果页面，对搜索结果的相关度排序和质量都比较满意。更重要的是，发现工具能够通过分面导航和 Web2.0 功能为用户创造良好的信息探索或发现体验。

分面导航建立于一组类别层级的基础之上，每个层级对应与信息集合相关的一个方面。学术图书馆资源所涉及的分面一般包括作者、主题、年代、地区、语言等，用户可以按照任意顺序查看任意分面，在每个分面下选择感兴趣的类别浏览相应的资源。这种方式利用识别取代回想，有效地降低了用户的认知负担。实际上，分面的确能够帮助用户区分不同类型的资源，用户普遍认为分面导航是一种直观的工具，借助分面导航可以对整个结果空间形成全面清晰的认识，同时也可以实现结果精炼。人们对各种发现工具开展了一系列实证研究，结果一致表明分面导航能够避免结果为空的现象，有效提升搜索速度和效果，用户对分面导航工具的积极态度，满意度和自信度较高，搜索体验得到明显改善，特别是缺乏搜索技能的用户。不过也有研究注意到，用户在利用分面的时候可能遇到困难，这对分面及其类别的设计提出了更高的要求。

　　在下一代 OPAC 系统中，社会性标签、评价和评分、订阅等 Web2.0 功能也扮演着重要的角色，"图书馆2.0"概念的提出正是为了突显个人用户的分布式参与对于重构 OPAC 的价值。人们认为用户不仅非常愿意贡献自己的知识，也乐于利用其他用户所贡献的内容。社会性标签允许用户为自己搜索的信息添加一个或多个关键词，不仅有利于个性化搜索，而且其他用户也可以通过这些关键词找到所需信息，评价和评分功能则能够帮助用户判断信息的相关性和有用性。宾夕法尼亚大学和密歇根大学的图书馆利用社会性标签实现了对原有资源层级分类的补充，分别开发了 PennTags 系统和 Mtagger 系统。然而，研究人员通过访谈、实验等方法发现，将 Web2.0 功能融入 OPAC 也可能引起争议，因为许多用户并不了解这些功能的用途，所以不太愿意在搜寻信息时使用它们。另一个主要的原因是他们都已经习惯了简单搜索界面，并不熟悉更新的 Web2.0 技术。

9.4　研究背景——武汉大学图书馆 OPAC

　　本研究选取了武汉大学图书馆（WHUL）OPAC 系统（http://opac.lib.whu.edu.cn/）作为研究背景。作为典型的下一代 OPAC 系统，WHUL OPAC 于 2009 年由 Ex Libris 开发，主要服务武汉大学师生，同时也允许匿名用户访问。如图 9.3 所示，WHUL

登录 查找 图书荐购 新书报道 借阅排行 我的收藏夹 帮助

武汉大学图书馆
馆藏书刊检索

全面检索			其它检索
	确定		简单检索
	○中日文文献 ○西俄文文献 ○全部文献		高级检索
			通用命令语言检索
语言：全部	年份： — (yyyy)		分类浏览
资料类型　全部	分馆：全部		

检索提示：
● 系统不区分检索词的大/小写。
● 您可以在检索式里使用AND、OR、NOT进行布尔逻辑运算(题名前方一致、分类号、索号号除外)。
● 可以使用字符？或＊做为检索词的一部分进行匹配（不适用于中文检索词）。例如.g?n 将检索 gun,gown等。

图 9.3　WHUL OPAC 系统主页

OPAC 主页上默认提供的是简单搜索，但是用户可以从下拉菜单中选择高级搜索、通用命令语言搜索和分类浏览，其中简单搜索和高级搜索都支持不限字段的全面搜索和 11 个字段的搜索，包括正题名、所有题名、题名（前方一致）、著者、主题词、分类号、出版社、索书号、ISSN、ISBN、条形码。需要说明的是，WHUL 主页上也提供了 OPAC 简单搜索的入口（图 9.4），用户在"馆藏目录"选项卡下输入查询式后就会跳转到 OPAC 的多库检索结果页面（图 9.5），选择所需的数据库进入搜索结果页面。此外，OPAC 系统还为除简单搜索外的其他搜索方式分别提供了独立的搜索界面。

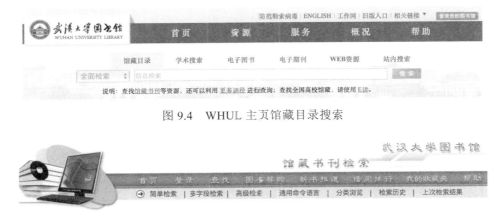

图 9.4　WHUL 主页馆藏目录搜索

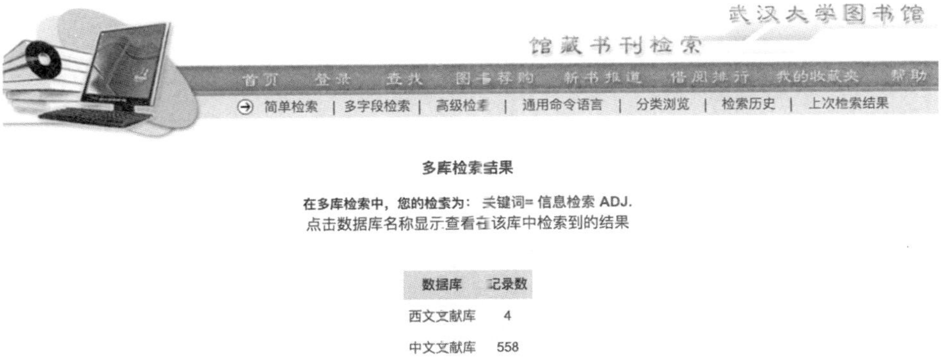

图 9.5　WHUL OPAC 多库检索结果页面

　　WHUL OPAC 的搜索结果页面为方便用户查看结果条目以及改进搜索提供了各种工具。图 9.6 是基于查询式"信息检索"得到的搜索结果页面，结果条目可以按照著者/年代、著者/题名、题名/年代等组合来排序，同时用户还可以选择简洁视图、封面视图及详细视图等方式显示结果条目。如果需要缩小搜索范围，用户可以在搜索结果中进一步开展搜索，或者是利用界面右侧的分面导航工具。作为下一代 OPAC 系统的重要特征，该分面导航工具提供了 7 个默认分面，即年份、语种、馆藏、分类、作者、关键词和格式（图 9.6 右下角）。当用户点击搜索结果列表中的特定条目打开相应的资源详情页面后，可以看到该资源的完整信息，如内容简介、目录、藏书地点等。如果用户对资源感兴趣，可以将其记录添加到收藏夹或是保存/邮寄。

图 9.6　WHUL OPAC 搜索结果页面

9.5　武汉大学图书馆 OPAC 用户信息搜寻行为的点击流数据分析

9.5.1　点击流数据准备

9.5.1.1　数据采集与清洗

WHUL 为本研究提供了包含 26,732,368 条点击流记录的 OPAC 系统原始事务日志文件,时间跨度为 2 个月,从 2014 年 4 月 1 日 00:00:00 到 2014 年 5 月 31 日 23:59:59。

该文件采用目前最为常见的W3C扩展日志格式存储，根据研究需要仅保留了最基本的6个字段：用户IP地址（User-IP）、访问日期（Date）、GMT标准时间（Time）、访问的操作方式（Method）（其中GET表示从资源请求数据，POST表示向资源提交数据）、访问资源的地址（URL）和由服务器返回的HTTP状态代码（Status）。图9.7为从该日志文件中截取的少量记录。

	USER-IP	Date	Time	Method	URL	Status
2	116.211.128.23	01/Apr/2014	00:00:09	GET	/F/NY7Q2PY7V[illegible]33N4H[illegible]IQ31MN5GIJ92UR25V2J7EBSN7IS6J36LTH-12014?func=box-renew	
3	112.64.235.252	01/Apr/2014	00:00:13	GET	/F/6X2I[illegible]2NE2[illegible]IG3S[illegible]58RAN9NUP4YMSX6ELT46E6RDDVBNA6INQR-02030 HTTP/1.1"	200
4	27.17.130.225	01/Apr/2014	00:00:24	GET	/F/I4AYDGVK3[illegible]XNQ8[illegible]9GB3EA5Y6TIDNBHKIPM69PUJ8ARJS3EG93-11904?func=short-jum	
5	180.153.206.30	01/Apr/2014	00:02:10	GET	/F/IJAR[illegible]RFMF[illegible]7IV5[illegible]AXG7YB28A5MNMT7HNTLPGJ1X6JIQXR5VEDJ-29480 HTTP/1.1"	200
6	180.153.163.206	01/Apr/2014	00:02:11	GET	/F/IJAR[illegible]RFMF[illegible]7IV5[illegible]AXG7YB28A5MNMT7HNTLPGJ1X6JIQXR5VEDJ-29480?func=find-m&fi	
7	101.226.65.107	01/Apr/2014	00:02:15	GET	/F/IJAR[illegible]RFMF[illegible]7IV5[illegible]AXG7YB28A5MNMT7HNTLPGJ1X6JIQXR5VEDJ-29526 HTTP/1.1"	200
8	101.226.66.179	01/Apr/2014	00:02:18	GET	/F/IJAR[illegible]RFMF[illegible]7IV5[illegible]AXG7YB28A5MNMT7HNTLPGJ1X6JIQXR5VEDJ-29526?func=full-set-	
9	101.226.89.120	01/Apr/2014	00:02:33	GET	/F/IJAR[illegible]RFMF[illegible]7IV5[illegible]AXG7YB28A5MNMT7HNTLPGJ1X6JIQXR5VEDJ-29709 HTTP/1.1"	200

图9.7　WHUL OPAC系统原始事务日志文件截图

数据清洗对任何类型的网络分析来说都非常重要，只有在服务器日志中的数据确切反应用户访问网站的情况时，通过数据分析得到的统计数据和发现的关联才有意义。本研究的数据清洗工作主要包括清除日志文件中的受损记录和冗余记录。受损记录是服务器生成日志时产生的错误数据，可以通过依次对各字段排序来识别，由于错误数据与正常数据模式不符，排序后通常会集中出现在数据列的顶端、底端或是特定的位置。冗余记录则是没有反映WHUL OPAC用户信息搜寻行为的无关数据，过滤掉这些数据有助于精简文件大小、加快接下来分析的进度。具体来讲，本研究清除的冗余记录分为以下几类。

（1）失败请求。Status字段状态代码不属于200类（成功请求）的记录，例如，404（找不到）和500（服务器内部错误）等。

（2）外部链接。URL字段以“http://”开始的记录，如http://www.baidu.com/。

（3）与数据提交相关的请求。method字段为POST的记录。

（4）对图片、样式、脚本等非页面资源的请求。URL字段以png、jpg、gif、ico、css和js结尾的记录。

原始日志文件的数据清洗工作利用Python 2.7开展，对清除上述的受损记录和冗余记录分别创建了相应的Python程序。

9.5.1.2　数据解析与编码

以上日志文件经过清洗后共包含56,528个独立IP，排在首位的IP关联了471,092条记录。很显然，OPAC系统的人类用户平均每天产生7,722条记录是不太可能的，因而接下来有必要对数据进行解析，从而识别由网络爬虫或其他网络机器人产生的非人类记录，这部分记录对本研究来说是无用的。为此，数据处理工作需要首先对会话进行划分，每个会话对应着对OPAC的一次访问。

　　WHUL OPAC 服务器在每次访问的第一个请求发生后都会对其分配一个随机的会话 ID，该 ID 会出现在属于此次访问的所有请求记录的 URL 中，而同一用户的不同访问获得的会话 ID 也不同。这一机制为准确识别会话提供了极大的便利，结果共抽取出 654,598 个访问会话。下一步就可以开始区分非人类会话了，本研究所采取的阈值为 101 条记录，即如果一个会话包含超过 100 条的记录，那么该会话则被认为是非人类会话，在后面的数据分析中将不予考虑。通过这种方式共得到 653,994 个人类会话，超过 70%的 IP 都只拥有一个会话。

　　将用户的页面请求转译成具体的活动是数据处理准备的最后一个步骤，例如，在搜索界面上开展简单搜索或是在个人图书馆中查询借阅记录。本研究根据 WHUL OPAC 的层级结构和各个页面的功能创建了一套数据编码体系（见附录 A）。附录 A 第一列显示了组成该编码体系的主要页面类别，即 OPAC 主页（H）、搜索页面（S）、搜索结果页面（R）、资源详情页面（D）和个人图书馆页面（L），第二列为每种页面类别所对应的用户活动类别（第三列为部分活动类别的进一步划分），类别可通过页面 URL 中的特定字符串识别（附录 A 第四列）。本研究对每种活动类别都分配了一个用于数据分析的人工编码（附录 A 第五列），并且利用 Python 程序对日志文件中的每一条记录都添加上了与其 URL 字段相对应的编码。

9.5.2　点击流数据分析

　　本研究对处理完成后的日志数据开展了点击流数据分析，根据第 8 章所述的点击流分析方法通用框架，分析全面涵盖足迹层、移动层和路径层。首先，足迹分布分析是足迹层分析的重点，揭示了用户足迹在主要页面类别以及在各类别内部的分布情况；前者反映了用户对 WHUL OPAC 的总体使用情况，后者则反映了用户在使用特定系统功能时的活动偏好。其次，移动层分析以搜索结果页面上留下的足迹为核心足迹，主要分析了到达（关键移动）和离开（实现移动）搜索结果页面这两类移动，从而表明用户是如何搜索资源的以及他们的信息需求是否得到满足。实际上，OPAC 系统中的内容页面应该是资源详情页面，但是 WHUL OPAC 的特殊之处在于其搜索结果页面对于结果列表中的每个条目都显示了大量内容信息，包括基本的书目信息（如封面图片、书名、著者、年代、出版社、格式等）和借阅信息（即藏书地点、索书号和是否可供借阅），因而用户不必点入查看详情就已经能够了解足够的信息。最后，路径层分析旨在发现用户信息搜寻路径的重要模式。每条路径的边界在数据解析阶段就得以清楚划分，只需将每次访问会话中的所有点击流记录串联起来即可得到路径。以下将对三个层次上的分析结果进行详细阐述。

9.5.2.1　足迹层分析结果

WHUL OPAC 用户在 2 个月的时间内总共留下了 2,091,904 个足迹，图 9.8 展示了这些足迹在 5 个主要页面类别中的分布情况。

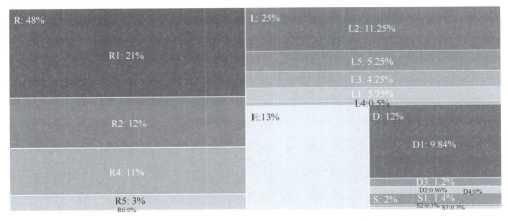

图 9.8　WHUL OPAC 用户足迹分布情况（见彩图）

可以看出，搜索结果页面（R）容纳了接近半数（48%）的足迹，接下来依次是个人图书馆页面（L，25%）、OPAC 主页（H，13%）、资源详情页面（D，12%）和搜索页面（S，2%）。也就是说，查看搜索结果是最普遍的用户-系统交互活动，这一点与以前的一项研究相一致；用户也经常访问个人图书馆，从而更好地利用图书馆提供的各种线上和线下服务。然而，用户对 OPAC 主页的实际访问却远低于预期，而且查看搜索结果与进一步查看资源详情这两种关联紧密的活动也不成比例。比较出人意料的是用户极少使用各种独立的搜索界面。

图 9.8 还进一步展示了每个页面类别内部的足迹分布情况。从图 9.8 左侧的 R 区来看，R1 和 R2 是搜索结果页面上最常见的两种足迹，两者分别表示用户来自 WHUL 主页和 OPAC 主页上的简单搜索。用户查看结果页面的过程中经常发生页面导航（R4），表明用他们对搜索结果的探索往往不止于第一个页面。相对而言，搜索改进和结果显示操作却比较少见。由于用户偏向在两个主页上进行简单搜索，所有独立搜索界面的利用率都非常低，而且其中简单搜索仍然远远高于其他的搜索（S2）和浏览（S3）方法（见图 9.8 右侧的 S 区）。

根据图 9.8 中间的 D 区可以推断，如果用户查看了资源详情，那么他们最关注的是书目信息（D1），而很少开展下一步活动，包括找到藏书位置（D2）和请求外部服务（D3），也几乎不会保存详情信息留待以后使用（D4）。从图 9.8 右上部分的 L 区可以了解个人图书馆如何起到系统辅助功能的作用。用户账号管理（L2）最为常见，特别是账号登录和退出，而账号摘要查看（L1）、图书馆服务管理（L3）和收藏管理（L5）等活动所占的比例都非常小，搜索管理（L4）更是仅占 0.5%，说明用户很少重复以前的搜索。

9.5.2.2　移动层分析结果

以上的足迹层分析结果显示搜索结果页面是用户访问最多的页面类型，R 足迹在所有足迹中占到了几乎一半，与之直接相关的关键移动是接下来移动层的分析对象。在全部的 653,994 个会话中，仅有 301,928 个涉及 R 足迹。本研究利用 Python程序识别并抽取出所有会话的第一个 R 足迹，对与其相邻的前后足迹按照类别进行了数量统计，从而得到了如图 9.9 所示的重要移动占比情况，其中箭头代表着移动，而箭头宽度与该类移动所占的百分比是成比例的。

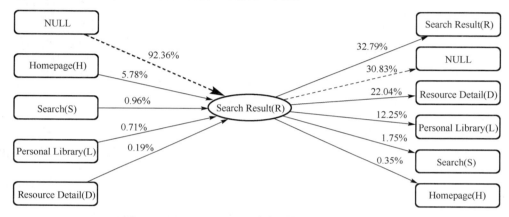

图 9.9　WHUL OPAC 用户的关键移动和实现移动

图 9.9 的左侧是关键移动。令人意外的是，92.36%的关键移动同时也是着陆移动，这意味着用户对 OPAC 的绝大多数访问是从查看搜索结果页面开始的，而得到结果前必须进行搜索。造成这一现象的原因在于很多情况（89.13%）下用户是从WHUL 主页进入 OPAC 搜索结果页面的，前者并不属于 OAPC 系统的页面类别，因而并未记录进 OPAC 服务器日志，搜索结果页面就成为会话中请求的第一个页面。相比之下，仅有 5.78%的查询式是在 OPAC 主页上提交的，使用其他独立搜索界面的情况则更少（0.96%）。可以推断，大多数用户都将 OPAC 系统看作是 WHUL网站的有机组成部分，并且将 WHUL 主页上的简单搜索当作进入 OPAC 的默认途径。

在图 9.9 右侧的实现移动中，大概有三分之一（30.83%）的实现移动同时也是会话中的最后一次移动，用户离开系统有可能是因为在第一个搜索结果页面上就找到自己所需的信息，也有可能是认为自己无法找到所需信息而放弃了。另有三分之一（32.79%）的实现移动留下了 R 足迹，这些移动代表了用户的信息需求未能在第一个搜索结果页面上得到满足的情况，因而他们需要采取进一步行动，如继续查看下一个搜索结果页面或是重构查询式。最后还有三分之一的实现移动反映了查看结果集合后的一般活动，即要么点进查看更多的资源详情（22.04%），要么利用个人图书馆（12.25%）保存结果条目或是预约资源以便借阅。

9.5.2.3　路径层分析结果

路径层上的分析首先以所有路径（即会话）的统计特征为对象，通过 Python 程序计算出每条路径在时长、长度、宽度和容量这四个属性上的值，表 9.1 总结了各属性的描述性统计结果。时长和长度是表观路径跨度的两个基本参数，尽管有的极端用户在访问 WHUL OPAC 时会投入很多时间并请求很多页面，但是这两个参数的均值还是比较合理的，反映出用户对系统的总体使用遵循了查寻模型，即通过少量的交互实现确切的目标。不同路径在宽度和容量这两个属性上的差异更小，用户平均每次访问 OPAC 仅查看 1.42 个搜索结果页面和 0.57 个资源详情页面，这再一次证明了用户的最简搜索目标：他们只是想快速找到少量已知资源，而不是通过广泛探索发现可能有用或感兴趣的资源。

表 9.1　WHUL OPAC 用户路径长度、时长、宽度和容量属性的描述性统计结果

	长度/页面数	时长/s	宽度/资源数	容量/资源数
均值/mean	3.20	316.78	1.42	0.57
标准差/sd	5.866	554.597	3.746	2.037
最小值/minimum	1	0	0	0
最大值/maximum	100	10,325	92	75
频次/count	653,994	653,994	653,994	653,994

表 9.2 显示了四个属性之间的相关关系。总的来说，各属性两两相关（$p < 0.01$），但是仅长度和宽度间存在强关联（$r = 0.911$，$r \geqslant 0.8$），表明访问中请求页面的数量越多，其中搜索结果页面的数量也会越多，这符合用户使用 OPAC 系统的主要目的，也与搜索结果页面吸引了绝大部分用户足迹的情况相一致。容量与宽度（$r = 0.605$，$0.5 \leqslant r < 0.8$）和长度（$r = 0.780$，$0.5 \leqslant r < 0.8$）都中度相关，这可以归因于相对较低的点入率，从以上关键移动图中可以看到仅有 22.04%。时长出现在所有的弱相关关系中，长度和时长（$r = 0.398$，$0.3 \leqslant r < 0.5$）之间不存在明显的线性相关关系：大多数用户在很短的时间内请求了大量页面，而其他用户则在少数页面上花费了大量时间。因此，用户对 WHUL OPAC 的访问在总体上是非常高效的。由于时长与宽度（$r = 0.308$，$0.3 \leqslant r < 0.5$）和容量（$r = 0.233$，$0.3 \leqslant r < 0.5$）的关系更弱，该属性对用户搜索表现的预测没有长度可靠。

表 9.2 　WHUL OPAC 用户路径长度、时长、宽度和容量属性的相关分析结果

		长度	时长	宽度	容量
长度	*r* Sig. (*2*-tailed) *N*	1 653994	.398** .000 653994	.911** .000 653994	.780** .000 653994
时长	*r* Sig. (*2*-tailed) *N*	.398** .000 653994	1 653994	.308** .000 653994	.233** .000 653994
宽度	*r* Sig. (*2*-tailed) *N*	.911** .000 653994	.308** .000 653994	1 653994	.605** .000 653994
容量	*r* Sig. (*2*-tailed) *N*	.780** .000 653994	.233** .000 653994	.605** .000 653994	1 653994

**p<.01

本研究经过进一步探讨发现，长度不超过 5 的短路径在所有路径中占到了86.25%，因而在对用户信息搜寻过程进行可视化展示时可以将这部分路径作为重点对象，但是长度为 1 的单足迹路径由于没有反映一个过程而被排除在外。路径层上接下来的分析即聚焦于长度为 2～5 的 217,945 个典型短路径，在对它们按照足迹序列进行表示后共得到 446 个不同的路径形式。表 9.3 展示了最常见的 20 个路径形式，其长度都不超过 4，再一次证明了短路径的普遍性。

表 9.3 　WHUL OPAC 中最常见的 20 个路径形式

排序	路径形式	频次	百分比	分组
1	R→L	27,161	4.15%	III
2	R→D	26,549	4.06%	I
3	L→L	22,749	3.48%	II
4	H→L	20,712	3.17%	II
5	R→R	20,686	3.16%	I
6	L→L→L	9,886	1.51%	II
7	R→D→D	7,399	1.13%	I
8	R→R→R	6,739	1.03%	I
9	L→L→L→L	6,024	0.92%	II
10	R→R→D	4,618	0.71%	I
11	R→L→R	4,599	0.70%	III
12	D→L	4,025	0.62%	III
13	R→R→R→R	4,001	0.61%	I
14	R→D→L	3,117	0.48%	III
15	R→R→L	2,760	0.42%	III
16	R→R→D→D	2,126	0.33%	I
17	R→D→R	1,967	0.30%	I
18	R→R→R→D	1,860	0.28%	I
19	R→D→D→D	1,713	0.26%	I
20	H→R	1,705	0.26%	I

　　以上最常见的 20 个路径形式可以划分为三组。规模最大的第一组包括 P2、P5、P7、P8、P10、P13、P16、P17、P18、P19 和 P20，它们实际上都是 R 足迹和 D 足迹的各种组合，突出了 OPAC 系统作为馆藏资源搜索工具的作用。尽管在第一个搜索结果页面上点击结果条目以查看资源详情（P2）是最普遍的，用户也可能连续扫描多个搜索结果页面（P5、P8 和 P13）或是同时打开多个资源详情页面（如 P7 和 P19）。第二组包括 P3、P4、P6 和 P9，都是仅由 L 足迹组成。这些路径形式尽管长度不同，但是都反映了用户访问 OPAC 系统的特殊目的——使用个人图书馆服务，因为用户可以不必亲自去图书馆而在网上轻松完成图书的预约和续借。最后第三组由剩下的其他路径形式组成，它们混合了不同类型的足迹，表明用户在找到有价值的资源后还采取了进一步的行动，比如说将资源加入收藏以便以后借阅。

　　为了揭示用户在 WHUL OPAC 中的路径导航模式，本研究利用开源工具 Sankey Diagram Generator 对以上 446 个不同路径形式生成了桑基图可视化（图 9.10），图中流量分支的宽度对应着用户访问量的大小。该可视化应该由上至下查看，足迹类别编码前的数字（1～5）表明了足迹在路径形式中的顺序。很明显，长度为 2 的超短路径具有突出地位，流量分支变得越来越窄则说明较长路径的快速减少。图 9.10 中的流量方向表现出一些有意思的模式。首先，如果用户是从 OPAC 主页（1H）或个人图书馆（1L）开始访问系统的，那么他们很有可能将接下来的活动都限制在个人图书馆范围内（2L、3L 和 4L）。其次，从搜索结果页面（1R）上开始的访问量相对平均地流向继续查看结果（2R）、查看资源详情（2D）和个人图书馆（2L），接下来用户倾向于重复并交替查看结果和资源详情。不难发现，独立搜索界面的使用在路径的任何阶段都是可以忽略不计的。

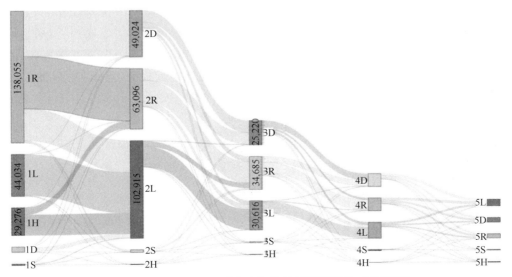

图 9.10　WHUL OPAC 用户路径的桑基图可视化（见彩图）

9.6　学术图书馆 OPAC 用户信息行为的搜索日志分析

9.6.1　搜索日志数据准备

　　本研究又从 WHUL 获取了从 2014 年 10 月 13 日 00:00:00 到 2014 年 10 月 30 日 23:59:59 共 18 天的 OPAC 访问事务日志文件，共包含 829,301 条记录，主要对其开展搜索日志分析。该文件格式与前面相同，因而数据的清洗和解析工作也遵循了相同的步骤，此处不再赘述。不同的是，搜索日志分析还需要从 URL 字段中提取出查询式并对其进行解码和分词处理。首先，中文在 URL 中无法直接显示，而是经过了 UrlEncode 编码，例如，中文"研究"对应的编码为"%E7%A0%94%E7%A9%B6"；UrlDecode 解码则可以对其实现逆向转换，即将编码转换为人工可读的中文文字。其次，中文不像英文关键词之间有空格自然分隔，为了计算查询式长度，有必要将其切分为独立且有意义的词汇。本研究采用了中国科学院计算技术研究所研制的汉语词法分析系统 ICTCLAS 3.0 对包含中文关键词的查询式进行分词处理，该系统分词精度可达 98.45%、速度可达 996KB/s，是目前最为权威的汉语词法分析器之一，能够很好地满足本研究的需要。

9.6.2　搜索日志数据分析

　　本书在第 7 章已经系统阐述了 Jansen 的搜索日志分层分析框架及其在搜索日志分析中的实际应用情况。虽然该框架是针对英文环境提出来的，但是其分析层次和绝大多数的分析指标都适用于中文环境。具体来说，本研究首先对 WHUL OPAC 的搜索方式、搜索字段和分面导航等方面的基本使用情况进行了总体统计，然后在搜索会话、查询式和关键词这三个层次上分别开展了分析。搜索会话分析旨在揭示会话长度和会话时长方面的规律；查询式分析主要关注查询式长度和高频查询式；关键词分析则主要针对关键词总数、独立关键词、高频关键词等指标进行统计。最后，本研究从所有的用户搜索路径中提取出典型路径开展可视化分析。

　　专门针对中文搜索系统的搜索日志分析并不多见，第 5 章中介绍的中文搜索引擎 Timway 日志分析是非常具有代表性的。该研究发现日志中存在纯英文、纯中文和中英混合三大类查询式，认为纯中文查询式是由字符组成的，依次进行了单字符分析、二元分析、三元分析和 N 元分析。这样处理的问题在于具有整体意义的多字符查询式被人为拆分成无意义的字符组合，如"有限公司"被拆分成"有限公"和"限公司"，对后两者的统计没有任何价值。WHUL OPAC 日志中也存在这三类查询式，但是考虑到纯中文查询式占据了主导地位，本研究只区分了纯中文和非纯中文（包括纯英文和中英混合）查询式，并且利用分词处理取代了简单的字符拆分，从而得到了在语义上组成查询式的关键词，因而关键词分析具有更强的科学性。

9.6.2.1　OPAC 系统基本使用情况分析结果

简单搜索、高级搜索、通用命令语言搜索和分类浏览是 WHUL OPAC 提供的四种主要搜索方式，其中简单搜索还衍生出了多字段搜索，前者要求用户选择一个字段输入查询式，而后者允许他们同时在多个字段分别输入相应的查询式，有利于提高查准率。搜索方式分析结果如图 9.11 所示，简单搜索作为默认方式表现出了几乎独占的优势，用户对高级搜索和通用命令语言搜索仅略有使用，而对多字段搜索和分类浏览的使用甚至可以忽略不计。这一点与以上点击流数据分析得到的结果一致。

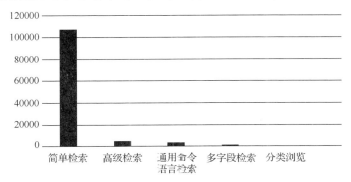

图 9.11　WHUL OPAC 用户的搜索方式

尽管简单搜索和高级搜索都支持用户从下拉菜单中选择他们关心的字段，但是实际上大多数情况下用户不会做出额外的选择，而是直接进行默认的全面检索，即不限定查询式出现在哪个字段（图 9.12）。在选择字段时，用户最常用的是 ISBN、所有题名和正题名，而最少用到的是条形码和索书号。这些常用字段都可以用来准确识别资源，说明以上关于 OPAC 用途的猜测是合理的，即用户已经获得了书目信息，只是通过 OPAC 了解藏书位置以便借阅。条形码和索书号都是图书馆对资源进行编目时添加的操作属性，一般不用于搜索。

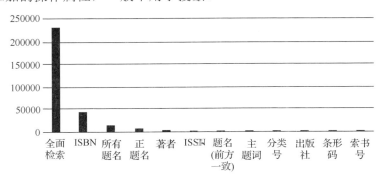

图 9.12　WHUL OPAC 用户的搜索字段

　　就分面导航的使用而言（图 9.13），关键词分面的使用频率在 7 个分面中最高，其次是作者分面，它们是书目信息的基本组成部分，是用以区分相似结果的重要条件。接下来馆藏、年份和分类这三个分面的使用频率依次下降，它们能够帮助用户根据资源的领域属性和时间属性来缩小搜索范围。用户对格式分面的使用最少，因为该分面下的分类比较宽泛，仅分为图书、期刊和其他，而搜索结果的格式多为图书；语种分面也存在同样的问题，用户构造查询式所用的语言在很大程度上决定了搜索结果的语种，基本上以中文为主，可能出现少量英文或日文。也就是说，这两个分面对搜索结果的精炼价值并不明显。

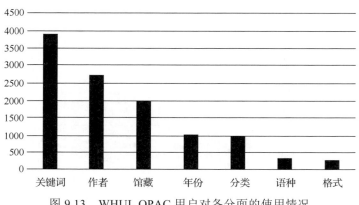

图 9.13　WHUL OPAC 用户对各分面的使用情况

9.6.2.2　搜索会话、查询式与关键词分析结果

　　经过与上述点击流数据分析相同的数据解析过程后，此次搜索日志分析共识别出 50,092 个搜索会话。会话长度和时长是反映搜索会话特征的两项基本指标，前者是用户在会话中提交查询式的个数，后者则是用户从提交初始查询式到最后离开 OPAC 系统的时长。WHUL OPAC 用户的搜索会话平均长度为 2.70 个查询式，平均时长为 10.6min，表 9.4 和表 9.5 分别列出了所有搜索会话在长度和时长上的分布情况。可以看出，仅包含单一查询式的搜索会话所占比例接近 60%，而长度不超过 4 个查询式的短会话所占比例更是超过了 90%，这与点击流数据分析得到的短路径相互呼应。同时，大多数搜索会话（43.58%）也表现出短时性（不超过 1min），而超过 15min 的长时会话也占到了 27.64%，介于两者之间的会话反而相对较少。

表 9.4　WHUL OPAC 用户搜索会话长度分布情况

会话长度/min	频次	百分比
1	28,843	57.58%
2	9,517	19.00%
3	4,143	8.27%
4	2,770	5.53%
>4	4,819	9.62%
总数	50,092	100%

表 9.5　WHUL OPAC 用户搜索会话时长分布情况

会话时长/min	频次	百分比
<1	21,830	43.58%
1～5	5,764	11.51%
5～10	5,378	10.74%
10～15	3,275	6.54%
≥15	13,845	27.64%
总数	50,092	100%

查询式由关键词组成，查询式长度指的是将其分词后得到的关键词个数。本研究从 50,092 个搜索会话中共提取查询式 130,388 个，其中纯中文查询式 106,085 个，平均长度为 2.88 个关键词；非纯中文（包括纯英文和中英混合）查询式 24,303 个，平均长度为 2.87 个关键词。两种查询式长度的分布情况如表 9.6 所示，长度为 1～4 个关键词的短查询式所占比例接近 90%，尤其是非纯中文查询式，以单一关键词为主（42.54%）。

表 9.6　WHUL OPAC 用户查询式长度分布情况

纯中文查询式长度	频次	百分比	非纯中文查询式长度	频次	百分比
1	25,395	23.94%	1	10,338	42.54%
2	30,666	28.91%	2	5,978	24.60%
3	24,572	23.16%	3	3,179	13.08%
4	12,476	11.76%	4	1,873	7.70%
≥5	12,976	12.23%	≥5	2,935	12.08%
总数	106,085	100%	总数	24,303	100%

高频查询式分析也对纯中文和非纯中文查询式进行了分别统计，如表 9.7 所示。很明显，排名前 20 的纯中文查询式基本上都是完整的中文书名（仅除"重要文献选编"、"大数据"、"长篇小说"和"毛泽东"外），并且都是文学（如《白毛女》、《围城》）、哲学（如《西方哲学史》）、经济学（如《经济学原理》）经典著作或热门小说（如《平凡的世界》、《追风筝的人》、《小王子》等）。排名前 20 的非纯中文查询式中仅有两个为中英混合（即"C 语言"和"R 语言"），其余均为纯英文单词或字符，绝大多数都是编程语言（如 C、java、C++）或计算机软件名称（如 matlab、SPSS、photoshop），也有少数指代不明确，如 cai、BK、a、SE 等。不难发现，非纯中文高频查询式（除 matlab 外）的出现频次总体上要低于纯中文高频查询式。

表 9.7　WHUL OPAC 中排名前 20 的高频查询式

排序	纯中文查询式	频次	百分比	排序	非纯中文查询式	频次	百分比
1	平凡的世界	239	0.225%	1	matlab	301	1.239%
2	十五大以来重要文献选编	230	0.217%	2	chi	184	0.757%
3	西方哲学史	219	0.206%	3	C	160	0.658%
4	白毛女	214	0.202%	4	C 语言	153	0.630%
5	高等数学	209	0.197%	5	java	151	0.621%
6	乡土中国	168	0.158%	6	C++	136	0.560%
7	重要文献选编	140	0.132%	7	SPSS	123	0.506%
8	毛泽东选集	139	0.131%	8	BK	106	0.436%
9	物权法	135	0.127%	9	python	84	0.346%
10	围城	128	0.121%	10	R 语言	78	0.321%
11	经济学原理	125	0.118%	11	photoshop	78	0.321%
12	红楼梦	114	0.107%	12	android	75	0.309%
13	追风筝的人	111	0.105%	13	Ansys	69	0.284%
14	大数据	111	0.105%	14	eng	68	0.280%
15	小王子	103	0.097%	15	gis	66	0.272%
16	大数据时代	102	0.096%	16	arcgis	61	0.251%
17	长篇小说	100	0.094%	17	a	60	0.247%
18	毛泽东	100	0.094%	18	contract law	58	0.239%
19	国富论	98	0.092%	19	SE	55	0.226%
20	微观经济学	96	0.090%	20	GRE	53	0.218%

　　本研究利用 ICTCLAS3.0 对以上 130,388 个查询式进行了分词处理。由于已不可再分，关键词要么是中文，要么是英文，不存在中英混合的情况。分词后共得到中文关键词 302,247 个、英文关键词 67,498 个，其中中文独立关键词 20,241 个、英文独立关键词 10,690 个。两种语言独立关键词数量比例要远小于关键词总数的比例，说明中文词汇的重复使用率更高。表 9.8 展示了排名前 10 的中文和英文高频关键词（已除去无意义的介词、连词等）。中文高频关键词大致可以分为两类，一类是学科主题（如"数学"、"英语"、"经济学"、"社会"、"管理"、"文化"等），另一类是学术著作中的常见词汇（如"研究"、"分析"、"理论"等），而出现频次最高的关键词"中国"不属于这两类，表明用户更关注国内各种问题的探讨。英文高频关键词与前面提到的英文高频查询式具有一定的重合，也是以编程语言（如 C、java、R）或计算机软件名称（如 matlab、photoshop）为主。有趣的是，有的英文高频关键词与中文相互对应，如"International"（国际）则与"中国"相对应，"Research"和"Theory"是"研究"和"理论"的英文翻译。

表 9.8　WHUL OPAC 中排名前 10 的高频关键词

排序	中文关键词	频次	百分比	排序	英文关键词	频次	百分比
1	中国	4,114	1.36%	1	C	1,009	1.49%
2	研究	2,000	0.66%	2	matlab	654	0.97%
3	分析	1,646	0.54%	3	law	423	0.63%
4	数学	1,292	0.43%	4	international	390	0.58%
5	英语	1,257	0.42%	5	java	359	0.53%
6	经济学	1,237	0.41%	6	Theory	293	0.43%
7	社会	1,208	0.40%	7	R	254	0.38%
8	理论	1,148	0.38%	8	photoshop	231	0.34%
9	管理	1,136	0.38%	9	Journal	230	0.34%
10	文化	1,121	0.37%	10	research	214	0.32%

9.6.2.3　基于路径可视化的搜索过程分析结果

完成以上以会话、查询式和关键词为对象的基本分析后，本研究进一步对用户的典型搜索路径开展了可视化分析，具体来说就是从实际的人为路径中识别出具有代表性的路径，再以路径图可视化将其直观地展现出来。典型路径的提取工作首先删除了长度小于 3 个页面的超短路径，由于路径长度差别较大，还需要对剩下的路径按长度进行分组，然后通过计算最小平均编辑距离来确定组内中心路径，将其作为典型路径。

计算接近中心性（Closeness Centrality）是在一组对象中寻找中心（最具代表性的对象）的常用方法。由于接近中心性与平均距离成反比，平均距离最小的路径在同类路径中处于中心地位，可以有效地反映同类路径的共同特征。最小平均编辑距离的计算采用的是 Levenshtein Distance 算法，这是一种判断两个任意长度的字符串之间相似性的方法，反映的是两字符串之间相互转换所需增删改操作的最小次数，且不要求两字符串长度相等，适用于两个矩字符串或一长一短两个字符串。考虑到武汉大学图书馆 OPAC 用户的搜索路径长度不一，大部分都很短（77.29% 的路径长度不超过 10 个页面，且所有路径的平均长度仅为 2.48 个页面），采用 Levenshtein Distance 算法是比较合适的。以下是利用该算法计算路径间两两距离以寻找中心路径的简单示例。

（1）第一步：将路径表达为数组。

Path 1 = ['H', 'S1', 'R2']

Path 2 = ['H', 'L1', 'L3', 'L1']

Path 3 = ['H', 'R1', 'R2', 'D2']

（2）第二步：计算数组两两之间的平均距离。

Path 1	Path 2	Path 3
LD (1, 2) = 3	LD (2, 1) = 3	LD (3, 1) = 3
LD (1, 3) = 3	LD (2, 3) = 4	LD (3, 2) = 4
Average = 3	Average = 3.5	Average = 3.5

（3）第三步：选择中心路径。

因为 Path 1 具有最小平均距离，所以典型路径是 Path 1。

在对路径按长度分组的过程中，本研究反复比较了不同分组条件下类中心编辑距离的方差，发现以长度为 10 和 20 个页面作为划分节点时，各类路径呈现出最具代表性的为特征。因此，所有待分析路径可以分为三组，即页面长度分别为 3～10 个页面（第 1 组）、11～20 个页面（第 2 组）和 21 个页面及以上（第 3 组）。在每组中分别提取平均编辑距离最小的那条路径作为中心路径，最终得到 3 条 OPAC 用户搜索的典型路径（Typical pathways, TP）。

（1）TP 1：['R1', 'R1', 'L2']。

（2）TP 2：['R1', 'R1', 'R5', 'R2', 'R2', 'R4', 'R4', 'D1', 'R2', 'R2', 'R2', 'R2']。

（3）TP 3：['R1', 'R1', 'R4', 'R2', 'R2', 'R5', 'R5', 'R2', 'R4', 'L2', 'L1', 'L3', 'L3', 'R1', 'R1', 'R1', 'R1', 'R5', 'R2', 'R2', 'R1', 'R1']。

图 9.14～图 9.16 分别展现了这三条典型路径的路径图可视化。第 1 组中最具代表性的搜索路径 TP 1 长度为 3 个页面，时长为 4min14s。该用户在 WHUL 主页上进行"馆藏目录"搜索进入 OPAC，首先到达多库检索页面（R1），需要在西文文献库和中文文献库中做出选择，选定文献库后再到达相应的搜索结果页面（R1）；他在这个搜索结果页面上花费了将近 4min 的时间查看结果条目，最后直接退出了系统（L2）。需要说明的是，该用户退出系统前需要先登录，但是登录操作并未反映在路径中，这是因为他事先登录了 WHUL，而无须再登录 OPAC 系统。TP1 很有可能是一条线性的查寻路径，用户在搜索结果页面上了解了相关条目及其馆藏位置等信息，信息需求得到满足而离开系统。

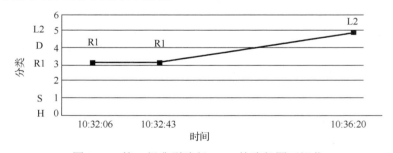

图 9.14　第 1 组典型路径 TP 1 的路径图可视化

TP 2 是第 2 组中的典型路径，长度为 12 个页面，时长为 6min23s。该用户同样是在 WHUL 主页上搜索进入 OPAC，经由多库检索页面（R1）到达第一个搜索结果页面（R1），花费了大概 1min 时间查看结果条目后决定对搜索进行优化（R5）。然而这并没有满足该用户的需求，他又连续进行了两次简单搜索（R2），并在第二次搜索中两次翻页（R4），最终进入资源详情页面（D1）。然而无法确定的是该用户的信息需求是否就此得到满足，因为紧接着他又连续多次开展简单搜索（R2），这一系列搜索可能是为了找到更多的相关结果，也可能是因为结果不理想而试图改进查询式。但可以看出，TP2 比 TP1 表现出明显的探索性，用户与系统的交互更为频繁，耗费时间也更长。

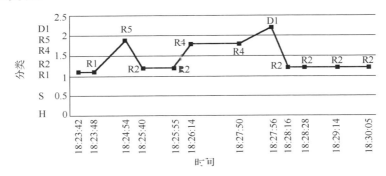

图 9.15 第 2 组典型路径 TP 2 的路径图可视化

第 3 组中的典型路径 TP 3 长度为 22 个页面，时长为 7min14s。该用户大致经历了三个交互阶段：首先，前面 3 分多种时间为初步搜索阶段，他从 WHUL 主页进入 OPAC 后多次执行翻页（R4）、搜索优化（R5）、改进查询式（R2）等操作，经历了一个非线性的搜索过程；然后，他中断了搜索活动，转而登录个人图书馆（L2），选择查看个人借阅信息（L3），这很有可能是因为他刚才的搜索并不顺利，却突然想起以前借阅过的图书也许会提供一些有用的线索；最后，用户又回到 WHUL 主页进行了多次搜索（R1），其中也穿插了结果优化（R5）和查询式改进（R2）。与 TP 2 一样，TP 3 也是一条探索路径，用户采用了多元化的搜索策略，尤其还额外利用了个人图书馆中存储的历史信息。

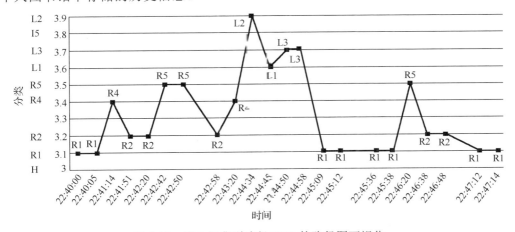

图 9.16 第 3 组典型路径 TP 3 的路径图可视化

9.7　研　究　讨　论

9.7.1　独立搜索界面利用率低

　　WHUL 将馆藏资源与电子期刊、数据库等资源区分开来，对其专门提供 OPAC 搜索。进一步地，OPAC 内部的独立搜索界面为用户提供了特定搜索方法的标准入口，包括简单搜索、高级搜索、通用命令语言搜索和分类浏览。本研究对点击流数据在足迹、移动和路径三个层次上的分析都表明这些界面的利用率相当低：仅有 2% 的足迹留在搜索页面（S）上；仅有 0.96%的关键移动源自 S 足迹；并且最常见的 20 个路径形式无一包含 S 足迹。用户倾向于使用简单搜索框，却基本上忽略了其他搜索方式，这极有可能是因为后者需要用户具备相应的搜索技能。高级搜索要求用户理解布尔逻辑及其算符，通用命令语言搜索也具有特定的语言和编码。尽管分类浏览不涉及查询式构造，但是用户必须对分类体系（即中国图书馆分类法和中国科学院图书馆分类法）有一定了解才能选择正确的类别。此外，由搜索日志分析可知，用户甚至更习惯从 WHUL 主页上通过"馆藏目录"搜索进入 OPAC 系统，这一过程中还需要完成语种选择才能查看到搜索结果。这样做无疑增加了搜索活动的复杂度，用户可以明显感受到搜索流程的中断，也可能对 WHUL 网站界面和 OPAC 系统界面的视觉设计差异产生疑惑。

　　从用户的实际使用情况来看，WHUL OPAC 系统在界面和功能设计上确实存在一些冗余，有时可能影响用户搜索资源的效率。国外许多大学图书馆的 OPAC 系统（如哈佛大学图书馆 OPAC、斯坦福大学图书馆 OPAC 等）则采取了不同的做法，他们提供的是单一搜索框的整合式搜索，用户可以直接提交任何查询式，由系统识别其类型和意义，再从多个来源聚合搜索结果，返回到统一的界面上，同时将结果类型作为一个分面允许用户选择所需类型。这样做更符合现在 OPAC 用户主体的使用习惯，他们都是"数字土著"（Digital Native）或"谷歌世代"（Google Generation），在日常的网络信息搜寻中已经习惯使用智能的简单搜索框；搜索引擎提供的查寻工具能够自动完成查询式并改正输入错误；如果初始查询式没有带来想要的结果，系统会推荐一系列相关的查询式；系统还会自动识别查询式的情境，从而返回个性化的结果，等等。因而，他们不愿意使用传统图书馆 OPAC 的笨重搜索界面也是意料之中的。考虑到用户对即时满意的渴望，本研究认为 WHUL OPAC 系统可以考虑整合其搜索界面，减少语种选择、查询式类型选择等冗繁的搜索步骤，并且建议学术图书馆 OPAC 系统将更多的精力放在简单搜索的交互和算法设计上，以求取得易用性和功能性的最佳平衡。

9.7.2　探寻式搜索极少发生

如今，下一代 OPAC 系统通过提供各种发现工具实现了对探寻式搜索的有效支持。探寻式搜索描述的是一个"方向不确定、多次循环、依赖多种方法的"过程，这恰恰符合了学术图书馆用户的需要，因为他们经常面临模糊或复杂的信息问题，比如说了解全新的研究主题或是明确各相关观点之间的关系。当用户不确定所需的信息是否存在以及如何表达信息需求时，他们通常会融合查询和浏览策略，根据搜索过程中获得的新线索不断改进搜索。也就是说，探寻式搜索往往表现出用户与系统间交互频繁的特点，很容易形成较长的搜索路径。

令人意外的是，点击流数据分析的路径层分析和搜索日志分析的路径可视化分析结果都表明，WHUL OPAC 用户的搜索过程在绝大多数情况下并不具有探索性。点击流数据分析的路径层分析表明，短路径（长度为 2～5 个页面）才是最普遍的，它们在所有路径中所占的比例相当高，并且最常见的路径形式都是很短的。从 TP 1 的路径图可视化也可以看出，用户主要将 OPAC 作为一种获取已知资源的查寻式搜索工具。很有可能他们在此之前已经利用各种强大的在线搜索服务（如 Google Books、Amazon、GoodReads 等）完成了探索过程，通过这些服务找到有价值的资源并获取其书目信息，而 OPAC 只起到了根据书目信息提供藏书位置的作用。

虽然 TP 2 和 TP 3 的路径图可视化表现出一定的复杂度，但是频繁的交互并不一定是由探索性的任务造成的。从时间轴来看，用户在每个页面上停留的时间都不算太长，大多不超过 1min，这段时间或许足够他们大致查看页面内容，不过如果需要进一步消化理解这些内容、思考探索策略，则有必要花费更多的时间。另外，用户访问的基本上都是搜索结果页面，极少进入资源详情页面，前者仅提供了书名、著者、年代、出版社等基本信息，这对于他们深入了解搜索主题的帮助很有限。因此，即使用户多次翻页、重构查询式，这些行为很可能是他们在应对系统功能缺陷的表现，如结果匹配和排序不理想、查询式构建工具缺失等。下一代 OPAC 系统旨在帮助用户开展探寻式搜索，而实际上此类搜索却极少发生，因而有必要在今后的研究中深入探讨这一现象背后的原因。

9.7.3　搜索行为遵循"最小努力法则"

表 9.9 对比了 WHUL OPAC 和 Timway、NDSL 的搜索日志分析结果，Timway 是中文搜索引擎（本书 7.3.2），NDSL 是韩文科技信息检索系统（本书 7.4.2.2）。由于以往专门针对学术图书馆 OPAC 的搜索日志分析并不多见，这里选取了两项基于亚洲语言搜索系统的研究进行比较。可以发现，OPAC 用户的搜索行为更接近搜索引擎用户，查询式和搜索会话的平均长度都很短；尽管学术用户与科技信息用户应该具有一定相似之处，但是前者对查询式重构活动的投入程度要远远低于后者，这

与以上讨论的 WHUL OPAC 系统设计不足和实际定位存在着很大关系。

表 9.9　WHUL OPAC 与 Timway、NDSL 的搜索日志分析结果比较

	Timway	NDSL	WHUL OPAC（纯中文/非纯中文）
查询式长度	3.38	1.4	2.88/2.87
搜索会话长度	2.03	8.2	3.25/2.42
长度小于 5 的查询式/%	72	87	88

　　面对不尽满意的初始结果，如果不重构查询式，用户还可以通过多种方式与结果交互。页面导航是指逐页对结果空间进行探索，而搜索改进在 WHUL OPAC 中则是指利用结果内再搜索、分面导航或结果优化等手段缩小结果集合的范围。结果内再搜索要求用户能够主动输入限制性关键词，分面导航要求用户能够选择相关分面下合适类别，结果优化要求用户能够明确指出结果条目所属的目标集合，因此搜索改进比页面导航所需的用户参与度更高。根据点击流数据分析结果，页面导航（R4）和搜索改进（R5）操作不算太普遍，仅带来了 14% 的足迹。换句话说，在遇到相关性排序不满意的情况时，用户采取进一步行动的可能性并不高。但应该注意的是，页面导航（11%）的发生频率将近是搜索改进（3%）的 4 倍，这显示了用户更加青睐需要他们付出更少努力的交互模式。

　　实际上，以往的一些研究也发现了搜索改进不太常见的情况。就 WHUL OPAC 而言，用户对搜索改进的排斥很可能与他们信息素养能力不足有关。据调查，武汉大学的学生中仅有 20% 为搜索能手。如果用户在改进搜索的过程中无法做出正确的选择，他们将面临更加糟糕的结果。以分面导航为代表的搜索改进工具其实是非常有用的，有助于过滤掉不相关的结果、避免结果为空的情况、降低用户的认知负担、提高搜索效率。然而，WHUL 所举办的信息素养培训活动更多以宣传新引进的电子资源为目的，而很少涉及基础搜索知识的讲授，因而今后有必要定期针对 OPAC 系统及其功能的使用提供专门的指导或课程，以增强用户使用强大搜索工具的意识和能力。

9.7.4　个人图书馆的发展

　　WHUL OPAC 提供的个人图书馆功能已经成为用户使用 OPAC 的重要目的之一。大约一半的常见路径形式都包含了用户对个人图书馆的访问，甚至有时就是从访问个人图书馆开始的或是只访问了个人图书馆。虽然个人图书馆页面吸引了 25% 的足迹，其中仅用户账号管理活动（如登录/退出）就占到了 11.25%，而其他更具有实际意义的活动却不那么常见，包括图书馆服务管理（4.25%）、收藏管理（5.25%）、搜索管理（0.05%）等。个人图书馆对 WHUL OPAC 用户来说主要起到了个人信息管理（Personal Information Management，PIM）的作用，方便他们更有效地使用传统的图书馆服务，包括借书、还书、续借、预约和提醒等。相比之下，与 OPAC 搜索相关的在线服务却被忽视，用户很少查看以往的搜索历史。这在某种程度上也暗

示了 OPAC 中查寻式搜索的普遍性，因为用户每次都能立即获取确切的结果而无须持续关注。

目前学术用户可以利用的在线 PIM 工具有很多，例如，社会性图书馆系统（如 LibraryThing）、社会性引文系统（如 Mendeley）、社会性书签系统（如 Bibsonomy）。这些都是典型的 Web 2.0 应用，允许用户分享、发现并收藏有价值的信息资源，包括图书、论文、网页等。如果学术图书馆希望为 OPAC 系统的个人图书馆组件提供更好的用户体验，可以考虑利用用户群体的力量，在以下几个方面加以改进：首先在信息搜寻这一基本活动上，可以根据用户对资源的借阅或收藏情况对搜索结果实现个性化的排序；其次可以加强推荐功能，为用户匹配兴趣相似的其他用户，或是基于其借阅或收藏历史推荐相似资源；最后趋势展示也是非常有价值的功能，通过聚合用户个体行为抽取搜索、借阅、收藏的趋势，一方面可以帮助用户了解当前热点，另一方面也可以为图书馆的图书采购工作提供参考。

9.8　本章小结

随着网络搜索引擎和 Web2.0 的不断发展，下一代 OPAC 系统在早期 OPAC 系统的基础上，融入了商业网站和社交网站的信息发现特征，提升了用户在整合环境中快速找到学术信息的效率，完善了用户的搜索体验。本章通过用户的信息行为研究全面揭示了国内学术图书馆下一代 OPAC 系统的使用情况，指出已有 OPAC 系统的存在的问题。

首先详细介绍了探寻式搜索，包括触发探寻式搜索的信息问题、搜索过程的研究，为后续研究奠定理论基础，然后阐述了学术图书 OPAC 系统用户行为相关研究现状，表明发现工具、分面导航、Web2.0 功能在下一代 OPAC 系统研究中具有重要作用。

接着以武汉大学图书馆 OPAC 系统作为研究背景，对用户信息搜寻行为分别进行点击流数据分析和搜索日志分析。在点击流数据分析中，主要依据第 8 章所述的点击流分析方法通用框架，从足迹层、移动层、路径层三个层次展开，阐述用户的行为特征。在搜索日志分析中，首先对 OPAC 系统的搜索方式、搜索字段和分面导航等方面的基本使用情况进行了总体统计，然后在搜索会话、查询式和关键词这三个层次上分别开展了分析。

最后通过上述两种分析，得到以下结论：武汉大学 OPAC 系统的独立搜索界面利用率低，可以考虑整合系统的搜索界面，减少语种选择、查询式类型选择等冗繁的搜索步骤，并且优化简单搜索的交互以及算法设计；用户极少发生探寻式搜索，研究人员有必要进一步探索背后的原因；用户的搜索行为遵循"最小努力法则"，可以定期针对 OPAC 系统及其功能的使用提供专门的指导或课程，以增强用户使用强大搜索工具的意识和能力；通过用户群体优化个人图书馆组件，从而改善用户体验。

第 10 章　社会性图书馆系统用户信息搜寻行为研究

10.1　社会性图书馆系统概述

过去的 30 多年时间见证了信息领域所发生的一系列重大变化。20 世纪 80、90 年代的计算机革命为信息的生产和保存创造了新的手段，随后网络和搜索技术的突破式发展为信息的访问提供了极大便利。传统意义上作为知识存储和传播媒介的图书馆也随之发生了改变，现代图书馆以数据库取代了卡片目录，在纸质图书的基础上引入了电子图书、音像资源等，而且通过网站和 OPAC 系统为用户提供了获取这些资源的渠道[482]。可以说，图书馆的内涵已经逐步转变为"建筑物"、"地点"，成为存放资源实物的地方[483]。随着 Web 2.0 的来临，信息组织和检索的方式进一步得到丰富。"社会化"是继"网络化"之后图书馆发生的又一次重要变革，越来越多的人都开始使用社会性图书馆系统。

Web 2.0 是一个支持参与和合作的平台[484]。简单来说，社会性图书馆系统是 Web 2.0 网站中的一种，允许用户利用各种工具构建与管理个人的图书馆并且与他人分享自己的收藏。LibraryThing（https://www.librarything.com/）、IMDb（http://www.imdb.com/）和 Last.fm（https://www.last.fm/）都是国外具有代表性的社会性图书馆系统，分别专注于图书、电影和音乐资源。用户个人图书馆中存储着资源的元信息，包括其创建者、类型、发布地点和时间、简介等。我们可以将整个社会性图书馆系统看作一个预先提供了大量资源的总图书馆，用户只需找到有价值的资源并将其添加到自己的个人图书馆。总体上，社会性图书馆系统旨在帮助用户方便地检索已拥有的资源，更重要的是帮助他们有效地探索可能感兴趣的资源[485]。

在社会性图书馆系统中，用户也扮演着编目者的角色，他们负责对收藏的资源进行分类和描述，这样有利于自己再次查找，也有利于其他用户发现这些资源。资源的编目是通过"加标签"或"标注"实现的——用户为资源条目添加标签或关键词[23]，这是一种自下而上的方式，因为标签能够表明资源的特征，但它们又并非来自已有分类体系或主题词表的概念框架，其用语一般更加通俗，符合现代语言潮流，更易于理解[486]。由于用户是相互独立地根据个人理解为资源添加标签的，这种标注行为在本质上属于个人行为，然而其"社会性"源于系统对标签的聚合。在微观层面上，每个资源的编目信息由用户为其添加的所有标签组成；在宏观层面上，系统将所有用户曾经添加过的标签聚合成社会分类系统（Social Classification），我们通常将其称为"大众分类"（Folksonomy）[487,488]。与传统图书馆依赖专业编目人员实现大规模馆藏的存储与检索不同[489]，社会性图书馆系统依赖的是大量普通用户的集体力量，"社会编目者"（Social Cataloger）由此产生。

实际上，标签也被广泛应用于其他类型的 Web 2.0 网站，例如，社会性书签系统（Social Bookmarking Systems）、媒体分享系统（Media Sharing Systems）、社会性引文系统（Social Citation Systems）、社会性向导系统（Social Guide Systems）等。它们被统称为"社会性标签系统"（Social Tagging Systems），因为其系统架构都是由资源、用户和标签这三个要素组成的[490]（图 10.1 所示）。

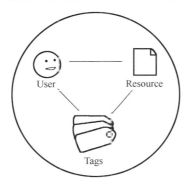

图 10.1　社会性标签系统的基本架构

资源是社会性标签系统的核心，可以是数字化的图片、音频、视频等，也可以是对原始对象的数字化表示（如书签是对网页的表示，引文是对论文的表示）[490]。依据来源的不同，资源还可以分为公共资源和用户贡献资源，后者的标注权限可能仅限于上载资源的用户。用户对资源加标签可能出于多种动机，除了起到信息组织和检索的作用[491]，还可以作为自我表达的工具和自我交流的渠道，用户常常利用标签表明观点、吸引注意[492,493]。当然，用户与个人经历、知识、判断等方面都可能影响他们加标签的方式，从而导致了词汇问题（Vocabulary Problem）和基本层级问题（Basic Level Problem）[23]。标签聚合后形成的大众分类是缺乏严格层级或互斥类别的命名空间[494]，尽管这样有利于实现实时更新且降低了编目成本[495]，但是大众分类的可用性和可查找性却受到了一定质疑[496]。

10.2　研究问题与研究意义

在 Web 2.0 不断发展的大背景下，越来越多的人在个人信息管理和社会交往意图的驱使下注册成为社会性图书馆系统的用户，希望能够在更广阔的空间探索发现各种信息资源。与用户数量同步快速增长的是系统内资源的数量：以 LibraryThing

为例，截至 2015 年年底，超过 200 万位用户已经对 1 亿部图书进行了编目①。对于社会性图书馆系统用户来说，他们不仅是社会编目者，更是信息搜寻者。面对如此庞大的资源规模，他们是否能够成功应对信息过载的挑战、有效获取感兴趣的资源呢？这一问题将直接影响他们在分享、交流、加标签等社会性活动中的参与度，而用户参与度的降低对任何 Web 2.0 网站来说都是致命的打击。

　　遗憾的是，现有的信息搜寻行为研究还是主要关注传统信息环境（如搜索引擎、数字图书馆等）中的用户行为，并未足够重视社会性标签系统这一新型环境；同时以社会性标签系统为背景的研究又以探讨用户的标注行为为主，包括标签的类型和主题、排序及其增长、分布、共现的规律等。为了填补现有的研究空白，本研究试图结合非介入性和介入性的方法采集真实用户的实际行为数据，对其进行系统分析，以揭示社会性图书馆系统中信息搜寻活动的总体特征，具体的研究问题如下。

　　（1）社会性图书馆系统用户采取了哪些信息搜寻方式来查找资源？每种方式在资源查找中的普遍性和有效性如何？

　　（2）对于以每种信息搜寻方式为主导的社会性图书馆系统用户来说，他们是否存在共同特征？如果存在，这些特征包括哪些？

　　（3）用户访问社会性图书馆系统的路径具有哪些特征？访问路径中的信息搜寻活动表现出怎样的发生规律？

　　在日新月异的网络世界中，技术的发展不断引入新的信息组织与获取方法，虽然网络搜索引擎依然是人们搜寻信息的主流工具，但是社会性图书馆系统也为信息搜寻带来了更多的可能性，随之而来的是人们为了适应新机制、利用新功能而做出行为上的改变。本研究立足于信息搜寻行为领域率先利用点击流数据分析方法来探讨这一改变，具有十分重要的学术价值。一方面，相关理论对信息搜寻方式的划分在本研究中得到了充分的应用和验证，化解了过去将信息搜寻和信息搜索混为一谈的情况，基于新型信息环境的特点进一步丰富了信息搜寻方式的内涵。另一方面，点击流数据分析方法通用框架的引入改变了以往信息搜寻行为研究以介入性方法为主导的局面，在很大程度上扩大了研究内容的范畴，提高了研究结论的可信度，并结合传统的问卷调查方法解释了用户行为的成因，在总体研究设计上实现了突破。

10.3　理论基础与相关研究

10.3.1　信息搜寻方式理论基础

　　信息搜寻方式是对人类信息搜寻行为基本特征的概括，以往的相关理论研究已

---

① https://en.wikipedia.org/wiki/LibraryThing

经对此进行了深入的探讨。最早 Marchionini[2]区分了分析式搜索和启发式浏览这两大类截然不同的信息搜寻策略，前者由目标驱动并需要预先规划，后者则具有偶然性并依赖交互。在 Wilson[13]的信息行为模型中（见本书 3.7 节的 1996 年版模型），他认为主动搜索是最基本的信息搜寻方式，而被动注意、被动搜索和持续搜索方式可以对其起到补充作用。与之类似，Choo 等[481]提出了四种信息扫描方式，包括不定向查看（Undirected Viewing）、有条件查看（Conditioned Viewing）、非正式搜索（Informal Search）和正式搜索（Formal Search），并将它们与 Ellis 的信息搜寻行为模式模型[145]（见本书 3.4 节）结合起来以说明每种方式通常对应着哪些具体的活动。

　　上述研究初步确定了信息搜寻方式的一般划分，而 Bates[79]则对这种划分做出了更为透彻的阐释。她在信息搜寻方式模型（见本书 3.3 节）中指出，用户在搜寻信息时会表现出主动性和方向性上的差异；由这两个维度交织而成的四种信息搜寻方式分别被称为搜索、浏览、注意和追踪。搜索和浏览属于主动方式，都要求用户投入时间和精力去获取信息。而两者的区别在于，搜索是以明确的信息需求为指引的，浏览却通常不是从特定需求开始的。搜索者需要消耗认知资源从记忆中唤起恰当的提问式来清晰地表达自己的信息需求，而浏览者主要通过发挥自己的感知能力从外界环境中识别出有用的信息[2]。作为被动方式的注意和追踪，都描述了用户等待信息的自然靠近并试图在信息经过身边的时候抓住它的情景。不同的是，注意到的信息往往是随机的、突然引起了用户的兴趣，追踪到的信息则很可能与过去已有的信息需求相关[79]。

　　信息搜寻方式描述的对象是用户行为而不是信息环境，不过用户对方式的采取通常会受到环境的影响。比如说，搜索引擎和网络导航目录是分别专为搜索和浏览方式而设计的。社会性图书馆系统的构建却具有显著的综合性特点，允许用户采取各种信息搜寻方式来查找资源，呈现出一种更加多元化的信息环境。

　　大部分社会性图书馆系统提供的搜索功能都比较简单，只能实现最基本的文字匹配，搜索方式最适合用户在系统中直接检索"已知条目"。其浏览功能则主要是以枢轴导航的形式提供[497]，用户可以通过一定的中间媒介进行浏览，资源、用户（或小组）、标签都充当着中间媒介，它们代表着明确的主题或兴趣，有助于增强浏览过程的方向性，这也被称为"代理"（Proxy）浏览[114]。相比之下，社会性图书馆系统对注意和追踪方式的支持更加强调了社会性对信息搜寻的意义。目前在系统主页上推荐"最新的"和"最流行的"资源是一种普遍的做法，注意最有可能发生在这里。用户个体之间的交互关系则为信息追踪创造了前提，因为人们很容易在人际交往的过程中遇到大量的有用信息[79]。用户通常与自己社交网络和兴趣小组中的联系人拥有相似的背景和喜好，他们都是值得信赖的信息源，密切关注他们新近收藏或推荐的资源已经成为最常见的追踪手段。

10.3.2　社会性标签系统相关研究

社会性标签系统在应用中迅速发展的同时，也成为一个广受关注的研究领域。然而，这一特定背景中的信息搜寻行为并未得到研究人员的充分重视，已有研究只是在不同程度上涉及该研究主题。

社会性标签系统是有利于探索的信息环境[498]。用户有机会发现未知的或是意外的资源，而这些资源难以通过有目的的搜索获取。在信息需求不太明确的情况下，其他用户给哪些资源添加了标签能够为自己的信息搜寻活动提供有用的线索[499]。这是因为系统将最近或最常受到标注的资源聚合起来，并且实现了枢轴浏览，即点击用户名就可以查看该用户收藏的资源,而点击标签就可以查看添加了此标签的资源。在社会性书签系统中，这种方向性较低的浏览活动一般表现为三种形式：第一种是按时间排序浏览书签，使用户能够发现、收藏他们觉得有趣的最新书签；第二种是按热度浏览书签，热度指的是人们将 URL 加为书签的频次；最后一种是点击用户名查看该用户收藏的书签，这是以人为中心的浏览[500]。一项以社会性书签服务 dogear 为背景的研究发现，大约 60%的用户是通过标签或用户或结合这两者来浏览书签集合的[497]。另一项研究也表明，社会性书签服务的导航功能应该提供与书签关联的标签的信息以及系统中其他用户的存在线索[501]。这种导航在本质上是具有社会性的，是社会性标注活动的结果，旨在为用户探索复杂多变的信息空间提供指引[495]。这使得用户能够发现未经系统预设的关联，因而支持创新的使用方式[502]。

社会性标签系统中的已知条目搜索却常常缺乏有效性[26]，因为大众分类体系的查准率低，就可查找性而言，大众分类无法反映等同、层级及其他语义关系，导致其发展到较大规模时必定会出现问题[496]。由于自由形式的社会性标注无法摆脱词汇问题，包括单复数、多义词、同义词等问题[503]，有人提出应该将大众分类与专业索引中使用的控制词表结合起来[504]，实际上大多数标签都是控制词表以外的新术语[505-507]。此外，垃圾标签的问题也不容忽视，有人为了让资源获得关注而有意对其添加不当标签，目前垃圾标签过滤技术和用户声誉机制能够在一定程度上抑制该问题。然而相关文献中也存在着一些相反的发现，社会性标签系统中的信息搜寻效率有时并不比搜索引擎或网络导航目录差，甚至可以利用标签来改进搜索效果。

标签云（Tag Clouds）可视化是社会性标签系统的基本特征之一，能够帮助用户获取资源，因而受到了特殊的研究关注[22]。标签云提供了所有内容的视觉概要，让用户知道可以从哪里开始信息搜寻活动。与构造搜索查询式相比，标签云的浏览所造成的认知负荷要小得多。研究表明，面对具体的搜寻目标，用户更倾向传统的搜索界面；而对无特定目标的任务，用户更喜欢使用标签云进行浏览和探寻[508]。但是传统的标签云面临着很多挑战,按字顺排列的方式使得相关标签散落在标签云内，不利于用户建立有意义的联系[509]。有研究指出，标签云可视化的布局设计在很大程度上取决于用户的使用意图[510]。

　　研究人员也在不断地尝试改进标签云布局。Hassan-Montero 和 Herrero-Solana
首先去除了标签云中不太重要的标签（如 to:ead、diy）并合并了同义标签，让许多
具有实质内涵的标签（如 philosophy、religion）得以进入标签云，降低了语义密度；
然后他们利用聚类算法改变了标签云的布局，经常共现的标签聚为一行[511]，这样更
有利于主题的区分和知识发现。Bielenberg 和 Zacher 设计了循环型标签云系统，标
签字体的大小和它到中心的距离代表了这个标签的重要性[512]。Chen 等[513]的
TagClusters 也是基于标签聚类的标签云变体。在这个全新的可视化视图中，标签不
再分行显示，它们的相对位置是由标签共现决定的。经过文本分析得到的语义上相
近的标签会形成标签组，由半透明的粉色区域代表，组名的大小与组内所有标签的
出现频率总和成正比，标签组内可能进一步包含子组，不同的标签组之间也可能发
生重叠，用户可以从中了解标签之间的从属和关联关系。

10.4　研究背景——豆瓣网

　　本研究选取了豆瓣网（https://www.douban.com）作为研究背景。豆瓣网是历史
最长、规模最大的中文社会性图书馆系统之一，成立于 2005 年，截至 2013 年月度
独立用户数达 2 亿[①]。图书、电影和音乐是豆瓣网中的三种主要资源类型，用户可
以探索发现资源、将资源信息收藏到个人图书馆（个人主页）并与其他用户分享。
　　豆瓣网也是典型的社会性标签系统，鼓励用户在收藏资源的时候为其添加标签，
一方面方便他们日后再次查找，另一方面也能够帮助其他用户发现该资源。资源类
型决定了标签类型，系统将图书标签、电影标签和音乐标签分别聚合成独立的大众
分类体系。同时，豆瓣网也是一个典型的社交媒体，用户可以相互关注，也可以组
成兴趣小组，目前豆瓣小组主要分为文化、行摄、娱乐、时尚、生活和科技等主题。
此外，豆瓣网还允许用户组织线上和线下活动、分享照片、写日记等。
　　本研究将豆瓣网中的信息搜寻定义为资源查找。每当用户查看资源页面（也就
是提供资源详细信息的页面）时，可以认为他找到了资源。在资源页面上，用户可
以查看资源的简介、收藏了该资源的用户、用户的评论和讨论以及相似资源等内容，
如果他认为该资源是有价值的，可以将其收藏到个人图书馆，否则就会离开。因此，
收藏活动能够表明信息搜寻目标已达成。对于图书、电影和音乐资源，用户在收藏
时需从"在读/在看/在听"、"读过/看过/听过"和"想读/想看/想听"这三种情况中
做出选择，这可以反映用户对资源的熟悉程度。考虑到任何资源只要被收藏就对用
户具有价值，本研究对资源或标签类型以及收藏形式都不作区分。

---

① https://en.wikipedia.org/wiki/Douban

　　与许多其他社会性图书馆系统一样，豆瓣网中的页面也可以大致分为 6 大类，即主页、资源页面、标签页面、用户页面、小组页面和搜索页面，这些页面都为用户提供了访问资源的链接。每一类页面在豆瓣网用户的信息搜寻活动中扮演着不同的角色。

　　（1）在主页（包括豆瓣主页以及图书主页、电影主页和音乐主页）上，用户可能偶然发现系统推荐的各种资源，如最受关注图书榜、最近热门电影、豆瓣音乐 250 等，注册用户登录后还可以看到系统根据其收藏历史推荐的个性化资源。

　　（2）资源页面和标签页面共同组成了系统的信息组织结构，帮助用户在豆瓣网中进行语义导航，包括浏览与当前资源相似的资源或是添加了特定标签的资源。

　　（3）用户页面和小组页面则共同组成了系统的社会组织结构，帮助用户在豆瓣网中进行社会导航，也就是浏览其他用户或用户群组喜欢的资源。

　　（4）拥有明确信息需求的用户可以利用系统的内部搜索引擎，搜索（结果）页面会返回与其查询式相匹配的资源。

　　总的来说，豆瓣网表现为一个灵活、多样的信息环境，用户大体上可以按照图 10.2 中的导航地图来搜寻信息。图中代表各类型页面的堆叠图标由粗、细箭头连接，其中粗箭头表示指向资源页面的链接，细箭头表示所有其他可能存在的链接，包括各页面类型内部和不同页面类型之间的链接。该导航地图囊括了豆瓣网用户的主要导航选择，而比较特殊的资源"收藏"操作并不属于任何一种页面类型，但会带来资源页面的更新。

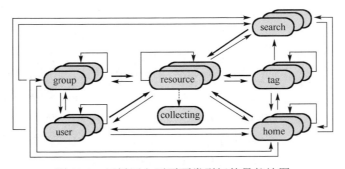

图 10.2　豆瓣网主要页面类型间的导航地图

10.5　豆瓣网用户信息搜寻行为的点击流数据分析

10.5.1　点击流数据准备

　　本研究直接从豆瓣网获取了随机一天的原始事务日志文件，其中包含超过两千万条点击流记录。该文件也是采用 W3C 扩展日志格式存储的，但是豆瓣网技术人员先对数据进行了预处理，仅提供了用户 ID（UID）、访问资源的地址（URL）、访问的操作方式（METHOD）、来源页面（REF）和 GMT 标准时间（TIME）（由于时间跨度仅为一天，访问日期字段省略）。图 10.3 为从该日志文件中截取的少量记录。可以看到，出于对用户隐私的保护，UID 字段是经过加密处理的，每位用户都被赋予了新的 ID，均为由 9～10 位数字组成的字符串，不代表任何含义，仅用于区分不同的用户。

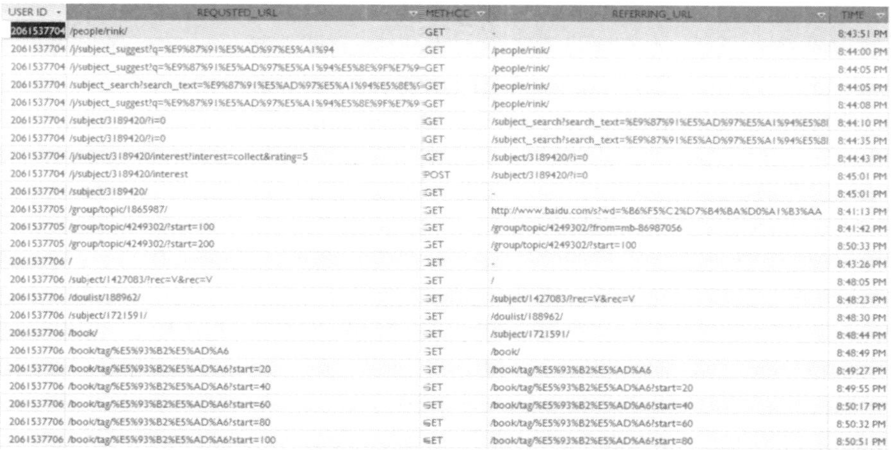

USER ID	REQUSTED_URL	METHOD	REFERRING_URL	TIME
2061537704	/people/rink/	GET	-	8:43:51 PM
2061537704	/j/subject_suggest?q=%E9%87%91%E5%AD%97%E5%A1%94	GET	/people/rink/	8:44:00 PM
2061537704	/j/subject_suggest?q=%E9%87%91%E5%AD%97%E5%A1%94%E5%8E%9F%E7%9	GET	/people/rink/	8:44:05 PM
2061537704	/subject_search?search_text=%E9%87%91%E5%AD%97%E5%A1%94%E5%8E%	GET	/people/rink/	8:44:05 PM
2061537704	/j/subject_suggest?q=%E9%87%91%E5%AD%97%E5%A1%94%E5%8E%9F%E7%9	GET	/people/rink/	8:44:08 PM
2061537704	/subject/3189420/?i=0	GET	/subject_search?search_text=%E9%87%91%E5%AD%97%E5%A1%94%E5%8	8:44:10 PM
2061537704	/subject/3189420/?i=0	GET	/subject_search?search_text=%E9%87%91%E5%AD%97%E5%A1%94%E5%8	8:44:35 PM
2061537704	/j/subject/3189420/interest?interest=collect&rating=5	GET	/subject/3189420/?i=0	8:44:43 PM
2061537704	/j/subject/3189420/interest	POST	/subject/3189420/?i=0	8:45:01 PM
2061537704	/subject/3189420/	GET	-	8:45:01 PM
2061537705	/group/topic/1865987/	GET	http://www.baidu.com/s?wd=%B6%F5%C2%D7%B4%BA%D0%A1%B3%AA	8:41:13 PM
2061537705	/group/topic/4249302/?start=100	GET	/group/topic/4249302/?from=mb-86987056	8:41:42 PM
2061537705	/group/topic/4249302/?start=200	GET	/group/topic/4249302/?start=100	8:50:33 PM
2061537706	/	GET	-	8:43:26 PM
2061537706	/subject/1427083/?rec=V&rec=V	GET	/	8:48:05 PM
2061537706	/doulist/188962/	GET	/subject/1427083/?rec=V&rec=V	8:48:23 PM
2061537706	/subject/1721591/	GET	/doulist/188962/	8:48:30 PM
2061537706	/book/	GET	/subject/1721591/	8:48:44 PM
2061537706	/book/tag/%E5%93%B2%E5%AD%A6	GET	/book/	8:48:49 PM
2061537706	/book/tag/%E5%93%B2%E5%AD%A6?start=20	GET	/book/tag/%E5%93%B2%E5%AD%A6	8:49:27 PM
2061537706	/book/tag/%E5%93%B2%E5%AD%A6?start=40	GET	/book/tag/%E5%93%B2%E5%AD%A6?start=20	8:49:55 PM
2061537706	/book/tag/%E5%93%B2%E5%AD%A6?start=60	GET	/book/tag/%E5%93%B2%E5%AD%A6?start=40	8:50:17 PM
2061537706	/book/tag/%E5%93%B2%E5%AD%A6?start=80	GET	/book/tag/%E5%93%B2%E5%AD%A6?start=60	8:50:32 PM
2061537706	/book/tag/%E5%93%B2%E5%AD%A6?start=100	GET	/book/tag/%E5%93%B2%E5%AD%A6?start=80	8:50:51 PM

图 10.3　豆瓣网原始事务日志截图

本研究的数据清洗工作也主要涉及受损记录和冗余记录。受损记录通过依次对各字段排序来识别并加以清除，冗余记录在豆瓣网的日志中则表现得更加多样化，大致可分为以下几类。

（1）来自网络爬虫（主要是 Googlebot）的请求：URL 字段为“www.google.com”。

（2）外部链接：URL 字段或 Referrer 字段以 http://或 ninetaps（豆瓣网的博客服务，已关闭）开始的记录。

（3）与数据提交相关的请求：METHOD 字段为“POST”的记录。

（4）对图片、样式、脚本等非页面资源的请求：URL 字段以 png、jpg、gif、ico、css 和 js 结尾的记录。

（5）除资源收藏以外的 JavaScript 操作：URL 字段以/j/开始的记录，以/j/subject 开始的除外。

（6）对豆瓣 Widget 服务（允许用户外部博客上展示自己的豆瓣图书馆）的请求：URL 字段或 REF 字段以/service/badge 开始的记录。

（7）对豆瓣 RSS feeds 服务（允许用户订阅豆瓣网的特定内容）的请求：URL 字段或 REF 字段以/feed 开始的记录。

（8）对豆瓣小书签工具（允许用户将外部网页作为书签添加到豆瓣）的请求：

URL 字段或 REF 字段以/service/bookmarklet 开始的记录。

（9）对豆瓣 API 服务（允许用户利用外部程序与豆瓣数据或功能发生交互）的请求：URL 字段或 REF 字段以/service/api 或/service/auth 开始的记录。

以上后面四类冗余记录是用户使用豆瓣网的特有服务产生的，数量较大，但与用户信息搜寻行为无关，因而需要清除。数据清洗工作利用 MySQL 完成，共得到10,303,684 条有效记录，包含 269,658 位独立用户，其中 22%（N = 59,356）的用户仅拥有 1 条记录，9%的用户拥有 100 条甚至更多的记录，大多数用户（N = 186,914，69%）的记录数介于 1～100 条。有 638 位用户的记录数超过了 999 条，可以将其称为"极度活跃"用户，其中排名第一的用户拥有 27,050 条记录。经过人工抽查他们的记录所反映的实际访问情况，可以认定他们并不是网络机器人，这些记录是他们花费大量时间对豆瓣网进行深度探索的结果。考虑到社会性图书馆系统是有利于探索的信息环境，这一点与学术图书馆 OPAC 是不同的，本研究直接在数据清洗阶段清除了网络爬虫的请求，在数据解析阶段仅根据 30min 的时间间隔划分同一用户的多个访问会话，不再另外识别非人类会话。

基于以上对豆瓣网页面类型和功能的理解，接下来对数据清洗后得到的10,303,684 条有效记录进行了编码处理，即为每一条记录添加与其 URL 字段相对应的编码。附录 B 为具体的数据编码体系。除了 6 大类页面——主页（H）、资源页面（R）、标签页面（T）、用户页面（U）、小组页面（G）、搜索页面（S）以及收藏操作（C）外，第一列还包括 M 类页面，即注册用户登录后查看到的个人主页，所有不属于这些类型的页面均归为其他（O）。附录的第二、三、四列分别显示了各类页面提供的主要内容、用于识别页面类型的 URL 关键字符以及人工编码。

10.5.2　点击流数据分析

经过以上的数据准备工作，本研究依次在足迹层、移动层和路径层上对豆瓣网用户的信息搜寻行为开展了点击流数据分析。首先，足迹层分析重点考虑的是 R 和C 这两类足迹的分布规律，它们分别是用户查看和收藏资源时留下的足迹，是信息搜寻过程中的关键活动。其次，移动层分析旨在解决第一个研究问题，揭示用户使用各种信息搜寻方式的普遍性和有效性，前者基于到达资源页面的关键移动来分类计算，后者由实现率反映。最后在路径层上，针对用户个体路径的四个基本属性开展了统计分析，并随机选择了一定数量的路径生成了路径图可视化，以期从中发现用户查看和收藏资源的活动规律，从而回答第三个研究问题。

10.5.2.1　足迹层分析结果

豆瓣网用户在日志文件生成的 24h 内共查看了 1,016,808 个资源页面并收藏了239,463 个资源。实际上，查看和收藏这两种活动都涉及相同的主体和客体，即用户和资源。对于每一次查看或收藏来说，其主体可以直接从记录的 UID 字段识别；而 URL 字段也为客体的识别提供了必要的信息，因为豆瓣网在设置资源页面和收藏操作的 URL 时明确标示出资源 ID，以 7～8 位数的数字表示。比如说，“/book.douban.com/subject/26297606/”指的是图书《从 0 到 1》的资源页面，“/j/subject/3189420/interest?interest=collect&rating=5”指的是图书《金字塔原理 II》的收藏操作，其中“26297606”和“3189420”都是资源 ID，豆瓣网为每一个资源都分配了唯一 ID。因此，本研究在 Microsoft Access 数据库中建立了两个数据表，即 Resource_viewing 和 Resource_collecting，分别只包含资源查看（REQ 字段为资源页面 URL）和资源收藏（REQ 字段为收藏操作 URL）的记录，并利用 SQL 语言将 URL 字段中的资源 ID 提取出来形成一个新的字段 RID，如图 10.4 和图 10.5 所示。

resource_finding

UID	RID	REQ	REF	TIME
1017886990	2304115	/subject/2304115/?i=0	/subject_search?cat=1001&search_text=%E6%AF%94%E8%BE%	7:53:24 PM
1961049911	2342570	/subject/2342570/?i=1	/subject_search?cat=1002&search_text=+%E6%9F%B3%E4%BA	7:53:24 PM
1965504750	2228604	/subject/2228604/?rec=1	/movie/	7:53:24 PM
1968229564	1780749	/subject/1780749/?rec=V	/	7:53:24 PM
1968765005	1918707	/subject/1918707/	/subject/13[illegible]535/	7:53:24 PM
1969041548	2311147	/subject/2311147/	/subject/2[illegible]131/	7:53:24 PM
2005084022	1307657	/subject/1307657/	/movie/tag/%E7%A7%91%E5%B9%BB?start=160	7:53:24 PM
2045420428	1891179	/subject/1891179/	/	7:53:24 PM
2071613577	1863731	/subject/1863731/?i=0	/subject_search?search_text=%E7%A5%9E%E6%8E%A2%E7%A	7:53:24 PM
2103294700	1305472	/subject/1305472/?i=88	/subject_search?start=75&search_text=%E4%BB%BB%E8%BE%E	7:53:24 PM
2105515094	3322741	/subject/3322741/?i=0	/subject_search?search_text=%E5%A6%82%E6%9E%9C%E4%B	7:53:23 PM
-574095283	3048031	/subject/3048031/?i=0	/subject_search?search_text=%E6%B3%AA%E7%97%95%E5%8	7:53:24 PM
-587168995	1891179	/subject/1891179/	/subject/18[illegible]179/discussion?start=60	7:53:24 PM
-588756536	1457449	/subject/1457449/?i=5	/music/search/The%20Seatbelts	7:53:24 PM
-592940630	1482072	/subject/1482072/?i=0	/movie/search/Anne%20Hathaway	7:53:24 PM
-612303642	1424741	/subject/1424741/	/subject/14[illegible]776/	7:53:24 PM
-624567828	2170629	/subject/2170629/	/doulist/61[illegible]3/	7:53:24 PM
-636274061	2007083	/subject/2007083/?i=0	/subject_search?search_text=%E5%8D%97%E6%96%B9%E7%9	7:53:24 PM
-745952792	1292220	/subject/1292220/	/subject/12[illegible]220/edit	7:53:24 PM
-876888155	1295873	/subject/1295873/	/subject/12[illegible]234/	7:53:24 PM
975530174	1299059	/subject/1299059/	/subject/12[illegible]114/	7:53:24 PM

图 10.4　数据表 Resource_viewing 截图

resource_collecting

UID	RID	REQ	REF	TIME
1026613090	1787981	/j/subject/1787981/interest?interest=do	/subject/1787981/	11:10:02 AM
1033415492	1016060	/j/subject/1016060/interest?interest=collect	/subject/1016060/	11:09:59 AM
1124700798	1471556	/j/subject/1471556/interest?interest=wish	/subject/1471556/?rec=1	11:10:02 AM
1950746264	1300299	/j/subject/1300299/interest?interest=wish	/subject/1300299/	11:10:05 AM
1961113862	3238176	/j/subject/3238176/interest?interest=do	/subject/3238176/	11:09:58 AM
2032304833	1048209	/j/subject/1048209/interest?interest=collect&rating=	/subject/1048209/	11:10:04 AM
2073359707	1308807	/j/subject/1308807/interest?interest=collect&rating=	/subject/1308807/?i=0	11:10:04 AM
2085538177	3156578	/j/subject/3156578/interest?interest=collect	/subject/3156578/	11:09:58 AM
-554224332	1422089	/j/subject/1422089/interest?interest=wish	/subject/1422089/	11:09:59 AM
-587635321	2042226	/subject/2042226/?interest=collect&ck=F[illegible]e3	/subject/2042226/?i=0	11:09:58 AM
-591470487	3268216	/j/subject/3268216/interest?interest=collec	/subject/3268216/	11:10:03 AM
-635681130	1819912	/j/subject/1819912/interest?interest=collec	/subject/1819912/	11:10:02 AM
-636185912	2059456	/j/subject/2059456/interest?interest=collec	/subject/2059456/	11:10:03 AM
-636185912	1293422	/j/subject/1293422/interest?interest=collec	/subject/1293422/	11:10:06 AM
-636363481	1896550	/j/subject/1896550/interest?interest=collec	/subject/1896550/?rec=A	11:09:59 AM
-637161886	1926728	/j/subject/1926728/interest?interest=wish	/subject/1926728/?i=0	11:10:06 AM
-769610710	1292276	/j/subject/1292276/interest?interest=wish	/subject/1292276/?i=0	11:09:59 AM
974356089	1297102	/j/subject/1297102/interest?interest=collec	/subject/1297102/?from=mb-86815121	11:09:59 AM
989245374	2132495	/j/subject/2132495/interest?interest=collec	/subject/2132495/	11:10:01 AM
993071334	1303394	/j/subject/1303394/interest?interest=collec	/subject/1303394/	11:10:03 AM
994221281	1409704	/j/subject/1409704/interest?interest=collec	/subject/1409704/	11:10:07 AM

图 10.5　数据表 Resource_collecting 截图

在以上数据表中对 UID 和 RID 字段进行联合查询，可以了解资源查看和收藏的具体情况，包括哪些用户查看或收藏了资源、每位用户查看或收藏了多少个资源、哪些资源被用户查看或收藏、每个资源被多少位用户查看或收藏等。查询结果表明，1,016,808 次资源查看共涉及 139,874 位独立用户和 127,759 个独立资源，而 239,463 次资源收藏共涉及 38,251 位独立用户和 54,675 个独立资源。也就是说，在当天访问豆瓣网的 269,658 位独立用户中，52%的用户至少查看了一个资源，27%的用户至少收藏了一个资源。当然，一位用户可能查看或收藏多个资源，一个资源也可能被多位用户查看或收藏，而且同一对用户和资源间还可能发生多次查看和收藏。

本研究进一步探索了资源查看和收藏活动分别在用户和资源维度上的分布规律，发现四种分布非常相似，都表现出明显的长尾效应。图 10.6（a）～（d）分别是这四种分布的对数坐标图，均呈线性状，符合幂律分布的典型特征。一方面，绝大多数的用户在资源查看或收藏活动中并不活跃，同时绝大多数资源也未能在查看或收藏活动中获得广泛关注。另一方面却存在着极端用户和资源，占比很小，但是出现在了大量的查看或收藏活动中。具体而言，在所有查看过资源的用户中，36%的用户仅查看了一个资源，而排名第一的用户查看了 3,431 个资源；在所有被查看过的资源中，45%的资源仅被查看资源数查看了一次，而一个资源最多可能被查看10,566 次。

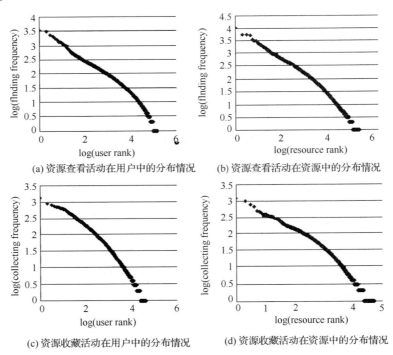

(a) 资源查看活动在用户中的分布情况 (b) 资源查看活动在资源中的分布情况

(c) 资源收藏活动在用户中的分布情况 (d) 资源收藏活动在资源中的分布情况

图 10.6　资源查看活动和收藏活动在用户和资源中的分布情况

在所有收藏过资源的用户中，43%的用户仅收藏了一个资源，而排名第一的用户收藏了 1,394 个资源；在所有被收藏过的资源中，59%的资源仅被收藏了一次，而一个资源最多可能被收藏 1,132 次。

10.5.2.2　移动层分析结果

在豆瓣网中，信息搜寻活动表现为资源的查看和收藏：当用户从某种类型页面到达资源页面时，关键移动（PM）发生；当用户在资源页面上进行收藏操作时，实现移动（CM）发生。移动层分析的首要任务是将不同的信息搜寻方式与关键移动对应起来，因为这类移动能够最为准确地反映用户是如何找到资源的。举例来说，假如某用户点击查看图书标签"交互设计"并未发现感兴趣的图书，于是在页面顶端的搜索框内输入关键词"用户体验"，从而在搜索结果列表中找到《用户体验多面手》一书点入查看。虽然该用户尝试了通过浏览标签查找资源，但是他最终是通过搜索找到所需资源的。

因此，本研究细致分析了数据表 Resource_viewing 的整个 REF 字段，发现所有的主要页面类型都出现过，表明用户在实际中充分利用了系统提供的各种渠道访问资源。基于 Bates（2002）对信息搜寻方式的划分，本研究提取出豆瓣网用户所采用的 8 种信息搜寻方式。

（1）搜索：S→R。

（2）注意：H→R、M→R。

（3）资源代理浏览：R→R。

（4）标签代理浏览：T→R。

（5）用户代理浏览：U→R。

（6）小组代理浏览：G→R。

（7）用户代理追踪：U→R。

（8）小组代理追踪：G→R。

搜索指的是使用豆瓣网内部搜索引擎进行关键词搜索得到结果，这是最为常见也最易理解的信息搜寻方式。注意则专门发生在网站主页或个人主页上，两者都为用户推荐了资源，区别在于前者是以所有用户为对象的广泛推荐，而后者是以当前用户为对象的个性化推荐。两种情况下，用户都无法预期系统会推荐哪些资源，如果某个资源吸引了他们的注意，应该是碰巧满足其兴趣或是引起其好奇，他们只需点击查看即可。

与注意不同，用户在浏览时需要投入更多的精力，对不太明确的目标，他们必须在浏览过程中主动识别有用的线索。资源代理浏览和标签代理浏览是以语义线索（Semantic Leads）为基础的，因为资源往往属于一定的主题，而标签本身描述的就是主题。在豆瓣网中，资源代理浏览指的是浏览与当前资源相似的其他资源，可以分为两种形式——查看"喜欢读/看/听……的人也喜欢"列表和豆列推荐中的资源，前者是由系统聚合的经常被一起收藏的资源，后者则是用户根据自己的理解或喜好编辑的主题资源列表。标签代理浏览是社会性标签系统所特有的信息搜寻方式，用户可以直接搜索或是在热门标签中选择感兴趣的标签，然后查看所有添加了该标签的资源。可以说，资源和标签在浏览中起到了中间媒介或代理的作用。

　　用户和小组也可以作为浏览的中间媒介，个人用户会根据自己的兴趣收藏资源，小组成员会围绕大家的共同兴趣收藏资源，人们可以通过浏览用户和小组的收藏探索符合特定兴趣的资源。此外，人们在追踪时需要值得信赖的信息源，他们已设为关注的用户或已加入的小组都可以充当信息源的角色，留意这些用户或小组的资源收藏更新可能是出于社交目的，也可能是为了获取信息。总的来说，用户和小组为浏览和追踪提供了社会意义上的线索（Social Leads）。以上用户/小组代理浏览与用户/小组代理追踪的表示形式相同，但实际分析将登录用户从个人主页上访问的用户或小组当作追踪的信息源，其他情况则认为是代理浏览中新发现的用户或小组。

　　表 10.1 展示了豆瓣网用户曾采取的各种信息搜寻方式所对应的关键移动频次（$Freq_{PM}$）、实现移动频次（$Freq_{CM}$）以及根据公式(8-1)计算的实现率（AR）。关键移动频次和实现率分别反映了信息搜寻方式的普遍性和有效性，以下将这两个方面的数据转化为图形（图 10.7 和图 10.8）表示以便于比较。

表 10.1　各信息搜寻方式的普遍性和有效性统计数据

	关键移动频次	实现移动频次	实现率/%
搜索	264,374	61,919	23.42
注意	163,818	44,548	27.19
资源代理浏览	327,017	61,109	18.69
标签代理浏览	113,357	37,756	33.31
用户代理浏览	84,411	13,070	15.48
小组代理浏览	10,330	1,122	10.86
用户代理追踪	18,087	2,456	13.58
小组代理追踪	1,277	139	10.88
总计	982,671	222,119	22.60

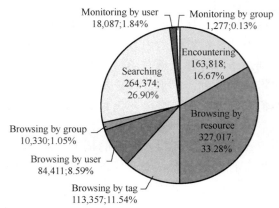

图 10.7　各信息搜寻方式的普遍性比较（$Freq_{PM}$：百分比）

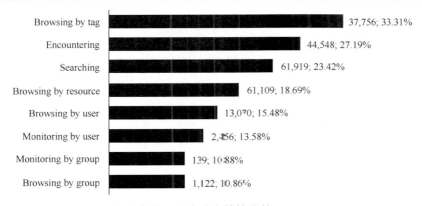

图 10.8　各信息搜寻方式的有效性比较（$Freq_{CM}$；AR）

令人意外的是，资源代理浏览是豆瓣网上最普遍的信息搜寻方式，近三分之一的资源都是通过这种方式找到的，甚至超过了搜索。前面曾提到查看"喜欢读/看/听……的人也喜欢"和豆列推荐是资源代理浏览的两种方式，实际中两者的发生比率大约为 5∶1，可见用户明显偏向于系统提供的相似资源。然而，资源代理浏览方式的有效性却并不理想，甚至低于所有方式的平均水平（22.60%），这说明无论是系统还是用户确定的资源相似性并不符合人们的期望。标签代理浏览方式则与之相反，虽然豆瓣网用户并不经常采取该方式，可能他们对标签在信息探索中的作用缺乏了解，但是其实现率达到了 33.31%，在有效性上领先于所有其他方式。这一发现反驳了大众分类一直以来所受到的质疑，也在一定程度上减轻了人们对其固有缺陷的担忧，尤其是词汇问题。

搜索和注意方式在普遍性和有效性上都位居前列。尽管网络搜索引擎是人们从事日常信息搜寻活动的主导工具，但豆瓣网用户却并没有对网站内部搜索引擎产生同样强度的依赖性，可能他们很多时候并不是带着具体的信息需求来访问网站的。注意作为一种被动的、不定向的信息搜寻方式，在有效性上表现得非常突出，其实现率（27.19%）仅次于标签代理浏览，这一点也是出乎意料的，毕竟主页上推荐的资源大多都是用户不曾预期的。

其余的浏览方式和追踪方式都具有社会寻向特征，以用户或小组作为信息搜寻的线索，然而它们的普遍性和有效性都比较有限，用户既很少采取这些方式查找资源，也不太可能通过这些方式找到有价值的资源。社会性图书馆系统扮演着信息资源库和社交平台的双重角色，豆瓣网用户似乎在这两个角色间设立了清晰的认知边界，很少将信息搜寻和社交活动混合在一起。

以上分析以信息搜寻方式为对象，揭示了豆瓣网采取各种方式的总体情况。考虑到用户在一次网站访问中可能采取多种方式查找资源，本研究在移动层分析中还进一步探讨了每位用户采取信息搜寻方式的个体情况，利用数据分析与可视化工具

TIBCO Spotfire（https://spotfire.tibco.com）对其生成星野图可视化（Starfield Visualization）。该分析首先对 1,016,808 次资源访问所涉及的 139,874 位独立用户按照其访问资源的数量由高到低进行排序，然后对每位用户采取信息搜寻方式的时序特征分别进行可视化。图 10.9 是其中一位用户的可视化结果，其排名（第 5,000）可以从纵轴读取。星野图的本质是散点图，其中每个小方块代表一个资源，横轴表示用户打开资源页面的时间，颜色用以区分不同的信息搜寻方式。可以发现，该用户共访问了 29 个资源，采取搜索方式 12 次、资源代理浏览 15 次以及标签代理浏览 2 次，是一位多方式用户。

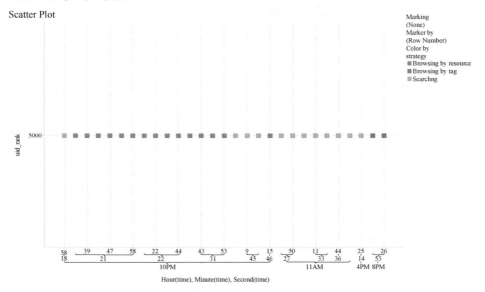

图 10.9　排名第 5,000 的用户采取信息搜寻方式的星野图可视化（见彩图）

　　星野图上展示的用户数量可以通过改变数据输入来增减，理论上可以将所有的用户都纳入一张视图，其中每一条横向延伸的方块序列代表一位用户的方式采用情况。不过这样的全局可视化可能由于数据点过多而不易辨识，因而分段显示更为理想。比如，图 10.10 是随机选择的 25 位用户（排名从第 4,026 到 4,050）的可视化结果，有的横向序列上小方块发生了重叠，这是因为用户在较短时间内访问了多个资源。可以发现，大多数横向序列都呈现出一种主导颜色，例如，排名第 4,050 的用户序列全为绿色（代表搜索方式）、排名第 4,028 的用户序列全为黄色（代表用户代理浏览方式）。也就是说，大多数用户都习惯采取某一特定信息搜寻方式，其频率要高于可能采取的其他方式。这种方式主导性也出现在其他的用户排名分段，意味着可以根据用户的主导方式对其进行群体划分。后面的问卷调查研究正是将基于豆瓣网用户最常用的信息搜寻方式将其划分为不同类型的信息搜寻者，然后试图找出每类信息搜寻者的共同特征。

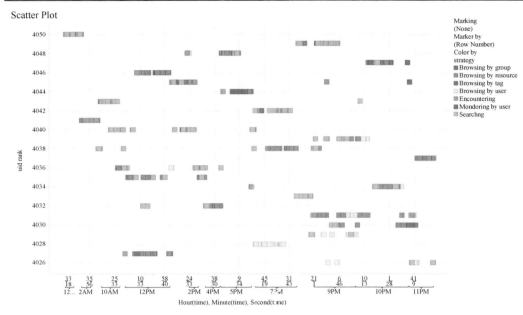

图 10.10　排名第 4026 到 4050 的用户采取信息搜寻方式的星野图可视化（见彩图）

10.5.2.3　路径层分析结果

本研究对访问路径的提取仅针对注册用户，他们作为豆瓣网的常规用户应该已经形成了较为稳定的网站访问和资源查找习惯，其研究价值要高于随机的匿名用户。路径提取共得到 37,844 条路径，隶属于 8,9-8 位注册用户，他们平均每天访问豆瓣网 4 次，最多访问 18 次，每天仅访问 1 次的用户仅占 16.33%。同一用户的多条路径不一定具有相似性，因为用户的行为表现可能因为每次访问目的的不同而存在差异，因此每条路径在分析中都被当作独立于其所属用户的对象。

所有路径长度、时长、宽度和容量这四个属性上的描述性统计结果如表 10.2 所示。长度和时长表现的是路径的跨度。可以发现，路径长度的差异非常明显，用户在一次访问中最少请求 2 个页面，最多请求 21,272 个页面，标准差达到 222.539。最短的路径时长为 2s，最长的超过了 18h，标准差 64.479min 表明每次访问耗时的差异还是相当大的。由于极端长度和时长的存在，中值比均值能够更有效地反映这两个属性的集中趋势。表 10.2 中的长度中值（12 个页面）和时长中值（9.467min）都比较接近当时豆瓣的 Alexa 流量统计数据：页面浏览量（Pageviews）为 15 个页面，站内停留时间（Time on Site）为 10min。此外，路径长度和时长的众数均与最小值相等，说明短暂的无计划访问在豆瓣网中是最常见的。

表 10.2　所有路径长度、时长、宽度和容量属性的描述性统计结果

	长度/页面数	时长/min	宽度/资源数	容量/资源数
均值/mean	46.745	31.574	5.049	1.055
中值/median	12	9.467	1	0
众数/mode	2	0.033	0	0
标准差/sd	222.539	64.479	28.683	9.878
峰度系数/kurtosis	2,906.946	55.698	3,651.379	1,829.427
偏度系数/skewness	41.732	5.964	46.707	35.568
最小值/minimum	2	0.033	0	0
最大值/maximum	21,272	1,119.750	2,925	753
频次/count	37,844	37,844	37,844	37,844

特别值得一提的是为数不多的超长路径：133 条路径的长度超过了 1,000 个页面，154 条路径的时长超过了 8h。如果仅从这两个属性的极端值来判断，很有可能认为这些路径反映的是非人类行为；然而，结合实际的点击流数据来看，它们确实是人类用户访问活动的结果。以长度排名第一的路径为例，该用户在 17.5 个小时内不间断地请求了 21,272 个页面，但其点击速度和间隔正常，页面访问顺序符合逻辑。因而可以推断，豆瓣网吸引了少量的深度用户，他们没有完成特定任务的压力，且拥有充足的时间可以广泛探索发现任何感兴趣的资源。

在用户访问豆瓣网的过程中，资源的查看与收藏是实现信息搜寻目标的重要活动，用户访问路径的宽度和容量分别指查看和收藏资源的数量。从表 10.2 可以看出，所有路径在宽度（sd = 28.683）和容量（sd = 9.878）这两个属性上表现出的差异性相对较小，豆瓣网用户每次平均会查看 5 个资源并收藏其中的 1 个。宽度（skewness = 46.707; kurtosis = 3651.379）和容量（skewness = 35.568; kurtosis = 1829.427）的数值频次都呈偏态分布，严重偏向于末端，在最小值达到峰值（mode = minimum = 0），这意味着大量用户访问豆瓣网并不是为了查找资源。路径长度（skewness = 41.732; kurtosis = 2906.946）也呈现出类似的分布，而时长分布的偏度（skewness = 5.964）和峰度（kurtosis = 55.698）都较小。

接下来剔除掉不涉及资源查找的路径（即宽度和容量均为0），基于剩下的 21,583 条路径对四个属性开展相关分析，结果如表 10.3 所示。总的来说，各属性两两相关（$p < 0.01$），但强相关关系仅出现在长度和宽度之间（$r = 0.889$，$r \geqslant 0.8$），容量与长度（$r = 0.619$，$0.5 \leqslant r < 0.8$）和宽度（$r = 0.798$，$0.5 \leqslant r < 0.8$）都中度相关。据此可以推断，用户在访问豆瓣网过程中请求的页面越多，他们查看、收藏的资源也越多。长度与时长（$r = 0.673$，$0.5 \leqslant r < 0.8$）具有一定的相关性，时长与宽度（$r = 0.530$，$0.3 \leqslant r < 0.5$）和容量（$r = 0.346$，$0.3 \leqslant r < 0.5$）的相关性更弱。与第 9 章学术图书馆 OPAC 研究的结论相似，利用路径长度预测用户信息搜寻目标的达成情况比时长更为可靠。

表 10.3　路径长度、时长、宽度和容量属性的相关分析结果

	长度	时长	宽度	容量
长度	1	—	—	—
时长	0.673	1	—	—
宽度	0.889	0.530	1	—
容量	0.619	0.346	0.798	1

为了更直观地表现路径长度与宽度和容量的相关关系，本研究将其映射到平行坐标图可视化中。如图 10.11 所示，在利用 TIBCO Spotfire 生成的可视化视图中，每一条折线代表一条路径，从左至右的三条平行坐标上分别可以读取路径长度、宽度和容量的数值。所有的数值都以百分比的形式作了标准化处理，坐标顶端为最大值 100%，底端为最小值 0%。图中以橙色突出显示了长度最大的路径，同时该路径的宽度也是最大，而容量排名第三，以其为代表的超长路径与堆积在视图底部的普通路径明显分离。该平行坐标可视化支持分组查看，图 10.12 是基于长度将所有路径分为 5 组后的情况：随着长度的增大，每组中宽度和容量属性值分布得越来越松散。换句话说，用户请求的页面越多，就越难预测他们可能查看或收藏资源的数量。

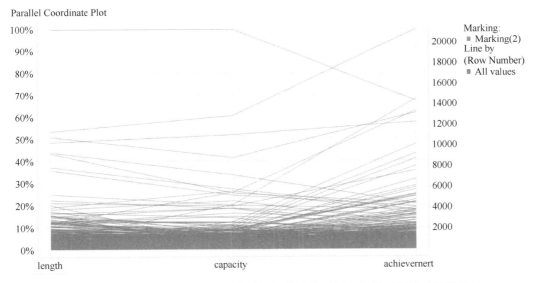

图 10.11　所有路径长度、宽度、容量相关关系的平行坐标图可视化（见彩图）

路径层分析的最后一项工作是对用户个体路径生成路径图可视化。本研究在长度大于 2 个页面、宽度大于 0 个资源的 15,819 条路径中随机选取了 10% 进行可视化分析。社会性图书馆系统为用户提供了一个有利于探索的信息环境，他们的路径具有很强的异质性，因此在查看路径图时应该更注重节点和有向连线随时间推移所表现出来的细节特征，尤其是路径中的关键移动和实现移动，能够告诉我们用户查看

Parallel Coordinate Plot

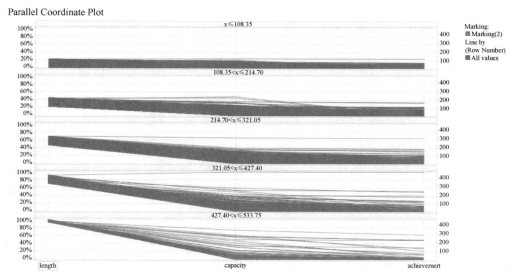

图 10.12　路径分组后长度、宽度、容量相关关系的平行坐标图可视化（见彩图）

和收藏资源时的行为模式。经过细致的人工审查与比较，本研究识别出两种资源查看模式——连续查看（Continuous Viewing）和零星查看（Sporadic Viewing），以及两种资源收藏模式——延迟收藏（Deferred Collecting）和即刻收藏（Instant Collecting）。

　　连续查看指的是在同一个来源页面上依次打开并查看多个资源页面。图 10.13 展示了一条包含连续查看模式（虚线显示部分）的典型路径。该用户在搜索结果页面上连续点进了两个结果条目查看相应的资源，两次点击之间的时间间隔非常短，仅为 8s。与之不同，图 10.14 中的路径虽然也包含两次搜索结果条目的点击，但是它们分别来自两次独立的搜索，且两次点击之间相差将近 20min，该用户查看第一个资源后还从事了其他活动才查看第二个资源，此路径表现出零星查看模式（虚线显示部分），即一次只从特定来源查看一个资源。

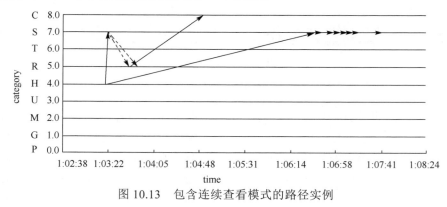

图 10.13　包含连续查看模式的路径实例

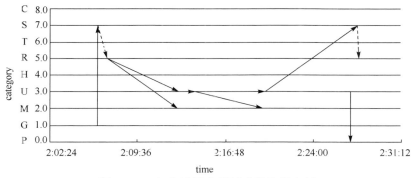

图 10.14　包含零星查看模式的路径实例

　　就资源收藏而言，延迟收藏和即刻收藏的区别在于用户进行收藏操作之前在资源页面上停留时间的长短。正常情况下，收藏操作在打开资源页面之后应该发生一定的延迟，因为用户需要时间了解页面上的内容（包括资源简介以及其他用户的评论和讨论）以确定资源是否值得收藏。以图 10.15 中的路径为例，该用户在豆瓣网主页上发现某个资源后，花费了大约 8min 的时间了解该资源，期间他仔细阅读了一条评价。相反，即刻收藏通常意味着极短的决策过程，如图 10.16 中用户通过搜索找到资源后仅扫视了 3s 就将其加入个人图书馆。

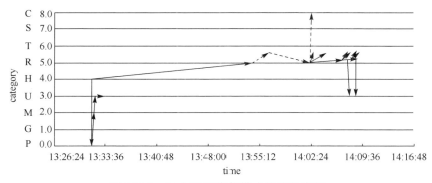

图 10.15　包含延迟收藏模式的路径实例

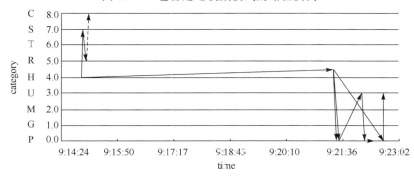

图 10.16　包含即刻收藏模式的路径实例

实际上，连续查看和零星查看并不是相互排斥的，只是两者之一会在路径中居于主导地位。同样，延迟收藏和即刻收藏也可能出现在同一路径中，取决于用户处理每个资源的方式。通过比较大量路径图可视化可以发现，连续查看模式在宽度大的路径中更为常见，而且经常伴随着即刻收藏模式。连续查看的便利之处在于用户可以通过一次查找发现多个资源，但是这样又会导致用户不可能对每个资源都分配足够的时间以了解其详情，因而只要看起来是有价值的就可以立即收藏，毕竟豆瓣网还允许用户删除收藏。图 10.17 中的路径恰好反映这一发现，虚线显示的部分表示了三个信息搜寻阶段，基本上与其他活动分隔开来，每个阶段中资源的查看都是连续的，其收藏也是即刻发生的。

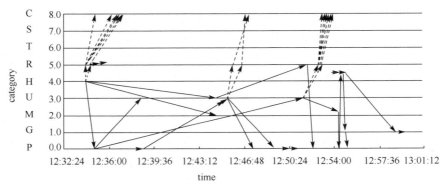

图 10.17　体现连续查看和即刻收藏模式的路径实例

10.6　豆瓣网用户信息搜寻行为的问卷调查研究

10.6.1　问卷设计与调查过程

问卷调查在整个研究中对点击流数据分析起到了辅助与补充的作用，一方面对以上的部分结果加以检验，另一方面探究点击流数据分析无法触及的问题。具体而言，此次调查主要针对第二个研究问题，研究目标是识别豆瓣网用户经常采取的信息搜寻方式并揭示每一种方式所主导的用户群体的特征。基于这一目标，本研究首先根据信息搜寻方式相关理论以及豆瓣网的功能设计创建了一套问卷（见附录 C），将 20 个问题清楚地划分为三个部分，分别调查以下信息。

（1）作为普通网络用户的背景信息，包括人口统计数据、网络使用技能和信息搜寻偏好。

（2）使用豆瓣网的情况与个人站内活动概况。

（3）在豆瓣网中的信息搜寻体验。

在调查启动之前，4 位资深豆瓣网用户（过去三年内至少每周访问一次）专门受邀试填问卷，他们都认为该问卷结构合理、问题表述清晰、问题选项粒度恰当，能够很好地满足此调查的需要。该问卷全部由选择题组成，Q19 和 Q20 是其中的两个核心问题。Q19 是一个复选题，旨在了解用户在豆瓣网中查找资源所有可能的方式。试填问卷的资深用户都认同问题里提供的选项确实涵盖了适用于该社会性图书馆系统的信息搜寻方式。

（1）搜索——使用网站内部搜索引擎。

（2）浏览——查看添加了感兴趣标签的资源、查看"喜欢读/看/听……的人也喜欢"列表或豆列推荐中的资源、查看新发现的用户或小组收藏的资源。

（3）注意——留意主页上推荐的资源。

（4）追踪——留意自己关注的用户或已加入的小组资源收藏的更新。

与浏览相关的三个选项分别指通过标签、资源和用户（或小组）实现的代理浏览。当然，如果还存在除这些以外的方式，调查对象也可以在最后一个选项中另行说明。Q20 沿用了 Q19 的选项，不过只允许调查对象做出唯一的选择。在研究人们如何在网站中查找信息时，Krug[514]发现大多数人要么是以搜索为主导（径直去找搜索按钮），要么是以链接为主导（在网站中跟随链接移动）。类似地，调查对象在Q20 中的选择可以作为用户类型划分的依据，这四种信息搜寻方式分别主导着四种类型的信息搜寻者：搜索者、浏览者、注意者和追踪者。其中浏览者可以进一步细分，以下将以标签、资源和用户（或小组）为中间媒介的浏览者分别称为"分类浏览者"、"关联性浏览者"和"社会性浏览者"。

考虑到豆瓣网用户在地理位置上的分散性，本研究采取了网络调查的形式，受邀者可以通过给定的链接在线填写问卷。此次调查引入了"朋友圈"（Friend-of-a-Friend）[515]这一特殊途径招募调查对象：首先在豆瓣网中随机选取 10位活跃用户，他们每人至少拥有 100 位豆瓣好友（关注与被关注），然后通过站内邮件服务向其发出调查邀请，并鼓励他们将邀请向自己的好友、好友的好友这样一直传播出去。调查持续了一周时间，一共收到129 位豆瓣网注册用户的回复，其中包含 112 份有效回复，另外 17 份因为提供了前后矛盾的信息而被剔除。由于无法追溯实际发出邀请的数量，因而无法计算此次调查的回复率。

10.6.2　问卷调查研究结果

调查数据的分析分两个阶段进行：第一阶段主要针对问卷中的每个问题开展频次分布统计，从总体上了解豆瓣网用户的背景和行为特征；第二阶段则将分析重点转向用户特征与其主导信息搜寻方式之间的关系，为此本研究开展了一系列卡方检验，旨在理解不同类型的信息搜寻者。描述性统计和推论性统计分别利用 Excel 和SPSS 完成。

10.6.2.1　用户背景特征分析结果

　　112 位调查对象的人口统计信息是通过问卷中的 Q1、Q2、Q3 采集的。他们大多处于中间的三个年龄阶段：19～22 岁（N=42，37.50%）、23～30 岁（N=52，46.43%）以及 31～40 岁（N=16，14.29%）。女性（N=59，52.68%）稍多于男性（N=53，47.32%）。大多数调查对象（89.28%）都具有较高的受教育水平，包括本科及大专（N=59，52.67%）、硕士研究生（N=32，28.57%）甚至是博士研究生（N=9，8.04%）。总的来说，这些调查对象代表了豆瓣网的典型用户，即接受过良好教育的年轻人。通过 Q4 和 Q5 采集的网络使用经验数据可知，调查对象基本上都是资深的网络用户：51.79%（N=58）的人使用网络超过 5 年，95.54%（N=107）的人每天至少使用网络一次。Q6 和 Q7 关注的是调查对象一般如何在网络上查找信息，其结果将与 Q19 和 Q20 一起讨论。

　　就 Q8 和 Q9 而言，调查对象访问豆瓣网的历史和频率存在着较大的差异。如果以 6 个月为界区分新老用户，那么他们在所有调查对象中几乎各占一半（新用户 49.11%、老用户 50.89%）。然而，每天都访问豆瓣网的频繁用户（65.18%）要明显多于访问频率更低的用户（34.82%），当然前者更有可能为此次调查所覆盖。人们出于各种各样的目的访问豆瓣网。94 位调查对象在 Q10 中选择了"发现我不知道的图书、电影或音乐"，65 位选择了"收藏我在别处听说过的图书、电影或音乐"，这两个选项都属于信息搜寻，与豆瓣网的核心目标一致，但是前者更像探索、后者更像已知条目搜索。"社交"和"使用其他豆瓣服务"这两个选项分别被选择了 51 次和 29 次，说明豆瓣网也具有社交功能，但其重要性低于信息搜寻。有 4 位调查对象填写了其他目的，如"图书评论"、"音乐电台服务"、"小组讨论"等，这些实际上已经涵盖在预设的选项中了。

　　人们使用豆瓣网的投入程度可以从四个方面来揭示，包括他们收藏资源的数量、添加标签的数量、关注用户的数量以及参加小组的数量。图 10.18 展示了根据 Q11～Q14 得到的这四个方面的频次分布情况。资源和标签的数量分别反映用户个人图书馆的规模和组织程度。从图 10.18（a）可以看出，包含 10 个或更少资源的超小个人图书馆最为常见，但总体分布未呈现出特定的模式。相比之下，不同组织程度的个人图书馆数量对比明显，多于 100 个标签的情况并不多见（如图 10.18（b）所示），当然标签的数量一般与个人图书馆中资源的数量相匹配。在图 10.18（c）和 10.18（d）中，关注用户和加入小组的数量分布基本上都表现出下降趋势，有可能是因为人们不太愿意为了维持一个较大规模的社交网络或是在很多小组中保持活跃而耗费精力。

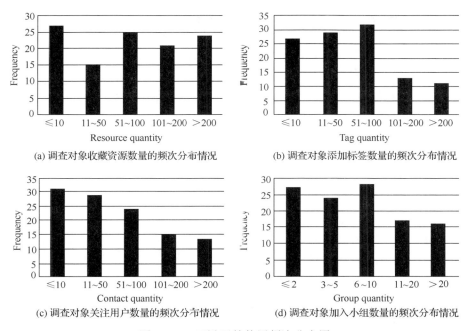

(a) 调查对象收藏资源数量的频次分布情况　　　(b) 调查对象添加标签数量的频次分布情况

(c) 调查对象关注用户数量的频次分布情况　　　(d) 调查对象加入小组数量的频次分布情况

图 10.18　豆瓣网的使用频次分布图

10.6.2.2　用户行为特征分析结果

问卷中的 Q15～Q18 分别考察了网站访问的长度、时长、宽度和容量这四个基本指标，相关统计结果见表 10.4。就长度而言，调查对象最常（31.25%）表明自己每次访问豆瓣网平均查看 6～15 个页面，这与以上的点击流数据分析结果相符合。然而他们最常（33.93%）估计自己每次访问平均持续 10～少于 30min，该时长范围超过了点击流数据分析得到的 9.467min，这有可能是因为此次调查的参与者多为注册用户，在很大程度上排除了拉低平均时长的跳出用户（Bouncing Visitors）。另外，每次访问中查看 3～5 个资源是最常见的，有 31 位（27.68%）调查对象选择了这一选项。值得注意的是，宽度大的访问（即查看 30 个以上的资源）并没有长度大的访问（即查看 50 个以上的页面）那么普遍，可以推断有的调查对象在访问中查看资源页面的数量并未随着查看页面的数量成比例地增长，他们很有可能被社交活动分散了注意力。访问容量上差异相对较小，相当一部分调查对象（N=51，45.54%）平均每次访问仅收藏了 1～2 个资源。

表 10.4　调查对象的访问长度、时长、宽度和容量统计数据

问题	选项	频次	百分比/%
Q15 访问长度	≤5	17	15.18
	6~15	35	31.25
	16~30	25	22.32
	31~50	13	11.61
	>50	22	19.64
	总计	112	100.00
Q16 访问时长	少于1min	22	19.64
	1~10min	33	29.47
	10~30min	38	33.93
	30min~2h	11	9.82
	≥2h	8	7.14
	总计	112	100.00
Q17 访问宽度	≤2	24	21.43
	3~5	31	27.68
	6~15	26	23.21
	16~30	19	26.96
	>50	12	10.72
	总计	112	100.00
Q18 访问容量	0	20	17.86
	1~2	51	45.54
	3~5	22	19.64
	6~10	14	12.50
	>10	5	4.46
	总计	112	100.00

　　调查对象在豆瓣网中查找资源的方式（Q19 和 Q20）可以与其在网络上查找信息的一般方式（Q6 和 Q7）对比来分析。类似 Q19，Q6 也提供了分别代表搜索、浏览、注意和追踪的 4 个预设选项。从调查对象对这两个问题的回答来看，搜索始终是最常用的方式，只是领先其他方式的程度有所不同。Q6 的"搜索引擎"选项一共被选择了 103 次，比第二常选的"加为书签的网站"选项的被选次数高 33%。而 Q19 的"使用网站内部搜索引擎"选项只被选择了 82 次，比第二常选的"留意主页上推荐的资源"选项的被选次数仅高出 13%。此外，从 Q6 及 Q19 的结果分析中可以发现，综合运用多种信息搜寻方式是一个非常普遍的现象。就网络信息搜寻而言，多方式用户在所有被调查者中占到了 23.04%(N=93)，其中结合 2 种方式的人最多（N=46，49.46%）。豆瓣网似乎更适合于多方式用户，他们所占的比例达到 91.07%（N=102），而且更倾向于结合至少 3 种方式（N=80, 78.43%），这与豆瓣网多元化的信息环境不无关系。

　　Q7 的作用与 Q20 类似，也试图将被调查者划分为搜索者、浏览者、注意者和追踪者，依据的是他们作为普通网络用户所偏好的信息搜寻方式，其分析结果见图 10.19。如图 10.19(a)，在网络上查找信息时，搜索者的数量远远超过了其他类型，浏览者所占的比例是最小的（除一位被调查者因另外说明信息主要来自于"朋友推

荐"而未被划分)。图 10.19(b)则大为不同,可以看到浏览者成为豆瓣网中主流的信息搜寻者,数量甚至略微超过了搜索者,这很有可能是因为豆瓣网比传统网站更加鼓励探索与发现。图 10.19(b)的阴影部分代表三种不同类型的浏览者,由多到少依次为关联性浏览者、分类浏览者和社会性浏览者。他们的浏览活动更多地受到各自兴趣主题的指引,在这个社会性标签系统中将沿着更容易预知的导航路径前进。

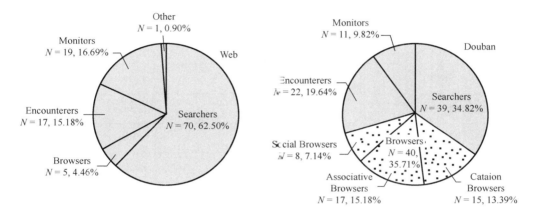

(a) 调查对象在网络上查找信息的搜寻者类型划分　　　(b) 调查对象在豆瓣网中查找资源的搜寻者类型划分

图 10.19　普通网络用户偏好的信息搜寻方式

10.6.2.3　用户特征差异分析结果

为了了解豆瓣网中的 6 类信息搜寻者是否在背景特征和行为特征方面存在显著差异,本研究利用 SPSS 统计工具针对调查对象的 15 个主要特征分别进行了皮尔森卡方独立性检验。卡方检验是一种非参数统计检验,用于确定两个类别变量是否相关,其计算公式为: $\chi^2 = \Sigma_{ij} \dfrac{(O_{ij} - E_{ij})^2}{E_{ij}}$ (O_{ij} 是观察频数, E_{ij} 是两个变量不相关时的期望频数)[516]。所有的卡方检验中,列变量保持不变,包括了搜索者、分类浏览者、关联性浏览者、社会性浏览者、注意者和追踪者这 6 个类别。表 10.5 列出了每次卡方检验中的行变量。由于这些行变量在调查问卷中对应的问题基本上都提供了 5 个选项(性别除外),它们原本也拥有 5 个类别。然而,相对实际取得的样本量($N=112$)来说,5*6 的交叉表规模比较大,从而有可能会违反卡方检验的一条假设,即表中至少有 80%的单元格的期望频数要大于等于 5。为了降低违反该假设的风险,本研究通过合并的方式将每个行变量的类别都减少为 2 个,如表 10.5 所示。

表 10.5　卡方检验结果

行变量	变量类别	$\chi^2(5, N = 112)$	p
年龄	年轻：22 岁及以下 年长：23 岁及以上	2.449	.784
性别	女 男	1.139	.951
受教育水平	较低：大学本科及以下 较高：硕士及博士研究生	5.070	.407
网络使用历史	较短：5 年以下 较长：5 年及以上	3.962	.555
网络使用频率	较低：低于每日一次 较高：至少每日一次	4.529*	.476
豆瓣网使用历史	较短：6 个月以下 较长：6 个月及以上	12.595	.027
豆瓣网使用频率	较低：低于每日一次 较高：至少每日一次	4.367	.498
收藏资源的数量	较少：50 个及以下 较多：50 个以上	6.641	.249
添加标签的数量	较少：50 个及以下 较多：50 个以上	11.230	.047
关注用户的数量	较少：50 个及以下 较多：50 个以上	3.226	.665
参加小组的数量	较少：5 个及以下； 较多：5 个以上	2.005	.848
豆瓣网访问长度	较短：15 个页面及以下 较长：15 个页面以上	6.622	.250
豆瓣网访问时长	较短：10min 及以下 较长：10min 以上	2.539	.771
豆瓣网访问宽度	较少：5 个资源及以下 较多：5 个资源以上	15.155	.010
豆瓣网访问容量	较少：2 个资源及以下 较多：2 个资源以上	5.348	.375

　　卡方检验结果显示，不同的信息搜寻者仅在豆瓣网访问历史（$p = 0.027$）、添加标签数量（$p = 0.047$）和豆瓣网访问宽度（$p = 0.010$）这三个方面表现出显著差异。它们的交叉表如表 10.6～表 10.8 所示，每个表里只包含了出现显著调整残差（Adjusted Residual）的单元格，这些单元格对整个卡方统计值产生了重要影响。根据 Aspelmeier 所述，如果一个单元格的调整后残差值大于等于 1.96，那么该单元格的观察频数与期望频数之间存在显著差异。根据表 10.6，豆瓣网访问历史方面的显著差异应归因于注意者（$z = -2.9$，$z = 2.9$），他们往往是在过去 6 个月内才开始访问豆瓣网的新用户。从表 10.7 可以看出，分类浏览者（$z = 2.6$，$z = -2.6$）造成了添加标签数量方面的显著差异，他们通过标签作为中间媒介在豆瓣网中浏览资源，通常拥有较大规模的标签集合，即标签数量大于 50。表 10.8 同时显示了关联性浏

览者（$z=2.4$，$z=-2.4$）和搜索者（$z=-3.0$，$z=3.0$）的情况，他们在豆瓣网访问宽度上形成鲜明对照，前者每次查看资源的数量很可能多于 5 个，而后者却不太可能超过这一数字。

表 10.6　信息搜寻者*豆瓣网访问历史交叉表：注意者单元格

		添加标签的数量		总计
		较多	较少	
分类浏览者	计数	12	3	15
	期望的计数	7.4	7.6	15.0
	分类浏览者百分比	80.0%	20.0%	100.0%
	调整残差	**2.6**	**−2.6**	

表 10.7　信息搜寻者*添加标签的数量交叉表：分类浏览者单元格

		豆瓣网使用历史		总计
		较长	较短	
注意者	计数	5	17	22
	期望的计数	11.2	10.8	22.0
	注意者百分比	22.7%	77.3%	100.0%
	调整残差	**−2.9**	**2.9**	

表 10.8　信息搜寻者*豆瓣网访问宽度交叉表：关联性浏览者及搜索者单元格

		豆瓣网访问宽度		总计
		较多	较少	
关联性浏览者	计数	13	4	17
	期望的计数	8.5	8.5	17.0
	关联性浏览者百分比	76.5%	23.5%	100.0%
	调整残差	**2.4**	**−2.4**	
搜索者	计数	12	27	39
	期望的计数	19.5	19.5	39.0
	搜索者百分比	30.8%	69.2%	100.0%
	调整残差	**−3.0**	**3.0**	

10.7　研究结果讨论

10.7.1　主页资源推荐的重要性

本研究通过点击流数据分析和问卷调查都发现，用户在主页上留意系统推荐的资源是一种较为常见的做法，而且这样做也较为可能发现他们感兴趣的资源。与 Web 1.0 网站不同，社会性图书馆系统的主页在设计上已经淡化了导航用途，转而更加重视资源的聚合和呈现。豆瓣网在这一方面无疑投入了很多精力，也取得了很大的成功，网站主页和书影音主页上为用户推荐的资源大致可以分为近期、热门和经典等几大类，还提供了受到广泛关注的资源评论。这对于没有明确目标的用户来说是非常方便的，他们无须付出任何努力就可以获得大量的高质量资源，如果登录了还可以查看系统根据自己的偏好推荐的个性化资源。尽管用户在系统中的其他地方（如小组讨论话题）也可能意外发现一些资源，但是主页作为流量和内容最集中的区域，也最容易发生低参与、低预期的信息获取。

根据问卷调查的结果，习惯留意主页上资源推荐的用户往往使用豆瓣网的历史不长。可能正因为如此，他们还没来得及掌握所有其他可用的资源查找方式，于是只好诉诸门槛最低的注意方式，他们甚至不必去熟悉系统本身就能获取很多人都觉得有价值的资源。另一方面，新用户尚处于丰富个人收藏、扩展社交圈的过程之中，他们还不太了解资源、标签、用户（或小组）的中间媒介功能，或者还没有确定有效的中间媒介，从而限制其采取像代理浏览这样更高级的信息搜寻方式。

以上研究发现为社会性图书馆系统的主页设计提供了重要启示：首先需要认真考虑的是为用户推荐什么内容。对于这个问题，其实不存在最佳解决方案，因为不同的系统有着不同的业务目标，大家都会在主页上推荐自己的特色内容。但是任何系统都应该做到平衡新老用户的需求。比方说，在主页上推荐一些经典资源对于新用户来说非常有用，不过相对稳定的经典列表若在主页上占有太大版面无疑会给已经熟知它的老用户带来困扰；其次需要决定的是为用户推荐多少内容。新用户对系统的认识始于主页，量的把握很关键，可实际中很容易偏少或偏多，例如，LibraryThing 的主页上只能找到 10 本最近添加或评论的图书，Last.fm 却列出了上百万个未经汇编的音乐条目，而豆瓣网的做法是以图文并茂的形式展示少量资源，同时通过"更多"、"查看全部"等链接满足希望进一步了解的用户。

10.7.2　社会编目者与信息搜寻者的双重身份

社会性图书馆系统允许用户在收藏资源的时候为其添加标签，并将所有用户的标签聚合起来形成大众分类，由此催生了社会编目者。然而并不是每一位用户查找到资源后都会将其收藏到个人图书馆，也不是每一次收藏都会贡献标签。不同的人对于加标签活动的投入程度不尽相同，这一点可以从他们个人图书馆中的标签数量看出来。以上的问卷调查研究表明，拥有较大规模标签集合（标签数量超过 50 个）的用户往往是分类浏览者，也就是将标签作为中间媒介开展代理浏览来查找资源。豆瓣网不仅支持标签云和标签搜索，还会提供与当前所选标签相关的其他标签，帮助用户不断扩展探索的主题范围。

大众分类是建立在众多用户共同努力的基础上的，假如社会性图书馆系统中没有人添加标签，那么标签代理浏览方式将不再适用。由于知道自己将从大众分类中得益，分类浏览者加标签的动机也相应更强。相反，可能还有很多人对标签、标签云等 Web 2.0 的新产物缺乏了解，他们不太会主动去贡献标签，也很少有意识地通过标签查找资源，从而导致这种信息搜寻方式的普遍性并不高。当然，这一现象也可能与豆瓣网早期的标签云可用性低有关，数百万个标签按字顺排列，分几千页显示，系统对标签未进行组织和规范，导致标签云的利用效率十分低下。而现在的标签云已获得较大的改进，仅显示热门标签，按标签使用频次排序，而且还对标签做了进一步的分类。

从点击流数据分析结果可知，标签代理浏览的有效性是所有方式中最高的，几乎每三个通过标签找到的资源中就有一个是符合用户需求的，这说明豆瓣网中的标签能够较为准确地描述资源。尽管网站中存在能力不足或是不负责任的社会编目者，但是随着用户整体规模的增大，他们的影响会被不断弱化，加之系统适当的干预控制，大众分类的质量能够得到充分保证。同样，就单个资源来说，如果它已经被很多人收藏，系统会将这些人曾添加的标签推荐给后来收藏该资源的用户，后者只需选择他们认为合适的，而无须另行提供，这样有利于达成共识。

10.7.3　信息探索的主导地位

搜索和浏览一直都是人类获取信息的重要方式，无论是在一般的网络环境中还是在社会性图书馆系统中，而两者主导地位的更替是本研究的主要发现之一。长期使用网络搜索引擎所形成的依赖性和豆瓣网内部搜索引擎的高度可及性（每个页面上都提供了搜索框）使得搜索依然是用户查找资源的常规手段，特别适合信息需求已知的情况。另一方面，浏览取代了搜索成为豆瓣网中信息搜寻的主导方式，用户利用系统基本要素实现了代理浏览。可以说，这一特定环境中的信息搜寻表现出了"觅寻"（Foraging）的特质，用户凭借信息嗅觉（Information Scent）判断信息块的价值，然后在信息块内获取信息，资源与其相似资源、标签与其描述的资源、用户/小组及其收藏的资源分别组成不同的信息块。

在各种代理浏览方式中，资源代理浏览的普遍性最高，该方式的低投入性使其成为获取相似资源的快捷方式，用户可以将当前资源页面上提供的相似资源作为了解该资源的方面之一，就像资源简介一样，当然他们也可能是出于好奇心或因为缺乏目的性而前往了解。豆瓣网的每个资源页面上显示了 10 个"喜欢读/看/听……的人也喜欢"的资源和 5 个包含该资源的豆列；很多其他的社会性图书馆系统也非常注重相似资源的聚合，例如，LibraryThing 中的相似资源进一步分为系统联合推荐、用户成员推荐和特别推荐，基于资源热度的不同，其相似资源可能多达二百个。值得注意的是，"喜欢读/看/听……的人也喜欢"提供的是一种隐性相似推荐，这种方式存在一些问题。系统通过分析大量用户的收藏历史发现哪些资源是被一起收藏的，同被收藏的资源会相互作为相似资源推荐，这会使得用户连续进行资源代理浏览时陷入循环，而且当用户的资源收藏达到一定规模时，这种推荐可能不会再带来新的资源。

可供浏览的资源选择多了，浏览活动就更容易发生。这也是为什么关联性浏览者的访问宽度会比较大，尤其是显著大于搜索者。社会性图书馆系统的内部搜索引擎大多是为已知条目搜索构建的，用户在知道自己想要什么的时候才会去搜索。如果提问式足够具体，搜索结果页面上就只会返回少数几个与之匹配的资源条目。即使是不太准确的提问式带来了若干页搜索结果，用户也可以只在结果列表中识别所需资源，而不用点击查看每一个条目的详细情况。当然，豆瓣网的内部搜索引擎自身也存在着一些不足之处，如不支持自然语言查询式、缺乏排序等，从而降低了返回有用结果的可能性。

10.7.4　信息搜寻路径的多样化特征

点击流数据分析在路径层上探讨了访问路径的长度、时长、宽度和容量这四个属性之间的相关关系。长度和时长分别从空间和时间维度上反映了路径的跨度，两者之间仅存在中度相关的关系，说明不同的用户在豆瓣网中的访问速度具有一定的差异，这可能跟个人习惯有关，也可能是访问目的和时间压力的差异所造成的。唯一的强相关关系出现在访问长度和宽度之间，查看的页面越多，其中的资源页面也会相应越多，信息搜寻活动在访问中所占的比例较为稳定，问卷调查研究也表明用户使用豆瓣网的主要目的是查找资源。容量与长度和宽度的相关性相对弱一些，很多时候用户查看了资源后并不会将其收藏起来，除了觉得资源缺乏价值外，还可能存在一些其他原因，比如说当时没有登录无法收藏，或是查看已收藏的资源以了解新的评论。此外，时长与宽度和容量都表现出较弱的相关关系，可能资源查找并没有占用很多时间，但有些较为耗时的活动还是围绕资源展开的，比如写评论、读评论、欣赏电影片段和试听歌曲等。

本研究通过路径图可视化揭示了用户实现信息搜寻目标时的多种行为模式，其中资源查看可以分为连续模式和零星模式，资源收藏则可以分为延迟模式和即刻模式，这些模式独立于社会性图书馆系统的功能设计而存在。资源查看模式的形成并不是偶然的：如果人们的信息需求非常具体，那么他们很有可能表现出零星查看模式，比如通过确切的查询式搜索到唯一结果；当人们希望对信息源进行深入了解时，如了解用户的个人兴趣，可以连续查看他收藏的资源；如果人们对信息源的评价很高，如主页上的推荐，也很有可能发生连续查看。在某种意义上，从特定信息源查看多个资源可以视为了解或评价该信息源的过程。就资源收藏而言，延迟收藏属于正常模式，而用户所表现出来的即刻收藏模式在很大程度上是由其信息搜寻的目标决定的，已知资源的查找就是为了收藏，省略了中间的决策过程。当然，他们还可能受到一些外部因素的影响，如时间紧迫、资源页面上提供的内容很少等。

10.8　本 章 小 结

本章以豆瓣网为例研究了社会性标签系统用户信息搜寻行为。首先介绍了社会性图书馆的发展史及标签系统的相关知识，并提出了本章的研究问题与研究意义。其次，系统阐述了本章研究的理论基础及社会标签系统的相关研究。然后，以豆瓣网为例，分别用点击流数据分析法和问卷调查法分析豆瓣网用户的信息搜寻行为及背景特征。其中点击流数据分析遵循前面第 8 章提出的点击流数据分析框架，从足迹层、移动层和路径层三个层次对用户的点击流数据进行分析，并用可视化图形展示每个层次的分析结果，期望能够客观的、直观的展示豆瓣网用户的信息搜寻行为特征；问卷调查则对点击流数据分析起到辅助与补充的作用，一方面对点击流数据分析部分的结果加以检验，另一方面探究点击流数据无法触及的问题，即每一种方式所主导的用户群体特征。最后，本章从主页资源推荐的重要性、社会编目者与信息搜寻者的双重身份、信息探索在社会标签系统中的主导地位和信息搜寻路径的多样化四个方面较为细致地讨论了研究结果。

参 考 文 献

[1] Wilson T D. Human information behavior. Informing Science, 2000, 3(2): 49-56.

[2] Marchionini G. Information Seeking in Electronic Environments. Cambridge: Cambridge University Press, 1995.

[3] Chan L M, Salaba A. Cataloging and Classification: An Introduction. Maryland: Rowman & Littlefield, 2015.

[4] Åström F. Changes in the LIS research front: time‐sliced cocitation analyses of LIS journal articles, 1990‐2004. Journal of the Association for Information Science and Technology, 2007, 58(7): 947-957.

[5] Wilson T D. Information needs and uses: fifty years of progress. Fifty Years of Information Progress: A Journal of Documentation Review, 1994: 15-51.

[6] Poole H. Theories of the Middle Range. New York: Ablex, 1985.

[7] Bernal J. Preliminary analysis of pilot questionnaire on the use of scientific literature. Royal Society Scientific Information Conference, London, 1948: 589-637.

[8] Ford G. Progress in documentation: research in user behaviour in university libraries. Journal of Documentation, 1973, 29(1): 85-106.

[9] Clements D. Use made of public reference libraries: a survey of personal users and telephone, telex, and postal inquiries. Journal of Documentation, 1967, 23(2): 131-145.

[10] Menzel H. Information needs and uses in science and technology. Annual Review of Information Science and Technology, 1966, 1(1): 41-69.

[11] Paisley W J. Information needs and uses. Annual Review of Information Science and Technology, 1968, 3(1): 1-30.

[12] Wilson T D. Information needs and uses: fifty years of progress// Vickery B C. Fifty Years of Information Progress: A Journal of Documentation Review. London: Aslib, 1994: 15-51.

[13] Wilson T D. Information behaviour: an interdisciplinary perspective. Information Processing & Management, 1997, 33(4): 551-572.

[14] Belkin N J. Anomalous states of knowledge as a basis for information retrieval. Canadian Journal of Information Science, 1980, 5(1): 133-143.

[15] Kuhlthau C C. Perceptions of the information search process in libraries: a study of changes from high school through college. Information Processing & Management, 1988, 24(4): 419-427.

[16] Bates M J. The design of browsing and berrypicking techniques for the online search interface.

Online Review, 1989, 13(5): 407-424.

[17] Fidel R. Searchers' selection of search keys: I. the selection routine. II. controlled vocabulary or free-text searching. III. searching styles. Journal of the American Society for Information Science, 1991, (42): 490-527.

[18] Wilson T D, Vickery B C. Fifty years of information progress. Journal of Documentation Review, 1994: 15-51.

[19] Qiu L. Frequency distributions of hypertext path patterns: a pragmatic approach. Information Processing & Management, 1994, 30(1): 131-14C.

[20] Julien H, Pecoskie J J, Reed K. Trends in information behavior research, 1999 – 2008: a content analysis. Library & Information Science Research, 2011, 33(1): 19-24.

[21] Cross R L, Parker A. The Hidden Power of Social Networks: Understanding How Work Really Gets Done in Organizations. Cambridge: Harvard Business Review Press, 2004.

[22] Trant J. Studying social tagging and folksonomy: a review and framework. Journal of Digital Information, 2009, 10(1): 1-44.

[23] Golder S A, Huberman B A. Usage patterns of collaborative tagging systems. Journal of Information Science, 2006, 32(2): 198-208.

[24] Noruzi A. Folksonomies-why do we need controlled vocabulary? http://www.webology.org/2007/v4n2/editorial12.html. [2017-06-22]

[25] Furnival A C, Jerez S, Sebastian N. The general public's access and use of health information: a case study from Brazil. Information Research, 2014, 19(4): 182-188.

[26] Bronstein J, Aharony N. Personal and political elements of the use of social networking sites. Information Research, 2015, 20(1): 54-67.

[27] Enwald H, Hirvonen N, Korpelainen R, et al. Young men's perceptions of fear appeal versus neutral health messages: associations with everyday health information literacy, education, and health. Information Research, 2015, 20(1): 42-53.

[28] Erdelez S. Information Encountering: An Exploration Beyond Information Seeking. Unpublished Dissertation. Syracuse University, Syracuse, New York, 1995.

[29] Erdelez S. Investigation of information encountering in the controlled research environment. Information Processing & Management, 2004, 40(6): 1013-1025.

[30] Makri S, Blandford A. Coming across information serendipitously-Part 1: a process model. Journal of Documentation, 2012, 68(5): 684-705.

[31] Jiang T, Liu F, Chi Y. Online information encountering: modeling the process and influencing factors. Journal of Documentation, 2015, 71(6): 1135-1157.

[32] Mccay-Peet L, Toms E G. Investigating serendipity: how it unfolds and what may influence it. Journal of the Association for Information Science and Technology, 2015, 66(7): 1463-1476.

[33] Erdelez S. Information encountering: a conceptual framework for accidental information discovery. Proceedings of an International Conference on Information Seeking in Context, 1997: 412-421.

[34] Foster A, Ford N. Serendipity and information seeking: an empirical study. Journal of Documentation, 2003, 59(3): 321-340.

[35] Heinström J. Psychological factors behind incidental information acquisition. Library & Information Science Research, 2006, 28(4): 579-594.

[36] McCay-Peet L, Toms E G, Kelloway E K. Examination of relationships among serendipity, the environment, and individual differences. Information Processing & Management, 2015, 51(4): 391-412.

[37] Ross C S. Finding without seeking: the information encounter in the context of reading for pleasure. Information Processing & Management, 1999, 35(6): 783-799.

[38] Toms E G. Serendipitous information retrieval. Proceedings of the 2012 International Conference on Information Retrieval Meets Information Visualization, 2001: 76-85.

[39] Case D O, Andrews J E, Johnson J D, et al. Avoiding versus seeking: the relationship of information seeking to avoidance, blunting, coping, dissonance, and related concepts. Journal of the Medical Library Association, 2005, 93(3): 353.

[40] Johnson J D, Meischke H. A comprehensive model of cancer‐related information seeking applied to magazines. Human Communication Research, 1993, 19(3): 343-367.

[41] Webb E J, Campbell D T, Schwartz R D, et al. Unobtrusive Measures: Nonreactive Research in The Social Sciences. Chicago: Rand McNally, 1966.

[42] Webb E J. Nonreactive Measures in the Social Sciences. 2nd ed. Boston: Houghton Mifflin School, 1981.

[43] Webb E J, Campbell D T, Schwartz R D, et al. Unobtrusive Measures. New York: Sage Publications, 1999.

[44] Sechrest L B. Unobtrusive Measurement Today. San Francisco: Jossey-Bass, 1979.

[45] Kellehear A. The Unobtrusive Researcher: A Guide to Methods. Crows Nest: Allen & Unwin, 1993.

[46] Lee R M. Unobtrusive Methods in Social Research. New York: Open University Press, 2000.

[47] Neuman W L. Social research methods : qualitative and quantitative approaches. Social Research Methods Qualitative & Quantitative Approaches, 2000, 39(3): 447-448.

[48] Hill C W, Jones G R, Schilling M A. Strategic Management Theory: An Integrated Approach. Boston: Cengage Learning, 2014.

[49] Jupp V. The Sage Dictionary of Social Research Methods. New York: Sage, 2006.

[50] Jansen B J. Understanding User-Web Interactions Via Web Analytics. San Rafael: Morgan and

Claypool Publishers, 2009.

[51] Hine C. Internet research and unobtrusive methods. Social Research Update, 2011, 2009(61): 1-4.

[52] Savage M, Burrows R. The coming crisis of empirical sociology. Sociology, 2007, 41(5): 885-899.

[53] Dervin B. Strategies for dealing with human information needs: information or communication? Journal of Broadcasting & Electronic Media. 1976, 20(3): 323-333.

[54] Buckland M K. Information as thing. Journal of the American Society for Information Science (1986-1998), 1991, 42(5): 351-360.

[55] Ruben B D. The communication-information relationship in system-theoretic perspective. Journal of the American Society for Information Science. 1992, 43(1): 15-28.

[56] McCreadie M, Rice R E. Trends in analyzing access to information. Part I: cross-disciplinary conceptualizations of access. Information processing & management, 1999, 35(1): 45-76.

[57] Grunig J E. Publics, audiences, and market segments: segmentation principles for campaigns. Information Campaigns: Balancing Social Values and Social Change, 1989: 199-228.

[58] Green A. What do we mean by user needs? British Journal of Academic Librarianship, 1990, 5(2): 65-78.

[59] Maslow A H, Frager R, Fadiman J. Motivation and Personality. New York: Harper & Row New York, 1970: 30-65.

[60] Maslow A H. The need to know and the fear of knowing. The Journal of General Psychology, 1963, 68(1): 111-125.

[61] Wilson T D. On user studies and information needs. Journal of Documentation, 1981, 37(1): 3-15.

[62] Taylor R S. The process of asking questions. Journal of the Association for Information Science and Technology, 1962, 13(4): 391-396.

[63] Taylor R S. Question-negotiation and information seeking in libraries. College & Research Libraries, 2015, 76(3): 251-267.

[64] Dervin B. An Overview of Sense-Making Research: Concepts, Methods, and Results to Date. Indiana: The Author, 1983: 15-30.

[65] Shannon C E, Weaver W. The mathematical theory of information. Mathematical Gazette, 1949, 97(333): 170-180.

[66] Atkin C. Instrumental utilities and information seeking. Sage, 1973: 307.

[67] Belkin N J, Oddy R N, Brooks H M. ASK for information retrieval: Part I. background and theory. Journal of Documentation, 1982, 38(2): 61-71.

[68] Kuhlthau C C. A principle of uncertainty for information seeking. Journal of Documentation, 1993, 49(4): 339-355.

[69] Ingwersen P. Cognitive perspectives of information retrieval interaction: elements of a cognitive

IR theory. Journal of Documentation, 1996, 52(1): 3-50.

[70] Jones S. Doing Internet Research: Critical Issues and Methods for Examining the Net. New York: Sage Publications, Inc, 1998.

[71] van Rijsbergen C J, Crestani F, Lalmas M. Information Retrieval: Uncertainty and Logics: Advanced Models for the Representation and Retrieval of Information. New York: Springer Press, 2012.

[72] Feinman S, Mick C K, Saalberg J, et al. Conceptual-framework for information-flow studies. Proceedings of the American Society for Information Science, 1976: 106-106.

[73] Krikelas J. Information-seeking behavior: patterns and concepts. Drexel Library Quarterly, 1983, 19(2): 5-20.

[74] Zerbinos E. Information seeking and information processing: newspapers versus videotext. Journalism Quarterly, 1990, 67(4): 920-929.

[75] Marchionini G. Information Seeking in Electronic Environments. Cambridge UK: Cambridge University Press, 1997.

[76] Johnson J D. Cancer-Related Information Seeking. Cresskill: Hampton Press, 1997.

[77] Spink A, Cole C. Human information behavior: integrating diverse approaches and information use. Journal of the Association for Information Science and Technology, 2006, 57(1): 25-35.

[78] Case D O. Looking for Information: A Survey of Research on Information Seeking, Needs, and Behavior. 3rd ed. Bingley, UK: Emerald Publishing Group, 2012.

[79] Bates M J. Toward an integrated model of information seeking and searching. The New Review of Information Behaviour Research, 2002, 3: 1-15.

[80] Rao R. From IR to search, and beyond. Queue, 2004, 2(3): 66-73.

[81] Marchionini G. Exploratory search: from finding to understanding. Communications of the ACM, 2006, 49(4): 41-46.

[82] Saracevic T. Modeling interaction in information retrieval (IR): a review and proposal. Proceedings of the ASIS Annual Meeting, 1996: 3-9.

[83] Pirolli P, Card S. Information foraging. Psychological Review, 1999, 106(4): 643.

[84] Morville P, Rosenfeld L, Arango J. Information Architecture: For the Web and Beyond. 4th ed. California: O'Reilly Media Inc, 2015: 20-50.

[85] Bawden D, Robinson L. The dark side of information: overload, anxiety and other paradoxes and pathologies. Journal of Information Science, 2009, 35(2): 180-191.

[86] Bernier C L. Correlative indexes VI: serendipity, suggestiveness, and display. Journal of the Association for Information Science and Technology, 1960, 11(4): 277-287.

[87] Wilson P. Public Knowledge, Private Ignorance. Westport: Greenwood Press, 1977.

[88] Erdelez S. Information encountering: it's more than just bumping into information. Bulletin of the

Association for Information Science and Technology, 1999, 25(3): 26-29.

[89] Erdelez S, Basic J, Levitov D D. Potential for inclusion of information encountering within information literacy models. Information Research, 2011, 16(3): 10.

[90] McBirnie A. Seeking serendipity: the paradox of control. Aslib Proceedings of Emerald Group Publishing Limited, 2008: 600-618.

[91] Toms E, McCay-Peet L. Chance encounters in the digital library. Research and Advanced Technology for Digital Libraries, 2009: 192-202

[92] Makri S, Blandford A. Coming across information serendipitously-Part 2: a classification framework. Journal of Documentation, 2012, 68(5): 706-724.

[93] McCay-Peet L, Toms E G. The process of serendipity in knowledge work. Proceedings of the Third Symposium on Information Interaction in Context, 2010: 377-382.

[94] Ford N. Modeling cognitive processes in information seeking: from popper to pask. Journal of the Association for Information Science and Technology, 2004, 55(9): 769-782.

[95] Rich R F. Selective utilization of social science related information by federal policy-makers. Inquiry, 1975, 12(3): 239-245.

[96] Taylor R S. Value-Added Processes in Information Systems. Norwood: Greenwood Publishing Group, 1986: 27.

[97] Vakkari P. Task complexity, problem structure and information actions: integrating studies on information seeking and retrieval. Information Processing & Management, 1999, 35(6): 819-837.

[98] Sweeny K, Melnyk D, Miller W, et al. Information avoidance: who, what, when, and why. Review of General Psychology, 2010, 14(4): 340.

[99] Narayan B, Case D O, Edwards S L. The role of information avoidance in everyday‐life information behaviors. Proceedings of the American Society for Information Science and Technology, 2011, 48(1): 1-9.

[100] Garfield E. 2001: an information society? Information Scientist, 1979, 1(4): 209-215.

[101] 张晓娟. 信息素养: 标准、模式及其实现. 图书情报知识, 2009, 1: 17-23.

[102] Addison C, Meyers E. Perspectives on information literacy: a framework for conceptual understanding. Information Research: An International Electronic Journal, 2013, 18(3): 1-14.

[103] Limberg L, Sundin O, Talja S. Three theoretical perspectives on information literacy. Journal for Information Technology Studies as a Human Science, 2013, 11(2): 93-130.

[104] Williamson K, Asla T. Information behavior of people in the fourth age: implications for the conceptualization of information literacy. Library & Information Science Research, 2009, 31(2): 76-83.

[105] Limberg L, Sundin O. Teaching information seeking: relating information literacy education to theories of information behaviour. Information Research: An International Electronic Journal,

2006, 12(1): 1-17.

[106] Giddens A. The Constitution of Society: Outline of the Theory of Structuration. Berkeley: University of California Press, 1984: 26.

[107] Suchman L A. Plans and Situated Actions: The Problem of Human-Machine Communication. Cambridge UK: Cambridge University Press, 1987.

[108] Lave J. Cognition in Practice: Mind, Mathematics and Culture in Everyday Life. Cambridge UK: Cambridge University Press, 1988.

[109] Lave J, Wenger E. Situated Learning: Legitimate Peripheral Participation. Cambridge UK: Cambridge University Press, 1991.

[110] Brown J S, Duguid P. Organizational learning and communities-of-practice: toward a unified view of working, learning, and innovation. Organization Science, 1991, 2(1): 40-57.

[111] Talja S. The domain analytic approach to scholars' information practices. American Society for Information Science and Technology, 2005: 123-127.

[112] Tuominen K, Savolainen R, Talja S. Information literacy as a sociotechnical practice. The Library Quarterly, 2005, 75(3): 329-345.

[113] Vaast E, Walsham G. Representations and actions: the transformation of work practices with IT use. Information and Organization, 2005, 15(1): 65-89.

[114] McKenzie P J. A model of information practices in accounts of everyday-life information seeking. Journal of Documentation, 2003, 59(1): 19-40.

[115] Talja S, Hansen P. Information sharing. New Directions in Human Information Behavior, 2006: 113-134.

[116] Wilson T. The Behaviour/Practice Debate: A Discussion Prompted by Tom Wilson's Review of Reijo Savolainen's Everyday Information Practices: A Social Phenomenological Perspective. Sheffield: Scarecrow Press, 2009.

[117] Bates M J. An Introduction to Metatheories, Theories, and Models. Saline: Na, 2005.

[118] Wilson T. Exploring models of information behaviour: the 'uncertainty' project. Information Processing & Management, 1999, 35(6): 839-849.

[119] Johnson J D. Cancer-Related Information Seeking. New York: Hampton Press, 1997.

[120] Dervin B. An overview of sense-making research: concepts, methods, and results to date. http://faculty.washington.edu/wpratt/MEBI598/Methods/An. [2017-06-06]

[121] Sualman I, Jaafar R. Sense-making approach in determining health situation, information seeking and usage. International Proceedings of Economics Development and Research, 2013, 62: 75.

[122] Landgren J, Nulden U. A study of emergency response work: patterns of mobile phone interaction. Proceedings of the SIGCHI Conference on Human Factors in Computing Systems,

2007: 1323-1332.

[123] Albolino S, Cook R, O'Connor M. Sensemaking, safety, and cooperative work in the intensive care unit. Cognition, Technology & Work, 2007, 9(3): 131-137.

[124] Paul S A, Reddy M C. Understanding together: sensemaking in collaborative information seeking. Proceedings of the 2010 ACM Conference on Computer Supported Cooperative Work, 2010: 321-330.

[125] Dervin B L. Clear... unclear? Accurate... inaccurate? Objective... subjective? Research... practice? Why polarities impede the research, practice and design of information systems and how sense-making methodology attempts to bridge the gaps. Part 1. Journal of Evaluation in Clinical Practice, 2010, 16(5): 994-997.

[126] Dervin B. On studying information seeking methodologically: the implications of connecting metatheory to method. Information Processing & Management, 1999, 35(6): 727-750.

[127] Odhiambo F, Harrison J, Hepworth M. The information needs of informal carers: an analysis of the use of the micro-moment time line interview. Library and Information Research, 2003, 27(86): 19-29.

[128] Smith S A. Information Seeking Needs of Mothers Who Bottle-Feed Their Young Infants: How the Information Seeking Process Affects Them and What Libraries Can Do to Help Them. Unpublished dissertation. Victoria University of Wellington, 2010.

[129] Kari J. Making sense of sense-making: from metatheory to substantive theory in the context of paranormal information seeking. Nordis-Net Workshop:(Meta) Theoretical Stands in Studying Library and Information Institutions: Individual, Organizational and Societal Aspects, 1998.

[130] Dervin B. Information-democracy: an examination of underlying assumptions. Journal of the American Society for Information Science, 1994, 45(6): 369.

[131] Dervin B. Sense-making theory and practice: an overview of user interests in knowledge seeking and use. Journal of Knowledge Management, 1998, 2(2): 36-46.

[132] Wilson T D, Ford N J, Ellis D, et al. Information seeking and mediated searching: Part 2. uncertainty and its correlates. Journal of the American Society for Information Science and Technology, 2002, 53(9): 704-715.

[133] D'Ambra J, Wilson C S. Use of the world wide web for international travel: integrating the construct of uncertainty in information seeking and the task - technology fit (TTF) model. Journal of the Association for Information Science and Technology, 2004, 55(8): 731-742.

[134] Spink A, Cole C. Human information behavior: integrating diverse approaches and information use. Journal of the American Society for Information Science and Technology, 2006, 57(1): 25-35.

[135] Weiler A. Information-seeking behavior in generation Y students: motivation, critical thinking,

and learning theory. Journal of Academic Librarianship, 2005, 31(1): 46-53.

[136] Corcoran Perry S, Graves J. Supplemental information seeking behavior of cardiovascular nurses. Research in Nursing & Health, 1990, 13(2): 119-127.

[137] Henefer J, Fulton C. Krikelas's Model of Information Seeking. Saline: Na, 2005.

[138] Case D. Looking for Information: A Survey of Research on Information Needs, Seeking and Behavior. New York: Academic Press, 2007.

[139] Bates M J. What is browsing-really? A model drawing from behavioural science research. Information Research, 2007, 12(4): 646-656.

[140] Bilal D. Children's use of the Yahooligans! web search engine: I. cognitive, physical, and affective behaviors on fact‐based search tasks. Journal of the Association for Information Science and Technology, 2000, 51(7): 646-665.

[141] Fenech G, Thomson G. Tormented by ghosts from their past': a meta-synthesis to explore the psychosocial implications of a traumatic birth on maternal well-being. Midwifery, 2014, 30(2): 185-193.

[142] Barroso J, Gollop C J, Sandelowski M, et al. The challenges of searching for and retrieving qualitative studies. Western Journal of Nursing Research, 2003, 25(2): 153-178.

[143] Ellis D. A behavioural model for information retrieval system design. Journal of Information Science, 1989, 15(4-5): 237-247.

[144] Ellis D. Modeling the information-seeking patterns of academic researchers: a grounded theory approach. The Library Quarterly, 1993, 63(4): 469-486.

[145] Ellis D, Haugan M. Modelling the information seeking patterns of engineers and research scientists in an industrial environment. Journal of Documentation, 1997, 53(4): 384-403.

[146] Wilson T D. Models in information behaviour research. Journal of Documentation, 1999, 55(3): 249-270.

[147] Choo C W, Detlor B, Turnbull D. Information seeking on the web: an integrated model of browsing and searching. first monday 2000. http://firstmonday.org/issues/issue5_2/choo/index.html. [2017-06-01].

[148] Makri S, Blandford A, Cox A L. Investigating the information-seeking behaviour of academic lawyers: from Ellis's model to design. Information Processing & Management, 2008, 44(2): 613-634.

[149] Taylor A. A study of the information search behaviour of the millennial generation. Neuron, 2012, 79(3): 593-606.

[150] Meho L I, Tibbo H R. Modeling the information‐seeking behavior of social scientists: Ellis's study revisited. Journal of the Association for Information Science and Technology, 2003, 54(6): 570-587.

[151] Byron S M, Young J I. Information seeking in a virtual learning environment. Research Strategies, 2000, 17(4): 257-267.

[152] Holliday W, Li Q. Understanding the millennials: updating our knowledge about students. Reference Services Review, 2004, 32(4): 356-366.

[153] van Aalst J, Hing F W, May L S, et al. Exploring information literacy in secondary schools in Hong Kong: a case study. Library & Information Science Research, 2007, 29(4): 533-552.

[154] Hyldegård J. Collaborative information behaviour-exploring Kuhlthau's information search process model in a group-based educational setting. Information Processing & Management, 2006, 42(1): 276-298.

[155] Hyldegård J. Beyond the search process-exploring group members' information behavior in context. Information Processing & Management, 2009, 45(1): 142-158.

[156] Hyldegård J. Uncertainty dimensions of information behaviour in a group based problem solving context. Nordic Journal of Information Literacy in Higher Education, 2009, 1(1): 4-24.

[157] Bowler L. The metacognitive knowledge of adolescent students during the information search process. Proceedings of the Annual Conference of CAIS, 2013: 1-12.

[158] Kracker J. Research anxiety and students' perceptions of research: an experiment. Part I. effect of teaching Kuhlthau's ISP model. Journal of the American Society for Information Science and Technology, 2002, 53(4): 282-294.

[159] Whitmire E. Epistemological beliefs and the information-seeking behavior of undergraduates. Library & Information Science Research, 2003, 25(2): 127-142.

[160] Kracker J, Wang P. Research anxiety and students' perceptions of research: an experiment. Part II. content analysis of their writings on two experiences. Journal of the American Society for Information Science and Technology, 2002, 53(4): 295-307.

[161] Marchionini G. Information Seeking in Electronic Environments. Cambridge UK: Cambridge University Press, 1997.

[162] van Deursen A J, Van Dijk J A. Using the Internet: skill related problems in users' online behavior. Interacting with Computers, 2009, 21(5): 393-402.

[163] Han S, Yue Z, He D. Automatic detection of search tactic in individual information seeking: a hidden Markov model approach. Conference 2013 Proceedings iSchool, 2013: 712-716.

[164] Jürgens J J, Womser-Hacker C, Mandl T. Modeling the interactive patent retrieval process: an adaptation of Marchionini's information seeking model. Proceedings of the 5th Information Interaction in Context Symposium, 2014: 247-250.

[165] Niedźwiedzka B. A proposed general model of information behaviour. Information Research An International Electronic Journal, 2003, 9(1): 345-356.

[166] Niu X, Hemminger B M. A study of factors that affect the information‐seeking behavior of

academic scientists. Journal of the Association for Information Science and Technology, 2012, 63(2): 336-353.

[167] Azadeh F, Ghasemi S. Investigating information-seeking behavior of faculty members based on Wilson's model: case study of PNU University, Mazandaran, Iran. Global Journal of Health Science, 2016, 8(9): 26.

[168] Cao W, Zhang X, Xu K, et al. Modeling online health information-seeking behavior in China: the roles of source characteristics, reward assessment, and Internet self-efficacy. Health Communication, 2016, 31(9): 1105-1114.

[169] Byström K, Järvelin K. Task complexity affects information seeking and use. Information Processing & Management, 1995, 31(2): 191-213.

[170] Byström K. Information and information sources in tasks of varying complexity. Journal of the Association for Information Science and Technology, 2002, 53(7): 581-591.

[171] Sigaard K T, Skov M. Applying an expectancy-value model to study motivators for work-task based information seeking. Journal of Documentation, 2015, 71(4): 709-732.

[172] Bell D, Ruthven I. Searcher's assessments of task complexity for web searching. Advances in Information Retrieval, 2004: 57-71.

[173] Arguello J, Wu W-C, Kelly D, et al. Task complexity, vertical display and user interaction in aggregated search. Proceedings of the 35th International ACM SIGIR Conference on Research and Development in Information Retrieval, 2012: 435-444.

[174] Johnson J D, Donohue W A, Atkin C K, et al. A comprehensive model of information seeking: tests focusing on a technical organization. Science Communication, 1995, 16(3): 274-303.

[175] Feng H, Yang Y. A model of cancer-related health information seeking on the internet. China Media Research, 2007, 3(3): 14-24.

[176] Hartoonian N, Ormseth S R, Hanson E R, et al. Information-seeking in cancer survivors: application of the comprehensive model of information seeking to HINTS 2007 data. Journal of Health Communication, 2014, 19(11): 1308-1325.

[177] Ruppel E K. Scanning health information sources: applying and extending the comprehensive model of information seeking. Journal of Health Communication, 2016, 21(2): 208-216.

[178] Savolainen R. Everyday life information seeking: approaching information seeking in the context of "way of life". Library & Information Science Research, 1995, 17(3): 259-294.

[179] Given L M. The academic and the everyday: investigating the overlap in mature undergraduates' information-seeking behaviors. Library & Information Science Research, 2002, 24(1): 17-29.

[180] Sin S C J, Kim K S. International students' everyday life information seeking: the informational value of social networking sites. Library & Information Science Research, 2013, 35(2): 107-116.

[181] Lu Y L. Children's information seeking in coping with daily-life problems: an investigation of

fifth-and sixth-grade students. Library & Information Science Research, 2010, 32(1): 77-88.

[182] Savolainen R. Source preferences in the context of seeking problem-specific information. Information Processing & Management, 2008, 44(1): 274-293.

[183] Williamson K. Discovered by chance: the role of incidental information acquisition in an ecological model of information use. Library & Information Science Research, 1998, 20(1): 23-40.

[184] Williamson K, Qayyum A, Hider P, et al. Young adults and everyday-life information: the role of news media. Library & Information Science Research, 2012, 34(4): 258-264.

[185] Ooi K, Li Liew C. Selecting fiction as part of everyday life information seeking. Journal of Documentation, 2011, 67(5): 748-772.

[186] Kothari C R. Research Methodology: Methods and Techniques. Delhi: New Age International, 2004.

[187] Creswell J W. Research design: qualitative, quantitative, and mixed method approach. Manual Therapy, 2013, 16(1): 223-223.

[188] Newman I, Benz C R. Qualitative-quantitative Research Methodology: Exploring the Interactive Continuum. Amsterdam: John Benjamins Publication Company, 2012: 335-344.

[189] Newman I, Ridenour C, Newman C, et al. A typology of research purposes and its relationship to mixed methods. Handbook of Mixed Methods in Social and Behavioral Research, 2003.

[190] Onwuegbuzie A J, Teddlie C. A Framework for Analyzing Data in Mixed Methods Research. New Delhi: Sage, 2003.

[191] Crotty, Michael. The Foundations of Social Research: Meaning and Perspective in the Research Process. New Delhi: Sage, 1998: 80-85.

[192] Kothari C R. Research Methodology: Methods & Techniques.New Delhi: Sage, 2004.

[193] Yin R K. Case Study Research : Design and Methods. New Jersey: Blackwell Science Ltd, 2003.

[194] 余菁. 案例研究与案例研究方法. 经济管理. 2004(20): 24-29.

[195] Yin R K. Applications of Case Study Research. New Delhi: Sage, 2012.

[196] Eisenhardt K M. Building theories from case study research. Academy of Management Review, 1989, 14(4): 532-550.

[197] 吕力. 案例研究:目的、过程、呈现与评价. 科学学与科学技术管理, 2012, 33(6): 29-35.

[198] Lazar J, Feng J H, Hochheiser H. Research methods in human-computer interaction. Handbook of Human-Computer Interaction, 2009: 203-227.

[199] Stake R E. The Art of Case Study Research. New Delhi: Sage, 1995.

[200] Yin R K. Applications of Case Study Research. Thousand Oaks: Sage, 2011.

[201] Angrosino M. Doing Ethnographic and Observational Research. New Delhi: Sage, 2007.

[202] Creswell J W. Qualitative Inquiry and Research Design: Choosing Among Five Approaches. New Delhi: Sage, 2013.

[203] Whitehead T. Basic classical ethnographic research methods. Ethnographically Informed Community and Cultural Assessment Research Systems (Eiccars) Working Paper Series, 2005: 1-28.

[204] Hine C. Virtual Ethnography. New Delhi: Sage, 2000.

[205] Myers M D. Qualitative Research in Business and Management. Los Angeles: Sage, 2013.

[206] Mcghee G, Marland G R, Atkinson J. Grounded theory research: literature reviewing and reflexivity. Journal of Advanced Nursing, 2007, 60(3): 334-342.

[207] Creswell J W, Poth C N. Qualitative Inquiry and Research Design: Choosing Among Five Approaches. Los Angeles: Sage, 2017.

[208] Glaser B G. Basics of Grounded Theory Analysis: Emergence vs Forcing. California: Sociology Press, 1992.

[209] Charmaz K. Constructing grounded theory. Introducing Qualitative Methods, 2014: 406-412.

[210] Glaser B G, Holton J. The discovery of grounded theory. Strategies for Qualitiative Research, 1967, 3(6): 377-380.

[211] Strauss A, Corbin J M. Basics of qualitative research: grounded theory procedures and techniques. Modern Language Journal, 1990, 77(2): 129.

[212] Ju B, Jin T, Stewart J B. Investigating communication hindrance in interdisciplinary collaboration: a grounded theory approach. Proceedings of the Association for Information & Technology, 2016, 53(1): 1-4.

[213] Rubin V L, Burkell J, Quan-Haase A. Facets of serendipity in everyday chance encounters: a grounded theory approach to blog analysis. Information Research, 2011, 16(3): 27.

[214] Ollerenshaw J A, Creswell J W. Narrative research: a comparison of two restorying data analysis approaches. Qualitative Inquiry, 2002, 8(3): 329-347.

[215] Riessman C K. Narrative Methods for the Human Sciences. New York: Sage, 2008.

[216] Clandinin D J, Connelly F M. Narrative Inquiry: Experience and Story in Qualitative Research. San Francisco: Jossey-bass, 2000.

[217] Creswell J W, Miller D L. Determining validity in qualitative inquiry. Theory Into Practice, 2000, 39(3): 124-130.

[218] Giorgi A. The descriptive phenomenological method in psychology. Journal of Phenomenological Psychology, 2003, 43(1): 3-12.

[219] Manen M V. Researching lived experience : human science for an action sensitive pedagogy. Canadian Social Studies, 1990, (3): 135.

[220] Moustakas C E. Phenomenological Research Methods. New Delhi: Sage, 1994.

[221] 库涅夫斯基. 用户体验面面观. 北京: 清华大学出版社, 2010.

[222] Fink A. How to conduct surveys: a step-by-step guide. BMJ, 2016, 15(4): 120.

[223] Gravetter. Statistics for the Behavioral Sciences. San Francisco: Mayfield, 2000.

[224] Fowler Jr F J. Survey Research Methods. California: Sage, 2013.

[225] Sue V M, Ritter L A. Conducting Online Surveys. California: Sage, 2012.

[226] Andrews D, Nonnecke B, Preece J. Electronic survey methodology: a case study in reaching hard-to-involve Internet users. International Journal of Human Computer Interaction, 2003, 16(2): 185-210.

[227] Macefield R. Usability studies and the hawthorne effect. Journal of Usability Studies, 2007, 2(3): 145-154.

[228] Rosenthal R, Rosnow R. Essentials of behavioral research: methods and data analysis. Contributions to Plasma Physics, 1991, 51(9): 863-876.

[229] Oehlert G W. A first course in design and analysis of experiments. Topics in Biostatistics, 2000, 30(1): 80-80.

[230] Keppel G. Design and Analysis : A Researcher's Handbook. London: Prentice-Hall, 1973.

[231] Mckechnie L, Baker L, Greenwood M, et al. Research method trends in human information literature. New Review of Information Behaviour Research, 2002, 3: 113-125.

[232] Julien H, Pecoskie J, Reed K. Trends in information behavior research, 1999-2008: a content analysis. Library & Information Science Research, 2011, 33(1): 19-24.

[233] Greifeneder E. Trends in information behaviour research. Proceedings of ISIC: The Information Behaviour Conference, 2014.

[234] Vakkari P. Trends and approaches in information behavior research. Information Research, 2008, 13(4): 47-47.

[235] Fidel R. Are we there yet? Mixed methods research in library and information science. Library & Information Science Research, 2008, 30(4): 265-272.

[236] Marrelli A F. Unobtrusive measures. Performance Improvement, 2007, 46(9): 43-47.

[237] Brace I. Questionnaire Design : How to Plan, Structure and Write Survey Material for Effective Market Research. London: Kogan Page, 2004.

[238] 戴力农. 设计调研. 北京: 电子工业出版社, 2014.

[239] Brückner M, Tetiwat O. Evaluation of E-learning readiness: a study of informational behavior of university students. Polibits, 2009, (40): 87-92.

[240] Ratchford B T, Lee M S, Talukdar D. The impact of the internet on information search for automobiles. Journal of Marketing Research, 2003, 40(2): 193-209.

[241] Laroche M, Saad G, Cleveland M, et al. Gender differences in information search strategies for a

Christmas gift. Journal of Consumer Marketing, 2000, 17(6): 500-522.

[242] Mcgee J E, Sawyerr O O. Uncertainty and information search activities: a study of owner‐managers of small high-technology manufacturing firms. Journal of Small Business Management, 2003, 41(4): 385-401.

[243] Min J. Personal information concerns and provision in social network sites: interplay between secure preservation and true presentation. Journal of the Association for Information Science & Technology, 2016, 67(1): 26-42.

[244] Rubin H J, Rubin I S. Qualitative Interviewing: The Art of Hearing Data. New York: Sage, 1995.

[245] Brinkmann S. Qualitative Interviewing. New York: Sage, 1995.

[246] Robinson C. Real World Research. Oxford: Blackwell, 2002.

[247] 俞碧飏. 信息偶遇概念与特点的实证辨析:以科研人员为例. 情报学报, 2012, 31(7): 759-769.

[248] Björneborn L. Serendipity dimensions and users' information behaviour in the physical library interface. Information Research, 2008, 13(4): 38-38.

[249] Light A, Wakeman I. Beyond the interface: users' perceptions of interaction and audience on websites. Interacting with Computers, 2001, 13(3): 325-351.

[250] Addison C V, Freund L. An appointment with Dr. Google: Online searching for health information in times of stress. Proceedings of the 77th Association for Information Science & Technology, 2014, 51(1): 1-4.

[251] Marczyk G, Dematteo D, Festinger D. Essentials of research design and methodology. Future of Logistics, 2005, 2(4): 233-244.

[252] Bloor M. Focus Groups in Social Research. New York: Sage, 2001.

[253] Puchta C, Potter J. Focus Group Practice. New York: Sage, 2004.

[254] Krueger R A, Casey M A. Focus groups: a practical guide for applied research. Thousand Oaks Ca Sage, 2000, 14(2): 70-76.

[255] 郭瑞华. 肯特州大学图书馆移动网站的用户调研及启示. 图书馆学研究, 2012, (16): 99-101.

[256] 谢蓉, 金武刚. 高校图书馆如何推广手机阅读——基于对在校大学生手机阅读的调查结果. 图书情报工作, 2011, (14): 20-23.

[257] 彭艳萍. 自助服务设备在图书馆的可用性研究——以广州图书馆新馆应用为例. 图书馆学研究, 2013, (14): 10-15.

[258] 黎春兰, 邓仲华, 李玉洁. 图书馆云服务质量的影响因素研究. 情报理论与实践, 2016,(10): 65-73.

[259] 张蒂. 非熟练用户对于两种资源发现系统的体验分析——基于焦点小组的调研. 图书馆工

作与研究, 2014,(1): 104-108.

[260] Taylor S J, Bogdan R, DeVault M. Introduction to Qualitative Research Methods: A Guidebook and Resource. Hoboken: Wiley, 2015.

[261] Hennink M M. International Focus Group Research: A Handbook for the Health and Social Sciences. Cambridge UK: Cambridge University Press, 2007.

[262] Morgan D L. The Focus Group Guidebook. New York: Sage, 1997.

[263] Alaszewski A. Using Diaries for Social Research. New Delhi: Sage, 2006.

[264] Carter S, Mankoff J. When participants do the capturing: the role of media in diary studies. Sigchi Conference on Human Factors in Computing Systems, 2005: 899-908.

[265] Kuniavsky M. Observing the User Experience: A Practitioner's Guide to User Research. Burlington: Morgan Kaufmann, 2003.

[266] Hyldegård J. Collaborative information behaviour-exploring Kuhlthau's information search process model in a group-based educational setting. Information Processing & Management, 2006, 42(1): 276-298.

[267] Fisher K E, Landry C F. Understanding the information behavior of stay-at-home mothers through affect//Nahl D, Bllal D. Information and Emotion: The Emergent Affective Paradigm in Information Behavior Research and Theory. New Jersey: Information Today, 2007: 211-234.

[268] Leary M R. Introduction to Behavioral Research Methods. San Francisco: Wadsworth Pub. Co, 1991.

[269] Schulz-Hardt S, Frey D, Lüthgens C, et al. Biased information search in group decision making. Journal of Personality & Social Psychology, 2000, 78(4): 655-69.

[270] Czaja S J, Sharit J, Ownby R, et al. Examining age differences in performance of a complex information search and retrieval task. Psychology & Aging, 2001, 16(4): 564.

[271] Kelly D, Cool C. The effects of topic familiarity on information search behavior. Proceedings of the 2nd ACM/IEEE-CS joint conference on Digital libraries, 2002: 74-75.

[272] 王宇, 张云秋. 探索式搜索行为的眼动研究. 图书情报工作, 2014, 58(11): 29-35.

[273] Neuendorf K A. The Content Analysis Guidebook. New Delhi: Sage, 2002.

[274] Fairclough N. Analysing discourse :textual analysis for social research. Language & Literature, 2003, 14(2): 199-202.

[275] Drisko J W, Maschi T. Content Analysis. New York: Oxford University Press, 2016.

[276] Hsieh H F, Shannon S E. Three approaches to qualitative content analysis. Qualitative Health Research, 2005, 15(9): 1277-1288.

[277] Krippendorff K. Content analysis : an introduction to its methodology. Seikeigeka Orthopedic Surgery, 1980, 79(385): 204.

[278] Foster A E, Ellis D. Serendipity and its study. Journal of Documentation, 2014, 70(6):

1015-1038.

[279] Agarwal N K. Towards a definition of serendipity in information behaviour. Information Research, 2015, 20(3).

[280] 施亦龙, 许鑫. 在线健康信息搜寻研究进展及其启示. 图书情报工作, 2013, (24): 123-131.

[281] 王知津, 韩正彪, 周鹏. 非线性信息搜寻行为研究. 图书馆论坛, 2011, 31(6): 225-231.

[282] Jeon Y J, Rieh S Y. Social search behavior in a social Q&A service: goals, strategies, and outcomes. Proceedings of the Association for Information Science & Technology, 2016, 52(1): 1-10.

[283] Hunter, John E. Methods of meta-analysis. Bms Bulletin of Sociological Methodology, 2004: 48-49.

[284] Card N A. Applied Meta-Analysis for Social Science Research. New York: The Guilford Press, 2011.

[285] Cooper H, Hedges L V. Research Synthesis as A Scientific Process. New York: Russell Sage Foundation, 2009.

[286] Pigott T D. Advances in Meta-Analysis. New York: Springer, 2012: 79-107.

[287] Field A P, Gillett R. How to do a meta‐analysis. British Journal of Mathematical and Statistical Psychology, 2010, 63(3): 665-694.

[288] Borenstein M, Hedges L V, Higgins J P T, et al. Introduction to Meta-Analysis. New Jersey: Wiley, 2009.

[289] Prizant-Passal S, Shechner T, Aderka I M. Social anxiety and internet use – a meta-analysis: what do we know? what are we missing? Computers in Human Behavior, 2016, 62: 221-229.

[290] Downe S. Metasynthesis: a guide to knitting smoke. Evidence Based Midwifery, 2008, 6(1): 4-8.

[291] Najafi F, Monjazebi F, Nikpeyma N. Meta-synthesis of qualitative research in nursing: a literature review. Journal of Qualitative Research in Health Sciences, 2014, 2(4): 320-335.

[292] Noblit G W, Hare R D. Meta-Ethnography: Synthesizing Qualitative Studies. New Delhi: Sage, 1988.

[293] Atkins S, Lewin S, Smith H, et al. Conducting a meta-ethnography of qualitative literature: lessons learnt. BMC Medical Research Methodology, 2008, 8(1): 21.

[294] Campbell R, Pound P, Morgan M, et al. Evaluating meta-ethnography: systematic analysis and synthesis of qualitative research. Health Technology Assessment, 2011, 15(43): 1.

[295] Higginbottom G M, Hadziabdic E, Yohani S, et al. Immigrant women's experience of maternity services in Canada: a meta-ethnography. Midwifery, 2013, 30(5): 544-559.

[296] Crano B W D, Brewer M B. Principles and methods of social research. Journal of the Royal Statistical Society, 2014, 52(3): 404-405.

[297] Yoder P J, Symons F. Observational Measurement of Behavior. Berlin: Springer, 2010.

[298] Bakeman R, Quera V. Sequential Analysis and Observational Methods for the Behavioral Sciences. Cambridge UK: Cambridge University Press, 2011.

[299] Wildemuth B M. Applications of Social Research Methods to Questions in Information and Library Science. Exeter: Libraries Unlimited, 2009.

[300] Crowther D, Lancaster G. Research Methods. Hungary: Elsevier Butterworth-Heineman, 2012.

[301] Bailey K. Methods of Social Research. New York: Simon and Schuster, 1994.

[302] Skov M, Ingwersen P. Museum web search behavior of special interest visitors. Library & Information Science Research, 2014, 36(2): 91-98.

[303] Slone D J. Internet search approaches: the influence of age, search goals, and experience. Library & Information Science Research, 2003, 25(4): 403-418.

[304] Hara N, Solomon P, Kim S L, et al. An emerging view of scientific collaboration: scientists' perspectives on collaboration and factors that impact collaboration. Journal of the American Society for Information Science & Technology, 2003, 54(10): 952-965.

[305] Given L M, Winkler D C, Willson R, et al. Documenting young children's technology use: observations in the home. Proceedings of the Association for Information Science & Technology, 2015, 51(1): 1-9.

[306] Burby J, Brown A, Committee W S. Web Analytics Definitions. Washington: Web Analytics Association, 2007.

[307] Beasley M. Practical Web Analytics for User Experience: How Analytics Can Help You Understand Your Users. San Francisco: Morgan Kaufmann, 2013.

[308] Jansen B J. Understanding User-Web Interactions via Web Analytics. San Rafael: Morgan and Claypool Publishers, 2009.

[309] Waisberg D, Kaushik A. Web analytics 2.0 empowering customer centricity. The Original Search Engine Marketing Journal, 2009, 2(1): 5-11.

[310] Kaushik A. Web Analytics: An Hour A Day. Alameda: SYBEX Inc., 2007: 226-234.

[311] Clifton B. Advanced Web Metrics With Google Analytics. Hoboken: Wiley, 2012.

[312] Marek K. Using Web Analytics in the Library Chicago: American Library Association, 2011.

[313] Kaushik A. Web Analytics 2.0: The Art of Online Accountability and Science of Customer. Centricity: SYBEX Inc., 2009.

[314] Nielsen J, Landauer T K. A mathematical model of the finding of usability problems. INTERACT '93 and CHI '93 Conference on Human Factors in Computing Systems, 1993: 206-213.

[315] Barnum. Usability Testing Essentials: Ready, Set···Test! Amsterdam: Elsevier, 2011.

[316] Rubin J, Chisnell D. Handbook of Usability Testing: How to Plan, Design, and Conduct Effective Tests. Hoboken: Wiley, 2008.

[317] Wixon D. Evaluating usability methods: why the current literature fails the practitioner. Interactions, 2003, 10(4): 28-34.

[318] Goodman E, Kuniavsky M, Moed A. Observing the User Experience: A Practitioner's Guide to User Research. 2nd ed. Burlington: Morgan Kaufmann, 2012.

[319] Lazar J, Feng J H, Hochheiser H. Research methods in human-computer interaction. Hoboken: Wiley, 2010.

[320] Virzi R A. Refining the test phase of usability evaluation: how many subjects is enough? Human Factors: The Journal of the Human Factors and Ergonomics Society, 1992, 34(4): 457-468.

[321] Lindgaard G, Chattratichart J. Usability testing:what have we overlooked? Proceedings of the SIGCHI Conference on Human Factors in Computing Systems, 2007: 1415-1424.

[322] Nielsen J. Usability Engineering. Amsterdam: Elsevier, 1994.

[323] Nielsen J, Molich R. Heuristic evaluation of user interfaces. Proceedings of the SIGCHI Conference on Human Factors in Computing Systems, 1990: 249-256.

[324] Rainie L, Jansen B J. Surveys as a complementary method for web log analysis. Handbook of Research on Web Log Analysis, 2009: 39-64.

[325] Jansen B J. Understanding user-web interactions via web analytics. Synthesis Lectures on Information Concepts, Retrieval, and Services, 2009, 1(1): 1-102.

[326] Peters T A. The history and development of transaction log analysis. Library Hi Tech, 1993, 11(2): 41-66.

[327] Hölscher C. How Internet experts search for information on the web. Proceedings of the World Conference of the World Wide Web, Internet, and Intranet, 1998.

[328] Silverstein C, Marais H, Henzinger M, et al. Analysis of a very large web search engine query log. ACm SIGIR Forum, 1999: 6-12.

[329] Jansen B J, Spink A, Saracevic T. Real life, real users, and real needs: a study and analysis of user queries on the web. Information Processing & Management, 2000, 36(2): 207-227.

[330] Baeza-Yates R, Hurtado C, Mendoza M, et al. Modeling user search behavior. Proceedings of the Third Latin American Web Congress, 2005.

[331] Jansen B J. Search log analysis: what it is, what's been done, how to do it. Library & Information Science Research, 2006, 28(3): 407-432.

[332] Jansen B J. The methodology of search log analysis. Handbook of Research on Web Log Analysis, 2008: 100-123.

[333] Göker A, He D. Analysing web search logs to determine session boundaries for user-oriented learning. International Conference on Adaptive Hypermedia and Adaptive Web-Based Systems, 2000: 319-322.

[334] Spink A, Jansen B J, Wolfram D, et al. From e-sex to e-commerce: web search changes. Computer, 2002, 35(3): 107-109.

[335] Jansen B J, Spink A. An analysis of web searching by European AlltheWeb.com users. Information Processing & Management, 2005, 41(2): 361-381.

[336] Jansen B J, Spink A, Pedersen J. A temporal comparison of AltaVista web searching. Journal of the Association for Information Science and Technology, 2005, 56(6): 559-570.

[337] Jansen B J, Spink A. How are we searching the world wide web? A comparison of nine search engine transaction logs. Information Processing & Management, 2006, 42(1): 248-263.

[338] Ozmutlu S, Spink A, Ozmutlu H C. Multimedia web searching trends: 1997-2001. Information Processing & Management, 2003, 39(4): 611-621.

[339] Jansen B J, Spink A, Pedersen J O. The effect of specialized multimedia collections on web searching. Journal of Web Engineering, 2004, 3(3-4): 182-199.

[340] Tjondronegoro D, Spink A, Jansen B J. A study and comparison of multimedia web searching: 1997-2006. Journal of the American Society for Information Science and Technology, 2009, 60(9): 1756-1768.

[341] Jörgensen C, Jörgensen P. Image querying by image professionals. Journal of the American Society for Information Science and Technology, 2005, 56(12): 1346-1359.

[342] Chau M, Fang X, Yang C C. Web searching in Chinese: a study of a search engine in Hong Kong. Journal of the American Society for Information Science and Technology, 2007, 58(7): 1044-1054.

[343] Park S, Lee J H, Bae H J. End user searching: a web log analysis of NAVER, a Korean web search engine. Library & Information Science Research, 2005, 27(2): 203-221.

[344] Blecic D D, Bangalore N S, Dorsch J L, et al. Using transaction log analysis to improve OPAC retrieval results. College & Research Libraries, 1998, 59(1): 39-50.

[345] Jones S, Cunningham S J, McNab R, et al. A transaction log analysis of a digital library. International Journal on Digital Libraries, 2000, 3(2): 152-169.

[346] Sakai T, Nogami K. Serendipitous search via wikipedia: a query log analysis. Proceedings of the 32nd International ACM SIGIR Conference on Research and Development in Information Retrieval, 2009: 780-781.

[347] Wang P, Berry M W, Yang Y. Mining longitudinal web queries: trends and patterns. Journal of the American Society for Information Science and Technology, 2003, 54(8): 743-758.

[348] Han H, Jeong W, Wolfram D. Log analysis of academic digital library: user query patterns. Proceedings of iConference, 2014: 1002-1008.

[349] Connaway L S, Snyder C. Transaction log analyses of electronic book (ebook) usage. Against the Grain, 2005, 17(1): 85-93.

[350] Huurnink B, Hollink L, van Den Heuvel W, et al. Search behavior of media professionals at an audiovisual archive: a transaction log analysis. Journal of the American Society for Information Science and Technology, 2010, 61(6): 1180-1197.

[351] Kamvar M, Baluja S. A large scale study of wireless search behavior: Google mobile search. Proceedings of the SIGCHI Conference on Human Factors in Computing Systems, 2006: 701-709.

[352] Kamvar M, Baluja S. Deciphering trends in mobile search. IEEE Computer, 2007, 40(8): 58-62.

[353] Kamvar M, Kellar M, Patel R, et al. Computers and iphones and mobile phones, oh my!: a logs-based comparison of search users on different devices. Proceedings of the International Conference on World Wide Web, 2009: 801-810.

[354] Baeza-Yates R, Dupret G, Velasco J. A study of mobile search queries in Japan. Proceedings of the International Conference on World Wide Web , 2007.

[355] Yi J, Maghoul F. Mobile search pattern evolution: the trend and the impact of voice queries. Proceedings of the International Conference on World Wide Web, 2011: 165-166.

[356] Yi J, Maghoul F, Pedersen J. Deciphering mobile search patterns: a study of Yahoo! mobile search queries. Proceedings of the 17th International Conference on World Wide Web. ACM, 2008: 257-266.

[357] Teevan J, Ramage D, Morris M R. # TwitterSearch: a comparison of microblog search and web search. Proceedings of the Fourth ACM International Conference on Web Search and Data Mining, 2011: 35-44.

[358] Weerkamp W, Berendsen R, Kovachev B, et al. People searching for people: analysis of a people search engine log. Proceedings of the 34th International ACM SIGIR Conference on Research and Development in Information Retrieval, 2011: 45-54.

[359] Rieh S Y, Xie H. Patterns and sequences of multiple query reformulations in web searching: a preliminary study. Proceedings of the Annual Meeting-american Society for Information Science, 2001: 246-255.

[360] Jansen B J, Booth D L, Spink A. Patterns of query reformulation during web searching. Journal of the Association for Information Science and Technology, 2009, 60(7): 1358-1371.

[361] Kato M P, Sakai T, Tanaka K. When do people use query suggestion? A query suggestion log analysis. Information Retrieval, 2013, 16(6): 725-746.

[362] Jansen B J, Spink A. An analysis of web documents retrieved and viewed. International Conference on Internet Computing, 2003: 65-69.

[363] Wolfram D. A query-level examination of end user searching behaviour on the excite search engine. Proceedings of the 28th Annual Conference Canadian Association for Information Science, 2000.

[364] Teevan J, Adar E, Jones R, et al. History repeats itself: repeat queries in Yahoo's logs.

Proceedings of the 29th Annual International ACM SIGIR Conference on Research and Development in Information Retrieval, 2006: 703-704.

[365] Duarte Torres S, Hiemstra D, Serdyukov P. Query log analysis in the context of information retrieval for children. Proceedings of the 33rd International ACM SIGIR Conference on Research and Development in Information Retrieval, 2010: 847-848.

[366] Tsikrika T, Müller H, Kahn Jr C E. Log analysis to understand medical professionals' image searching behaviour. Studies in Health Technology and Informatics, 2011, 180: 1020-1024.

[367] Park M, Lee T S. Understanding science and technology information users through transaction log analysis. Library Hi Tech, 2013, 31(1): 123-140.

[368] Bendersky M, Croft W B. Analysis of long queries in a large scale search log. Proceedings of the 2009 Workshop on Web Search Click Data, 2009: 8-14.

[369] Pu H T. An analysis of failed queries for web image retrieval. Journal of Information Science, 2008, 34(3): 275-289.

[370] Beitzel S M, Jensen E C, Chowdhury A, et al. Hourly analysis of a very large topically categorized web query log. Proceedings of the 27th Annual International ACM SIGIR Conference on Research and Development in Information Retrieval, 2004: 321-328.

[371] Hollink V, Tsikrika T, de Vries A P. Semantic search log analysis: a method and a study on professional image search. Journal of the American Society for Information Science and Technology, 2011, 62(4): 691-713.

[372] Wen J R, Nie J Y, Zhang H J. Query clustering using user logs. ACM Transactions on Information Systems, 2002, 20(1): 59-81.

[373] He D, Göker A, Harper D J. Combining evidence for automatic web session identification. Information Processing & Management, 2002, 38(5): 727-742.

[374] Wolfram D, Wang P, Zhang J. Identifying web search session patterns using cluster analysis: a comparison of three search environments. Journal of the Association for Information Science and Technology, 2009, 60(5): 896-910.

[375] Eickhoff C, Teevan J, White R, et al. Lessons from the journey: a query log analysis of within-session learning. Proceedings of the 7th ACM International Conference on Web Search and Data Mining, 2014: 223-232.

[376] Baeza-Yates R, Calderón-Benavides L, González-Caro C. The intention behind web queries. International Symposium on String Processing and Information Retrieval, 2006: 98-109.

[377] Broder A. A taxonomy of web search. ACM Sigir Forum, 2002: 3-10.

[378] Rose D E, Levinson D. Understanding user goals in web search. Proceedings of the 13th International Conference on World Wide Web, 2004: 13-19.

[379] Jansen B J, Booth D L, Spink A. Determining the informational, navigational, and transactional

intent of web queries. Information Processing & Management, 2008, 44(3): 1251-1266.

[380] Zhang Y, Jansen B J, Spink A. Time series analysis of a web search engine transaction log. Information Processing & Management, 2009, 45(2): 230-245.

[381] Pu H T, Chuang S L, Yang C. Subject categorization of query terms for exploring web users' search interests. Journal of the American Society for Information Science and Technology, 2002, 53(8): 617-630.

[382] Strohmaier M, Kröll M. Acquiring knowledge about human goals from search query logs. Information Processing & Management, 2012, 48(1): 63-82.

[383] Xie Y, O'Hallaron D. Locality in search engine queries and its implications for caching. Twenty-first Annual Joint Conference of the IEEE Computer and Communications Societies, 2002: 1238-1247.

[384] Lempel R, Moran S. Predictive caching and prefetching of query results in search engines. Proceedings of the 12th International Conference on World Wide Web, 2003: 19-28.

[385] Wang X, Zhai C. Learn from web search logs to organize search results. Proceedings of the 30th Annual International ACM SIGIR Conference on Research and Development in Information Retrieval, 2007: 87-94.

[386] Huang C K, Chien L F, Oyang Y J. Relevant term suggestion in interactive web search based on contextual information in query session logs. Journal of the American Society for Information Science and Technology, 2003, 54(7): 638-649.

[387] Cui H, Wen J R, Nie J Y, et al. Probabilistic query expansion using query logs. Proceedings of the 11th International Conference on World Wide Web, 2002: 325-332.

[388] Shi X, Yang C C. Mining related queries from web search engine query logs using an improved association rule mining model. Journal of the Association for Information Science and Technology, 2007, 58(12): 1871-1883.

[389] White R W, Clarke C L, Cucerzan S. Comparing query logs and pseudo-relevance feedback for web-search query refinement. Proceedings of the 30th Annual International ACM SIGIR Conference on Research and Development in Information Retrieval, 2007: 831-832.

[390] Zhang Z, Nasraoui O. Mining search engine query logs for social filtering-based query recommendation. Applied Soft Computing, 2008, 8(4): 1326-1334.

[391] Jones R, Bartz K, Subasic P, et al. Automatically generating related queries in Japanese. Language Resources and Evaluation, 2006, 40(3-4): 219-232.

[392] Gao W, Niu C, Nie J Y, et al. Cross-lingual query suggestion using query logs of different languages. Proceedings of the 30th Annual International ACM SIGIR Conference on Research and Development in Information Retrieval, 2007: 463-470.

[393] Zhang J, Kamps J. Search log analysis of user stereotypes, information seeking behavior, and

contextual evaluation. Proceedings of the 3rd Symposium on Information Interaction in Context, 2010: 245-254.

[394] Webb E J, Campbell D T, Schwartz R D, et al. Unobtrusive Measures. New York: Sage, 1999.

[395] Agosti M, Crivellari F, Di Nunzio G M. Web log analysis: a review of a decade of studies about information acquisition, inspection and interpretation of user interaction. Data Mining and Knowledge Discovery, 2012, 24(3): 663-696.

[396] Jansen B J, Pooch U. A review of web searching studies and a framework for future research. Journal of the Association for Information Science and Technology, 2001, 52(3): 235-246.

[397] Moe W W. Buying, searching, or browsing differentiating between online shoppers using in-store navigational clickstream. Journal of Consumer Psychology, 2003, 13(13): 29-39.

[398] Hofgesang P I, Kowalczyk W. Analysing clickstream data: from anomaly detection to visitor profiling. Ecml/pkdd Discovery Challenge, 2005.

[399] Chen L, Su Q. Discovering user's interest at e-commerce site using clickstream data. International Conference on Service Systems and Service Management, 2013: 124-129.

[400] Su Q, Chen L. A method for discovering clusters of e-commerce interest patterns using click-stream data. Electronic Commerce Research & Applications, 2015, 14(1): 1-13.

[401] Bucklin R E, Lattin J M, Ansari A, et al. Choice and the internet: from clickstream to research stream. Marketing Letters, 2002, 13(3): 245-253.

[402] Sismeiro C, Bucklin R E. Modeling purchase behavior at an e-commerce web site: a task-completion approach. Journal of Marketing Research, 2004, 41(3): 306-323.

[403] Montgomery A L, Li S, Srinivasan K, et al. Modeling online browsing and path analysis using clickstream data. Marketing Science, 2004 23(4): 579-595.

[404] Blanc E, Giudici P. Sequence Rules for Web Clickstream Analysis. Berlin: Springer, 2002.

[405] Chen Y, Yao S. Sequential search with refinement: model and application with click-stream data. Management Science 2016; https://ssrn.com/abstract=2130646. [2017-06-06]

[406] Huang T, Mieghem J A V. Clickstream data and inventory management: model and empirical analysis. Production & Operations Management, 2014, 23(3): 333-347.

[407] Schellong D, Kemper J, Brettel M. Clickstream data as a source to uncover con-sumer shopping types in a large-scale online setting. Proceedings of 24th Eourpen Conference on Information Systems, 2016: 1-16.

[408] Park J K, Chung H U, Phillips P. Consumers' travel website transferring behaviour: analysis using clickstream data-time, frequency, and spending. Service Industries Journal, 2009, 29(10): 1451-1463.

[409] Park Y H, Fader P S. Modeling browsing behavior at multiple websites. Marketing Science, 2004, 23(3): 280-303.

[410] Aguiar L, Martens B. Digital music consumption on the internet: evidence from clickstream data . Social Science Electronic Publishing, 2013, 34: 27-43.

[411] Tan X, Wang Y, Tan Y. Can live chats substitute for reputation? Evidence from clickstream data. Social Science Electronic Publishing 2016. http://dx.doi.org/10.2139/ssrn.2846661. [2017-06-06]

[412] Benevenuto F, Rodrigues T, Cha M, et al. Characterizing user behavior in online social networks. Proceedings of the 9th ACM Sigcomm Conference on Internet Measurement Conference, 2009: 49-62.

[413] Wang G, Konolige T, Wilson C, et al. You are how you click: clickstream analysis for Sybil detection. Usenix Conference on Security, 2013: 241-256.

[414] Chiang I P, Yang S Y. Exploring Users' Information Behavior on Facebook Through Online and Mobile Devices. Heidelberg: Springer, 2015.

[415] Banerjee A, Ghosh J. Clickstream clustering using weighted longest common subsequences. Web Mining Workshop at the Siam Conference on Data Mining, 2001: 33-40.

[416] Lindén M. Path analysis of online users using clickstream data: case online magazine website. http://urn.fi/URN:NBN:fi-fe201603228875. [2017-06-06]

[417] Gu Q, Jiang Q, Wang H. How Do Consumers Behave in Social Commerce? An Investigation Through Clickstream Data. Switzerland: Springer, 2016.

[418] Olbrich R, Holsing C. Modeling consumer purchasing behavior in social shopping communities with clickstream data. International Journal of Electronic Commerce, 2011, 16(2): 15-40.

[419] Sinha T, Jermann P, Li N, et al. Your click decides your fate: inferring information processing and attrition behavior from MOOC video clickstream interactions. Proceedings of the 2014 Conference on Empirical Methods in Natural Language Processing(EMNLP), 2014: 3-14.

[420] Brinton C G, Chiang M. MOOC performance prediction via clickstream data and social learning networks. Computer Communications. 2015: 2299-2307.

[421] Crossley S, Paquette L, Dascalu M, et al. Combining click-stream data with NLP tools to better understand MOOC completion. International Conference on Learning Analytics & Knowledge, 2016: 6-14.

[422] Park J, Denaro K, Rodriguez F, et al. Detecting changes in student behavior from clickstream data. Proceedings of the 7th International Learning Analytics & Knowledge Conference, 2017: 21-30.

[423] Goldfarb A. Analyzing website choice using clickstream data// Baye M R. The Economics of the Internet and E-commerce, 2002: 209-230.

[424] Jiang T, Yu C, Jia W. Exploring users' within-site navigation behavior: a case study based on clickstream data. Chinese Journal of Library & Information Science, 2014, 7(4): 63-76.

[425] Garber L, Johnson S, Mushtaq F, et al. Analysis & visualization of EHR patient portal clickstream data. Conference on Information Systems, 2015.

[426] Kou G, Lou C. Multiple factor hierarchical clustering algorithm for large scale web page and search engine clickstream data. Annals of Operations Research, 2012, 197(1): 123-134.

[427] Sadagopan N, Li J. Characterizing typical and atypical user sessions in clickstreams. Proceedings of the 17th International Conference on World Wide Web, 2008: 885-894.

[428] Bollen J, Sompel H V D, Hagberg A, et al. Clickstream data yields high-resolution maps of science. PLOS ONE, 2009, 4(3): e4803.

[429] Hong J I, Landay J A. WebQuilt:a framework for capturing and visualizing the web experience. International Conference on World Wide Web, 2001: 717-724.

[430] Waterson J. WebQuilt: A Visual Analysis Tool for Understanding Web Usability Clickstream Data. Unpublished Thesis. University of California, 2002.

[431] Brainerd J, Becker B. Case study: e-commerce clickstream visualization. IEEE Symposium on Information Visualization, 2001: 153-156.

[432] Hofgesang P I. Web usage mining structuring semantically enriched clickstream data. https://pdfs.semanticscholar.org/850e/d1386161b2ab70049fd4179f5d01a4067994.pdf. [2016-06-06]

[433] Aguiar E, Nagrecha S, Chawla N V. Predicting online video engagement using clickstreams. Data Science and Advanced Analytics, 2015: 1-10.

[434] Cadez I, Heckerman D, Meek C, et al. Visualization of navigation patterns on a web site using model-based clustering. ACM SIGKDD International Conference on Knowledge Discovery and Data Mining, 2000, 280-284.

[435] Shen Z, Wei J, Ma K L, et al. Visual cluster exploration of web clickstream data. Visual Analytics Science and Technology, 2012: 3-12.

[436] Shen Z, Wei J, Sundaresan N, et al. Visual analysis of massive web session data. Large Data Analysis and Visualization, 2012: 65-72.

[437] Ting I, Kimble C, Kudenko D. Visualizing and classifying the pattern of user's browsing behaviour for website design recommendation. International Workshop on Knowledge Discovery in Data Stream, 2004: 101-102.

[438] Ting I H, Kimble C, Kudenko D. A pattern restore method for restoring missing patterns in server side clickstream data. Web Technologies Research and Development, 2005: 501-512.

[439] Clark L, Ting I H, Kimble C, et al. Combining ethnographic and clickstream data to identify user web browsing strategies. Information Research An International Electronic Journal, 2006, 11(2): 16.

[440] Ting I, Clark L, Kimble C, et al. APD-A tool for identifying behavioural patterns automatically

from clickstream data. Knowledge-Based Intelligent Information and Engineering Systems and the XVII Italian Workshop on Neural Networks on Proceedings of the 11th International Conference, 2007: 66-73.

[441] Freeman L C. The gatekeeper, pair-dependency and structural centrality. Quality & Quantity, 1980, 14(4): 585-592.

[442] Freeman L C. Centrality in social networks conceptual clarification. Social Networks, 1978, 1(3): 215-239.

[443] Scott J. Social Network Analysis. 4th ed. New York: Sage, 2017.

[444] Ortega J L, Aguillo I F. Network visualisation as a way to the web usage analysis. Aslib Proceedings New Information Perspectives, 2013, 65(1): 40-53.

[445] Kannappady S, Mudur S P, Shiri N. Clickstream Visualization Based on Usage Patterns. Berlin: Springer, 2006: 339-351.

[446] Zhao J, Liu Z, Dontcheva M, et al. Matrixwave: visual comparison of event sequence data. Sigchi Conference on Human Factors in Computing Systems, 2015: 259-268.

[447] Shi C, Fu S, Chen Q, et al. VisMOOC: visualizing video clickstream data from massive open online courses. Visual Analytics Science and Technology, 2015: 277-278.

[448] Wang Y, Chen Z, Ma X, et al. Animated narrative visualization for video clickstream data. Siggraph Asia 2016 Symposium on Visualization, 2016: 1-8.

[449] Lee J, Podlaseck M, Schonberg E, et al. Visualization and analysis of clickstream data of online stores for understanding web merchandising. Data Mining and Knowledge Discovery, 2001, 5(1): 59-84.

[450] Inselberg A, Dimsdale B. Parallel coordinates// Klinger A. Human-Machine Interactive Systems. New York: Plenum Publishing Corporation, 1991: 199-233.

[451] Jog N, Shneideman B. Starfield information visualization with interactive smooth zooming. http://drum.lib.umd.edu/bitstream/handle/1903/411/CS-TR-3286.pdf?sequence=2&isAllowed=y. [2017-06-08]

[452] Wang G, Zhang X, Tang S, et al. Unsupervised clickstream clustering for user behavior analysis. CHI Conference on Human Factors in Computing Systems, 2016: 225-236.

[453] Shneiderman B, Plaisant C, S.Cohen M, et al. Designing the User Interface:Strategies for Effective Human-Computer Interaction. 6th ed. London: Pearson Education 2010.

[454] Wells D. What is a library OPAC? The Electronic Library, 2007, 25(4): 386-394.

[455] Tam W, Cox A M, Bussey A. Student user preferences for features of next-generation OPACs: a case study of university of Sheffield international students. Program, 2009, 43(4): 349-374.

[456] Emanuel J. Next generation catalogs: what do they do and why should we care? Reference & User Services Quarterly, 2009, 49(2): 117-120.

[457] Wenzler J. Library thing and the library catalog: adding collective intelligence to the OPAC. http://www.carl-acrl.org/ig/carlitn/9.07.2007/LTFL.pdf. [2017-06-09]

[458] Sadeh T. Time for a change: new approaches for a new generation of library users. New Library World, 2007, 108(7/8): 307-316.

[459] Breeding M. Introduction. Library Technology Reports, 2008. 43(4): 5-14.

[460] Yang S Q, Wagner K. Evaluating and comparing discovery tools: how close are we towards next generation catalog? Library Hi Tech, 2010, 28(4): 690-709.

[461] Yang S Q, Hofmann M A. Next generation or current generation? A study of the OPACs of 260 academic libraries in the USA and Canada. Library Hi Tech, 2011, 29(2): 266-300.

[462] Liu X H. The prospect of next generation OPAC through worldcat and related prototypes. Library Tribune, 2009, 29(1): 72-74.

[463] Sadeh T. User-centric solutions for scholarly research in the library. Liber Quarterly, 2007, 17(3/4).

[464] Breeding M. Next-generation flavor in integrated online catalogs. Library Technology Reports, 2009, 43(4): 38-41.

[465] Ozel N, Cakmak T. Users' expectations on restructuring OPACs through social network applications. International Conference on Green Computing and Communications & International Conference on Cyber, Physical and Social Computing, 2010: 798-803.

[466] Fagan J C, Mandernach M, Nelson C S, et al. Usability test results for a discovery tool in an academic library. Information Technology and Libraries (Online), 2012, 31(1): 83-112.

[467] Tunkelang D. Faceted search. Synthesis Lectures on Information Concepts, Retrieval, and Services, 2009, 1(1): 1-80.

[468] Merčun T, Žumer M. New generation of catalogues for the new generation of users: a comparison of six library catalogues. Program, 2008, 42(3): 243-261.

[469] Casey M E, Savastinuk L C. Service for the next-generation library. Library Journal, 2006, 131(1): 40-42.

[470] Maness J M. Library 2.0 theory: web 2.0 and its implications for libraries. Webology, 2006, 3(2): 1-12.

[471] Xu C, Ouyang F, Chu H. The academic library meets web 2.0: applications and implications. The Journal of Academic Librarianship, 2009, 35(4): 324-331.

[472] White R, Roth R. Exploratory Search:Beyond the Query-Response Paradigm. Synthesis Lecture on Information Concepts, Retrival, and Services, 2009, 1(1): 1-98.

[473] Ingwersen P, Jrvelin K. The Turn: Integration of Information Seeking and Retrieval in Context. Netherlands: Springer, 2011.

[474] Byström K, Hansen P. Conceptual framework for tasks in information studies. Journal of the Association for Information Science and Technology, 2005, 56(10): 1050-1061.

[475] Kim S, Soergel D. Selecting and measuring task characteristics as independent variables. Proceedings of the American Society for Information Science & Technology, 2005. 42(1) : 1-16.

[476] Li Y. Exploring the relationships between work task and search task in information search. Journal of the Association for Information Science and Technology, 2009, 60(2): 275-291.

[477] Wilson T D. Models in information behavior research. Journal of Documentation, 1999, 55(3): 249-270.

[478] Kuhlthau C C. The role of experience in the information search process of an early career information worker: perceptions of uncertainty, complexity, construction, and sources. Journal of the Association for Information Science and Technology, 1999, 50(5): 399-412.

[479] Kalbach J. On uncertainty in information architecture. Journal of Information Architecture, 2009, 1(1): 48 -56.

[480] White R W, Roth R A. Exploratory search: beyond the query-response paradigm. Synthesis Lectures on Information Concepts, Retrieval, and Services, 2009, 1(1): 1-98.

[481] Choo C W, Detlor B, Turnbull D. Information seeking on the web – an integrated model of browsing and searching. Proceedings of the 62nd Annual Meeting of the American Society for Information Science, 1999: 1-16.

[482] Asunka S, Chae H S, Hughes B, et al. Understanding academic information seeking habits through analysis of web server log files: the case of the teachers college library website. The Journal of Academic Librarianship, 2009, 35(1): 33-45.

[483] Hemminger B M, Lu D, Vaughan K, et al. Information seeking behavior of academic scientists. Journal of the American Society for Information Science and Technology, 2007, 58(14): 2205-2225.

[484] O'Reilly T. What is web 2.0: design patterns and business models for the next generation of software. MPRA Paper, 2007, 97(7): 253-259.

[485] Kalbach J. Designing Web Navigation: Optimizing the User Experience. New York: O'Reilly Media, Inc., 2007.

[486] Kehnemuyi K M L. Benefits of integrating folksonomy based systems into the public library. http://research.prattsils.org/wp-content/uploads/2015/05/kehnemuyi_tagspaper.pdf. [2017-06-06]

[487] Shirky C. Ontology is overrated: categories, links, and tags. http://www.shirky.com/ writings/ ontology_overrated.html. [2017-06-06]

[488] Kroski E. The hive mind: folksonomies and user-based tagging. InfoTangle Blog. http://infotangle.blogsome.com/2005/12/07/the-hive-mind-folksonomies-and-userbased-tagging/. [2017-06-06]

[489] Taylor A. Wynar's Introduction to Cataloging and Classification. Englewood: Libraries Unlimited, 2006.

[490] Smith G. Tagging: People-Powered Metadata for the Social Web. Berkeley: New Riders, 2007.

[491] Terdiman D. Folksonomies tap people power. Wired News 2005. https://www.wired.com/2005/02/folksonomies-tap-people-power/. [2017-06-20]

[492] Zollers A. Emerging motivations for tagging expression, performance, and activism. Acm Sigcomm Computer Communication Review, 2007, 30(5): 29-38.

[493] Marlow C, Naaman M, Boyd D, et al. HT06, tagging paper, taxonomy, Flickr, academic article, to read. Proceedings of the 7th Conference on Hypertext and Hypermedia, 2006: 31-40.

[494] Hammond T, Hannay T, Lund B, et al. Social bookmarking tools (I). http://www.dlib.org/dlib/april05/hammond/04hammond.html.[2017-06-08]

[495] Chi E H, Mytkowicz T. Understanding navigability of social tagging systems. Proceedings of CHI, 2007.

[496] Morville P. Ambient Findability: What We Find Changes Who We Become. Sevastopol: O'Reilly Media, Inc., 2005.

[497] Millen D R, Feinberg J. Using social tagging to improve social navigation. Workshop on the Social Navigation and Community-Based Adapt on Technologies, 2006: 1-10.

[498] Jiang T, Koshman S, Jiang T, et al. Information architecture - design effective instruction. Bulletin of the American Society for Information Science & Technology, 2008, 34(6): 11-13.

[499] Begelman G, Keller P, Smadja F. Automated tag clustering: improving search and exploration in the tag space. Collaborative Web Tagging Workshop. 2006: 15-33.

[500] Millen D R. Social bookmarking and information seeking. Information Seeking Support Systems, 2008: 53-54.

[501] Klaisubun P, Kajondecha P, Ishikawa T. Behavior patterns of information discovery in social bookmarking service. International Conference on Web Intelligence, 2007: 784-787.

[502] Winget M. User-defined classification on the online photo sharing site Flickr... or, how I learned to stop worrying and love the million typing monkeys. Advances in Classification Research Online, 2006, 17(1): 1-16.

[503] Noruzi A. Folksonomies-why do we need controlled vocabulary? http://www. webology.org/2007/v4n2/editorial12.html. [2017-06-22]

[504] Rosenfeld L. Folksonomies? How about metadata ecologies? http://louisrosenfeld.com/home/bloug_archive/000330.html. [2017-06-22]

[505] Wash R, Rader E. Collaborative filtering with del. icio. us. Conference on Human Factors in Computing Systems, 2006: 1-6.

[506] Kipp M E. Complementary or discrete contexts in online indexing: a comparison of user, creator and intermediary keywords. http://arizona.openrepository.com/arizona/bitstream/10150/106315/1/mkipp-caispaper.pdf. [2016-06-23]

[507] Kipp M E. Tagging for health information organisation and retrieval. Proceedings of the 7th ACM/IEEE-CS Joint Conference on Digital Libraries, 2007: 485-489.

[508] Sinclair J, Cardew-Hall M. The folksonomy tag cloud: when is it useful. Journal of Information Science, 2008, 34(1): 15-29.

[509] Hearst M A, Rosner D. Tag clouds: data analysis tool or social signaller? Proceedings of the 41st Annual International Conference on System Sciences, 2008: 160-160.

[510] Lohmann S, Ziegler J, Tetzlaff L. Comparison of tag cloud layouts: task-related performance and visual exploration. IFIP Conference on Human-Computer Interaction, 2009: 392-404.

[511] Hassan-Montero Y, Herrero-Solana V. Improving tag-clouds as visual information retrieval interfaces. International Conference on Multidisciplinary Information Sciences and Technologies, 2006: 25-28.

[512] Bielenberg K, Zacher M. Groups in social software: utilizing tagging to integrate individual contexts for social navigation. https://pdfs.semanticscholar.org/0d20/1a4314958a58a8f675847847874de8f8b25a.pdf. [2017-07-08]

[513] Chen Y X, Santamaría R, Butz A, et al. Tagclusters: semantic aggregation of collaborative tags beyond tagclouds//Butz A, Fisher B, Marc C, et al. Smart Graphics. Berlin/Heidelberg: Springer, 2009: 56-67.

[514] Krug S. Don't Make Me Think: A Common Sense Approach to Web Usability. India: Pearson Education, 2000.

[515] Boyd D M. Friendster and publicly articulated social networking. Proceedings of ACM CHI 2004 Conference on Human Factors in Computing Systems, 2004: 1279-1282.

[516] Aspelmeier J E, Pierce T W. SPSS: User Friendly Approach. New York: Worth Publishers, 2009.

附录 A　武汉大学图书馆 OPAC 系统页面编码体系

页面类型	功能	功能描述	URL 关键字符	编码
OPAC 系统主页（H）	-	-	/ 或 /F 或 /F?	H
搜索页面（S）	基本搜索	简单搜索	func=find-b-0 or func=file&file_name=find-b	S1
	其他搜索	多字段检索	func=find-a-0	S2
		高级检索	func=find-d-0	
		通用命令语言检索	func=find-c-0	
		全面检索/多库检索	func=find-m	
	分类浏览	分类浏览	func=cat-list	S3
		借阅排行	func=file&file_name=hotinfo	
		浏览文献库	func=scan	
搜索结果页面（R）	搜索结果浏览	查看 WHUL 主页上简单检索返回的结果	func=find-m or func=find-m-results	R1
		查看 WHUL OPAC 主页上简单检索返回的结果	func=find-b	R2
		查看多字段检索返回的结果	func=find-a func=cat-list	R3
		查看高级检索返回的结果	func=find-d	
		查看通用命令语言检索返回的结果	func=find-c	
	页面导航	翻页查看搜索结果	func=short-jump&jump	R4
	搜索优化	在结果口搜索 分面导航	func=short-refine	R5
		结果筛选	func=short-filter	
	显示操作	结果排序	func=short-sort	R6
		改变显示格式	func=short-format	
		选择所有结果	func=short-select-all	
		取消选择结果	func=short-deselect-all	
		定题服务请求	func=short-sdi	
资源详情页面（D）	书目信息浏览	按标准格式查看书目信息	func=full-set	D1
		按卡片格式查看书目信息	func=find-word	
		按引文格式查看书目信息	func=direct	
	馆藏信息浏览	查看图书在各分馆的收藏情况	func=item-global	D2
	外部服务请求	电子信息资源整合检索 SFX、Aleph 系统服务、谷歌外部搜索、版权信息等	func=service func=item-sfx	D3
	详情信息管理	添加到收藏夹	func=myshelf-add-sel-l	D4
		发邮件	func=short-mail	

续表

页面类型	功能	功能描述	URL 关键字符	编码
个人图书馆 页面（L）	个人图书馆首页	查看账号信息概要	func=bor-info	L1
	用户账号管理	登录	func=login or &pds_handle	L2
		退出	func=logout or func=file&file_name=logout	
		更新个人信息	func=bor-update	
		修改密码	func=file&file_name=bor-upda te-password or func=bor-mod-passwd	
	借阅服务管理	查看权限	func=file&file_name=readq	L3
		查看借阅信息	func=bor-loan	
		查看借阅历史	func=bor-history-loan	
		续借	func=bor-renew	
		查看预约结果	func=bor-hold or func=item-hold-request	
		查看现金记录	func=bor-cash	
		查看定题服务信息	func=bor-sdi	
	搜索管理	查看上次搜索结果	func=short	L4
		查看搜索历史	func=history	
	收藏管理	查看消息	func=bor-note-display	L5
		查看收藏夹	func=myshelf	

附录 B　豆瓣网页面编码体系

页面类型	页面内容	URL 关键字符	编码
主页	豆瓣主页	/	H
	图书主页 电影主页 音乐主页	/book/ /movie/或/movie/tv /music/	H1
	最受关注图书榜 豆瓣新片榜 音乐排行榜	/book/chart /movie/chart /music/chart	H2
	豆瓣图书 250 豆瓣电影 250 豆瓣音乐 250	/book/top250 /movie/top250 /music/top250	H3
	最受欢迎或最新的书评 最受欢迎或最新的影评 最受欢迎或最新的乐评	/book/review/best/或/book/review/latest/ /movie/review/best/或/movie/review/latest/ /music/review/best/或/music/review/latest/	H4
	图书标签云 电影标签云 音乐标签云	/book/browse 或/book/tag/ /movie/browse 或/movie/tag/ /music/browse 或/music/tag/	H5
	小组主页	/group/或/group/explore	H6
个人主页	我豆瓣主页（登录后查看）	/mine/	M
	我收藏的图书列表 我收藏的电影列表 我收藏的音乐列表	/book/mine /movie/mine /music/mine	M1
	我关注的用户列表	/contacts/list 或/contacts/listfriends	M2
	关注对象的最近活动	/contacts/	M3
	我的讨论话题列表	/mine/discussions	M4
	我收藏的豆列列表	/mine/collect_doulist	M5
	我加入的小组列表	/group/mine	M6
	我的推荐列表	/mine/recs	M7
资源页面	特定资源详情	/subject/[rid]/	R
	收藏该资源的用户列表	/subject/[rid]/collections /subject/[rid]/doings /subject/[rid]/wishes	R1
	该资源的评论列表	/subject/[rid]/reviews	R2
	该资源的讨论话题列表	/subject/[rid]/discussion	R3
	包含该资源的豆列列表	/subject/[rid]/doulists	R4
	收藏该资源的小组列表	/subject/[rid]/group_collectors	R5
	特定评论的内容	/review/[vid]/	R6
	特点讨论话题的内容	/subject/discussion/[did]	R7

续表

页面类型	页面内容	URL 关键字符	编码
标签页面	添加特定标签的资源列表	/book/tag/[t] /movie/tag/[t] /music/tag/[t]	T
用户页面	特定用户主页	/people/[uid]/	U
	该用户收藏的图书列表 该用户收藏的电影列表 该用户收藏的音乐列表	/book/list/[uid]/或/people/[uid]/booktags/[t] /movie/list/[uid]/或/people/[uid]/movietags/[t] /music/list/[uid]/或/people/[uid]/musictags/[t]	U1
	该用户关注的人 关注该用户的人	/people/[uid]/contact_list /people/[uid]/rev_contacts	U2
	该用户发表的评论列表	/people/[uid]/reviews	U3
	该用户收藏的豆列表	/people/[uid]/doulists	U4
	该用户加入的小组列表	/people/[uid]/groups	U5
	该用户的推荐列表	/people/[uid]/recs	U6
	特定豆列的内容	/doulist/[lid]/	U7
小组页面	特定小组主页	/group/[gid]/	G
	该小组收藏的资源列表	/group/[gid]/collection	G1
	该小组的成员列表	/group/[gid]/members	G2
搜索页面	根据特定查询式返回的搜索结果列表	/subject_search?search_text=[q] /book/search/[q] /movie/search/[q] /music/search/[q] /music/song_search?q=[q]	S
收藏操作	将特定资源添加到个人图书馆	/j/subject/[rid]/interest?interest=(collect, do, wish) /(collection, do, wish)/[uid]/update?add=[rid] /subject/[rid]/?interest=(collect, do, wish)	C

附录 C　豆瓣网用户调查问卷

　　本调查旨在研究豆瓣网用户的信息搜寻行为，调查对象为定期访问豆瓣网的注册用户。如果您愿意参与，需提供自己：①作为普通网络用户的背景信息，包括人口统计数据、网络使用技能和信息搜寻偏好；②使用豆瓣网的情况与个人站内活动概况；③在豆瓣网中的信息搜寻体验。您的回复将是完全保密的且仅用于此研究。

　　以下问卷包含 20 个选择题，大概需时 10～15min。请您自愿参与，填写过程中可以随时退出。如果您有任何问题，请联系我们 doubanresearch@gmail.com。

----

1. 您的年龄：
    A．≤18
    B．19～22
    C．23～30
    D．31～40
    E．>40
2. 您的性别：
    A．女
    B．男
3. 您的受教育水平：
    A．高中及以下
    B．本科及大专
    C．硕士研究生
    D．博士研究生
    E．其他
4. 您使用网络查找信息有多长时间了？
    A．少于 6 个月
    B．6 个月～少于 1 年
    C．1 年～少于 2 年
    D．2 年～少于 5 年
    E．5 年及以上

5. 您使用网络查找信息的频率如何？
   A．每天多于一次
   B．每天一次
   C．每周一次
   D．每月一次
   E．很少

6. 您使用网络查找信息时会采取什么方式？（多选题）
   A．搜索引擎
   B．网络导航目录
   C．门户网站
   D．加为书签的网站
   E．其他（请说明）＿＿＿＿＿＿＿＿＿＿＿＿

7. 以上方式中您最常用的是哪一种？
   A．搜索引擎
   B．网络导航目录
   C．门户网站
   D．加为书签的网站
   E．其他

8. 您使用豆瓣网有多长时间了？
   A．少于 3 个月
   B．3 个月～少于 6 个月
   C．6 个月～少于 1 年
   D．1 年～少于 3 年
   E．3 年及以上

9. 您使用豆瓣网的频率如何？
   A．每天多于一次
   B．每天一次
   C．每周一次
   D．每月一次
   E．很少

10. 您使用豆瓣网的目的是什么？（多选题）
    A．发现我不知道的图书、电影或音乐
    B．收藏我在别处听说过的图书、电影或音乐
    C．社交（认识朋友、参加兴趣小组等）
    D．使用其他豆瓣服务（如博客、相册、豆邮等）

E．无明确目的

F．其他（请说明）_____

11．您在豆瓣网中一共收藏了多少个书影音资源？

A．≤10

B．11～50

C．51～100

D．101～200

E．＞200

12．您在豆瓣网中一共添加了多少个书影音标签？

A．≤10

B．11～50

C．51～100

D．101～200

E．＞200

13．您在豆瓣网中一共关注了多少位用户？

A．≤10

B．11～50

C．51～100

D．101～200

E．＞200

14．您在豆瓣网中一个参加了多少个小组？

A．≤2

B．3～5

C．6～10

D．11～20

E．＞20

15．您每次访问豆瓣网一般会查看多少个页面？

A．≤5

B．6～15

C．16～30

D．31～50

E．＞50

16．您每次访问豆瓣网一般会停留多长时间？

A．少于1分钟

B．1分钟～少于10分钟

C．10 分钟～少于 30 分钟

D．30 分钟～少于 2 个小时

E．2 个小时及以上

17. 您每次访问豆瓣网会查看多少个书影音资源？

A．≤2

B．3～5

C．6～15

D．16～30

E．＞30

18. 您每次访问豆瓣网会收藏多少个书影音资源？

A．0

B．1～2

C．3～5

D．6～10

E．＞10

19. 您在豆瓣网中一般采取什么方式查找书影音资源？（多选题）

A．使用网站内部搜索引擎

B．查看添加了感兴趣标签的资源

C．查看"喜欢读/看/听……的人也喜欢"列表或豆列推荐中的资源

D．查看新发现的用户或小组收藏的资源

E．留意主页上推荐的资源

F．留意自己关注的用户或已加入的小组资源收藏的更新

G．其他（请说明）＿＿＿＿＿＿＿＿＿＿＿＿

20. 以上方式中您最常用的是哪一种？

A．使用网站内部搜索引擎

B．查看添加了感兴趣标签的资源

C．查看"喜欢读/看/听……的人也喜欢"列表或豆列推荐中的资源

D．查看新发现的用户或小组收藏的资源

C．留意主页上推荐的资源

D．留意自己关注的用户或已加入的小组资源收藏的更新

E．其他

---调查结束

彩　　图

图 6.7　Google Analytics 受众群体维度概览

图 6.8　Google Analytics 流量获取维度概览

图 6.9　Google Analytics 行为维度概览

图 6.10　Google Analytics 行为维度行为流可视化

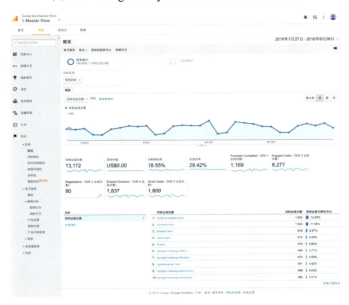

图 6.11　Google Analytics 转化维度目标概览

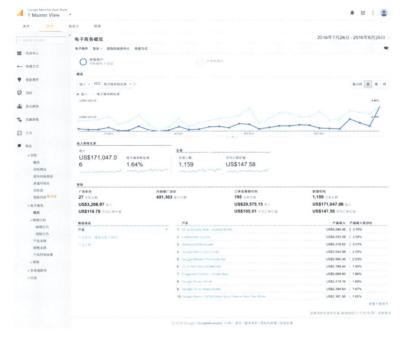

图 6.12　Google Analytics 转化维度电子商务概览

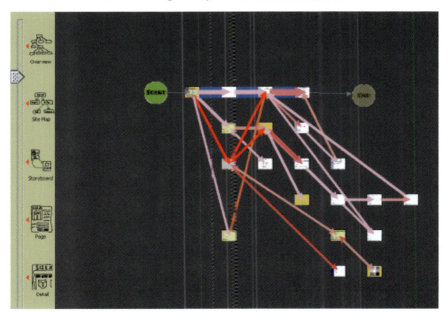

图 8.1　WebQuilt 可视化系统

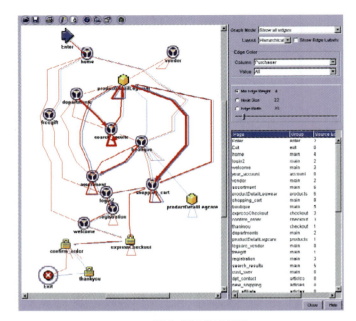

(a) ClickViz可视化系统层级式视图

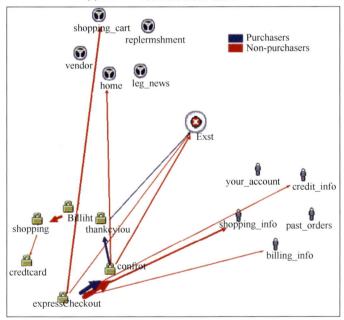

(b) ClickViz可视化系统循环式视图

图 8.2　ClickViz 可视化视图

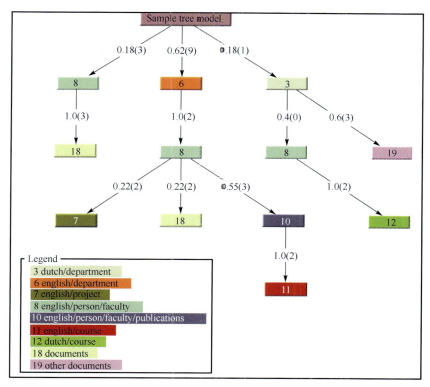

图 8.3 树形有向图可视化（导航树）

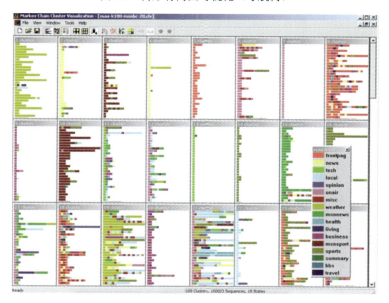

图 8.5 WebCANVA 可视化系统

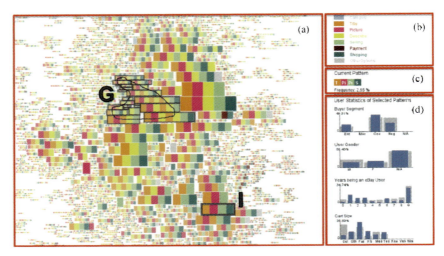

图 8.6　基于自组织地图的序列图可视化

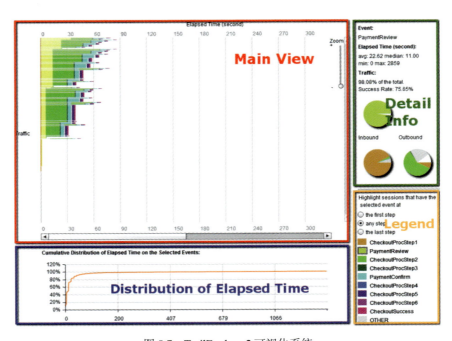

图 8.7　TrailExplorer2 可视化系统

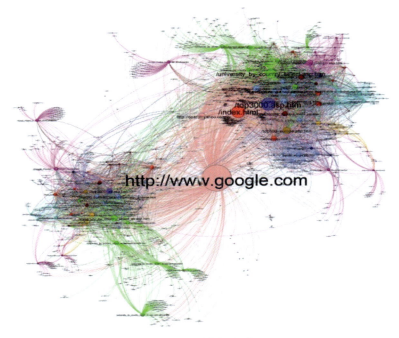

图 8.9　网络图可视化

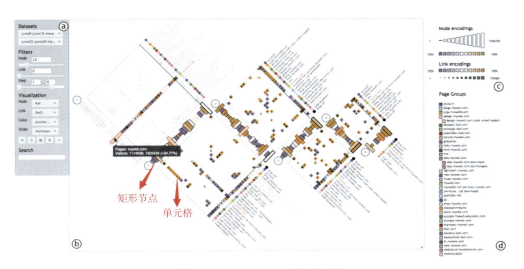

图 8.11　Matrix Wave 可视化系统

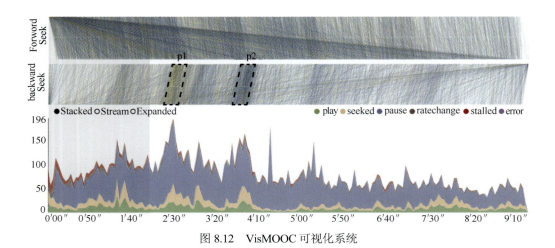

图 8.12　VisMOOC 可视化系统

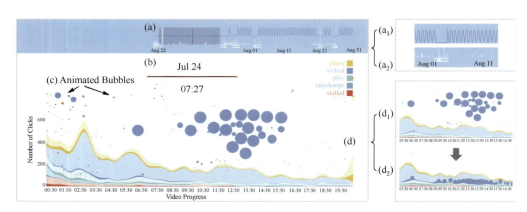

图 8.13　视频点击流动态可视化系统

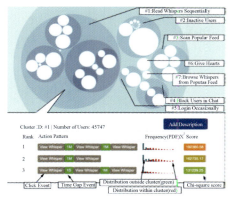

(a) 填充图

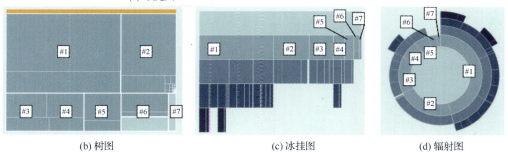

(b) 树图   (c) 冰挂图   (d) 辐射图

图 8.15 用户行为聚类结果展示的多种可视化视图

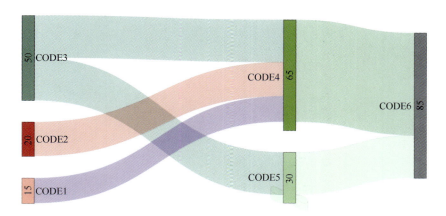

图 8.19 桑基图

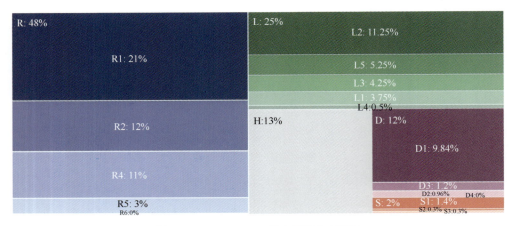

图 9.8　WHUL OPAC 用户足迹分布情况

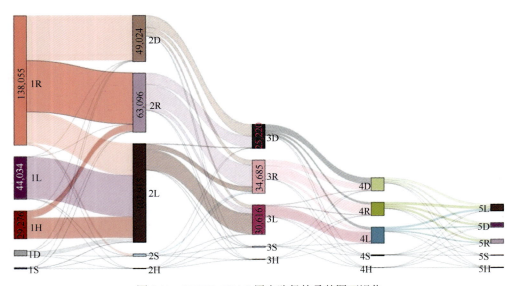

图 9.10　WHUL OPAC 用户路径的桑基图可视化

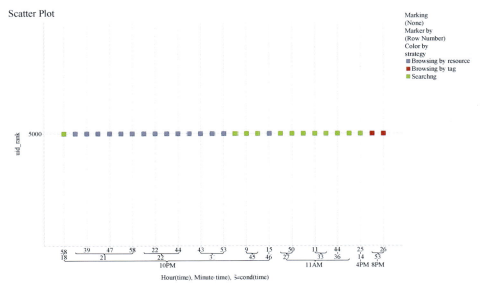

图 10.9　排名第 5,000 的用户采取信息搜寻方式的星野图可视化

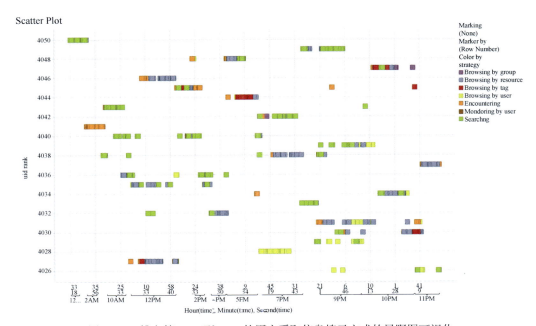

图 10.10　排名第 4026 到 4050 的用户采取信息搜寻方式的星野图可视化

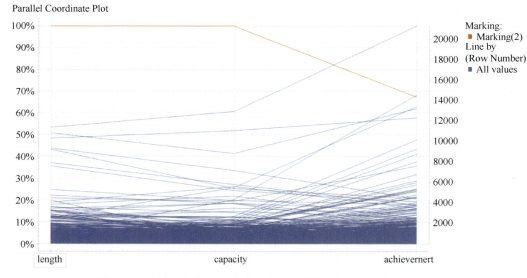

图 10.11　所有路径长度、宽度、容量相关关系的平行坐标图可视化

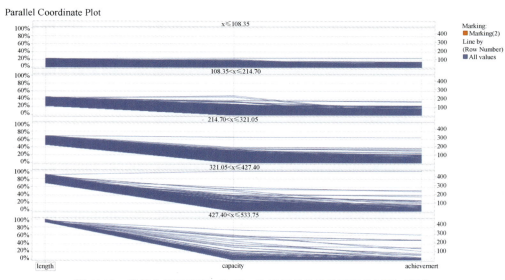

图 10.12　路径分组后长度、宽度、容量相关关系的平行坐标图可视化